CB061761

ELIZABETH LETTS

O CAVALO PERFEITO

ELIZABETH LETTS

O CAVALO PERFEITO

*A incrível missão de salvamento
dos cavalos puros-sangues
sequestrados pelos nazistas*

TRADUÇÃO
Fátima Mesquita

LIVROS DE
GUERRA

© Elizabeth Letts

Esta edição foi publicada com autorização da Ballantine Books, um selo da Random House, divisão da Penguin Random House LLC. Todos os direitos reservados.

Diretor editorial
Marcelo Duarte

Diretora comercial
Patth Pachas

Diretora de projetos especiais
Tatiana Fulas

Coordenadora editorial
Vanessa Sayuri Sawada

Assistente editorial
Olívia Tavares

Capa
Rafael Nobre

Projeto gráfico
Vanessa Sayuri Sawada

Diagramação
Victor Malta

Revisão técnica
Cesar Campiani
Murilo Tartoni

Preparação
Ronald Polito

Revisão
Marco Syrayama
Beatriz de Freitas Moreira

Impressão
Gráfica Santa Marta

CIP — BRASIL. CATALOGAÇÃO NA PUBLICAÇÃO
SINDICATO NACIONAL DOS EDITORES DE LIVROS, RJ

Letts, Elizabeth
O cavalo perfeito: A incrível missão de salvamento dos cavalos puros-sangues sequestrados pelos nazistas / Elizabeth Letts; tradução Fátima Mesquita. – 1. ed. – São Paulo: Livros de Guerra, 2018. 368 pp.

Tradução de: The perfect horse: The daring U.S. mission to rescue the priceless stallions kidnapped by the nazis
Inclui bibliografia

ISBN: 978-85-52944-01-0

1. Estados Unidos. Exército. Regimento de Cavalaria, Mecanizado, 2º – História. 2. Guerra Mundial, 1939-1945 – Confisco e contribuições – Estados Unidos. 3. Guerra Mundial, 1939-1945 – Confisco e contribuições – Alemanha. 4. Guerra Mundial, 1939-1945 – Áustria. 5. Cavalo lipizzaner – Áustria – História – Séc. XX. 6. Cavalo árabe – Polônia – História – Séc. XX. I. Mesquita, Fátima. II. Título.
Bibliotecária: Meri Gleice R. de Souza – CRB-7/6439

18-47940
CDD: 940.54
CDU: 94(100) "1939/1945"

2018
Todos os direitos reservados à Livros de Guerra.
Um selo da Editora Original Ltda.
Rua Henrique Schaumann, 286, cj. 41
05413-010 – São Paulo – SP
Tel./Fax: (11) 3088-8444
edoriginal@pandabooks.com.br
www.pandabooks.com.br
Visite nosso Facebook, Instagram e Twitter.

Nenhuma parte desta publicação poderá ser reproduzida por qualquer meio ou forma sem a prévia autorização da Editora Original Ltda. A violação dos direitos autorais é crime estabelecido na Lei nº 9.610/98 e punido pelo artigo 184 do Código Penal.

Este livro é dedicado ao único membro da minha família que serviu em uma guerra: W. Jackson Letts, segundo-tenente, Exército dos Estados Unidos, Coreia.

À memória de J. Spencer Letts, capitão da reserva, Exército dos Estados Unidos; Vern Carroll, capitão, U.S. Marine Corps, Coreia; Verny Carroll, comandante, Marinha dos Estados Unidos, Primeira e Segunda Guerra Mundial.

Aos homens do 2º Regimento de Cavalaria e suas famílias, e a todos os cavalos que morreram em combate – que nós honremos seu sacrifício.

CORAGEM É ESTAR MORTO DE MEDO...
E MESMO ASSIM SUBIR NA SELA.

JOHN WAYNE

SUMÁRIO

Lista de personagens 10
Mapa da Europa Central em 1938 12
Prológo: Bombardeio 15

PARTE 1. OS EUROPEUS
Um improvável atleta olímpico 21
O máster de todos os cavalos 30
O príncipe polonês 44
O império de Rau 56
A Spanische Hofreitschule de Viena 64
O haras oculto 81
A escolha de Podhajsky 97
Cavalos em perigo 107
A fuga 117

PARTE 2. OS NORTE-AMERICANOS
Máquina *versus* cavalo 129
Um comandante sem cavalo 144
O general mais combativo dos Estados Unidos 153
Duas mãos e um Coração Púrpura 162

PARTE 3. A MISSÃO
Fechando o cerco 175
As fotografias 187
O plano 198
Vestido como um plenipotenciário 205
Mudança de ideia 214
Lessing no comando 219

Os tanques se aproximam 226
A queda 232
Os norte-americanos 240
Os generais 246
A mais louca caravana do mundo 258
O adeus aos lipizzans 269

PARTE 4. DE VOLTA PARA CASA
Os supercavalos são nossos 279
A partida 289
O cavalo sem cavaleiro 297
O desfile da vitória 301
Encontrando um lar 305
Os órfãos da Guerra 311
O leilão 317
A rosa da viúva 322
A festa de aniversário 328
Um cara danado de bom 331
Os veteranos 337
A Spanische Hofreitschule hoje 339

Epílogo: O que aconteceu com eles? 341
Nota sobre fontes e nomes de lugares 350
Agradecimentos 352
Referências bibliográficas 355
Crédito das imagens 365
A autora 367

LISTA DE PERSONAGENS

OS EUROPEUS

ANDRZEJ KRISTALOVICH (ANDRZEJ KRZYSZTALOWICZ): diretor do haras nacional da Polônia.

RUDOLF LESSING: veterinário do Exército Alemão alocado no haras Hostau, Tchecoslováquia.

ALOIS PODHAJSKY: austríaco diretor da Spanische Hofreitschule (Escola Espanhola de Equitação) de Viena.

GUSTAV RAU: alemão expert em cavalos. Chefe do programa de equinocultura do Terceiro Reich.

HUBERT RUDOFSKY: nascido na República Tcheca, mas descendente de alemães. Diretor do haras de Hostau, Tchecoslováquia.

JAN ZINIEWICZ: chefe dos cavalariços do haras nacional da Polônia.

OS NORTE-AMERICANOS

MAJOR JAMES PITMAN: formado em West Point, apaixonado por cães e cavalos. Oficial executivo do 42º Esquadrão do 2º Regimento de Cavalaria.

TENENTE WILLIAM DONALD "QUIN" QUINLIVAN: homem de carreira da Cavalaria designado para o 42º Esquadrão do 2º Regimento de Cavalaria.

CORONEL CHARLES HANCOCK "HANK" REED: nascido na Virgínia, especialista em cavalos, oficial comandante do 2º Regimento de Cavalaria.

CAPITÃO FERDINAND SPERL: nascido na Suíça, naturalizado cidadão dos Estados Unidos. Interrogador designado para o 2º Regimento de Cavalaria.

CAPITÃO THOMAS STEWART: filho de um senador do Tennessee. Oficial de Inteligência do 2º Regimento de Cavalaria.

OS CAVALOS

LOTNIK: garanhão cinza árabe nascido na Polônia.

NEAPOLITANO AFRICA: garanhão lipizzan austríaco usado em apresentações e uma das montarias pessoais de Alois Podhajsky.

PLUTO THEODOROSTA: garanhão lipizzan austríaco usado em apresentações e uma das montarias pessoais de Alois Podhajsky.

WITEZ: garanhão baio árabe nascido na Polônia em 1938. Seu nome oficial de registro era Witez II.

EUROPA CENTRAL
1938

Mar do Norte

GRÃ-BRETANHA

HOLANDA

BÉLGICA

ALEMANHA

Bremerhaven

• Mansbach

LUXEMBURGO

FRANÇA

SUÍÇA

N O L S

—— FRONTEIRAS EM 1938
---- FRONTEIRAS MODERNAS

0   100   200 milhas
0   100   200 quilômetros

Mapa da Europa Central e Oriental

- **SUÉCIA**
- **Mar Báltico**
- **LETÔNIA**
- **LITUÂNIA**
- **Leste da Prússia**
- BERLIM
- VARSÓVIA
- Janów Podlaski
- **POLÔNIA**
- **UNIÃO SOVIÉTICA**
- Dresden
- Sudetos
- PRAGA
- Hostau
- **TCHECOSLOVÁQUIA**
- Kötzting
- Munique
- St. Martin
- VIENA
- **ÁUSTRIA**
- Piber
- **HUNGRIA**
- **ROMÊNIA**
- **IUGOSLÁVIA**
- **Mar Adriático**
- **ITÁLIA**
- ALBÂNIA
- **BULGÁRIA**
- **GRÉCIA**

PRÓLOGO
BOMBARDEIO
VIENA, ÁUSTRIA | 10 DE SETEMBRO DE 1944

A sirene estridente de anúncio de ataque aéreo estilhaçou a calmaria típica da velha Michaelerplatz, uma praça cravada no coração da cidade de Viena. Um pouco depois, os prédios barrocos fincados ao redor da praça estremeceram com a violência do estrondo. Viena estava sob ataque. Na área do palácio Hofburg, longe dos olhos do mundo, lá dentro dos estábulos decorados que certa vez pertenceram a um imperador, 33 majestosos garanhões brancos se assustaram, batendo os cascos e se agitando, seus olhos estatelados de medo.

Espiando para fora de sua baia, um lipizzan de oito anos se mantinha perfeitamente calmo, seu manto de pelos brancos brilhando sob a luz pálida do estábulo. As orelhas inclinavam para a frente enquanto ele tentava detectar os passos leves do seu mestre em meio ao som dos aviões que rasgavam o céu acima dele. Próximo à sua baia, numa pequena lousa preta, seu nome, Neapolitano Africa, e seu ano de nascimento, 1935, surgiam em letras perfeitas feitas com tinta branca. Um segundo depois, um senhor magro de meia-idade se postava ao lado de Africa, sussurrando palavras de conforto e pousando uma mão calorosa sobre as espáduas do animal. Alois Podhajsky só desejava uma coisa: garantir a segurança daquele cavalo. Com um movimento preciso, Podhajsky puxou o cabresto de couro polido de um gancho próximo à baia. O garanhão baixou sua cabeça e colocou o focinho sardento para dentro do arco de couro, facilitando a tarefa. Seus olhos pareciam dizer "Sei o que está acontecendo aqui. Deixe-me ajudá-lo".

A essa altura, o pavilhão de cocheiras todo, com pias de mármore e equipamento perfeitamente organizados, corredores largos e baias bem-ventiladas, já fervilhava: tratadores com uniformes cinza agiam rápido para colocar as cabeçadas em parte dos garanhões, enquanto cavaleiros, vestidos com culotes de camurça e casacos, faziam o mesmo com outros animais. Ao redor deles, nacos de gesso despencavam ao chão, ao mesmo tempo em que a poeira caía feito neve.

Em fila indiana, os cavalos e os homens cruzaram o amplo pátio, passaram pelo pesado portão de madeira cravado de rebites de ferro e depois se lançaram com alarde por uma rua da cidade que naquele instante se encontrava completamente deserta. Os cavalos seguiram ainda por outro conjunto de portas até um saguão. Os garanhões haviam se acalmado e não se mostravam intimidados nem empacavam mesmo quando as ensurdecedoras bombas e estampidos conseguiam apagar o som das muitas ferraduras tilintando contra as pedras do calçamento. O último a entrar no saguão foi Alois Podhajsky, ganhador de uma medalha olímpica de bronze e diretor da Spanische Hofreitschule (Escola Espanhola de Equitação) de Viena. As enormes portas de madeira se fecharam por trás dele; ali, as paredes grossas abafavam um pouco o barulho e, pela primeira vez desde que ouvira o alarme do ataque aéreo soar, Podhajsky pôde, então, respirar fundo e colocar a mão dentro da bolsa de couro que trazia à cintura, extraindo de lá um torrão de açúcar que ele ofereceu a Africa, sentindo as cócegas que o cavalo lhe fazia enquanto lambia a palma de sua mão. Era evidente a intimidade que o cavalo e o homem tinham. Eles pareciam conversar em silêncio: o homem prometia proteção e o animal se sentia seguro, demonstrando isso com seu silêncio reconfortante.

A Spanische Hofreitschule de Viena era uma das mais admiradas instituições da Áustria. Batizada em homenagem à origem espanhola dos seus primeiros cavalos, a escola era famosa por exibir os mais finos equinos de uma raça rara: o nobre lipizzan. Tão valiosos como qualquer obra-prima pendurada nas paredes dos museus de Viena, esses animais eram únicos, da ponta da orelha a ponta dos cascos: do manto branco feito neve, passando pela cabeça de porte aristocrático até os olhos profundos e castanhos... Não havia nada igual no mundo.

Os animais e mestres aqui amontoados estavam no meio de um turbilhão. Ao redor deles, a fúria da guerra se alastrava por todas as direções. Esses nobres cavalos haviam escapado do perigo inúmeras vezes em outras ocasiões. Já haviam fugido do exército de Napoleão e depois, de novo, durante a Grande Guerra. Todas as vezes, eles conseguiram encontrar um porto seguro. Mas agora, em uma guerra que tomava conta do céu e da terra de toda a Europa, para onde eles poderiam fugir? Não havia um caminho óbvio. Não havia resposta fácil.

Um estrondo forte ecoou pelo edifício. Na sequência, veio um estouro ensurdecedor; estilhaços de vidro se multiplicaram bem acima deles, enquanto uma cacofonia de relinchos rasgava o ar carregado de poeira. Podhajsky e Africa se entreolharam. Podhajsky pegou, então, com convicção a guia de corda grossa, prendeu sua respiração e aguardou.

I
OS EUROPEUS

*A arte equestre, talvez mais que qualquer outra,
está intimamente relacionada à sabedoria da vida.*
— Alois Podhajsky

Alois Podhajsky dá instruções aos seus cavaleiros na Spanische Hofreitschule de Viena.

OITO ANOS ANTES
UM IMPROVÁVEL ATLETA OLÍMPICO
BERLIM, ALEMANHA | 1936

Alois Podhajsky carregava toda a preocupação do mundo no seu rosto estreito e melancólico. Tinha um olhar de poeta, voltado para dentro. Sua musa era a arte do adestramento clássico e seus versos bailavam sobre quatro patas. Podhajsky parecia que já havia nascido em cima de um cavalo. Seu torso longo e ereto não continha nenhum ângulo torto, nenhuma curva sinuosa, nada que pudesse afetar seu porte elegante. Mas bastava olhar a expressão aflita do oficial austríaco para entender que ele carregava em si uma sombra. Em 1918, depois de um grave ferimento no pescoço quando servia nas trincheiras em Flandres, ele havia ficado traumatizado. E foi a sua paixão pelos cavalos que aos poucos o trouxe de volta à vida. Contudo, a quietude profunda do guerreiro derrotado jamais o deixou.

No dia 12 de junho de 1936, ele subiu na sua montaria, Nero, pronto para entrar na arena retangular que havia sido cuidadosamente montada com toda a precisão possível no May Field, um gramado de 11 hectares bem a leste do estádio olímpico; aquele era o local escolhido para a competição de adestramento dos jogos. O fato de aquele conjunto estar em sua 11ª Olimpíada, em uma disputa contra os maiores nomes do hipismo do mundo todo, era mesmo algo improvável. Nero, um puro-sangue inglês castanho e parrudo, havia sido criado para corridas, mas mostrara-se lento, e acabou despachado para servir na Cavalaria montada. No entanto, o capão tinha ainda menos talento como carregador de soldados, e o Exército estava pronto para colocá-lo à venda quando Podhajsky decidiu que o cavalo tinha potencial, salvando-o, assim, do martelo do leilão. Podhajsky também havia sido quase rejeitado, expulso da prestigiosa escola de treinamento da Cavalaria Austríaca após um acidente que havia comprometido sua coluna e que o impedia de se curvar na altura da cintura. O revés o havia forçado a abandonar a sua primeira paixão: o salto. Mas sem a menor disposição para abrir mão do seu amor maior, a montaria, ele apenas mudou de modalidade, apesar de precisar de ajuda para subir à sela sobre o cavalo. Mesmo assim, ele jamais se esqueceria do dia em que, durante uma aula em 1928, seu instrutor examinou sua postura rígida e disparou: "Você não tem futuro aqui". Podhajsky, porém, seguiu adiante, trabalhando com o animal rejeitado, dedicando toda a sua energia à arte do adestramento. Apenas três anos antes, ele havia recebido a mais alta honraria da Cavalaria Austríaca. Em 1931, Podhajsky havia sido enviado para estudar por dois anos na mais antiga academia de montaria clássica do mundo, a Spanische Hofreitschule. Os ensinamentos que ele recebeu na clássica arte do hipismo cobriam tanto a educação física como a espiritual. Os alunos dali não inscreviam seus cavalos em competições nem estavam de olho em medalhas. Eles perseguiam a perfeição como um fim em si mesmo. Foi na academia que o amor de Podhajsky pelos cavalos, pela equitação, pela vida, havia sido restaurado. Cinco anos depois de ser expulso da escola da Cavalaria, Podhajsky representava seu país nas Olimpíadas. Nero não era nem bonito nem charmoso, mas o cavalo castrado mostrava-se cooperativo e interessado, e, após vários anos de treinamento, eles se encontravam no topo do esporte: hoje, eles entravam na arena como favoritos.

Embora Podhajsky acreditasse que a tradição de montaria austríaca não tivesse rival à altura, ele sabia que muitos achavam aquele estilo coisa do passado. Um dos colegas de Podhajsky na equipe era o mais velho atleta daquela Olimpíada, tendo nascido nos idos de 1864. A própria paixão de Podhajsky pela tradição hípica austríaca havia começado na sua juventude, aos 18 anos de idade, quando ele entrou para a Cavalaria. Em pose para um retrato em 1916, vestido com o uniforme do seu regimento, ele parecia ter menos que seus 18 anos. Seu uniforme coberto de enfeites, com detalhes em pele felpuda, capacete ornado com ponteira, cheio de botões dourados, podia ser facilmente confundido com uma fantasia. Na mão direita, ele segurava um par de luvas brancas; na cintura, à esquerda, espada e bainha. Ele parecia uma criança vestida com as roupas do pai. Mas a Áustria havia perdido a Grande Guerra e o seu império, e a pompa e a tradição para as quais ele havia jurado aliança em sua mocidade estavam praticamente desparecidas do mapa. O que restava do grande império austríaco era sua tradição em relação à Cavalaria, e que Podhajsky ainda acreditava ser a melhor que havia. Agora era a chance de provar isso diante dos olhos do mundo.

Nero estava impecável, com a crina dividida em tranças que se misturavam a uma fita branca assentada com perfeição sobre o arco do pescoço do animal. Podhajsky também brilhava em seu uniforme oliva da República da Áustria. Era o cavalo rejeitado das corridas e seu cavaleiro, também rejeitado, que ali se preparavam para competir em um dos mais complexos e exigentes esportes que jamais existiu. De todas as modalidades equestres, o adestramento é o que requer maior disciplina. Com origens em intricadas manobras militares desenvolvidas em tempos ancestrais, o esporte exige que cavalo e cavaleiro executem uma série de movimentos escolhidos a dedo. Assim como a dança de salão e a patinação em dupla impõem que

Alois Podhajsky, com 17 anos de idade, vestido com seu uniforme da Primeira Guerra Mundial.

os parceiros trabalhem juntos com perfeição absoluta, o adestramento leva o cavaleiro a executar um intricado *pas-de-deux* com seu par, um animal de quatro patas e quinhentos quilos. Um adestramento de primeira grandeza demanda mais que habilidade; ele aciona a sabedoria interna do homem e a sua capacidade de se comunicar com a montaria na língua silenciosa do hipismo.

O picadeiro havia sido construído com exatidão geométrica sobre a grama aparada do May Field. Grandes vasos de flores foram colocados a certos intervalos pelo perímetro da arena, adicionando pontos de cor aqui e ali. Ao longe, a estrutura do estádio olímpico preenchia o horizonte, coberta por bandeiras de todas as nações. Bandeiras escarlates estampando a suástica nazista estavam por toda parte. Lá dentro, milhares de pessoas aguardavam as provas de atletismo. A multidão reunida para assistir à prova de adestramento, embora fosse um quarto da que cabia no estádio, empatava no quesito entusiasmo. Homens com chapéus brancos fedora e mulheres com vestidos em tons de verão povoavam as arquibancadas como se fossem confeito granulado colorido espalhado em cima de um sorvete. Podhajsky havia decorado a complexa série de movimentos que ele precisaria executar com perfeição nos 17 minutos que teria para sua apresentação. Se o seu cavalo desse um passo fora das pequenas barreiras usadas para marcar os limites do picadeiro de 20 X 60 metros, eles seriam sumariamente eliminados. Ao redor do picadeiro havia ainda pontos marcados por letras do alfabeto: se o programa especificasse que uma figura, ou movimento, fosse executado por completo em uma determinada marca, o cavalo precisaria iniciar e terminar aquela manobra assim que a bota do cavaleiro atingisse aquela letra.

No adestramento, o cavaleiro passa anos ensinando o cavalo a executar comandos que ocorrem naturalmente entre cavalos selvagens. Todo equino tem quatro andaduras naturais: passo, trote, cânter (galope curto) e galope alongado; cada um deles com uma cadência diferente. Mas em cada uma dessas andaduras um cavalo selvagem pode cavalgar com várias nuances. Por exemplo, quando ele trota, move as pernas em par, na diagonal, numa cadência de dois tempos. Um garanhão selvagem, para se exibir, às vezes transforma esse trote simples em uma obra de arte: ele recolhe sua coxa robusta por baixo do seu próprio corpo, diminui o tempo e eleva os passos, transformando a andadura de todo dia em um balé artístico. Esses movimentos exagerados são natos em certas circunstâncias, mas fazer com que um cavalo os execute sob comando requer muito tato, paciência e treinamento meticuloso. Em uma prova avançada de adestramento, um cavaleiro pode pedir que o animal dê uma *pirouette* (pirueta), ou seja, que o cavalo mantenha a garupa quase no mesmo lugar, enquanto as patas da frente desenham um círculo completo em torno deles. Ou que ele faça um *half-pass* ou apoio, com o cavalo movendo-se ao mesmo tempo para a frente e para o lado, com o corpo ligeiramente encurvado em torno da perna do cavaleiro, enquanto suas próprias patas cruzam umas às outras. Cada uma dessas ações, conhecidas como "figuras", precisa ser introduzida aos poucos, com muito suor, em um processo que evolui passo a passo e que consome anos até ser executado a contento.

Enquanto aguardava sua vez, Podhajsky tinha esperança de que os longos anos de treinamento trouxessem resultados. Seu pensamento, de repente, voou longe e ele ouviu a voz do seu instrutor da Spanische Hofreitschule, o homem que o havia ensinado a beber da fonte das mais antigas tradições de montaria. Cada atleta presente no May Field havia treinado duro para chegar ali. Todos eles sonhavam em conquistar uma medalha olímpica. Mas Podhajsky tinha mais em jogo que o simples desejo de conquistar um prêmio: ele acreditava piamente que a comunhão entre cavaleiro e cavalo era algo a ser exaltado. Em um mundo indiferente e muitas vezes cruel, ele queria encarnar o que todos aqueles anos de treinamento paciente o haviam ensinado – disciplina, tradição, a perfeição como objetivo e uma paixão que tem forma e movimento. Ganhar uma medalha talvez fosse o resultado final do seu esforço, mas para Podhajsky era o esforço em si mesmo que mais importava.

Podhajsky levantou os olhos para observar as arquibancadas lotadas. Era muito estranho ver tanta gente reunida para acompanhar um espetáculo que de certa maneira era algo tão privado. O próprio Podhajsky comentou mais tarde: "Aplauso entusiasmado não ajuda em nada; o que precisamos é de entendimento perfeito e harmonia entre as duas peças do conjunto". Ao treinar em sua delicada arte, Podhajsky havia aprendido a se tornar um psicólogo de animais; ele sabia que o sucesso pertencia aos cavaleiros que eram capazes de se tornar verdadeiros aliados de suas montarias. Ali Podhajsky iria montar pela Áustria, porém, mais que qualquer coisa, ele de novo tentaria adentrar em um estado quase místico de comunhão com o seu cavalo.

Enquanto Podhajsky aguardava sua vez de entrar na pista, ele observava com seus olhos bem-treinados todos os concorrentes. Ele sabia que seus maiores adversários seriam da Alemanha, que tinha a vantagem de estar em casa. Sabia também que, junto com Nero, podia competir com os melhores do mundo, mas sem se esquecer de que, do outro lado do picadeiro, estavam os árbitros internacionais, e que aquela não era apenas uma competição, mas também um complicado jogo de xadrez político.

Estavam ali reunidos 133 cavaleiros de 21 países para disputar nas diversas modalidades de hipismo dos Jogos Olímpicos de Verão de 1936. Três anos antes, o Partido Nacional-Socialista havia catapultado Hitler ao poder. Desenhados para demonstrar os ideais arianos do Partido Nazista, os Jogos de Berlim eram uma peça do teatro nacionalista disfarçado de olimpíada. Os nazistas, em uma jogada inteligente de propaganda, haviam camuflado para a ocasião várias políticas acintosamente antissemíticas que já estavam sendo colocadas em prática. Eles removeram, por exemplo, placas de ruas com mensagens contra judeus que existiam em Berlim e até mesmo baixaram o tom da retórica nos jornais. Mesmo assim, era fácil sentir o perigo latente e o clima de violência escondidos logo abaixo da superfície ornada.

No seu palco bastante público, os eventos de hipismo carregavam um significado particular: a competição estava aberta apenas para militares. Oficiais uniformizados montavam seus melhores cavalos em competições especialmente criadas para testar a fibra dos soldados de cavalaria. As três modalidades distintas – Adestramento, Concurso Completo de Equitação e Saltos – podiam ser facilmente vistas como cenário para uma batalha internacional em miniatura. Para marcar a sua importância, os Saltos haviam ficado com o melhor lugar: logo antes da cerimônia de encerramento dos jogos, quando os olhos do mundo observariam cada detalhe. Por séculos, os homens haviam medido sua capacidade bélica pelo valor de seus cavalos. Em Berlim, em 1936, as competições equestres eram parte de uma guerra psicológica: uma espécie de ensaio para o grande cataclismo que aguardava no horizonte.

Na extremidade da área dos árbitros, com o rosto retorcido e concentrado, estava a pessoa mais influente do mundo equestre naquele local: Gustav Rau. Dentro de um terno escuro, com a cabeça calva coberta por um fedora de feltro, Rau não tinha os membros compridos e a postura nobre de um cavaleiro, mas sua falta de classe era compensada por sua astúcia. Esse alemão de 56 anos era o cérebro por trás de cada uma das competições de hipismo das Olimpíadas. Gustav Rau havia supervisionado cada detalhe das provas de hipismo: da seleção dos juízes ao desenho das pistas, em um esforço de preparação que havia consumido dois anos. Apesar de ser um civil, ele trabalhou com a colaboração completa das mais altas patentes nazistas, em particular com Hermann Fegelein, o grande chefe da Cavalaria da Schutzstaffel (SS). Fegelein era o *protégé* de Heinrich Himmler, o líder da SS.

Gustav Rau observava quando o próximo competidor se preparava para entrar no picadeiro. Ele reconheceu Podhajsky e Nero como os vencedores de várias importantes competições que culminavam ali, nas Olímpiadas. O conjunto havia batido os maiores nomes do esporte na Alemanha. Aquela prova exigia que Podhajsky e Nero entrassem na pista em um galope alongado e que depois parassem de repente no exato ponto central do picadeiro.

Embora Podhajsky estivesse com luvas brancas, seus movimentos eram praticamente imperceptíveis quando ele puxava a rédea, dando um sinal a Nero de que eles estavam prestes a começar. A imprensa havia definido aquele ex-cavalo de corrida como "um castrado comprido e cheio de pernas, desprovido de qualquer sinal de charme ou personalidade" e, de fato, Nero era um animal nervoso e assustadiço que parecia ter medo da própria sombra. Mas, ao se preparem para entrar no picadeiro, a voz do mais velho cavalariço da Spanische Hofreitschule veio à mente de Podhajsky: "Não se aflija. O cavalo está bem". Ele relaxou suas coxas e deixou seu peso cair sobre a sela. Depois fechou-se dentro de si, prestando atenção apenas à sua montaria. Há um adágio antigo que diz que um bom cavaleiro consegue ouvir seu cavalo falar e que um cavaleiro ainda melhor consegue ouvir seu cavalo sussurrar. Pois enquanto Podhajsky ouvia os sussurros de Nero, o mundo todo se dissolvia lá longe. Bandeiras, multidões e até seu próprio desejo de vencer se dissipavam no ar. Tudo o que restava era ele mesmo, seu cavalo e o sinal que transitava entre eles como se fosse um rádio sintonizado em uma frequência que só os dois podiam escutar. Ele tinha uma vaga noção de que havia cinco árbitros alinhados do outro lado da pista. Um da França, outro da Alemanha, Suécia, Áustria e Grã-Bretanha. Ele não notou a presença do observador alemão, Rau.

Quando o presidente do júri tocou o sino, Podhajsky e Nero entraram em linha reta e em um galope controlado, parando de maneira suave de modo que a bota de Podhajsky se encontrasse exatamente no ponto central da pista, no local que, embora não houvesse marca alguma, era conhecido como X. Nero ficou ali imóvel feito uma estátua de bronze enquanto Podhajsky tirava seu chapéu de montaria para saudar os juízes. Depois o conjunto continuou em passo livre, um movimento falsamente simples que prova a obediência perfeita do cavalo. Podhajsky sentiu que Nero relaxava, alongando seu pescoço à medida que sentia a rédea um pouco mais solta. O cavalo parecia não notar as bandeiras esvoaçantes, a multidão de gente ou o som da torcida entusiasmada das competições de atletismo ao longe. Sem nenhuma pista evidente por parte do cavaleiro, Nero passou para um trote e prosseguiu ziguezagueando pelo picadeiro, executando sem falha alguma cada uma das figuras enquanto mais de 20 mil pessoas se inclinavam em seus assentos, como se estivessem coletivamente encantadas, sob feitiço. Nero, desinteressante e sem graça quando quieto, agora surgia esperto e muito vivo, embora seu cavaleiro permanecesse tão sem movimento que praticamente desaparecia de cena.

Por mais de um ano após o retorno do fronte em 1918, o problema com o pescoço impediu Podhajsky de falar qualquer coisa que fosse mais que um sussurro; ele estava deprimido depois da queda do grande império ao qual havia jurado servir quando ainda era jovem. Só o renascer da chama de sua paixão por cavalos o retirou, bem aos poucos, do seu poço de desespero. Agora, quando ele se aproximava do fim de sua exibição, retornando para o centro do picadeiro e parando mais uma vez naquele imaginário X para fazer uma mesura com seu chapéu, o mundo parecia brilhar em cores vivas. Sua reprise havia sido perfeita e, ao descer do cavalo, as pessoas vieram em bando cumprimentá-lo, garantindo-lhe que ele iria para casa carregando a medalha de ouro. Mas Podhajsky não tinha tempo para ouvir nada daquilo. Ele tirou logo uma das luvas brancas e foi com a mão procurar um bolso cerzido na parte interna da sua jaqueta. De lá ele extraiu um torrão de açúcar, e a multidão de fãs viu, então, Nero elegantemente devorar seu prêmio da palma da mão estendida do seu mestre. Podhajsky pousou sua outra mão sobre a espádua do seu cavalo. Os dois tinham olhos apenas para eles mesmos.

Sentado na cabine dos jurados, o juiz alemão somava suas notas (cada movimento individual era julgado em separado, com alguns tendo um peso maior que outros). Quando o árbitro alemão percebeu que o austríaco tinha a melhor pontuação, ele correu para furtivamente apagar algumas marcas do seu cartão, substituindo-as por notas mais baixas.

No dia seguinte, 13 de junho de 1936, Alois Podhajsky subiu ao pódio para ver a bandeira vermelha e branca do seu país tremular contra o céu de Berlim. O conjunto havia ficado em terceiro lugar, atrás de dois alemães. Ele representava uma jovem democracia, a República da

Áustria, e havia demonstrado um dos grandes orgulhos austríacos, sua destreza equestre, para o mundo. Quando abaixou sua cabeça para receber a medalha, ele imediatamente se tornou um dos mais famosos cidadãos de seu país. Ao final, a Alemanha ganhou todas as medalhas individuais e em equipe de todos os eventos de hipismo – uma lavada geral jamais vista nem antes nem depois. Mais tarde, quando Gustav Rau escreveu o relatório oficial das competições equestres daquela Olimpíada, ele deixou claro que o resultado do incrível número de medalhas era fruto apenas da superioridade germânica, sem nenhum traço de injustiça, embora nos anais da história do hipismo olímpico os resultados de 1936 continuem sendo controversos. Sobre a exibição de Podhajsky, Rau escreveu apenas que "sua apresentação conquistou atenção". Apesar de tudo, Podhajsky e Nero, os dois patinhos feios, ganharam o coração do mundo com seu desempenho de cisne.

Podhajsky retornou à Áustria como um herói nacional. O sucesso da equipe de hipismo da Alemanha elevou o prestígio de Gustav Rau às alturas. Nenhum dos dois sabia que seus caminhos iriam se cruzar de novo. Cada um deles tinha uma missão diferente: Alois Podhajsky seria em breve empossado como o guardião de um dos mais importantes tesouros culturais da nação. Gustav Rau viveria obcecado com a ideia de roubar esse tesouro para a Alemanha nazista.

O MÁSTER DE TODOS OS CAVALOS
NOVA YORK | 1938

No dia 8 de maio de 1938, dois meses após Hitler anexar a Áustria, Gustav Rau desembarcava do luxuoso navio alemão *Bremen* no porto de Nova York. O mais novo e estridente título de Rau era agora o de chefe do hipismo na Alemanha e mestre em cavalos, o que quase nem cabia no pequeno espaço do diário de bordo do navio para a categoria "profissão". Desde seu triunfo em 1936 em Berlim, Rau, aos 58 anos de idade, havia assumido a postura do homem influente e poderoso que se tornara. Apesar do seu ar jovial e alegre, ele era rápido quando o assunto era encontrar pontos fracos em homens e cavalos. Quando notava falhas em animais, ele os cruzava para gerar crias melhores. Quando a falha era detectada em humanos, ele administrava socos verbais que atingiam as pessoas como um chicote em cima da garupa de um cavalo. Acompanhando Rau, estava sua esposa, Helga, uma bem-sucedida amazona, além de mais uma dúzia dos maiores entusiastas de cavalos da Alemanha. No meio do grupo se encontrava o general Curt Freiherr von Gienanth, recentemente aposentado da Cavalaria após uma ilustre carreira que incluíra a direção de uma das escolas alemãs de Cavalaria (embora ele tenha sido pressionado a voltar a servir o Terceiro Reich no ano seguinte). O *The New York Times* anunciou a chegada do grupo com a manchete: "Reich equestre chega para shows".

Apenas três anos antes, os dois países estavam em guerra, mas em maio de 1938 não havia sinal de tensão quando o navio *Bremen* atracou no movimentado porto de Nova York e a turma de homens e mulheres alemães, privilegiados e bem-vestidos, atravessou a prancha de desembarque pronta para iniciar um itinerário cheio de festividades. O grupo deu entrada no suntuoso Hotel Biltmore, em Manhattan, que se tornou a base para sua visita de 18 dias marcada por endereços ligados ao universo dos cavalos nos Estados Unidos.

Gustav Rau entendia de equinos, mas sua especialidade era, sobretudo, a reprodução dos animais. Ele havia iniciado sua carreira como jornalista e um dos seus primeiros trabalhos foi cobrir as competições de hipismo da Olimpíada de 1912, em Estocolmo, na Suécia. A Alemanha fez uma pobre apresentação na primeira competição olímpica de hipismo mundial. Mas desde então Rau vivia obcecado: queria que o cavalo alemão fosse o melhor do mundo, um objetivo que ele esperava atingir fazendo uso dos princípios da herança genética, até então pouco compreendidos.

Rau começou a desenvolver suas teorias na década de 1920, quando sua maior esperança era revitalizar a indústria de criação de cavalos da Alemanha por meio da promoção do interesse na montaria em geral. Depois da Primeira Guerra Mundial, uma combinação de fatores havia quase destruído a criação de cavalos e os esportes equestres na Alemanha. O número de fatalidades equinas fora tão alto durante a guerra que a população de cavalos no país havia caído para a metade. Além disso, a inflação fez com que a venda e a manutenção dos animais se tornassem tarefas difíceis. E, para complicar ainda mais, exigira-se que a Alemanha exportasse seus cavalos como parte das reparações impostas pelo Tratado de Versalhes. Por tudo isso, o objetivo que Rau tinha, de aumentar a demanda por cavalos através da popularização dos esportes equestres na Alemanha rural, era uma excelente ideia.

Quando o Partido Nacional-Socialista chegou ao poder, Rau descobriu que os nazistas tinham o mesmo entusiasmo pelo seu objetivo. O partido de Hitler estava ansioso para se estabelecer por meio do prestígio das competições militares internacionais e logo os cavaleiros da SS, conhecidos como Os Negros, estavam formando equipes para competir com times do Exército Alemão, conhecidos como Os Cinza. Assim, o hipismo alemão rapidamente começou a deixar sua marca nas competições internacionais. Em 1930, a equipe do Exército Alemão venceu a prestigiosa competição de saltos do National Horse Show em Nova York, e seu triunfo foi cantado pelos jornais dos dois lados do Atlântico. De fato, à medida que a década prosseguia, as duas equipes de militares de elite amealharam considerável prestígio internacional para a Alemanha em uma época em que o país estava sofrendo para se recuperar da devastadora derrota da Primeira Guerra Mundial.

Na capa da edição de 3 de abril de 1933 da mais importante revista sobre cavalos da Alemanha, Hitler aparecia com a legenda: "O homem que colocou a Alemanha de volta na sela". Na mesma temporada, cavaleiros alemães venceram a prestigiosa Coppa d'Oro Mussolini na Itália pela terceira vez, roubando o título dos donos da casa que por anos haviam dominado o campeonato. Em 24 de maio de 1933, o cavaleiro vencedor escreveu uma carta a Hitler oferecendo o seu campeão, Wotan, o Cavalo Maravilha, como presente. No dia seguinte, diante de um público de mais de mil entusiastas de cavalos reunidos em um show equestre em Berlim, Gustav Rau leu em voz alta o telegrama de aceitação do presente por parte de Hitler. Uma foto do evento mostra o homem de estatura pequena trajando um terno branco, sua calvície brilhando debaixo do sol da primavera, com o braço direito estendido em saudação a Hitler e o telegrama do *Führer** preso entre os dedos da outra mão.

O cruzamento de cavalos para usos específicos havia sido perseguido com avidez na Europa por centenas de anos. A vida do homem e a dos equinos estavam profundamente entrelaçadas. Por inúmeras vezes os empreendimentos humanos dependeram mesmo da ajuda do cavalo; os animais contribuíam em todo tipo de tarefa, do transporte até o trabalho pesado, passando também pelas guerras. Em um sistema de tentativas e erros, os homens conseguiram produzir modificações significativas em seus companheiros equinos. Cavalos para montaria precisam ter velocidade e bom temperamento. Para a aragem, carecem de força bruta, de potência. E, para fins militares, devem ter energia de sobra e não podem exigir muita comida. Pelos séculos afora, criadores usaram a observação e a experiência prática para entender tudo isso e

---

* Título que Adolf Hitler conferiu a si mesmo ao assumir a completa liderança política na Alemanha nazista, em 1933. A palavra deriva do *Führerprinzip* ("princípio da liderança"), proposto tanto no *Mein Kampf*, programa político nazista, quanto em discursos do chefe do Partido Nazista apresentados décadas antes de alcançar o poder. Hitler personificava, ao mesmo tempo, o Estado e a ortodoxia ideológica, baseada na liderança carismática e o culto à personalidade do líder máximo. (N.E.)

aperfeiçoar os cavalos de acordo com suas funções, mas a ciência por trás do esforço era muito pouco compreendida. Na época da visita de Gustav Rau aos Estados Unidos, muitos ainda acreditavam que os traços de uma raça estavam relacionados com o ambiente em que os animais cresciam – clima, topografia e tipo de alimentação –, e que uma mudança de ambiente podia causar a perda de certas características de uma raça.

O conhecimento de Rau em relação ao cruzamento de cavalos era completamente baseado em sua experiência. Suas teorias eram uma mistura confusa de observações, tradições e pseudociência. Ele acreditava que cruzar cavalos com relações de parentesco bem próximas era com certeza o melhor caminho para se atingir um alto grau de uniformidade e esperava criar

Gustav Rau explica os pontos fundamentais do cruzamento e da conformação.

assim "uma raça inteira de maneira relativamente rápida e com espécimes tão homogêneas e idênticas a ponto de um cavalo parecer quase uma réplica de outro".

As teorias sobre cruzamento de cavalos de Rau logo chamaram a atenção de Richard Walther Darré, um dos principais arquitetos da ideologia nazista conhecida como Blut und Boden (Sangue e Terra) e que criara toda uma mitologia em torno da ideia da "pureza" dos alemães do interior do país, junto com suas crenças, hábitos e tradições. Como ministro da Agricultura e Alimentação, Darré colocou Rau[1] como encarregado dos equinos do estado da Prússia em 1934. Mais que qualquer outro teórico nazista,

---

1 Rau deixou o cargo depois de apenas um ano na função. Na época, correu a versão de que a decisão havia sido tomada porque ele se recusava a cooperar com o Partido Nacional-Socialista dos nazistas.

Darré fornecia o contexto ideológico para as políticas de expansão intituladas Lebensraum* (Espaço Vital), que diziam que o povo do "tipo nórdico", forte e saudável, precisava de mais território para se expandir e crescer, e isso justificava suas guerras, agressões e ocupações. As ideias de Darré influenciaram demais Himmler, líder da SS do Reich, servindo como alicerce ideológico para turbinar o desejo que tinha de criar uma nação baseada puramente na raça ariana ou nórdica.

Rau parecia extasiado com sua associação a esses poderosos aliados. Em 1934, ele publicou um livro intitulado *Criação de cavalos em um estado nacional-socialista*. Indo além do que o título propunha, o livro não só trazia suas teorias sobre cruzamento de cavalos, mas discursava também sobre a pureza racial das pessoas, declarando que apenas os fazendeiros cuja árvore genealógica continha "sangue não misturado" teriam "condições de criar cavalos puros-sangues". Os ingleses eram famosos por seus thoroughbreds (puro-sangue inglês, ou PSI); a Polônia criava os mais puros cavalos árabes do mundo; o sonho de Rau era fazer com que a nação alemã produzisse o modelo ideal de cavalo militar.

Em maio de 1938, quando Rau e sua comitiva chegaram a Nova York, o curso da Alemanha nazista estava sofrendo uma guinada. Em março, eles haviam invadido a Áustria; no setembro seguinte, Hitler anexaria grandes porções da Tchecoslováquia e, com a assinatura do Acordo de Munique, França, Grã-Bretanha e Itália permitiam que ele continuasse livre de qualquer condenação. Em novembro de 1938, já não era mais possível esconder a perseguição aos judeus. Multidões enlouquecidas tomaram conta das ruas de Berlim e outras grandes cidades, incendiando sinagogas e destruindo lojas de propriedade de judeus durante a Kristallnacht (Noite dos Cristais).

Mas nos Estados Unidos o clima estava finalmente mais leve após anos de sérias dificuldades econômicas. Howard Hughes havia batido o

---

* Conceito absorvido do teórico alemão da geopolítica Karl Haushofer. Com base no darwinismo social, o Espaço Vital alemão consistia na dominância sobre o Leste Europeu, para a garantia da sobrevivência da raça germânica, mesmo que isso custasse a invasão de territórios vizinhos e a submissão de suas populações. (N.E.)

recorde de velocidade a bordo do seu avião H-1 Racer, com uma volta ao mundo em apenas 91 horas. O governo havia instituído um salário mínimo por hora, garantindo uma proteção sem precedentes aos trabalhadores do país, e Walt Disney acabara de lançar seu primeiro curta animado com o Pato Donald. Em meio ao clima otimista, no entanto, um debate urgente crescia. Muitos diziam que os Estados Unidos precisavam tomar uma posição contra os objetivos bélicos de Hitler; um grupo também ruidoso achava melhor manter uma política de completo isolamento.

O primeiro evento do tour dos criadores de equinos do Reich nos Estados Unidos foi uma viagem até Elmont, no estado de Nova York, para uma visita à pista de corrida Gilded Age do Belmont Park. O elegante endereço não só atraía membros da aristocracia norte-americana com uma longa tradição de paixão por cavalos, mas também aqueles recentemente entronados titãs industriais que circulavam ao redor dos seus patrícios na esperança de conquistar um novo status social. "O esporte dos reis" criava a oportunidade ideal para que os novos ricos pudessem ostentar sua fortuna, e Belmont havia mesmo sido construído em 1906 para servir de playground particular para esse tipo de gente. De acordo com o historiador do hipódromo, Paul Moran, "desde o conceito até sua implantação em sua forma original, a nova pista de corrida que seria batizada Belmont Park, em honra ao primeiro August Belmont, foi um projeto organizado por e para a aristocracia norte-americana, que era definida pela riqueza, posição social e linhagem". Na verdade, porém, o jóquei clube de Belmont, organização controladora das corridas de PSI nos Estados Unidos, havia sido fundado por um mix de pessoas. Parte delas tinha mesmo o sangue azul típico dos Estados Unidos, com traços que os levavam direto aos tripulantes do navio *Mayflower* e aos puritanos pioneiros na fundação do país, mas outros eram novos ricos, industriais, gente que ascendia socialmente por meio de casamentos com aristocratas, da participação na Igreja e da associação à elite ligada à corrida de cavalos.

Em Belmont Park, as corridas seguiam o sentido horário, no famoso "estilo inglês", e de tal modo que os ricos e prósperos pudessem ver a linha de chegada de dentro das confortáveis instalações do *clubhouse*, felizes por poderem acompanhar cada detalhe dos puros-sangues norte-americanos em exibição. Os cavalos PSIs eram originários da Inglaterra e até àquela altura todos os exemplares da raça vinham de uma ligação direta com três garanhões importados do Oriente Médio para a Inglaterra no fim do século XVII e começo dos anos 1800. Ao cruzarem tais espécimes com o cavalo de tração (ou cavalo de tiro) inglês, o resultado foi um tipo mais leve, mais rápido e mais temperamental que se mostrou perfeito para as corridas. Já na metade do século XIX, os PSIs conseguiam alcançar cerca de 1,60 metro, quase dez centímetros a mais que os garanhões originais: o cruzamento seletivo havia assim produzido cavalos maiores, mais rápidos e tão mais fortes e sensíveis que carregavam em si o desejo de explodir em velocidade como se jamais fossem parar de correr. Talvez em nenhum outro campo além dos cavalos de corrida tenha-se visto tão claramente o conceito de cruzamento seletivo ser aplicado com tanto afinco. Para obter animais da mais alta qualidade, os criadores se baseavam em dois princípios: linhas sanguíneas de qualidade superior e desempenho comprovado para garantir a criação dos cavalos mais velozes possíveis. Um animal experiente poderia ser avaliado pelo seu desempenho nas pistas, mas toda vez que um novato de dois anos de idade era colocado para correr, todo mundo – dos proprietários aos especialistas em cruzamento e incluindo também as pessoas comuns que vinham apostar nas corridas – se tornava um cientista amador especializado em genética. Muitas vezes o processo de tentativa e erro dos cruzamentos ultrapassava os parâmetros da ciência. Antes da descoberta do DNA, os cientistas não sabiam ao certo como os traços eram transmitidos de pais para filhos, mas o refinamento dos cavalos PSIs, considerando-se duas das suas qualidades mais básicas, tamanho e cor, e ainda outras qualidades mais complexas, como temperamento e personalidade, parecia seguir adiante através de um processo meticuloso de escolhas no cruzamento.

No entanto, Belmont Park não era o único lugar em Long Island onde as pessoas se mostravam interessadas nos resultados do cruzamento seletivo. A quarenta quilômetros dali, em Cold Spring Harbor, estado de Nova York, Mary Harriman, a viúva de E. H. Harriman, um dos magnatas das ferrovias, havia doado fundos para a criação de um novo centro de pesquisa "científica": o Eugenics Record Office (ERO). Seu diretor, Charles B. Davenport, um professor de zoologia formado em Harvard, acreditava que os princípios desenvolvidos no cruzamento de animais poderiam ser aplicados à raça humana. O objetivo do ERO era treinar "pesquisadores especializados em eugenia" que fariam um trabalho de campo para criar registros do pedigree das famílias norte-americanas, reproduzindo assim a maneira que já existia de registrar a linhagem de cavalos, em uma tentativa de identificar as ascendências mais fortes e mais fracas. A proximidade das duas empreitadas – o hipódromo e o Eugenics Record Office – ia, é claro, muito além da mera coincidência. Uma facção conservadora de classe alta, formada em sua maioria por donos de propriedades baroniais em Long Island, tinha interesse tanto na criação de cavalo quanto no aprimoramento da linha sanguínea do povo norte-americano por meio da aplicação dos conceitos racistas e pseudocientíficos da eugenia.

Sir Francis Galton, que era primo de Charles Darwin, foi o primeiro a cunhar o termo "eugenia" em seu livro de 1883, *Inquiries into human faculty and its development* [*Questionamentos sobre a faculdade humana e seu desenvolvimento*]. Galton era um estatístico que, entre outras coisas, desenvolveu fórmulas que ajudam a prever resultados de corridas de cavalo. Ele teorizava que, assim como o mundo natural se beneficiava do processo de seleção natural, a sociedade humana também se beneficiaria ao eliminar elementos fracos: os eugenistas acreditavam que, como o cruzamento de cavalos produzia espécimes maiores, mais velozes e melhores, os cientistas poderiam eventualmente eliminar da população humana o que fosse considerado "indesejado" – o que ele definia em termos vagos como indivíduos "débeis" (o que podia cobrir tanto pessoas com graves problemas de desenvolvimento mental até epiléticos e mães solteiras) e "degenerados" (como pessoas que sofriam de problemas com o álcool, ladrões baratos e até gente desempregada). Galton e seus seguidores imaginavam um futuro em que a sociedade seria homogeneizada e os males sociais seriam simplesmente extirpados da população por meio do cruzamento seletivo.

Em 1930, Alfred Frank Tredgold, médico do London University Hospital (Hospital Universitário de Londres), referiu-se ao cavalo mais importante da Grã-Bretanha, o Grand National, em seu discurso sobre aptidão racial na British Eugenics Society (Sociedade Britânica de Eugenia): "É seguro afirmar que, se os princípios da eugenia não tivessem sido aplicados à criação de cavalos, nós jamais teríamos um Grand National". Charles B. Davenport certa vez disse a um doador em potencial que a mais "progressiva revolução da história humana" seria obtida "se o acasalamento de humanos pudesse ser colocado na mesma alta instância em que se encontrava a criação de cavalos".

A noção de que a humanidade poderia ser aprimorada com o uso de princípios similares aos utilizados na criação de cavalos PSIs estava em moda entre a intelectualidade e, nos Estados Unidos, a ideia havia adquirido a simpatia de alguns dos mesmos plutocratas que se sentaram ao lado dos visitantes alemães em 1938.

O grupo do Reich já tinha familiaridade com os conceitos de um pedigree da raça humana. Para que uma pessoa fosse aceita no Partido Nazista, ela precisava demonstrar que tinha "sangue puro" correndo nas veias de pelo menos quatro gerações de sua família. Aspirantes a funcionários públicos, em especial aqueles que vinham de áreas de países eslavos onde se falava o alemão, precisavam carregar um documento que provasse ascendência ariana.

O segundo dia da visita dos criadores de cavalos do Reich foi marcado por uma visita longe dos estábulos, com um passeio pela metrópole de Nova York, um reluzente testemunho do poder industrial moderno. Os edifícios Empire State e Chrysler se erguiam incandescentes acima da linha do horizonte, ambos tendo menos de uma década de idade. De sua frenética área costeira até seus restaurantes automáticos operados só com moedas, Nova York explodia em novidades diante dos olhos daqueles visitantes do velho continente europeu.

E lá mesmo, na maior e mais moderna cidade do país, a tal ciência eugênica tinha o seu próprio templo. O American Museum of Natural History (Museu Norte-Americano de História Natural) tomava conta da maior parte da Manhattan Square, com sua fachada em estilo gótico vitoriano flamejando acima do Central Park como se fosse um professor antiquado a desaprovar tudo o que acontecia ao seu redor. A nova entrada grandiosa no Central Park West era um monumento ao famoso naturalista e estadista Theodore Roosevelt, além de servir de lar para uma das mais impressionantes coleções de artefatos naturais do mundo. Na prática, o lugar era também um santuário dos princípios da teoria da evolução, abrigando uma coleção sobre dinossauros que muitos consideravam melhor que qualquer outra. O museu exibia ainda o esqueleto do cavalo de corridas norte-americano Sysonby, célebre por vencer 14 entre 15 corridas – seu tratador mais tarde admitiu ter sido subornado para dopar o animal antes da única corrida que ele não venceu. A contribuição à ciência que Sysonby dava ali era fornecer "o mais perfeito exemplo da estrutura óssea de um cavalo de corrida moderno, apresentando conformação e estatura ideais, sem falar nas suas excepcionais qualidades como cavalo de corrida".

De 1908 até 1933, a direção do museu esteve nas mãos de Henry Fairfield Osborn, cuja significativa contribuição ao estudo dos dinossauros só perdia para sua devoção à eugenia e sua admiração por Hitler. Em 1921, com grande alarde, o museu inaugurava uma exibição que surgira de uma ideia original do diretor e que se chamava Osborn's Hall of the Age of Man (Salão de Osborn sobre a Era do Homem), e que se propunha a mostrar a evolução das "raças humanas" desde as mais "primitivas" até as mais "avançadas" expressões da humanidade. A exibição como um todo baseava-se, no entanto, em ciência de má qualidade – Osborn encampava, em especial, "o homem de Piltdown", um punhado de fragmentos fossilizados de ossos que se popularizaram como o "elo perdido" entre os macacos e os humanos. Enquanto outros cientistas contemporâneos questionavam a validade do achado (uma mandíbula de macaco que se fundia com um crânio humano e que mais tarde foi definitivamente classificado como uma deliberada farsa), Osborn atestava que aqueles ossos provavam que o ancestral primitivo do homem moderno não era africano nem asiático, mas anglo-saxão. Em agosto de 1932, o Museum of Natural History recebia o Third International Congress on Eugenics (Terceiro Congresso Internacional de Eugenia), no qual E. H. Harriman, nascido ali perto, em Elmont, fazia o papel de orador principal. Entre os eventos programados, além de palestras sobre os perigos da miscigenação de raças e os benefícios da esterilização involuntária, constava uma apresentação sobre cavalos de corrida. De novo, a ciência por trás da criação de melhores cavalos se mostrava profundamente entrelaçada ao esforço paralelo de se entender e aprimorar a raça humana.

Depois de um dia passeando por Manhattan, os alemães apaixonados por equinos visitaram um lugar ao norte de Goshen, no estado de Nova York, para conferir o renomado estábulo de cavalos trotadores norte-americanos criados por outro Harriman, E. Roland Harriman, irmão de E. H.

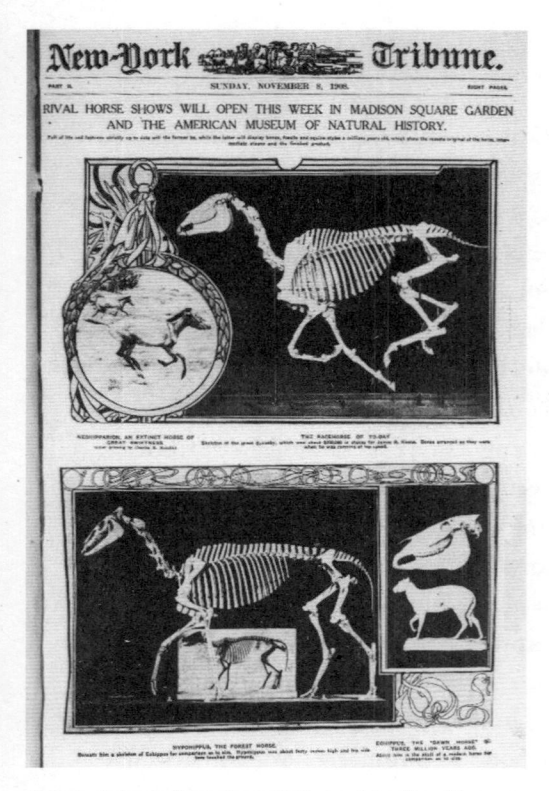

O esqueleto de Sysonby exibido no American Museum of Natural History, 1908.

Harriman. Por todo o século XIX, o *harness racing** era um dos esportes nacionais mais queridos dos Estados Unidos. Popular em cidades agrárias, ele começou a perder prestígio à medida que o país se industrializou. Um dos maiores promotores dessa corridas de trote era E. Roland Harriman, que havia investido na criação de trotadores e era o presidente da American Trotting Horse Association (Associação Americana de Cavalo Trotador) e que, por tudo isso, era praticamente o único responsável pela manutenção do interesse por esse esporte que era em tudo uma genuína criação ianque. Sentados na tribuna principal doada em 1911 pela sua cunhada, Mary Harriman, a mesma filantropa que havia doado dinheiro para a fundação do Eugenics Record Office em Cold Spring Harbor, os entusiastas alemães tiveram a oportunidade de ver uma moderna criação de cavalos em seu mais alto nível.

A raça conhecida como standardbred difere em vários pontos importantes do seu irmão mais cheio de histórias, o PSI. O standardbred é julgado não pela sua ascendência nobre, mas pela habilidade em executar uma tarefa específica: trotar a distância de uma milha em menos de dois minutos e trinta segundos. As diferenças entre o thoroughbred (PSI) e o standardbred são evidentes até mesmo no nome das raças: "thoroughbred" denota a pureza do seu sangue; "standardbred" denota sua configuração como um padrão de raça. A corrida de um standardbred, talvez não por acaso, desfrutava de uma popularidade muito específica entre os ricos proprietários de indústrias dos Estados Unidos

---

* Corrida em que o jóquei segue em uma charrete ou aranha atrelada ao cavalo. (N.T.)

que pareciam fascinados pela ideia de cavalos produzidos de maneira padronizada e fidedigna, como se fossem produtos de uma fábrica. Diferente do princípio da linhagem pura do thoroughbred, o raciocínio entre os criadores de standardbreds era outro: criar um cavalo padronizado, com habilidades uniformizadas, por meio da seleção daqueles que mais se aproximavam de seus critérios-alvo. E a prática deve ter mesmo despertado o interesse de Rau, que sonhava com a criação de uma raça de cavalos militares alemães que deveriam ser equivalentes a máquinas produzidas em um ritmo industrial.

De Goshen, o grupo de Rau seguiu para o Devon Horse Show (Show de Cavalos de Devon) no elegante subúrbio de Filadélfia conhecido como Main Line, partindo depois para Baltimore. Em Reisterstown Road, no Worthington Valley, ao norte de Baltimore, a Sagamore Farm, de Alfred Vanderbilt, cobria mais de duzentos hectares. A propriedade tinha cerca de trinta quilômetros de cerca branca e seu inconfundível estábulo de telhado vermelho abrigava noventa baias, além de uma pista coberta de 402 metros. Naquela época, ocorria um considerável volume de fertilização cruzada entre os PSIs europeus e norte-americanos, porque os criadores endinheirados dos Estados Unidos marcavam presença nos melhores leilões da raça que ocorriam na Europa. Vanderbilt, que ganhara a fazenda de presente da sua mãe no seu 21º aniversário, havia adquirido do xá da Pérsia os direitos de cruzamento de um dos melhores PSI da Europa, o ganhador da English Triple Crown (Tríplice Coroa Inglesa), Bahram. Após inspecionarem o impressionante haras de Vanderbilt, a próxima parada foram as pastagens de *bluegrass* da cidade de Lexington, no Kentucky, o centro da criação de PSIs nos Estados Unidos. A cada instância da viagem, os alemães visitavam estábulos, conferiam feiras de equitação do mais alto nível e discutiam detalhes sobre cruzamento e treino.

Quando o grupo de Rau chegou ao seu destino final, a base da Cavalaria em Fort Leavenworth, Kansas, é de se imaginar que eles tenham se sentido completamente perdidos diante de uma paisagem que em tudo diferia da Alemanha. Um céu azul enorme arqueava-se sobre o campo aberto ao redor da cidadezinha rural onde eles fariam um tour em uma das mais impressionantes escolas de cavalaria do mundo ocidental – e que pertencia ao Exército dos Estados Unidos. Em suas anotações sobre a competição olímpica de 1936, Rau assinalou com orgulho o grande número de competidores de outros países que montavam cavalos de origem alemã. Não foi o caso, porém, dos norte-americanos, que haviam trazido animais criados pelo seu próprio Exército para a disputa em Berlim. Em Fort Leavenworth, Rau pôde ver em primeira mão o programa de cruzamento organizado pelos Estados Unidos e que operava segundo um princípio bastante diferente dos modelos baseados na ideia de "puro-sangue" tão admirada por Rau. Os Estados Unidos haviam iniciado seu próprio programa em 1918 sob a mesma inspiração "olímpica" do alemão, ao ver cavalos do mundo todo reunidos nos Jogos de 1912. Mas eles haviam adotado uma abordagem completamente diferente com o estabelecimento do serviço de remontaria do Exército em 1918. Nesse sistema, eles buscavam garanhões com certas características como robustez, bom temperamento, boa saúde e uma estatura mediana. A raça dos animais pouco importava. Elas variavam e incluíam PSIs, morgans, quartos-de-milha e árabes. Os cavalos eram, então, espalhados pelo país afora — uns eram emprestados para rancheiros, em especial na área das planícies do lado oeste do país, onde se encontrava a maioria dos criadores de equinos. Qualquer pessoa da região podia, então, cruzar uma égua sua com um garanhão do Exército. Bastava que ela fosse considerada adequada para o cruzamento e que seu proprietário pagasse uma pequena taxa. Nas Olimpíadas de Rau, um desses animais mestiços, Jenny Camp, conquistara a medalha de prata após um desempenho brilhante na extenuante prova completa de três dias. A pequena égua havia provado que um cavalo criado no campo, fruto de um garanhão PSI e uma matriz de raça desconhecida, podia competir em pé de igualdade contra os mais raros puros-sangues do mundo.

Nos Estados Unidos e na Grã-Bretanha, a moda de aplicar os princípios seletivos da criação de cavalos entre humanos nunca de fato pegou — felizmente! E, embora o interesse persistisse entre os elementos mais conservadores da classe alta, já na metade da década de 1930 a ideia começava a cair em desuso. A exposição no chamado Osborn's Hall of the Age of Man foi, então, desmontada, enquanto a "ciência" por trás dela era descreditada. Mas no Terceiro Reich de Adolf Hitler as mesmas ideias ganhavam força e floresciam, trazendo consigo resultados desastrosos tanto para as pessoas quanto para os cavalos.

....

Enquanto Rau cruzava o Atlântico com sua *entourage*, carregava consigo a esperança de trazer algumas dessas ideias modernas dos Estados Unidos para a Alemanha, temperadas, é claro, com suas próprias crenças na superioridade dos cavalos europeus (especificamente, os de origem alemã). Em breve, a história lhe daria a oportunidade de colocar suas teorias em prática, em uma escala sem precedentes.

Quando os entusiastas equestres do Reich atracaram em Bremerhaven, eles haviam visto o que os melhores criadores de cavalos dos Estados Unidos tinham a oferecer. O grupo retornara a uma Alemanha à beira de uma guerra moderna em que os cavalos teriam, no entanto, um papel central no planejamento logístico do Reich. O Exército Alemão era conhecido por sua competência tecnológica, mesmo assim ele ainda dependia dos cavalos para o transporte de artilharia pesada e suprimentos. Por isso, os militares precisavam aumentar de maneira rápida o número de animais disponíveis para a Wehrmacht*. Em 1938, o Exército Alemão, em tempos de paz, possuía apenas 183 mil animais (entre cavalos e muares). Já em 1945, eles empregariam 2,7 milhões de equinos em seu esforço de guerra, mais que dobrando o número utilizado na Primeira Guerra Mundial. Logo após seu retorno da viagem de reconhecimento feita nos Estados Unidos, Rau se encontrou, então, em posição ideal para colocar seu conhecimento sobre criação de cavalos a trabalho em prol da máquina militar alemã.

Hitler invadiria a Polônia dentro de apenas seis meses. No projeto delineado para sua ocupação, havia um plano para "reconstruir a indústria de criação de cavalos da Polônia" em nome do "interesse da nação alemã". Para tocar o programa, o Alto-Comando do Exército Alemão (Oberkommando des Heeres) escolhera Gustav Rau.

---

* As Forças Armadas Alemãs durante a Segunda Guerra Mundial. Compreendiam a Kriegsmarine (Marinha de Guerra), Heer (Exército) e Luftwaffe (Força Aérea). No uso coloquial, o termo "Wehrmacht" é empregado para referência ao Exército, embora isso signifique uma imprecisão. No início da guerra, uma quarta força foi criada e adicionada à Wehrmacht: a Waffen-SS, braço armado da organização política que, no caso do sucesso total do projeto nazista de poder, teria assumido o controle de todos os aspectos da vida social e política alemã, substituindo inclusive as demais forças. (N.E.)

O PRÍNCIPE POLONÊS
JANÓW PODLASKI, LESTE DA POLÔNIA | 1938

A setecentos quilômetros a leste dos conspiradores do Alto-Comando do Exército em Berlim, os empregados do haras Janów Podlaski não faziam a menor ideia de que os alemães estavam de olho em seus cavalos puros-sangues árabes. O plantel da única fazenda nacional de criação de cavalos da Polônia vivia em campos exuberantes às margens do rio Bug. Galopando pelas pastagens da propriedade, eles pareciam flutuar em voo etéreo — suas caudas sedosas tremulavam ao vento como bandeiras desfraldadas, e seus passos eram leves o bastante para bailar ao som da *polonaise* de Chopin.

Dentro de uma das amplas cocheiras da fazenda, às quatro e meia da madrugada do dia 30 de abril de 1938, uma égua tordilha dava à luz um potro que agora se encontrava em cima de uma cama limpa de palha. Desde o instante em que se esforçava para ficar de pé sobre suas longas e estranhas patas, enquanto seus olhos escuros tentavam captar o mundo, o potro já chamava a atenção por suas proporções perfeitas, o que o apontavam como uma das maiores promessas do ano. Em sua testa larga, ele trazia uma grande estrela branca que lembrava em muito o contorno do mapa da sua Polônia. Tinha também a quartela alva. Esse detalhe dava um charme a mais aos seus passos, sempre que ele simplesmente levantava os cascos. Entre suas narinas, havia ainda outra mancha branca reluzente — como um risco — que acentuava o delicado estilo do seu focinho cor de carvão por fora e rosado feito uma concha do mar por dentro. Seu imponente nome, Witez, caía como uma luva sobre um potro tão especial: vinha do polonês antigo e significava "guerreiro, comandante, cavaleiro", o que carrega em si mesmo as ideias de honra, coragem e lealdade.

Erguidos em 1817, os estábulos de tijolos brancos do haras Janów Podlaski formavam um U em torno de um extenso pátio; o mais central de todos era chamado de Zegarowa (Estábulo do Relógio) porque trazia uma torre com um relógio coroando o topo. O telhado de pedras cinzas dos vários edifícios da fazenda reluzia ao sol da primavera e era flanqueado por toda parte por pastos que quase se perdiam da vista. E tudo ali seguia preceitos tradicionais da reprodução de equinos.

As primeiras menções à criação de cavalos árabes na Polônia datam do fim do século XVII. Introduzidos no país pelos turcos otomanos, eles se popularizaram depois que, no século XIX, um punhado de ricos nobres poloneses viajou até a Arábia à procura de cavalos puros-sangues, trazendo exemplares que deram início a estábulos voltados a reprodução instalados em suas grandes propriedades. Saqueadores bolcheviques atacaram grande parte dos maiores haras da Polônia em 1917, abatendo os animais que eles entendiam ser nada mais que brinquedinhos caros de príncipes e barões. Os pobres cavalos foram dependurados nas vigas do telhado dos celeiros e tiveram suas gargantas cortadas. Os pátios dos estábulos se transformaram em lagos de sangue. Dos quinhentos puros-sangues árabes registrados na Polônia antes de 1917, apenas cinquenta sobreviveram aos ataques. Em 1918, ao fim da Primeira Grande Guerra, o número de cavalos puros-sangues árabes existentes no haras Janów era igual a zero. Mas, apesar das muitas dificuldades e partindo do nada, o diretor da fazenda, Stanislaw Pohoski, reconstruiu tudo. Foram necessários quase vinte anos para que isso acontecesse, mas na primavera de 1938 o programa polonês de criação de cavalos estava a todo vapor, com 33 éguas produzindo uma abundante safra de potros promissores.

O assistente do diretor da propriedade, Andrzej Kristalovich, era um jovem quieto que tinha um rosto sério e anguloso. Nascido em Viena, Andrzej havia crescido em meio a cavalos, já que seu pai trabalhara a vida inteira nos melhores haras da Polônia. Quando menino, fascinado pela ideia de voar e pelo apelo das máquinas, Andrzej quis primeiro ser piloto de avião, mas sua paixão pelos equinos falou mais alto — embora ele ainda alimentasse seu amor pelas máquinas dirigindo um Ford fabricado nos Estados Unidos.

Em dezembro de 1938, Kristalovich chegou ao Janów para assumir seu cargo de diretor assistente. Witez não havia completado ainda seu primeiro ano de vida, e o jovem polonês já tinha decidido que o potro com a estrela branca na testa era o melhor exemplar daquela safra. Ele também estava convencido de que Janów Podlaski recuperaria muito em breve o prestígio que tinha antes da Grande Guerra. Naquele ano, o melhor entre os garanhões do haras, um cavalo chamado Ofir, havia produzido três potros fantásticos: Witez e seu dois meios-irmãos, Witraz (Vitral) e Wielki Szjlam (Grand Slam). Aos 43 anos, o diretor, Stanislaw Pohoski, era vinte anos mais velho que Kristalovich e iria, eventualmente, aposentar-se. Kristalovich tinha esperanças, então, de ser seu sucessor e dirigir o haras nacional polonês. Ele, os três potros de 1938 e os novos cavalos que estavam para nascer iriam reconstruir, juntos, a indústria de criação de cavalos árabes da Polônia, elevando-a a novos patamares. Naquele instante, Kristalovich permanecia próximo à cerca do pasto onde Witez brincava alegre ao lado da mãe, Federajca. A égua tordilha trazia uma marca rara conhecida como "ombro de sangue". De acordo com a tradição árabe, uma égua com uma marca de pelo vermelho dava à luz cavalos destinados a vitórias nos campos de batalha.

No começo de 1939, embora o ambiente exalasse serenidade e prosperidade no haras Janów, nuvens negras se aglomeravam ao redor da calma dos estábulos. Em apenas seis meses, na última semana de agosto, alemães e russos assinariam um acordo de não agressão que secretamente garantia que eles não disputariam a posse da Polônia: eles iriam apenas dividir o país em duas esferas de influência. Uma semana depois, no dia 1º de setembro de 1939, a Alemanha invadia a Polônia pelo lado ocidental. Na ocasião, Witez e seus irmãos tinham apenas um ano.

O haras Janów Podlaski estava situado a oito quilômetros do rio Bug que, por sua vez, fazia fronteira ao leste com a Rússia. Qualquer ideia de que a invasão alemã fosse levar séculos para chegar ali perto foi logo descartada. Em apenas cinco dias a *Blitzkrieg** alemã já cruzava o rio Vístula, um corpo de água que corre praticamente em paralelo ao Bug em direção à região mais central da Polônia. E assim, aquela geografia que parecia formar uma barreira impenetrável, ia sendo conquistada pelo Exército Alemão. Os alemães já se encontravam a apenas 240 quilômetros do haras Janów e avançavam a passos largos.

---

* Conceito operacional da doutrina militar alemã desenvolvido no entreguerras, baseado na combinação de ataques aéreos em nível tático com investidas de uma força blindada com a função de manobrar e ultrapassar os principais pontos da defesa adversária. Ao mesmo tempo, os ataques alemães tinham o objetivo de convulsionar a retaguarda do inimigo e desarticular seus centros de comando. *Blitzkrieg* foi um nome conferido nos meses iniciais da guerra à maneira que os alemães combatiam e, de fato, eles foram os primeiros a pôr em prática várias ideias sobre como usar as armas modernas que já vinham sendo discutidas por pensadores militares de vários países da Europa. (N.E.)

À medida que a situação se agravava, o pequeno grupo de funcionários do haras se reuniu para discutir em sussurros preocupados o que seria seu plano de ação diante do iminente ataque. Kristalovich ouviu com atenção quando Pohoski discorreu sobre as opções. O diretor era velho o bastante para se lembrar da depredação sofrida da última vez em que os cavalos de Janów Podlaski se encontraram em meio a uma zona de guerra. Enquanto conversavam, eles também observavam os frutos do seu trabalho: as éguas malhados com seus potros ao lado; Ofir, o garanhão de porte nobre; os três gloriosos cavalos de apenas um ano de idade. A ideia de que todos eles poderiam ser massacrados era simplesmente devastadora demais. Mas embarcar em uma longa viagem com os cavalos seria também uma empreitada difícil. O diretor, no entanto, temia que a permanência deles teria consequências ainda piores. Na verdade, todos sabiam que não havia uma solução satisfatória. E depois de dias de hesitações, Pohoski tomou sua decisão final: eles evacuariam todos os cavalos e também todo o pessoal. A rota que seguiriam os levaria a leste do rio Bug e depois eles rumariam para o sul, em direção à Romênia, onde havia a esperança de que eles pudessem encontrar um refúgio. Mas nada seria fácil, pois aquela era uma jornada em que eles atravessariam por terra mais de oitocentos quilômetros de distância.

Pois foi assim que, na manhã de 11 de setembro de 1939, aquele improvável grupo de homens e cavalos colocou o pé na estrada. Pohoski liderava a trupe de cima de uma carruagem puxada por dois cavalos e que levava pertences básicos; na sequência vinha a pé o cavalariço responsável pelos garanhões e que tentava controlar um ruidoso conjunto com mais de uma dúzia de cavalos. Outro empregado do haras, mais jovem, segurava a corda guia de Witez que, ao valsar para fora do estábulo com seu porte de príncipe, olhos brilhantes e cauda aprumada, parecia embarcar em um despreocupado passeio que não tinha nada a ver com o atropelo de uma fuga desesperada para salvar a própria vida. E, por fim, havia Kristalovich à frente do derradeiro grupo – o mais vulnerável deles – composto de éguas e potros que seguiam alegres ao lado de suas mamães.

A longa fila de 250 cavalos árabes de porte altivo cobreava por entre estreitas estradinhas rurais; a percussão dos cascos batucando contra o chão enchia o ar enquanto eles passavam por casas e fazendas simplórias cujos habitantes se surpreendiam com o exuberante desfile de príncipes e princesas, como se ali passasse uma comitiva da realeza atravessando uma vila de pobres camponeses. Mas quando eles atingiram a estrada principal que seguia de leste a oeste, os fugitivos do haras Janów deram de cara com uma inesperada horda de gente desesperada – uns viajavam a pé; outros iam em cima de charretes puxadas por cavalos e carregadas muito além do possível com tudo que possuíam. As estradas estavam mesmo todas tomadas por refugiados que partiam para leste em uma tentativa de escapar do avanço alemão. Essas pessoas contavam histórias aterrorizantes – a Luftwaffe atirava sem pestanejar nas fileiras de refugiados e atacava os civis como se eles fossem soldados. As estradas simplesmente não eram mais seguras e por isso o grupo do haras decidiu, enfim, que viajaria apenas à noite.

O cavalariço de Witez o observou com um olhar preocupado. O potro estava animado, mas após horas de marcha sua fadiga era evidente. Logo Witez e seus dois meios-irmãos estavam com dificuldades para manter o ritmo dos mais velhos. Nas estradas lotadas de fugitivos, era também mais complicado controlar os cavalos. Kristalovich tentou contar as cabeças, mas os cavalariços encarregados dos animais não podiam fazer muito mais que lançar um olhar desesperado quando algum bicho se desligava do grupo. Não demorou muito e alguns dos potros mais jovens já se arrastavam à frente das éguas que os empurravam e os cutucavam para que seguissem adiante. Dentro de pouco tempo, alguns começaram a tropeçar e cair, incapazes de dar mais um passo.

E foi aí, justo quando o grupo subia um morro, que o desastre aconteceu. De repente, eles se depararam com um enorme comboio do Exército Polonês que bloqueava o centro da via. Os cavalos da frente entraram em pânico com o inusitado da cena e passaram a recuar e fugir. No momento seguinte, houve uma reação em cadeia, e a estrada logo se tornou um campo de batalha, com cascos e patas desorientados, girando em todas as direções. Estava formado um completo pandemônio! Os cavalariços tentavam loucamente conter os animais, mas na confusão um grande grupo fugiu. Kristalovich viu aquilo tudo sem poder fazer muito. E viu também quando Witez escapou do tumulto e desapareceu em direção às profundezas da mata fechada. Os homens do haras demoraram, mas conseguiram resgatar o controle da situação. Porém mais de oitenta cavalos haviam escapado – entre eles os três mais preciosos exemplares da nova geração: Witez, Witraz e Wielki Szjlam.

Incapaz de sair da estrada principal ou de abandonar os cavalos que ali estavam para procurar os fugitivos na floresta, a agora ainda menor comitiva do haras Janów não teve outra opção a não ser seguir adiante, enquanto Kristalovich jurava a si mesmo que, assim que chegasse em um lugar seguro, voltaria para tentar localizar os cavalos que haviam ficado para trás.

À medida que eles se moviam, o ar se enchia de mais e mais sons de lamúria dos animais que restaram. Os cavalos choravam a perda de seus companheiros. Ao mesmo tempo, em algum lugar da floresta, Witez vagava sozinho. Arrasado, Stanislaw Pohoski puxou sua pistola e apontou para sua têmpora, determinado a se matar como um último gesto de honra. No entanto, Kristalovich interviu a tempo. Falando com ele em um tom suave, mas também urgente, o rapaz explicou ao chefe que o dever deles era salvar os animais que restavam. Eles não podiam desistir. Simplesmente não tinham esse direito. E assim, após uma pausa que parecia eterna, Pohoski abaixou a arma e a recolocou em seu coldre.

O grupo avançou, então, prestando atenção aos animais mais jovens que continuavam a sofrer para seguir o ritmo dos outros. O esforço era evidente. Bastava olhar para seus cascos tenros que se deterioravam com as exigências daquela longa jornada. Passado mais um tempo, eles notaram que os refugiados agora surgiam das duas direções — alguns fugiam para o leste, enquanto outros tentavam escapar indo para o oeste. E todos pareciam confusos, sem saber que direção os levaria a um porto seguro. Na verdade, as estradas estavam mesmo abarrotadas e havia vários bloqueios impostos pelas forças polonesas que, na prática, não tinham controle algum sobre aquela situação de caos. Além disso, de noite, a baixa visibilidade trazia outros perigos. Em dado momento, por exemplo, eles deram de cara com um arame farpado cortando a estrada de uma ponta à outra e, muito antes de entenderem o que ocorria, oito dos seus cavalos já haviam se enroscado no metal de tal maneira que ninguém mais conseguia extirpá-los de lá. Gritos terríveis logo tomaram conta de tudo, enquanto o desespero dos bichos fazia com que o arame farpado os apertasse e os enredasse ainda mais. Em silêncio, Kristalovich sacou sua pistola e disparou oito tiros de pontaria precisa que saíram cortando a noite escura. Os guinchos enlouquecidos então cessaram, mas a noite estava agora mais pesada que nunca, ainda mais escura e desesperadora para os refugiados de Janów.

Mas o pior era que nada ali trazia em si uma promessa de alívio. De fato, não tardou muito e o grupo recebeu a notícia de que os russos haviam cruzado a fronteira oriental da Polônia no dia 17 de setembro e que vinham agora na direção deles. Depois de três dias de uma exaustiva marcha, os cavaleiros, cavalariços e cavalos que restavam finalmente chegaram a uma pequena ponte de madeira que atravessava o rio Bug. A segurança contra o avanço dos alemães estava ali, na outra margem do rio. E quando o último dos cavalos cruzou a ponte, os homens do haras Janów acharam que seus maiores problemas estavam ficando para trás. Com renovada esperança, eles seguiram, então, rumo à vila de Kovol, que ficava a apenas uns poucos quilômetros adiante na estrada. Eles tinham a expectativa de encontrar por lá um local em que pudessem descansar e proteger os cavalos. Mas, ao se aproximarem dela, viram que havia ali algo de muito errado. Chamas alaranjadas se erguiam contra os céus – a vila estava sendo incendiada. O som da artilharia explodia de modo ensurdecedor, enquanto ficava cada vez mais próximo. Depois de dias de uma viagem cansativa e perigosa, o grupo se encontrava em uma situação talvez até pior do que antes, e simplesmente não tinha nem como seguir adiante.

Sem ver outra alternativa possível, Pohoski tomou uma decisão agonizante: eles retornariam para o haras Janów e, nessa viagem de volta, tentariam localizar os cavalos que haviam ficado para trás. Com os pés doloridos, com fome e descrentes de tudo, o grupo voltou para a mesma estrada abarrotada de antes. À medida que retraçavam seus passos, eles sentiam como se a via estivesse debaixo de uma sombra escura e mórbida. Aquela jornada toda, o cansaço, a perda dos cavalos mais novos – tudo havia sido em vão.

Alguns quilômetros mais tarde, estavam de novo no mesmo ponto em que antes haviam cruzado o Bug, só que existia um novo problema: a ponte agora não passava de um amontoado de escombros que acompanhava a corrente impassível do rio. Desolados, eles seguiram, então, para o sul, enquanto viam morrer ali qualquer chance de recuperar os cavalos perdidos ao longo da estrada. Rio abaixo, após entenderem que não seria possível encontrar uma ponte intacta, os homens se viram forçados a colocar os cavalos cansados para enfrentar a correnteza do rio.

E foi assim que, magro, deprimido e exausto, o dizimado grupo chegou à fazenda alguns dias mais tarde, claudicando portão adentro, onde enfim iniciava um período tenso de espera, sabendo que o exército invasor chegaria em breve, muito em breve.

Os prédios brancos e os campos verdes pareciam os mesmos. O relógio da torre do estábulo media o compasso lento do tempo até que, no dia 25 de setembro, a espera se encerrou: seis tanques surgiram no horizonte, instalando ali a ocupação russa do haras Janów Podlaski.

A princípio, as tropas russas mostraram pouco interesse nos cavalos. Kristalovich, Pohoski e o restante da equipe tentaram não chamar a atenção, emergindo apenas para alimentar e cuidar dos animais. Com desconfiança, eles observavam tudo, tentando imaginar o que viria a seguir. Na manhã de 5 de outubro, os moradores poloneses de Janów notaram com certo alívio que os russos pareciam se preparar para partir. Mas esse alívio logo virou terror: era claro agora que os soldados se preparavam para levar os cavalos com eles e pouco se importavam com o fato de que certos animais não tinham a menor condição de viajar. O protesto dos poloneses, porém, não deu em nada e o pequeno número de funcionários da fazenda não tinha mesmo como enfrentar um regimento inteiro de soldados russos.

Kristalovich viu com horror como um soldado russo abrutalhado entrou na baia de uma égua tordilha de nome Nejada. Enquanto tentava colocar o arreio, a égua, que parecia entender o perigo, partiu para cima do russo, acertando-o em cheio. O impacto e o susto foram tão grandes que o soldado decidiu deixá-la em paz. Mas, mesmo na hora da saída, as tropas não perdoaram e colocaram fogo nos estábulos, destruindo tudo que podiam. Os russos, enfim, quebraram e arrancaram tudo, inclusive os batentes da janelas.

Na tarde de 5 de outubro, Nejada era a única equina que restava em Janów. Os destroçados estábulos brancos, castigados pelo fogo, estavam vazios. O restante da fazenda se encontrava assustadoramente tranquilo. Cisnes flutuavam em um lago que se espalhava com preguiça no meio dos campos verdejantes. Os moradores de Janów haviam acompanhado a garupa dos cavalos, as caudas empertigadas, os jarretes, tudo desaparecendo ao longe junto com a companhia de tanques russos que lá se ia rumo ao leste – e, na verdade, após o fim da guerra os poloneses ficariam sabendo que o destino daqueles cavalos era um haras reprodutor em Tersk, na Rússia, a mais de 1.600 quilômetros de distância. Kristalovich e sua equipe haviam feito todo o possível para proteger os cavalos. Mas, agora, apenas cinco semanas após a invasão, eles foram deixados para trás, de mãos vazias, com os estábulos completamente desabitados. Nos campos onde há pouco galopavam os mais belos tesouros vivos da Polônia, pelos reluzindo ao sol, agora se viam apenas gatos sem dono vagando por entre os silenciosos corredores do estábulo, passando por baias sem vida onde ainda se via a aveia servida, parcialmente comida, e agora intocada nos cochos, fazendo companhia aos baldes de água também pela metade.

E, como se não bastasse, apenas algumas semanas após a partida dos russos, um inimigo diferente se aproximou do haras vindo da direção oposta. Uma limusine preta e bem-lustrada subiu a estrada e entrou no pátio assustadoramente tranquilo do haras. Quando o carro parou à frente da torre do relógio, Gustav Rau, o recém-designado comissário de criação de cavalos e do haras da ex-Polônia, saltou do veículo debaixo do seu sobretudo Sumatra, com um charuto preso entre os dedos. Ele havia chegado aos incendiados e saqueados estábulos de Janów Podlaski, pronto para assumir o comando. Sua tarefa era remontar a indústria polonesa de criação de cavalos para a glória do Terceiro Reich.

A filosofia nazista, tão desumana para com os humanos, exibia o estranho capricho de tratar os animais com o máximo de carinho e cuidado. A Alemanha nazista foi o primeiro governo a tornar ilegal a prática da vivissecção. Os nazistas também reformaram as definições de tratamento humanitário para animais e instituíram salvaguardas para o bem-estar dos bichos muito antes de qualquer outro país. Adolf Hitler era, inclusive, vegetariano e, embora não fosse um homem ligado a cavalos e não parecesse ter nenhum interesse direto nas operações de criação, apoiava os programas de reprodução de equinos na Polônia, posto que eles tinham alinhamento total com os seus repreensíveis objetivos para o território polonês ocupado. Em uma guinada cruel e irônica do destino, os invasores alemães, cujo alvo expresso era relocar, escravizar, massacrar e, enfim, aniquilar a população humana da Polônia, idolatravam os cavalos tão bem-produzidos pelos mesmos poloneses tão desprezados. O objetivo da indústria de cavalos na Polônia sob o domínio germânico se desdobrava em dois pontos: primeiro, criar equinos para satisfazer o insaciável apetite das necessidades de transporte e logística do seu esforço de guerra e, segundo, fornecer cavalos de tração para ajudar a cultivar as terras do país ocupado.

Gustav Rau, organizador dos Jogos Olímpicos, *connoisseur* de cavalos de qualidade, tinha um apetite voraz pelo universo dos mais elegantes espécimes. O cavalo árabe era conhecido pelos criadores de equinos como "o grande aprimorador". Cruzar garanhões árabes com éguas de outras raças mostrava uma tendência positiva, de aprimoramento em termos de conformação, temperamento e capacidade ou facilidade de montaria – o que eram características muito estimadas em cavalos militares. Na lógica complicada do conceito de sangue-puro, os cavalos árabes eram tidos como exemplares, portanto eles podiam ser pareados com outras raças sem qualquer comprometimento da integridade delas. Exemplo disso eram as palavras de Hans Fellgiebel, o novo diretor apontado por Rau, sobre o haras Janów que, segundo ele, antes da guerra, constituíra uma "fonte contínua do mais puro e limpo sangue que fez o cavalo domesticado ser o que ele é hoje". Rau imediatamente pôs-se a trabalhar na restauração do principal haras da Polônia. Com a capacidade organizacional que o havia habilitado a organizar as competições hípicas dos Jogos Olímpicos, ele saiu à procura dos cavalos perdidos naquela frustrada fuga dos poloneses para trazê-los de volta à fazenda agora administrada pelos alemães.

Ao longo da trajetória da rota de tentativa de escape, poloneses patriotas, reconhecendo que aqueles cavalos eram um tesouro da Polônia, haviam encontrado e escondido os fugitivos em celeiros e galpões, usando lama para disfarçar sua beleza e suas marcas características. Mas os camponeses poloneses tinham medo dos novos suseranos e entregaram os cavalos assim que os alemães os exigiram. Apesar disso, 80% dos cavalos árabes do haras Janów jamais foram recuperados. Entre a lista dos animais para sempre perdidos estava a mãe de Witez, Federajca. Witez, magro, sujo e em um estado de fraqueza deplorável, mancou de volta para o haras Janów Podlaski junto com seus dois meios-irmãos, tendo tido a sorte de estar entre os trinta e poucos jovens cavalos encontrados pelo interior da Polônia. O filho de Federajca, a égua com a espádua marcada por pelagem vermelha, sobrevivia assim à sua primeira batalha.

A equipe de funcionários poloneses do haras Janów prosseguiu trabalhando por lá apesar de estarem sempre incertos da posição que ocupavam e temorosos dos invasores alemães. Mas a paixão de Kristalovich por seus cavalos era grande demais e o impedia de se afastar. Vendo que Hans Fellgiebel, encarregado por Rau de comandar o haras, parecia ser um sujeito razoável, ele ofereceu seus serviços como um humilde cavalariço. Aquele era um grande passo para trás em relação ao seu posto anterior de diretor assistente, mas era também o melhor que ele podia fazer se quisesse permanecer ao lado dos cavalos. Depois de certo tempo, a fazenda voltou a viver dentro de um estranho tipo de normalidade. E pelo menos os cavalos não estavam mais correndo um perigo evidente e direto.

Janów Podlaski, no entanto, não era o único haras controlado por Rau. Por toda a Polônia, primorosas fazendas de criação de cavalos estavam sob cerco. Algumas haviam sido invadidas por forças russas enquanto outras estavam agora sob o domínio alemão. Nenhuma delas teve sucesso garantido mas, via de regra, os alemães cuidavam dos equinos, considerando-os um valioso patrimônio. Já os animais que davam o azar de estar bem no meio do caminho das tropas russas tinham grande chance de se perderem ou serem mortos. Os cavalos árabes confiscados pelos russos no haras Janów, por exemplo, não se deram muito bem – foram transportados para Tersk, na Rússia, e depois seguiram, a pé, até o distante Cazaquistão. Das 27 éguas, apenas nove viveram por mais de três anos. De maneira geral, os cavalos e as equipes dos haras poloneses sofreram muito durante os anos de guerra. Comparados com outros haras, no entanto, aqueles que estavam sob o domínio de Gustav Rau se deram melhor que os outros. Os nativos trabalhavam incansavelmente, cooperando com os que haviam chegado como conquistadores e fazendo enormes sacrifícios pessoais em nome dos cavalos.

Rau supervisionava uma rede em expansão de estabelecimentos criadores de cavalos na Polônia. Sua morada suntuosa, tomada à força de um rico comerciante judeu de tecidos em Lodz, podia ser vista do gueto cercado com arame farpado que existia na cidade. O déspota encarregado do programa de criação de cavalos da Alemanha se gabava aos que estavam sob o seu domínio de ter "uma linha direta com o *Führer*" e era descrito por um conhecido como "um homem apaixonado pelo poder" que fazia a ronda pelos seus novos domínios, documentando com zelo todos os detalhes dos cavalos confiscados nos territórios invadidos pelos alemães. Desde que Rau observara pela primeira vez a nata dos equinos de todas as nações nos Jogos de 1912, ele sonhava em poder criar na Alemanha o que ele considerava o cavalo perfeito. Agora, com toda a população de 3,9 milhões de cavalos da Polônia sob sua jurisdição, ele tinha uma oportunidade sem precedentes de tentar realizar seu sonho. No haras Janów Podlaski, o luminoso, inteligente e muito rápido Witez não havia passado despercebido. Quem conhecia Rau dizia que ele jamais esquecia um cavalo e, de fato, ele não havia esquecido do príncipe polonês chamado Witez.

Colocar os olhos sobre o baio árabe Witez era como ver a nobreza ganhar carne e osso à sua frente. Mas o que o garanhão via quando encarava aquele caótico mundo ao seu redor? Sua terra natal se encontrava ocupada, era palco de incontáveis mortes, tinha sua destruição decretada e vivia sob mais terror e escuridão que qualquer outro país da Europa. Seu pai fora levado para longe como um tesouro saqueado; sua mãe se perdera no turbilhão e jamais seria encontrada. Todo dia, ele relinchava ao ver seu cuidador se aproximar para alimentá-lo. Witez, claro, queria o que todo cavalo requer: cuidado, carinho, aveia, palha limpa, exercício, uma palavra de amor e um cafuné. Em torno dele, no entanto, imperava a força destruidora da guerra: a cobiça humana pelo poder. Sobre isso, Witez, agora com dois anos, nada sabia. Espremidos entre a Rússia e a Alemanha, entre duas grandes potências, os poloneses – equinos e humanos – encontravam-se perdidos. Gustav Rau impusera uma paz artificial nos estábulos de Janów Podlaski, mas a guerra estava longe de terminar. Na verdade, ela apenas acabara de começar.

Witez na Alemanha.

O IMPÉRIO DE RAU

DEBICA, POLÔNIA | 1942

O veterinário Rudolf Lessing olhou de dentro do trem parado na estação e que seguia viagem para um haras em Debica, na Polônia, que estava sob o jugo dos alemães. Lessing era um ajudante de Gustav Rau. Limpo e bem-alimentado, vestido com o uniforme do Exército Alemão, ele era um homem alto e bonito, com olhos azuis bem claros, cabelos cor de areia e um rosto comprido e bem-talhado. Da janela no trem, Lessing podia ver as cinzas negras subindo, escurecendo o céu como um borrão de tinta que se espalhava por toda parte. Era impossível não sentir os músculos todos tensos ao ver o céu turvo, mas ao mesmo tempo não era possível desviar o olhar. Para além da janela, acima da plataforma agitada, lia-se o letreiro: "Auschwitz". Atrás das pesadas cercas de arame farpado, o gigantesco complexo industrial germânico se perdia no horizonte. Lessing sabia que ali, na "estação agricultural", uma terrível realidade se desdobrava. Em uma viagem recente em que visitara sua casa em Mecklenburg, na parte leste de Berlim, ele tentara explicar ao pai o que se passava na Polônia: "Estão matando os judeus com gás. E muita gente sabe disso". Seu pai se recusava a acreditar, mas Lessing não tinha como não crer. O cheiro estranho da fumaça se agarrava às paredes do nariz e entranhava as fibras dos uniformes. Mas felizmente o trem já partia da estação Auschwitz.

"Se os alemães ganharem a guerra, será a prova de que Deus não existe", pensou o veterinário.

Em 1942, o Eixo estava no ápice do seu poder e a presença devastadora de Hitler era sentida por toda a Europa. Da França à Ucrânia, da Noruega à Itália. Na Polônia ocupada, o esforço alemão de criação de cavalos liderado por Rau florescia. Lustrosos e bem-cuidados cavalos em fazendas e pastos meticulosamente tratados encontravam-se não muito distantes do arame farpado dos campos de concentração e do cheiro de morte que povoavam a Polônia ocupada após 1939. Karl Koch, o comandante do campo Buchenwald, erguera ali um estábulo, uma pista de corrida e uma área coberta para montaria que servia a ele mesmo e a sua esposa. Os alemães gastavam exuberantes montantes de dinheiro em fazendas de criação, shows, corridas e passeios a cavalo durante a ocupação da Polônia. Com excessiva confiança, o Terceiro Reich criara um vasto reino de equinos, e Rau era seu imperador.

Três anos haviam se passado desde que Gustav Rau havia visitado pela primeira vez Janów Podlaski, restaurado o haras e encontrado parte dos cavalos perdidos. Seu domínio havia se espalhado por toda a Polônia. Naquela altura, 14 haras e uma equipe de mais de setenta pessoas encontravam-se sob seu jugo. O mais famigerado de todos era a unidade em Auschwitz, uma fazenda experimental com pouco mais de 160 hectares que abrigava ainda os estábulos dos cavalos montados pelo Totenkopf* da SS – o esquadrão responsável pelas maiores atrocidades cometidas pelo Terceiro Reich e que orgulhosamente ostentava um nome que significa "caveira". A rotatividade de cavalos por parte dos alemães seguia em um ritmo impressionante. O Exército demandava 6 mil novos animais por mês para substituir os mortos em batalhas ou por doenças.

Gustav Rau tinha fundos ilimitados ao seu dispor. Junto com Lessing e outros membros de seu time, viajava por toda a Europa, frequentando os grandes leilões, confiscando cavalos de haras dos territórios ocupados ou "adquirindo" equinos, muitas vezes bem abaixo do valor de mercado, de proprietários particulares. Em suas compras, Rau tinha foco em animais caracterizados pelo mais alto pedigree, na esperança de que assim arregimentaria o puro-sangue que tanto estimava para a sua missão de criar a grandiosa raça do cavalo alemão de guerra. Mas não demorou muito e seu interesse passou a se voltar cada vez mais para a raça lipizzan. Rau despachou um de seus ajudantes em uma missão de aquisição na Iugoslávia, comprando para o Reich todo o estoque de lipizzans dos haras

---

* Originalmente, as Totenkopfverbände eram as unidades da SS responsáveis pela guarda dos campos de concentração. Seu distintivo era uma caveira ("Totenkof") aplicada à gola da túnica de serviço. Quando a SS evoluiu para uma força combatente, um núcleo das Totenkopfverbände se desdobrou em uma das divisões da Waffen-SS. (N.E.)

da realeza iugoslava assim como os garanhões da mesma raça pertencentes ao conde Eltz de Vukovar na Croácia. Parte desses cavalos foi então enviada para um haras na Tchecoslováquia, para garantir sua segurança. Outros foram espalhados pela Polônia e Ucrânia, onde Rau supervisionava com muito orgulho a organização de grandes desfiles com carruagens imperiais puxadas por cavalos lipizzans e conduzidas por sua equipe altamente treinada. Ele também adorava colocar homens com uniformes da SS desfilando de maneira soberba sobre belos cavalos brancos.

Rudolf Lessing, assistente de Rau, percorria toda a área ao lado do chefe, resolvendo as questões veterinárias. No começo, Rau viajava em uma limusine com motorista, mas à medida que seu território se expandiu até a Ucrânia ele ganhou um avião particular. Aquele ambiente grã-fino estava longe da realidade de Lessing. Com apenas 26 anos, o rapaz havia passado seus primeiros anos de guerra como um veterinário de campo no fronte oriental, onde cuidava de cavalos doentes e machucados em hospitais improvisados. Sempre muito ocupado com seus afazeres, tinha pouca oportunidade de pensar sobre os grandes objetivos daquela guerra.

Lessing vinha de Mecklenburg, uma área famosa pelas suas fazendas de equinos. Havia crescido em uma delas, sempre em cima de um cavalo desde muito pequeno. Ainda jovem, fora persuadido pela retórica do Partido Nazista e, contra a vontade do pai, entrara para a Juventude Hitlerista. Aos 18 anos de idade, decidiu ir para a escola de veterinária de Hamburgo. A demanda por veterinários militares era enorme e o Exército se encarregava de bancar o estudo. Seu pai o aconselhara a não aceitar a oferta de pagamento do curso, assegurando-o de que os nazistas estavam se preparando para a guerra, mas Lessing ignorou as palavras paternas. Mais tarde, ele mesmo definiria seu entusiasmo por Hitler, e o de seus contemporâneos, como simplesmente inexplicável.

Após formar-se na escola de veterinária em 1939, Lessing foi enviado para a Noruega e depois para a Rússia, onde os alemães se meteram em uma aguerrida contenda contra o Exército Vermelho. Era a profecia do pai que se tornava realidade. A experiência deixou profundas marcas em Lessing; ele presenciara a miséria e o sofrimento de homens feridos e mortos e ainda tivera contato direto com a agonia dos cavalos no campo de batalha. Lessing havia cuidado de animais febris, vítimas da epidemia de garrotilho – também conhecida como adenite equina, a infecção enchia a traqueia dos animais com tanto pus que eles mal conseguiam respirar. Ele tinha desenvolvido uma gambiarra a partir de um detector de metais para localizar balas entrincheiradas nas entranhas dos cavalos, além de ter operado equinos de meia tonelada em instalações improvisadas que não tinham os equipamentos necessários. O jovem havia visto cavalos exaustos puxando carroças de artilharia, atolados na lama e já sem força de vontade para sequer sair do lugar. Enquanto a maioria das pessoas tende a associar os cavalos à Primeira Grande Guerra, a verdade é que o Exército Alemão usou 2,75 milhões de cavalos, o dobro do que fora utilizado anteriormente, durante a Segunda Guerra Mundial. Mais de 60% deles morreram e sua expectativa média de vida raramente passava dos quatro anos. Na frente de batalha, Lessing trabalhava enfrentando lama e frio justamente para aliviar o sofrimento desses cavalos.

Apesar das objeções do pai,[2] ele também jamais questionou a legitimidade dos motivos daquela guerra. Ele havia aceitado os objetivos de Hitler sem questionamento algum e estava tão imerso no esforço diário da guerra que não tinha tempo nem energia para considerar o terrível impacto daquela ideologia fanática do Partido Nazista. Como oficial veterinário, ele se ocupava com os animais e nunca tivera contato próximo com a liderança nazista. Aquilo, no entanto, mudara por completo quando Gustav Rau o recrutou para atuar em seu projeto. Para o jovem veterinário, aquele era o emprego de seus sonhos. Mas mais tarde ele descrevia em suas memórias como era impossível atuar na Polônia sem perceber a terrível verdade do que ali ocorria.

Os eventos sociais e esportivos existente ao redor dos cavalos envolviam a nata do que havia de pior no estado nazista. Por mais de uma década, a SS, com Heinrich Himmler à frente, havia amealhado prestígio à organização envolvendo-se em competições através de seu braço equestre. O Exército Alemão – entidade completamente separada – não

---

2 "Quando eu tinha 18 anos, por conta própria, eu me juntei ao Partido Nazista, mesmo após meu pai me aconselhar a não fazê-lo. Meu pai não queria saber deles. Ele disse, já naquela época, em 1934, que os nazistas iriam começar uma guerra. E acertou. Ele já tinha essa visão. Eu só entendi aquilo em 1943, quando estava na Polônia." (ARNOLD, 1995)

havia abraçado de imediato a ideia da existência da equipe montada da SS que, inclusive, não tivera permissão para competir nos Jogos Olímpicos de Berlim, em 1936. Porém, em 1939, o Comitê Olímpico alemão havia prometido incluir o time da SS na equipe hípica nacional, marcando dessa forma sua crescente legitimidade no mundo da equitação.

Assim como ocorrera antes da guerra, o Exército e a SS mantiveram sua camarada rivalidade no campo dos esportes equestres. Em 1940, a força policial da ocupação da Polônia organizou uma competição de quatro dias que envolvia montaria, salto e trote com charrete na Cracóvia e que contabilizou 438 participantes que vinham do Exército, da SS, da polícia de ocupação, da Luftwaffe e até mesmo da guarda ferroviária. O time de quatro juízes era composto por nomes famosos presentes na Polônia ocupada: o chefe da Cavalaria da SS e amigo pessoal e confidente de Hitler, Hermann Fegelein; dois dos mais famosos montadores da SS; e ainda o chefe do esforço equestre alemão, Gustav Rau. O *Das Schwarze Korps* (*O Corpo Negro*), jornal oficial da SS, relatava que o torneio fornecera "uma demonstração da prontidão da Alemanha para a guerra [...] uma fantástica prova do trabalho de pacificação realizado pelo seu poder na área ao leste da Alemanha". Gustav Rau fora para a Polônia criar cavalos, mas o mais importante para o Alto-Comando era o poder de propaganda e o prestígio que aquelas atividades davam às forças de ocupação.

Rudolf Lessing estava no cargo há apenas uns meses quando começou a notar a verdade por trás da ocupação nazista. Um dia, em 1942, ele e Rau partiram em uma expedição para adquirir cavalos na Ucrânia. Junto com eles estava Erich Koch, um nazista bigodudo e de tórax em tonel que controlava a Gestapo e a polícia no papel de *Reichskommissar* (comissário imperial) na Ucrânia. O grupo seguia com todo o luxo em um trem confiscado do líder deposto da Polônia. Em uma pausa enquanto aguardavam licença para prosseguir na estação Brest-Litovsk no meio da zona de guerra, Koch, cujo uniforme estava apinhado de medalhas e exibia ramos de carvalho nas lapelas, aproveitou para beber champanhe. O clima no vagão era leve e prazeroso quando os viajantes receberam a companhia de vários oficiais alemães de alta patente, todos conversando e bebendo de suas taças de cristal. Lessing era de longe o mais novo e se sentiu bastante intimidado, pois estava mais acostumado a passar seu tempo em estábulos que desfrutando da intimidade do alto escalão.

Ao mesmo tempo, um trem-hospital passava devagar em uma linha ali ao lado. Pela janela, Lessing pôde ver soldados feridos do fronte oriental empilhados em beliches triplos. Os homens, exaustos e em estado deplorável, estavam embrulhados em curativos esfarrapados e sujos de sangue. Pareciam mortos-vivos. Lessing abaixou o olhar para a taça de champanhe em sua mão e sentiu seu rosto enrubescer enquanto imaginava o que os soldados feridos haviam pensado ao vê-los dentro do vagão chique, com os oficiais fumando e bebendo.

Koch deitou seus olhos azuis e gélidos em direção aos soldados feridos e logo os desviou sem expressar nada de estranho. "Johann", ele bradou para o seu valete com uniforme branco, "feche as cortinas. Estes homens não entendem o estilo de vida dos Nacional-Socialistas". Mas Lessing não conseguia apagar da memória a visão dos soldados feridos. Pela primeira vez ele vivenciava de perto como os líderes do partido viam seus próprios homens, aqueles que sofriam e morriam por eles, com um desprezo implacável.

Rudolf Lessing, que tinha como missão cuidar de animais, assistia da primeira fila à destruição imposta à Polônia. Depois da guerra, Lessing permaneceu inflexível, relatando as atrocidades cometidas durante o tempo em que esteve no país vizinho. Sobre Auschwitz, ele disse: "Não consigo entender que alguém hoje tenha dúvidas sobre a execução de judeus por lá. Está tudo documentado. Há milhares de testemunhas que sabem disso".

O trabalho de Lessing como veterinário o levou a todos os cantos do reino de Rau, incluindo visitas frequentes aos estábulos de Janów Podlaski, onde via sempre o simpático Witez quando excursionava pelo setor dos garanhões. Naquela época, o endereço oficial de Lessing era outro haras sob o jugo de Rau localizado em Debica, no leste da Polônia, já próximo da Ucrânia. Um dia, Hermann Fegelein, um *Obersturmbannführer*[*] da SS, veio vê-lo. O cabelo louro e fino de Fegelein era penteado para trás com afinco, formando um pronunciado V no alto de sua testa. Ele era um exímio cavaleiro, mas também um fanático e cruel capanga do regime nazista.

---

[*] A SS procurava destacar sua independência, diferenças de cunho político e autonomia das demais forças da Alemanha nazista. Seu sistema de postos tinha nomenclatura específica, oriunda dos grupos que haviam se envolvido em lutas de rua com organizações comunistas após a Primeira Guerra Mundial. *Obersturmbannführer* equivalia ao posto de tenente-coronel na SS. (N.E.)

Fegelein fazia parte do círculo íntimo de Hitler. Era um protegido de Heinrich Himmler, casado com Gretl Braun, irmã da amante de Hitler.

Lessing havia sido autorizado a receber novas botas de montaria e Fegelein de repente o questionava sobre o assunto.

"Já recebeu as botas?", perguntou Fegelein.

"Ainda não", disse Lessing, pois as botas ficariam prontas apenas dentro de alguns dias. "Mas não há pressa."

"Então diga ao polaco que, se as botas não estiverem prontas depois de amanhã, vou mandar enforcá-lo", concluiu Fegelein.

"O homem está fazendo o trabalho direito, está tudo bem", disse Lessing já nervoso.

O nazista pousou seus olhos azuis e gélidos sobre o veterinário e disse sem traço algum de compaixão: "Eu sei, mas precisamos mostrar para os polacos como é que a banda toca".

Ao pensar na expressão de Fegelein, a raiva borbulhava por dentro de Lessing. Ele agora sabia que aquele homem não tinha mais que o maior desprezo possível por aqueles seres humanos. A vida do veterinário era cuidar daqueles que não podiam falar por si mesmos – seu jeito tranquilo e suas mãos hábeis haviam confortado e acalmado cavalos em pânico que sentiam dor após serem colocados em perigo em função de planos sob os quais eles não tinham o menor controle. Lessing sentia uma simpatia natural por aqueles que não tinham como se proteger, mas agora ele se encontrava trabalhando dentro de um sistema que tinha a brutalidade como sua premissa central.

Apesar do caos que imperava na Polônia,[3] o empreendimento equestre de Rau seguia sem impedimentos – ele tinha amplos recursos não só para cuidar dos cavalos como para também viajar por todo canto e sempre em grande estilo. Porque a criação de cavalo era uma atividade que exigia pessoal especializado, Rau e sua equipe haviam feito poucos inimigos. E nenhum membro da equipe estava diretamente implicado nas atividades criminosas que ocorriam ao seu redor. Eles trabalhavam em estreita colaboração com os competentes especialistas locais e os ar-

---

3 Lessing visitou a Polônia após a guerra como especialista em equinos. Ele relatou que, no livro de registro de visitas do haras da época da guerra, apenas os nomes de oficiais da SS estavam riscados.

tesãos necessários para que as fazendas funcionassem a contento. Mas mesmo assim a realidade era desagradável e desoladora. Lessing entendeu que Rau não estava nem um pouco interessado no sucesso da criação de cavalos como algo positivo para a nação polonesa. Ele tinha olhos apenas para os cavalos como glorificação do Terceiro Reich. Enquanto seres humanos eram transportados em trens de carga, os cavalos viajavam em vagões acolchoados, especialmente equipados para garantir a proteção dos animais e sempre acompanhados de cuidadores que tratavam de tudo o que eles precisassem. Após trabalhar por um ano sob as ordens de Rau, Lessing já havia desistido da causa nazista. Em sua cabeça, sua lealdade já não tinha mais nada a ver com o *Führer*, mas apenas com os cavalos.

A SPANISCHE HOFREITSCHULE DE VIENA

VIENA, ÁUSTRIA | MAIO DE 1942

A oitocentos quilômetros de distância da Polônia consumida pela guerra e em que Witez morava, o magnífico garanhão lipizzan Neapolitano Africa flutuava sob a serragem do picadeiro dentro da Spanische Hofreitschule de Viena. No vasto cômodo, só se ouvia o baque oco dos cascos, o gemer discreto do couro e um sussurro elogioso ocasional e quase inaudível. Janelas enormes e arqueadas banhavam o ambiente com uma luz dourada que incendiava certos pontos do pelo branco do garanhão. Da sela, Alois Podhajsky, trajando uma jaqueta marrom como uniforme, culote branco e botas de cano alto, fez uma série de ajustes mínimos, comunicando-se com o cavalo em uma língua própria, toda feita de pequenas variações de peso, um leve contato nas rédeas, uma pequena pressão das pernas – um idioma que só os dois falavam e com uma incrível fluência. Africa era muito sensível e irritadiço. *Prima donna*, era como Podhajsky o definia. Vivia sempre tão desesperado para agradar que seus dentes começavam a bater de excitação quando ele executava com êxito uma figura difícil. Podhajsky e Africa tinham uma ligação especial. Ele fora o primeiro cavalo que Podhajsky havia treinado sozinho, desde o dia em que o garanhão havia chegado, cheio de ímpeto, à Spanische Hofreitschule. De acordo com as tradições mais antigas da escola, um só cavaleiro formava uma parceria eterna com a montaria, treinando-o desde o início e montando-o até o dia da aposentadoria do cavalo. Seu compromisso – um casamento de uma vida toda entre um homem e um animal – era o que unia Podhajsky ao seu belo cavalo.

A crina do cavalo era arqueada, seu nariz surgia perpendicular ao chão e suas patas traseiras se encontravam bem embaixo do seu torso, revelando poderosos e bem-desenvolvidos músculos presos à garupa larga. Suas orelhas apontavam em direção ao cavaleiro, revelando sua concentração. Sem nenhum sinal óbvio do seu mestre, o garanhão baixou de novo a garupa e começou a circular ao redor das suas próprias patas traseiras, "sapateando" sem sair do lugar e formando assim um movimento conhecido como *pirouette*. Ao redor deles ali no picadeiro, outros cavaleiros uniformizados praticavam diligentemente com outros cavalos brancos, ou guiavam suas montarias pelas várias andaduras usando rédeas compridas que lhes permitiam caminhar a pé por trás dos cavalos. Apesar dos vários animais e homens uniformizados no ambiente, imperava ali, como nas bibliotecas, apenas sussurros e nada mais. A essência era de paz e harmonia. Mas, lá no fundo, Alois Podhajsky estava era preocupado.

Quem observasse o picadeiro em uma manhã de treino em 1942 não notaria nada de incomum. Diferente do clima de destruição vivido tanto pelos cavalos quanto pelos humanos em Janów Podlaski na Polônia, os garanhões brancos da raça lipizzan baseados na Spanische Hofreitschule de Viena floresciam sob a ocupação nazista da Áustria que ocorrera em março de 1938. Eles haviam recebido todo tipo de atenção e foram até levados a se apresentar a multidões em Berlim e no leste da Prússia. A escola recebera ainda uma nova camada de pintura e a área residencial havia sido completamente reformada. Desde os tempos do império de Habsburgo a Spanische Hofreitschule não via instalações tão bem-cuidadas.

A beleza e a ordem evidentes eram um contraste tremendo com a primavera de 1939, quando Podhajsky havia assumido como diretor. Naquela altura, a escola vivia uma situação caótica. Só restavam três cavaleiros, todos mais velhos. Os outros haviam sido convocados para o serviço militar. Os garanhões estavam inquietos em estábulos abandonados. Os três cavaleiros sofriam para manter todos os animais em forma enquanto os poucos tratadores restantes, também já mais velhos, tentavam manter o plantel limpo e bem-alimentado. Ocupados com sua feroz guerra feita de conquistas e anexações, os nazistas, a princípio, não prestaram a menor atenção à escola e até consideraram fechá-la. As tradições e a rotina que existiram por mais de três séculos antes da anexação estavam à beira de desaparecer.

Ao perceber que não era possível manter a escola sem melhores recursos, Podhajsky começou a fazer lobby para obter mais mão de obra e para que os tão necessários reparos ocorressem. Logo ele descobriu que o

Exército Alemão estava receptivo às suas necessidades, enviando os fundos requisitados e até mesmo atendendo ao pedido do que havia de mais escasso naqueles tempos de guerra: soldados de cavalaria designados para serem treinados como cavaleiros na escola. Em contrapartida, esperava-se apenas que Podhajsky continuasse a treinar e a se apresentar com os lipizzans. Os alemães entendiam muito bem que os adorados garanhões brancos de Viena contribuíam para o moral de uma cidade tão cruelmente ocupada.

Para quem estava de fora, parecia que a escola estava em boa forma e até mesmo prosperando sob o regime alemão, mas Podhajsky sabia que, apesar das aparências, o futuro da instituição era completamente incerto. Ele tinha plena consciência de que a maior parte dos cavalos da escola de equitação estavam ficando velhos demais. Desde o início da guerra, o suprimento de novos garanhões para treinamento tinha caído até quase zero. Todos os animais utilizados na escola depois de 1920 vinham do Lipizzanergestüt (Haras Nacional) que ficava na vila tirolesa de Piber, na Áustria. Antes da guerra, a Spanische Hofreitschule e o haras de Piber trabalhavam em plena harmonia, garantindo que, ano após ano, os melhores potros fossem sempre destinados para treinamento em Viena. Mas sob o domínio alemão tudo havia mudado. Em 1942, o haras passara a ser usado como uma unidade de criação de cavalos para o Exército, com foco principal em espécimes adequados para a marcha em terrenos montanhosos. A escola deixava assim de ser uma prioridade.

Desde 1939, embora Gustav Rau estivesse movendo cavalos, inclusive da raça lipizzan, como se fossem peças de xadrez por todos os territórios ocupados pela Alemanha, ele não havia interferido na Spanische Hofreitschule. Rau também não havia confiscado nenhum dos garanhões de Podhajsky nem nenhuma égua de Piber para enviá-los para o leste da Polônia, o destino de tantos cavalos dele. Mas Podhajsky andava ouvindo um rumor persistente de que Rau planejava levar todas as éguas e potros lipizzans de Piber para um lugar fora da Áustria.[4]

Essa preocupação acompanhava Podhajsky quando ele pacientemente trabalhava com Neapolitano Africa em sua sessão de treinamento. Totalmente concentrados, nem o cavalo nem o cavaleiro tinham consciência da

---

4 Em seu livro de memórias, Podhajsky afirma que nenhum dos garanhões da escola chegou a deixar a Áustria, mas a verdade é que dois deles foram parar em Hostau, onde serviram como reprodutores.

beleza que os rodeava. O picadeiro de inverno da escola é uma das maravilhas arquitetônicas de Viena. O grande hall, naquela altura, estava todo pintado de branco, do teto elegante decorado com gesso até seus balcões com colunatas no segundo e terceiro andares. A única presença de cor se encontrava no retrato pintado de Carlos VI, fundador da escola, e nas bandeiras vermelhas com a suástica nazista que adornavam dois pilares da área de treinamento que estavam a exatamente 1,45 metro do centro do picadeiro. O amplo teto decorado do salão de inverno erguia-se a mais de cinco metros de altura, flutuando sobre todos sem contar com nenhum suporte de colunas centrais ou coisa semelhante. Quando o edifício fora construído em 1736, tinha sido considerado um feito mágico de engenharia. Na época, tratava-se da maior estrutura de Viena – um palácio edificado pelo poder dos monarcas Habsburgo com o expresso propósito de demonstrar as artes equestres, a grande joia daquele império.

Os puros-sangues lipizzans que ali treinavam eram descendentes de cavalos originalmente criados na Espanha durante a Renascença. Esses cavalos espanhóis combinavam de forma única o porte atlético da linhagem europeia com a agilidade, a velocidade e a inteligência das raças árabe e berbere para criar um tipo completamente novo de equino. A popularidade desses cavalos se espalhou feito fogo selvagem por toda a Europa. Não tardou e todo principado tinha sua própria criação de cavalos espanhóis. Entre os descendentes dos cavalos espanhóis do século XX, o lipizzan era o mais raro. Todos eles tinham seu pedigree de realeza tatuados em sua pele: seu local de nascimento inscrito no ombro direito; o nome da égua, da mãe, tatuado no flanco esquerdo, e o nome do pai, no flanco direito. Além disso, a letra L, que assinalava a ascendência puro-sangue lipizzan, era marcada a ferro quente na bochecha. Todos eles provinham de um entre seis garanhões originais nascidos entre 1765 e 1810.

Esses cavalos brancos feito a neve nasciam escuros. Sua pelagem embranquecia devagar com a idade, exceto por um a cada cem que continuava escuro – o que lhes dava ainda maior valor, porque eram considerados um sinal de boa sorte. No começo do século XX, havia apenas entre 3 a 4 mil puros-sangues lipizzans no mundo todo. Seu nome vem da vila de Lipica, no que era então parte da Itália (hoje, Eslovênia), e onde, no início do século XVI, os cavalos eram cruzados e refinados. Após a queda dos Habsburgo ao fim da Primeira Grande Guerra, os cavalos de Lipica foram divididos entre as

Alois Podhajsky observa uma sessão de treinamento na Spanische Hofreitschule de Viena.

nações que formavam o antigo império. Uns ficaram ali mesmo em Lipica. Outros foram para Piber, na Áustria. E alguns ainda foram dados à realeza da Iugoslávia. O resultado foi que uma raça já bem pequena se viu dividida em três vertentes. E era a vertente austríaca, dos garanhões de Piber, que se apresentava na Spanische Hofreitschule. Esses, além de carregarem as marcas encontradas em todos os lipizzans, estampavam também o símbolo da fazenda onde eram criados: a letra P abaixo de uma coroa imperial.

A arte praticada na escola, conhecida como adestramento clássico, fora desenvolvida na Antiguidade e seu mais notável proponente era um jovem estudante de Sócrates, o especialista grego em arte militar e equitação Xenofonte. Como explicado por Xenofonte em seus dois tratados essenciais sobre a arte equestre, apenas uma parceria baseada em respeito mútuo poderia levar um homem a confiar totalmente em um cavalo durante uma batalha. Xenofone se opunha com veemência a qualquer tipo de violência contra os equinos. Para se atingir a beleza verdadeira de se montar a cavalo, ele observa, o animal precisa estar interessado em participar da empreitada: "O que o cavalo faz porque foi pressionado a assim o fazer é feito sem compreensão; não há beleza nisso, assim como não há beleza em chicotear e cravar esporas em um bailarino". Ao cruzar o grandioso picadeiro montado sobre Africa, Podhajsky captava por completo a força de seu cavalo, enquanto sua mão fazia um contato mínimo com a rédea e sua espora jamais tocava a pele do animal – aquilo era um exemplo perfeito da filosofia de Xenofonte.

Na Spanische Hofreitschule, naquele tempo e ainda agora, os garanhões (e apenas eles, pois as éguas jamais são utilizadas) começam a treinar aos três anos e meio de idade e vão aos poucos progredindo pelos movimentos que exigem anos de treinamento até chegarem à perfeição. Como uma bailarina passa anos praticando posições básicas antes mesmo de aprender a dançar sob as pontas dos pés, os garanhões começam treinando pontos básicos. O processo ocorre em três etapas. Primeiro vem a fase das linhas retas, em que o cavalo jovem aprende as andaduras essenciais (passo, trote, cânter e galope) e também como carregar o cavaleiro. Em seguida vem a etapa de *campagne*, em que os cavalos aprendem submissão e equilíbrio enquanto desenvolvem a musculatura e a flexibilidade necessárias para os passos de alto nível – isso permite que eles alterem seu ponto de equilíbrio da região central do corpo para a parte traseira, deixando as patas dianteiras livres para a ação. A etapa final é a *haute école*, ou alta escola, que encompassa o treino dos movimentos mais complexos e mais difíceis. Nem todo garanhão tem o temperamento apropriado para chegar até a alta escola. Os movimentos dessa etapa, como o *passage* (trote com uma elevação maior dos joelhos e em câmera lenta) e o *piaffer* (trote sem sair do lugar), estão entre os mais intricados no domínio da equitação.

Uns poucos entre os mais talentosos – as grandes estrelas do show – são levados a aprender o mais difícil entre todos os movimentos: a flutuação acima do chão. Desenvolvidos a princípio para garantir uma vantagem nos campos de batalha, esses complicados saltos exigem confiança no seu ginete, além de força e disposição excepcionais. Para sua execução, os garanhões retiram por completo as patas dianteiras do chão, equilibrando-se apenas nas patas traseiras. A partir dessa posição, eles se lançam para além do solo em uma variedade de combinações distintas, como no salto com coice de um *capriole*, ou a magnífica manobra em que ele se apoia nas patas traseiras e parte para o alto, enquanto a dianteira se encontra empinada, executando assim um *courbette*. Às vezes os movimentos são desempenhados sem cavaleiro; noutras os animais são capazes de içar não apenas o peso do próprio corpo, mas também o de um ginete, em uma coordenação perfeita em que o cavaleiro conta com o uso do estribo para manter seu equilíbrio. Na Spanische Hofreitschule, um garanhão está sempre aprendendo o conceito de harmonia, usando sua delicada sensibilidade para notar e entender as suaves indicações dadas pelo cavaleiro – as chamadas *aids*. Ali o homem se comunica com o cavalo através da forma como se senta, como posiciona suas pernas, seu peso, as rédeas e, em certos momentos raros, sua voz. Tudo exatamente como Xenofonte recomendava na Antiguidade. Na Spanische Hofreitschule, cavalos e cavaleiros atingem seus objetivos através de comunicação e parceria. Jamais via coerção.

Durante séculos, estas maravilhosas criaturas se apresentavam apenas para o imperador e a nobreza ao seu redor. O público em geral somente vislumbrava os cavalos brancos quando eles eram transportados de um ponto a outro em missões oficiais da realeza. A cataclismática Grande Guerra que durou de 1914 a 1918 colocou tudo aquilo em pausa. Os monarcas foram depostos e o império foi desmantelado. Parecia certo que a escola cairia em esquecimento – os austríacos tinham pouco interesse em preservar reminiscências do império recém-caído e ninguém via qualquer outro propósito para os garanhões do imperador. Mas os cavaleiros permaneceram fiéis aos seus animais, batalhando para manter a escola viva. Após a perda do patrocínio da família imperial, os cavaleiros mantiveram as portas abertas por meio da venda de ingressos, cartões-

Alois Podhajsky guia um lipizzan na execução de um *capriole* na mão.

-postais e enfeites, além da organização de uma "caixinha da vassoura" para a manutenção dos estábulos. Ao apresentarem-se para o grande público nas décadas de 1920 e 1930, quando a Áustria ainda tentava aprender a lidar com uma jovem democracia, os cavalos logo se tornaram o símbolo mais visível e querido da República. Eventualmente, eles saíram até em excursão pelas capitais europeias, onde desenvolveram uma apaixonada horda de fãs. Naquela época, a Spanische Hofreitschule era uma instituição civil ligada ao Ministério da Agricultura austríaco. Quando o país foi anexado à Alemanha nazista em 1938, no entanto, a instituição passou a ficar sob as ordens do Alto-Comando do Exército Alemão.

Quatro anos haviam se passado desde que Podhajsky assumira a direção da escola. Quando os alemães lhe ofereceram o cargo já sob a nova liderança militar, Podhajsky não hesitou. Ele estava disposto a salvar os cavalos e a escola mesmo que aquilo significasse colaborar com os alemães. O atleta olímpico fazia assim um pacto faustiano: salvaria uma das mais importantes instituições culturais austríacas e garantiria a segurança dos cavalos, mas responderia ao Alto-Comando do Exército Alemão, que havia jurado aliança ao *Führer*.

Os meses de 1942 se arrastaram devagar, enquanto os horrores da Segunda Guerra se intensificavam pelo globo afora. Nos Estados Unidos, Roosevelt assinou a Ordem Executiva 9.066, que autorizava a colocação de descendentes de japoneses em "centros de relocação".* Líderes nazistas se reuniram secretamente em um evento mais tarde intitulado Wannseekonferenz (Conferência de Wannsee) em que eles criariam a "solução final": o extermínio completo dos judeus na Europa. Em 1934, existiam 176.034 judeus em Viena. Já em 1941, 130 mil haviam fugido. Outros 65 mil foram levados para campos de concentração dos quais apenas 2 mil sobreviveram. Mais tarde, quando Podhajsky escreveu suas memórias, ele não deu opinião alguma sobre os horrores ocorridos na cidade duran-

---

* Sem o devido processo legal, o governo do presidente Roosevelt confinou cerca de 120 mil japoneses e descendentes residentes nos Estados Unidos em acampamentos improvisados. As famílias foram forçadas a se desfazer de seus bens às pressas e não sabiam ao certo o que seria deles. Em janeiro de 1944, a Suprema Corte suspendeu o decreto presidencial e os campos foram fechados – o último deles encerrou suas atividades em 1946. No fim do século XX, o governo foi obrigado a indenizar as pessoas detidas e seus descendentes. (N.T.)

te a guerra. Como se portasse um cabresto com tapa-olhos, ele manteve um foco exclusivo na tarefa de salvar os cavalos. E, naquele exato momento, aquilo significava encontrar um jeito de evitar que Gustav Rau retirasse as éguas e potros lipizzans da Áustria.

Em julho de 1942, Podhajsky viajou para a pequena vila onde os lipizzans eram criados. Após assumir a direção da escola, ele fazia visitas periódicas à fazenda de criação de cavalos, mas daquela vez sentia uma especial urgência: era preciso ver com os próprios olhos o que estava acontecendo. Longe da agitação da metrópole, a vila de Piber parecia um cenário de *A noviça rebelde*. Éguas cor de leite pastavam em um terreno ligeiramente ondulado ao lado de potros castanhos, negros e marrons que contrastavam com os picos azulados das montanhas ao fundo. Durante a primavera, o pasto verdejante era tomado por flores selvagens e permeado por riachos brilhantes. No ponto mais alto do vale, encontrava-se o domo da torre de um castelo de telhado avermelhado. Piber havia sido fundada por monges da Ordem de Cister cujo canto antes ecoara no ar cristalino do vale.

Éguas reprodutoras e jovens potros pastavam ao longo do rio Geilbach na área de forragem dedicada a mães e filhos durante o verão, enquanto os garanhões de dois e três anos eram enviados para campos mais acima nas montanhas, onde podiam galopar à vontade. Nos primeiros anos de vida, os lipizzans eram criados e tratados de uma maneira bem específica. Em geral, um puro-sangue vivia coberto de mimos em estábulos bem-mantidos e em padoques imaculados. Mas os futuros artistas da Spanische Hofreitschule passavam os dias galopando na paisagem pitoresca e acidentada da Áustria tirolesa. Ali eles desenvolviam equilíbrio e resistência, além de uma força extraordinária. Também aprimoravam sua inteligência em um hábitat natural, em plantéis da mesma idade, formando amizades (e também rivalidades) eternas que caracterizavam a organização interna dos estábulos da Spanische Hofreitschule: amigos de infância eram mantidos para sempre juntos, enquanto inimigos eram mantidos à distância. Podhajsky acreditava que aquele ambiente monitorado com cuidado contribuía para a existência das caracterícas mais singulares da raça lipizzan. Em essência, Rau e Podhajsky estavam em campos bem diferentes no debate entre inato *versus* adquirido. Podhajsky acreditava que, sem o sistema do Lipizzanergestüt Piber, os lipizzans perderiam a sua essência. Para Rau, importava apenas o que corria no sangue. E, para sua conveniência, seu pensamento se alinhava com perfeição às atitudes em voga na Alemanha nazista.

Podhajsky percorreu a fazenda conversando com o diretor do haras e analisando com atenção cada detalhe do plantel. Ele conhecia as éguas pelo nome e os cavalos atendiam quando ele os chamava no pasto. Todos eles reconheciam aquele homem calmo e sério que carregava sempre no bolso um monte de cubos de açúcar. Seu rosto era sério em repouso, mas sempre se iluminava com um sorriso quando conversava mansamente com os cavalos. Bastava vê-lo na companhia de um lipizzan para entender que eles eram mesmo a grande paixão de sua vida.

Podhajsky compartilhara sua preocupação com o diretor do haras em Piber, reinterando a importância do ambiente natural no desenvolvimento dos jovens lipizzans, mas o burocrata repetia feito um papagaio o que seus chefes do Alto-Comando do Exército Alemão diziam, desconsiderando o que tanto preocupava Podhajsky. O austríaco ficou com

Égua e potros lipizzans pastam tranquilamente.

a impressão de que manobras políticas e manipulações estavam afetando decisões que deveriam ser tomadas de acordo apenas com os interesses dos cavalos; não daqueles que cuidavam dos animais. Após retornar a Viena, Podhajsky enviou uma carta a Berlim em defesa da manutenção das éguas em Piber, pois as condições climáticas e a geografia do terreno eram ideais para o desenvolvimento pleno de cavalos tão especiais. "Se quisermos preservar a estirpe dos lipizzans para atender à demanda da Spanische Hofreitschule, então é preciso evitar, custe o que custar, qualquer experimento que possa prejudicar sua adequação ao estilo clássico de montaria." Ele jamais recebeu resposta alguma e seguiu sem saber que Rau havia lido seu apelo e feito anotações de desagrado em suas margens. Rau definira os argumentos de Podhajsky como retrógrados e nada científicos, desconsiderando por completo a ideia de que o local ou a maneira como o animal era tratado fizesse qualquer diferença.

No começo de outubro, sem o conhecimento de Podhajsky, o pessoal que trabalhava em Piber assistiu ao plantel todo do haras – garanhões, éguas e potros – ser colocado em vagões especialmente desenhados para o transporte de cavalos. Seu destino? Um haras muito maior localizado na vila de Hostau, na região ocidental do Protetorado da Boêmia e Morávia. Pela primeira vez na história, os lipizzans deixavam a Áustria. A decisão de levar os animais para outro local havia sido tomada por Gustav Rau muito antes. Em uma visita ao Lipizzanergestüt Piber, ele chegara à conclusão de que os métodos ali utilizados eram simplesmente antiquados. Seu plano era, então, ter todos os lipizzans de Lipica, dos vários haras da Iugoslávia e de Piber, em um só local: uma fazenda grande, bem-estruturada e com espaço de sobra para expansões. Naquele momento, a melhor opção era a protegida área da Boêmia controlada pela Alemanha e bem distante da zona de guerra. Mas o plano a longo prazo era levar todos os lipizzans de volta para Lipica como parte do projeto de Hitler para o Reich que, em sua visão, sobreviveria por milhares de anos. Por tudo isso, quando a notícia chegou a Podhajsky em Viena, os estábulos de Piber já se encontravam todos vazios.

Ao saber que todas as éguas e potros lipizzans haviam sido levados para fora das fronteiras da Áustria, Podhajsky ficou arrasado. Em pânico, ele imediatamente pediu permissão para visitar os cavalos em Hostau. No começo de novembro ele embarcou em um trem com destino à Tchecoslováquia, em uma viagem de cerca de 160 quilômetros. Podhajsky acreditava que o clima e o solo do novo haras eram incompatíveis com aquela raça. Ele também temia com todas as forças que os cavalos ficassem para sempre fora do controle austríaco. Por ter testemunhado o desmembramento do Império Austro-Húngaro, Podhajsky conhecia bem o caos que grandes mudanças como aquela podiam trazer. O que aconteceria aos cavalos austríacos se a Alemanha acabasse perdendo o controle sobre aqueles territórios? A população local não tinha nenhuma relação de lealdade para com a raça lipizzan nem qualquer conexão com a Spanische Hofreitschule. Se o Reich de Hitler entrasse em colapso, como acontecera com o império anterior, Podhajsky temia que as pessoas sequer tentariam proteger aqueles animais. Mas ele não podia expressar seus temores em alto e bom som. Sugerir que a Alemanha pudesse ser vencida seria considerado traição.

Ao chegar em Hostau, ele encontrou um haras espaçoso e bem-cuidado e notou que todas as éguas e potros haviam chegado em boas condições. Mas, para seu horror, ele descobriu que Gustav Rau havia visitado a fazenda há poucos dias, deixando instruções claras sobre o que seria alterado em nome da modernização da fazenda: as éguas seriam colocadas à disposição dos garanhões ainda jovens – nada mais de esperar até que amadurecessem um pouco mais; parentes próximos seriam acasalados entre si e os garanhões iugoslavos formariam par com éguas austríacas, encerrando a ideia de que cada estirpe deveria ser mantida pura e separada. Nas próprias palavras de Podhajsky, "o bom doutor estava de novo em seu elemento, executando experimentos, mas era triste saber que agora ele usava seu tempo para promover experimentações com a raça lipizzan". Embora Rau não fosse de fato médico ou veterinário e possuísse apenas um título honorário, era comum que as pessoas o chamassem de doutor em deferência à sua autoridade em assuntos referentes à reprodução de cavalos.

Podhajsky via com clareza a situação: Rau e seus cúmplices haviam arregimentado de maneira sistemática todos os lipizzans existentes em cada rincão dos territórios ocupados. Com praticamente todo puro-sangue daquela raça sob seu controle, Gustav Rau se propunha a fazer uma grandiosa experiência em que usaria estratégias agressivas de reprodução. Como Podhajsky havia notado, Rau embarcava em um projeto de fazer a chamada criação de linha, em que parentes próximos são acasalados entre si na esperança de acentuarem certas características daqueles animais. Ao parear pai com filha e irmão com irmã, Rau poderia talvez redefinir a raça lipizzan. Ele agora tinha liberdade total para colocar suas teorias em prática e usar o maior tesouro natural da Áustria como cobaia.

Logo após o seu retorno a Viena, Podhajsky organizou uma visita em pessoa ao Alto-Comando do Exército, determinado que estava em continuar firme em sua luta. O austríaco seguiu para Berlim na companhia de Ernst Lindenbauer, o cavaleiro-chefe da Spanische Hofreitschule que tinha 61 anos de idade e exercia o cargo desde 1926. Podhajsky queria se encontrar frente a frente com Rau para apresentar seu caso. Ao chegarem em Berlim, os dois foram para Tiergarten e entraram em Bendlerstrasse. Ali, a enorme fachada de granito do edifício Bendlerblock, sede do Alto-Comando do Exército Alemão, erguia-se proibitivamente à frente deles. Lá dentro, Podhajsky e Lindenbauer foram escoltados até um bem-equipado salão de conferência onde o general Curt Schulze, inspetor-geral da Cavalaria, havia reunido 15 oficiais do Exército e apenas um civil: Gustav Rau.

Também com 61 anos de idade, o general Schulze era uma figura formidável no mundo hípico militar. Professor de veterinária na Friedrich-Wilhelms-Universität em Berlim, ele fora apontado chefe do serviço veterinário do Exército Alemão em 1939. Sob seu comando, encontravam-se incríveis 1,25 milhão de cavalos, 125 mil cavaleiros e 37 mil ferradores. Os 48 hospitais veterinários supervisionados por ele tratavam de mais de 100 mil cavalos por dia. Porém, tão importante era o projeto de reprodução dos lipizzans encabeçado por Rau que o general abriu uma brecha em sua agenda para debater sobre o destino de algumas centenas de espécimes de uma raça extraordinária. Schulze, que tinha modos impecáveis, abriu a reunião anunciando que as autoridades militares haviam tomado o controle dos garanhões lipizzans com o claro propósito de atender às necessidades da Spanische Hofreitschule. Ele então convidou Podhajsky a explicar suas objeções às mudanças implantadas em Hostau.

Podhajsky olhou de relance para Lindenbauer. Consciente de suas deficiências enquanto orador, ele havia arrastado consigo um cavaleiro experiente para que ele o ajudasse a defender seu ponto de vista. Embora renomado no universo do hipismo, Podhajsky não era exatamente famoso pelo seu conhecimento em relação à reprodução de equinos. E, para piorar, ele sabia que os alemães o menosprezavam pelo simples fato de ele ser austríaco. Infelizmente, Lindenbauer parecia ter perdido a língua diante de tão augusta companhia e não disse sequer uma palavra. Apenas acenava em silêncio demonstrando sua concordância com o que Podhajsky dizia.

Rau o interrompia com frequência. Diferente de Podhajsky, o alemão era conhecido por sua destreza ao falar e por seu tom professoral e muitas vezes até bombástico.

Podhajsky exigia que éguas com menos de quatro anos não fossem colocadas para cruzamento. "O lipizzan amadurece devagar", ele disse.

Rau saltou da cadeira com a face vermelha e brilhante. "Suas ideias são antiquadas", bradou. "Não há evidência de que o lipizzan amadurece de maneira mais lenta que outros cavalos de sangue quente. Essa é uma das ideias que as pessoas repetem feito papagaios e que não traz em si verdade alguma! Planejamos expandir o haras e aumentar de maneira rápida o número de cavalos. Para fazê-lo, precisamos cruzar as éguas mais novas!"

Os dois homens argumentaram e contra-argumentaram de modo apaixonado defendendo suas posições. O austríaco alertou que a reprodução com éguas muito jovens poderia se mostrar desastrosa. Podhajsky acusou Rau de não saber avaliar direito um jovem lipizzan, citando como prova uma aquisição equivocada que Rau fizera na Iugoslávia e que, segundo Podhajsky, cresceu ficando mais parecida com uma mula do que com um cavalo.

Ao final, o general Schulze, em uma tentativa de diminuir o clima de disputa, concordou que Rau deveria evitar o cruzamento das jovens éguas austríacas. Mas qualquer sombra de uma temporária satisfação notada em Podhajsky deve ter desaparecido por completo assim que o general Schulze afirmou que os lipizzans permaneceriam em Hostau. Retornar as éguas para Pibe – ou enviá-las para qualquer outro lugar na Áustria – estava fora de questão.

Podhajsky e Lindenbauer voltaram para Viena sem nenhuma esperança. Podhajsky sabia que Rau era ditatorial demais para sequer dar ouvidos às suas recomendações. Em Hostau, Rau continuaria com toda a liberdade para tocar adiante seus experimentos com a raça lipizzan.

••••

Em desespero, Podhajsky estava preparado para dar sua cartada final. Algumas semanas mais tarde, no dia 29 de novembro de 1942, a Spanische Hofreitschule se apresentaria em uma noite de gala atendida pelas maiores patentes das forças nazistas, incluindo, claro, Gustav Rau. Na ocasião, Podhajsky apresentaria um novo e espetacular programa: a quadrilha da escola em uma formação com 12 garanhões. Em sequências altamente coreografadas, os cavalos se moveriam a apenas alguns centímetros de distância uns dos outros, de maneira que qualquer erro causaria uma colisão ou desalinhamento completo. Podhajsky havia se dedicado de corpo e alma aos preparativos para a apresentação. Com certeza, os grandes nomes da Alemanha nazista reconheceriam que os lipizzans eram capazes de executar movimentos tão intricados porque carregavam em si esse propósito especial e que sua arte barroca, quase extinta além daquelas paredes, valia o esforço de ser preservada. Talvez se Gustav Rau e outras autoridades militares conseguissem ver os garanhões em ação, eles pudessem mudar de ideia sobre aqueles experimentos de reprodução em Hostau. Aquela noite seria a última chance de Podhajsky convencê-los.

Com Podhajsky à frente, os 12 cavaleiros da Spanische Hofreitschule entraram no picadeiro em fila única. Com uma precisão magnífica, eles passaram pelos pilares de treinamento adornados por bandeiras nazistas e executaram uma manobra chamada espinha de peixe, em que os garanhões, ainda em fila, começam a se mover lateralmente, alternando direita e esquerda como se construíssem e desconstruíssem uma trança. Na sequência, os cavalos ficaram lado a lado e, em perfeita sincronia, cada um deles se imobilizou para que o cavaleiro retirasse seu chapéu de duas pontas para saudar o retrato de Carlos VI.

Abaixo da pintura, no camarote onde o imperador e sua comitiva antes haviam sentado, encontravam-se agora homens uniformizados. Entre o pessoal das mais altas patentes, Gustav Rau fitava o picadeiro, prestando atenção total às características formidáveis do time de lipizzans brancos. Eles eram pacientes, obedientes e cheios de energia, com peitos largos, caixa torácica em tonel e pescoços cheios de músculos. A montaria de Podhajsky, Neapolitano Africa, era especialmente bela. Enquanto os cavalos brancos dançavam ao som da música, a plateia mantinha seus olhos fixos no espetáculo por horas a fio. Podhajsky estava focado por completo na apresentação, enviando seus pensamentos para Africa através de suas pernas e das rédeas, mas prestando atenção constante também nos outros 11 membros do grupo.

A música de Mozart ecoava pelo alto-falante enquanto os cavalos trotavam e executavam seu meio-galope com a precisão de uma banda militar em marcha. Ao final, os animais fizeram de novo uma fila única bem no centro do picadeiro, em formação perfeita, os 12 lado a lado. O único movimento que se via era um leve sobe e desce de cabeças. O único som que se ouvia era o trompete da respiração dos cavalos.

Quando o espetáculo chegou à sua conclusão, os espectadores aplaudiram com entusiasmo. No camarote imperial, os nazistas de uniforme aplaudiam de pé, com evidente prazer. Era claro que haviam adorado o fato de os cavalos do imperador terem dançado para eles. A apresentação transcorrera sem nenhum percalço. Podhajsky havia atingido seu objetivo de exibir a superioridade dos seus garanhões. Mas ele permanecia sem saber que lição Rau tiraria daquela performance irretocável.

Podhajsky mais tarde tomaria conhecimento de que Rau, em seu relatório oficial despachado para Berlim, dizia que "não existe lipizzan com patas desproporcionais. Não existe lipizzan sem peito encorpado. Não existe lipizzan de mau temperamento [...]". Era evidente que ele estava impressionado com o que vira em Viena. Mas mesmo assim Rau parecia dar nenhum valor ao espetáculo, escrevendo apenas sobre as qualidades que eles poderiam passar adiante ao serem cruzados. "Mesmo um cavaleiro medíocre", prosseguiu ele, "pode se dar bem com eles [...] eles são adequados para puxar carga". Enquanto Podhajsky via força de vontade, inteligência e quase humanidade naqueles cavalos, Rau admirava apenas sua linhagem sanguínea, interessando-se somente pelo que tinham de útil.

Ao final da apresentação, os garanhões deixaram o salão em fila ao som dos últimos acordes da música, mas os aplausos pareciam não diminuir em nada. Para Podhajsky, as palmas tinham um quê de agridoce. O ano de 1942 chegava ao fim com o diretor da escola dando passos trôpegos em uma corda bamba. Ele continuava defendendo seus cavalos, mas até o limite do seu temor. Sempre que percorria os corredores dos estábulos, seus amigos o saudavam com um coro de grunhidos, cascos batucando no chão e relinchos de carinho. Podhajsky pausava, então, conversando uns segundos com aqueles gentis gigantes. Ele sabia que, mesmo naqueles tempos turbulentos, os garanhões confiavam que o amigo de sempre teria o tempo todo o interesse dos cavalos em primeiro plano. Sua própria montaria, Neapolitano Africa, parecia adivinhar o que seu cavaleiro pensava. Aos olhos daquele sábio animal, era claro que Podhajsky falava com fluência a língua da amizade. O controle das éguas e potros da raça lipizzan havia escapado de suas mãos, mas ele havia prometido a si mesmo fazer o dobro de esforço para proteger seus garanhões.

O HARAS OCULTO
HOSTAU, SUDETENLAND, TCHECOSLOVÁQUIA | JANEIRO DE 1943

Alois Podhajsky não precisava se preocupar com o bem-estar das éguas que haviam deixado a Áustria em outubro de 1942. O plantel havia feito o trajeto de 560 quilômetros de Piber para Hostau, na Tchecoslováquia, sem incidentes e se encontrava agora no mais protegido haras do Terceiro Reich, na área da Boêmia, a apenas alguns quilômetros da fronteira com a Bavária. Além das serenas pastagens do haras, vales dourados se estendiam em direção às distantes montanhas cobertas de vários tons de verde-escuro. A Böhmerwald, ou Floresta da Boêmia, era mais que apenas um cenário lindo. Ela formava uma barreira natural entre a Alemanha a oeste e a Áustria ao sul e por isso mesmo havia sido poupada por séculos de qualquer invasão e ataque. Durante a era nazista, a região ficou também conhecida como "o bastião da Boêmia". Entre os alemães, a área era tida como a mais segura para quem quisesse se esconder da guerra, o mais improvável ponto a sofrer uma invasão, fosse pelo leste ou pelo oeste. E era lá que Rau havia escondido não só os lipizzans, mas também os mais refinados exemplares da raça árabe de Janów, incluindo aí Witez. Apesar de a Europa estar no meio de uma guerra brutal, em Hostau tudo transcorria sob uma ilusória tranquilidade.

Vilas modorrentas e tranquilas povoavam a Boêmia. Todas elas ostentavam uma igreja católica com torre de ponta arrendondada como uma cebola. Ao lado das fileiras de casas brancas se encontravam fazendas imaculadas que tiravam grande proveito do solo rico da região. Mas na onda de anexações feitas por Hitler após o Acordo de Munique em 1938, a aparência bucólica da região escondia vis segredos. A Boêmia, rebatizada de Sudetenland, fora antes uma região multicultural onde tchecos, alemães e judeus viviam em paz; no entanto, ela era agora um sólido pilar do Terceiro Reich. Quando os nazistas anexaram a área em setembro de 1939, a população local que falava alemão foi às ruas dar boas-vindas às forças de Hitler. Ao mesmo tempo, os tchecos e judeus fugiram ou foram expulsos da área. Os poucos que ficaram logo foram transportados para campos de concentração. Em 1942, quando o primeiro lipizzan chegou a Hostau, os nazistas mantinham com pulso firme o domínio da região, mas havia também alguns tchecos que viviam escondidos em recantos secretos oferecidos pela Floresta da Boêmia. Embora a fronteira com a Bavária alemã estivesse a menos de 25 quilômetros a oeste, a barreira montanhosa fazia com que a Alemanha parecesse estar muito mais distante.

O haras em Hostau, localizado próximo à vila de mesmo nome, tinha tradição em criação de animais para cavalaria que remontava a muitos anos antes de Hitler. Os mais proeminentes proprietários da região, a família Trauttsmansdorff, haviam historicamente atendido as necessidades equestres da monarquia de Habsburgo. Além do complexo principal que incluía os estábulos adjacentes à vila, o haras contava com pastagens em três vilas vizinhas, somando assim cerca de sessenta hectares que podiam acomodar mais de mil garanhões, éguas e potros. No balanço geral, a fazenda era duas vezes maior que a propriedade de Alfred Vanderbilt, Sagamore Farm, que Rau havia visitado em 1938.

O haras nazista em Hostau.

Rau selecionara aquelas instalações nada baratas para dar início à parte mais instigante do seu plano grandioso. Por todo o ano de 1942, ele havia transportado de modo sistemático todos os puros-sangues lipizzans encontrados em haras da Itália, Áustria e Iugoslávia para mantê-los em segurança em seu haras praticamente oculto. Ele também havia enviado um emissário pessoal em várias missões de aquisição de puros-sangues lipizzans de nobres ricos que tinham em sua posse pequenas estirpes para uso próprio. Ao final daquele ano, Rau havia reunido quase todos os lipizzans do mundo em um só endereço.

Nascido na Áustria, Hitler havia deixado claro seu objetivo em seu livro *Mein Kampf* [*Minha luta*]: reunir toda a Europa Central, incluindo os austríacos, sob a liderança do Terceiro Reich. E assim como Hitler queria eliminar todas as "vertentes impuras" e combinar os diferentes grupos de ascendência germânica em uma única "raça ariana", Rau planejava usar a ciência da reprodução seletiva para erradicar as diferenças que caracterizavam várias linhagens de puro-sangue lipizzan que haviam emergido desde a Primeira Grande Guerra, substituindo-as por um modelo único: o mais puro branco, imperial, idêntico e perfeito cavalo para uso militar. Do mesmo modo que Hitler, os cavalos, antes essencialmente austríacos, receberiam assim um selo de autenticidade germânica.

Gustav Rau acreditava que esses animais inteligentes e de fácil trato possuíam um temperamento praticamente ideal. Mas ele era de opinião menos favorável quanto à conformação da raça. O lipizzan possuía algumas características muito específicas: sua altura, relativamente baixa; um perfil romano ou convexo (menos acentuado em alguns garanhões que em outros); espáduas muito retas que lhe garantiam uma andadura mais sincopada; uma cernelha baixa (a cernelha é aquela proeminência de osso que fica na base do pescoço e em que a sela se apoia), além de um conjunto curto de dorso e garupa. Todas essas qualidades formavam um encaixe perfeito com a arte da equitação clássica que difere do estilo moderno em vários aspectos. Mas Gustav Rau estava determinado a remodelar a raça lipizzan segundo um padrão que ele mesmo inventara.

A ideia que Rau tinha do cavalo ideal para uso militar havia sido forjada pelo mesmo evento que impactara de maneira marcante a vida de Alois Podhajsky: a Primeira Grande Guerra. Ainda jovem, Rau havia servido como soldado de cavalaria. Seu abdomen era todo marcado por cicatrizes de batalhas. Entre elas havia, inclusive, uma ferida que não se fechava, um estoma fruto de uma perfuração causada por lança durante o combate. Apesar das evidentes alterações tecnológicas incorporadas após a Primeira Grande Guerra, Rau mantinha-se teimosamente antiquado, convencido de que nenhum veículo jamais substituiria o cavalo. Ele acreditava, na verdade, que era possível e necessário apenas aperfeiçoar ao máximo o cavalo militar, usando para isso a reprodução seletiva, e que tal esforço seria suficiente para que o animal obtivesse um desempenho melhor que qualquer máquina. De acordo com Rau, "O cavalo militar [...] deve ser nobre, mas sem esbanjar potência demais. Energético, mas sem ficar excitado à toa". Ele queria criar um cavalo com uma resistência quase infinita e que possuísse um sistema digestivo de alta eficiência, que exigisse pouca alimentação. Mas a causa a que Rau havia dedicado sua existência era ameaçada por um suprimento sem fim de veículos motorizados que saíam das linhas de montagens alemãs. Todos eles idênticos.

À frente da administração do haras polonês, Rau modernizara a criação de cavalos, aumentando, ano após ano, o número de garanhões, éguas e potros nascidos na Polônia e que eram rapidamente consumidos pelo apetite voraz daquela guerra. Mesmo assim, os cavalos – criaturas vivas que precisam de exercício, forragem e cuidados – não podiam ser fabricados como porcas e parafusos saídos de uma fábrica.

À medida que a guerra escalava, Rau pedalava ainda com maior fúria na tentativa de produzir um cavalo perfeito e padronizado. Ele acreditava que por meio de uma agressiva reprodução consanguínea seria possível expandir de modo rápido o número de lipizzans sem, contudo, sacrificar qualquer aspecto relacionado com a qualidade dos animais. De fato, ele achava que o lipizzan poderia ser alterado e aprimorado, alongando-se o dorso, aumentando a altura da cernelha e modificando a inclinação das espáduas. Ele previa uma mudança completa da raça em apenas três anos. Talvez Rau imaginasse centenas de milhares de puros-sangues lipizzans espalhados por todo o império germânico. Todos eles exalando uma confiabilidade e homogeneidade similar à dos automóveis BMW fabricados na Alemanha – ou até melhores, pois nenhum deles exigia o uso da escassa borracha nem daquele insumo caro chamado gasolina.

. . . .

Sem acesso à compreensão moderna da hereditariedade genética, as ideias de Rau em relação à criação de cavalos eram rudimentares demais, baseadas essencialmente em noções em voga no século XIX (e que foram mais tarde descartadas) sobre a chamada herança compartilhada, que acreditava que os traços dos filhos eram uma mistura equilibrada, metade vindo do pai e a outra metade da mãe. Por exemplo, um pai alto e uma mãe baixa produziriam um filhote cuja altura ficaria no meio do caminho entre as medidas do pai e da mãe. O problema com essa teoria era que, se ela fosse verdadeira, com o passar dos anos a população toda se mostraria mais e mais homogênea, já que o processo eliminaria as disparidades. Mas isso não apenas não ocorria como era um resultado exatamente oposto às altamente diferenciadas formas que surgiam da seleção natural como proposta pela teoria de Darwin.

Quando Darwin propôs a teoria da evolução, ele sabia que certos atributos eram passados dos pais para a nova geração, embora ele não entendesse direito como aquilo ocorria. O pai da hereditariedade genética foi Gregor Mendel, um frei agostiniano cujos experimentos com ervilhas, publicados em 1866, forneceram a primeira demonstração dos princípios da herança de genes. Mas as descobertas de Mendel não haviam sido divulgadas o suficiente durante sua vida e, no século XIX, grande parte dos cientistas ainda acreditava que o ambiente fornecia muitas das principais características de uma raça de animais. O lamarquismo, que vem do cientista francês Jean-Baptiste Lamarck (1744-1829), supunha que as crianças herdavam características que haviam sido desenvolvidas em seus pais. Por exemplo, o pescoço comprido das girafas havia alongado porque os animais se esforçavam para chegar aos galhos mais altos das árvores à procura de alimento. E que esse pescoço comprido seria, então, passado para os filhos. Mais além no mesmo século XIX, alguns estudiosos começaram a questionar aquele raciocínio. O alemão August Weismann (1834-1914) postulava a existência de uma substância, batizada por ele como "germoplasma", que era passada de uma geração à outra sem alteração alguma da sua forma essencial, eliminando por completo a influência da criação ou do ambiente na herança de traços. Ele executou uma experiência em que cortou o rabo de seis gerações de ratos para provar que, apesar disso, as gerações futuras continuariam a nascer com rabo. Embora o experimento de Weismann tivesse um carácter científico e não social, a crescente crença de que a hereditariedade não era mutável nem passível de mudança por influência do ambiente contribuía para solidificar a retórica nazista racial. A teoria do germoplasma de Weismann parecia fornecer uma justificativa científica para a intolerância levando muitos a argumentar que um judeu poderia até parecer ter sido assimilado, mas todo bebê seu nasceria com certas características imutáveis (que, do ponto de vista desses racistas, seriam sempre traços negativos).

Em seu projeto de criação de cavalos, Rau seguia a teoria de Weismann. Ele acreditava que os equinos puros-sangues teriam uma substância incorruptível que era passada adiante desde sempre por essas linhagens tão antigas. O germoplasma deles, no entanto, era em essência frágil e precisava ser protegido de qualquer influência externa, como era o caso dos cavalos com "sangue misto". Rau escreveu: "Precisamos promover a reprodução consanguínea entre as melhores estirpes para obter um germoplasma sempre idêntico, prevenindo assim sua corrupção e preservando-o". Sem entender os perigos inerentes à reprodução consanguínea, Rau achava que o método aumentaria a pureza dos cavalos e, portanto, também a qualidade deles.

Com a compreensão moderna da herança genética, os criadores de hoje conhecem muito bem os problemas que podem advir quando há cruzamento entre parentes muito próximos – um dos resultados negativos é que defeitos hereditários e predisposição a certas doenças podem se multiplicar. Mas essa clareza não estava disponível quando Rau desenvolvia seu projeto. E por isso, como um pintor que trabalha com uma paleta de cores, ele tentou produzir o cavalo perfeito a partir de um milhão de pequenos detalhes equinos – o ângulo do ombro, o conjunto dos olhos, a curvatura da barriga, mas também almejando manusear elementos relacionados com o temperamento e que antes eram considerados inefáveis e não passíveis de manipulação, como a coragem, a inteligência, a determinação e a índole.

Para tocar seu empreendimento no dia a dia, Rau havia escolhido seu protegido pessoal, um alemão nascido na Tchecoslováquia de 46 anos que se chamava Hubert Rudofsky. Ainda como civil, Rudofsky já era considerado um dos maiores especialistas do país em reprodução de cavalos.

Ele atraíra a atenção de Rau quando animais que criou em sua região da Boêmia demonstraram um excelente desempenho nos Jogos Olímpicos de 1936, em Berlim.

Agora como coronel do Exército Alemão, o tcheco, que media mais de 1,80 metro, era um solteiro garboso que se vestia sempre de maneira imaculada. Ele devia sua paixão aos cavalos[5] à sua admiração juvenil por soldados da cavalaria ligeira, como os dragões, ulanos e hussardos, que portavam baionetas de prata, botas reluzentes e altas que iam até os joelhos, além de uniformes regimentais coloridos que despertavam a imaginação do garoto toda vez que desfilavam pelo mundo da sua infância. Rudofsky aprendera a cavalgar aos dez anos de idade, recebendo instruções de grande precisão de um comandante de esquadrão de cavalaria. Quando a Primeira Grande Guerra eclodiu, o rapaz, com apenas 17 anos, foi com entusiasmo para a Cavalaria Austríaca. Ao final da guerra, ele fora condecorado com uma medalha de prata pela sua coragem.

Durante o período de paz, Rudofsky atuava como servidor público na direção de haras que existiam tanto na região tcheca como na eslovaca. Nas fazendas, mantinha excelentes relações com seus compatriotas. Mas quando a Alemanha ocupou a Tchecoslováquia, Rudofsky, que tinha ascendência alemã, fora convocado para servir a Wehrmacht. Com o apoio do conde de Trauttmansdorff, amigo da família, ele entrou para o 17º Regimento de Cavalaria de Bamberger que ficaria famoso depois que Claus von Stauffenberg e outros quatro de seus membros tentaram assassinar Hitler no dia 20 de julho de 1944. Logo após sua temporada no 17º, Rudofsky foi para o centro de treinamento da Wehrmacht para capacitação como condutor de carruagens. Um ano depois, Rau convocava Rudofsky para trabalhar na administração do haras na Polônia. O tcheco, que não tivera nenhum envolvimento com o complô, passou, então, a encarregado do que naquela altura era o maior haras da Europa e que se situava em Debica, território ocupado polonês, abrigando, em seu auge, mais de quatrocentas éguas. Entre os

---

[5] "Os homens nascidos na região de Sudetos (em alemão, Sudetenland) encontraram um novo lar em Boxberg. A criação de cavalos se tornou profissão para Hubert Rudofsky. Seu trabalho como diretor de haras é reconhecido aqui e no resto mundo." (documentos UR, s.d.)

cavalos que viviam em Debica, Rau colocara 44 éguas lipizzans, além de dois garanhões da mesma raça que haviam sido importados da Iugoslávia e que eram uns dos poucos mantidos fora de Hostau.

Hubert Rudofsky era especialista em conduzir carruagem e tinha até um diploma de nível avançado nessa complicada arte. A habilidade de guiar com maestria uma carruagem puxada por quatro cavalos é coisa rara no mundo equestre. Tradicionalmente, a carruagem ou carroça com quatro cavalos exigia dois homens, cada um deles controlando um par de rédeas. Durante a Primeira Grande Guerra, no entanto, a alta demanda por carroças usadas como ambulâncias para a remoção de soldados feridos levou os alemães a desenvolverem um novo método de condução, o *four-in-hand*, também conhecido como sistema Achenbach, e que, pela primeira vez, permitia que um só condutor controlasse os quatro cavalos.

A expressão "*four-in-hand*" refere-se às quatro rédeas, uma para cada cavalo, que o cocheiro controla com apenas uma mão, a esquerda. Com a direita, o cocheiro segura um longo chicote que fica ancorado entre o polegar e o dedo mindinho, deixando livres os três dedos do meio que podem assim colaborar também no comando das rédeas. O chicote, com uma base pesada de prata e um corpo de couro retorcido, é mantido ereto e em um ângulo preciso para evitar que, sem querer, ele obstrua a visão ou arranque o chapéu de um passageiro. Tocar uma carroça em *four-in-hand* requer nada menos que 31 peças de arreio. Além disso, exige um grande conhecimento de equitação. Um periódico dedicado ao ramo escreveu na virada do século:

> Para se tornar um exímio cocheiro, um dos mais completos, é necessário ser em certa medida um apaixonado por cavalos; de fato, uma grande porcentagem dos melhores condutores passou a maior parte da vida de algum modo ligada aos equinos, tendo montado de tudo, dos cavalos de balanço feitos de madeira até um puro-sangue em disparada, tornando-se assim competente o bastante para lidar com um cavalo e com dois deles muito antes de se arriscar a comandar quatro animais.

Apenas cocheiros altamente treinados, como Rudofsky, tinham a destreza necessária para conduzir usando o método *four-in-hand*, uma competência, aliás, que consumia pelo menos cinco anos de prática. Carruagens imperiais puxadas por duplas de lipizzans antes transportavam os membros da monarquia de Habsburgo pelas ruas de Viena. Com a habilidade de Rudofsky e os cavalos brancos de Rau, o mesmo meio de transporte poderia ser utilizado agora para mostrar a abrangência e o poder do Terceiro Reich.

No outono de 1943, Rudofsky teria a chance de exibir toda a sua maestria em um grandioso desfile no haras em Debica. A equipe da fazenda passara semanas preparando os cavalos para a ocasião especial. No dia da parada, um grande camarote decorado com ramos recém-cortados de árvores e bandeiras escarlates com a suástica ao centro encontrava-se povoado por oficiais nazistas e pelas mais altas patentes militares da Alemanha. Amontoados ao longo da cerca ao redor dos campos de exibição encontravam-se os maltratados cidadãos poloneses da cidade ocupada que vinham ver os belos cavalos na esperança de algumas horas de distração.

Rudofsky, esplendidamente vestido com uniforme completo, supervisionou todo o processo e preparou-se para a sua vez. Ele inspe-

Hubert Rudofsky conduzindo no estilo *four-in-hand* na década de 1930.

cionou de maneira meticulosa cada cavalo da cabeça aos pés, checando ainda o arreio imperial em bronze enquanto dava instruções de última hora aos cavalariços.

O desfile foi aberto por tratadores que entraram no vasto campo de exibição a pé, à frente de um grupo dos mais finos potros de um ano. Quando eles circulavam em frente ao público, uma chuva forte começou a cair. Os cascos logo transformaram o chão molhado em uma sopa de lama que sujava as patas e a barriga dos potrinhos. Apesar do tempo ruim, porém, a audiência não se moveu. Uns poucos abriram guarda-chuvas, mas a maioria dos oficiais parecia insensível à tempestade e simplesmente deixava a água encharcar os uniformes de algodão e pingar à vontade da viseira dos seus quepes.

Rudofsky só tinha olhos para os cavalos e demorou a perceber o burburinho que já se encorpava. Mas ele logo ouviu uma comoção. Próximo ao local onde os cavalos se preparavam para entrar no campo, Gustav Rau estava envolvido em uma conversa cada vez mais barulhenta com um oficial da SS. O auxiliar de Rau, Rudolf Lessing, estava de pé ao seu lado, com uma cada vez mais visível dificuldade de manter sua compostura. Rudofsky entendeu então que, após os poloneses se amontoarem para ver o desfile de cavalos, um regimento de soldados da SS os cercara por trás de modo que o haras e todos os espectadores estavam agora completamente encurralados por tropas armadas da SS.

O oficial da SS havia abordado Rau para explicar que ele havia dado ordens de prender todos os membros da multidão. Todos os homens poloneses com idade entre 18 e trinta anos seriam, então, encaminhados para campos de trabalho forçado para atuarem na produção de munição para os alemães. O desfile que havia reunido um grande número de pessoas estava sendo usado como uma armadilha.

Gustav Rau tirou uma pistola da cintura e a apontou diretamente para o oficial da SS. "Você não tem autoridade alguma aqui", ele disse. "Este haras está sob a jurisdição do Exército Alemão."

Rudofsky assistiu à cena toda mal se atrevendo a respirar. Lá no meio do campo de exibição, os cavalos continuavam a trotar e dançar. O grupo de oficiais no camarote estava longe demais para ouvir a discussão.

Rau manteve sua pistola apontada para o coração do oficial das forças especiais. Nenhum dos dois se moveu até que, com um aceno leve de cabeça, o oficial voltou atrás. Só aí Rau baixou a arma. Poucos minutos depois, o regimento da SS se retirou. A multidão de poloneses ali reunida nunca chegou a sequer imaginar o que acontecera.

Quando a apresentação já estava perto do seu *gran finale*, Rudofsky se sentou na imaculada carruagem, pronto para entrar na arena. Seu pés estavam presos a uma biqueira em ângulo, o que lhe garantiria a tração necessária para o controle dos dois pares de cavalos. Em sua mão esquerda, coberta por uma luva branca, ele segurava as quatro rédeas; e na direita equilibrava o chicote de quase cinco quilos. O tcheco estava com a costa aprumada e sem traço algum de emoção, mas ao circular em frente à plataforma povoada por oficiais da Wehrmacht e por membros do Partido Nazista que aplaudiam e sorriam, a chuva fria escorreu pelo seu rosto como se fossem lágrimas.

Poucas semanas depois, Rudofsky era internado em um hospital em Krynica, Polônia, com dores no peito e sofrendo de ansiedade extrema. Os médicos não conseguiram encontrar razão física para o problema. Ele sabia que tinha um problema cardíaco desde a infância, mas não apresentara sintoma algum naquela altura da vida. Parecia mesmo que o ponto ali era resultado de estresse excessivo. Após receber alta do hospital, Rau, talvez percebendo que seu habilidoso cavaleiro não conseguia mais lidar com a precariedade das condições em que se encontrava a ocupada Polônia, enviou-o de volta para sua região natal da Boêmia, onde ele assumiria a supervisão do maior tesouro equino do Reich: os lipizzans.

Rudofsky voltou da Polônia para uma Hostau muito diferente. A antiga vila de apenas uns poucos milhares de habitantes ficava ao lado da propriedade de sua família, que era composta por proeminentes cidadãos da região. O haras em si estava em muito bom estado, com tudo para oferecer o melhor cuidado possível aos preciosos cavalos. Mas a guerra havia fraturado e dividido a tranquila comunidade. Dentro da própria família Rudofsky, os sentimentos em relação ao Terceiro Reich os separavam de uma maneira amarga e contundente. Um primo do seu pai era o dono do banco local e havia financiado com seu próprio dinheiro a partida de pelo menos uma família de judeus quando os nazistas subiram ao poder em 1939. Seu irmão mais novo, Waldemar, médico, atuava no Exército Alemão e estava estacionado em um hospital de campo na Ucrânia. A irmã mais nova deles era a diretora da organização feminina de mulheres nazistas na região.

Rudofsky no comando de um par de lipizzans na Polônia, em 1943.

Quando jovem, Rudofsky considerava a si mesmo como austríaco; seu pai fora um conselheiro pessoal do imperador austro-húngaro Franz Joseph, mas entre o fim da Primeira Guerra Mundial e a anexação alemã Rudofsky havia servido à Tchecoslováquia, feliz por sua contribuição para o papel de destaque que a república atingira em termos de criação de cavalos no cenário global. Em seu círculo mais privado, Rudofsky desdenhava dos nazistas. Mas, depois de 1939, ele vestira o uniforme do Exército Alemão sem reclamar de nada. Na sua visão, ele não tinha outra opção; o sistema civil de criação de cavalos em que ele atuara antes havia sido todo engolido pelo Exército Alemão, e seu conhecimento o tornou uma valiosa peça para os militares. Mas ver os cidadãos de sua terra natal serem perseguidos e expulsos de suas casas pelas forças de Hitler fez com que ele visse a si mesmo e a seus compatriotas descendentes de alemães como traidores. Quando Rudofsky retornou à Boêmia, agora "purificada" de suas etnias minoritárias, encontrou uma região tristemente diminuída.

Estar em casa trouxe uma grande vantagem para Rudofsky. Embora não tivesse filhos, ele tinha Ulli, um sobrinho de dez anos, filho de Waldemar, que ele adorava como se fosse seu. O rosto angelical do garoto que era coroinha da igreja transbordava de orgulho toda vez que o tio, do alto dos seu 1,80 metro de altura, aparecia para a missa na igreja de

St. James vestido com o uniforme completo da Cavalaria, com o salto de suas botas reluzentes batucando sobre o chão de pedras. O devoto Rudofsky carregava no bolso um cartão militar que expressava seu desejo de receber extrema-unção em caso de morte.

    Rudofsky fazia questão de manter seus olhos sobre o sobrinho. Quando ia jantar na casa em estilo italiano da mãe que ficava bem perto de Hostau, jamais deixava de fazer perguntas sobre a tabuada ao jovem Ulli, um garoto inteligente e estudioso. Ninguém tinha qualquer notícia do pai do menino. Os adultos à mesa de jantar dos Rudofsky entendiam que o médico poderia estar retido como prisioneiro de guerra em qualquer ponto da Europa, ou que talvez já estivesse até mesmo morto.

Os estábulos cheios de cavalos brancos impressionaram muito o jovem Ulli. No inverno de 1943, logo após seu retorno, Rudofsky organizou uma visita de Ulli e sua irmã mais velha, Susi, para que pudessem conhecer os majestosos cavalos de Hostau. Como se fosse um conto de fadas, uma carruagem puxada por dois cavalos brancos feito a neve surgiu bem diante da casa das crianças, trazendo consigo um cocheiro belamente aparentado. Seu uniforme todo decorado – que parecia polonês ou russo – impressionou os irmãos. O condutor abriu a porta da carruagem e colocou Ulli e Susi debaixo de cobertores quentinhos que haviam sido costurados nas laterais, como se fossem sacos de dormir. O ar estava cristalino quando os lipizzans saíram trotando rumo a Hostau, batendo seus cascos contra o solo congelado. De dentro do conforto da carruagem, o menino e a menina podiam ver as costas eretas do cocheiro e os campos extensos cobertos de neve que terminavam contra a escura e proibida floresta boêmia ao fundo.

    Quando chegaram a Hostau, eles foram recebidos pelo tio, que logo os levou aos estábulos para que pudessem ver de perto os cavalos brancos. Ulli ficou surpreso ao descobrir que, se soprasse a pelagem branca dos lipizzans, veria uma pele preta-azulada embaixo da cabeleira alva. Mas quando seu tio o colocou em cima de um cavalo preto feito carvão chamado Tyrant, o menino entrou em pânico com a altura e gritou que estava "muito quente aqui em cima". Seu tio, perfeitamente confortável ao redor daqueles belos animais, riu enquanto o colocava no chão. De volta para casa, de novo no aconchego da carruagem, as crianças carregavam consigo a inegável impressão mágica que os cavalos sob os cuidados do tio haviam deixado.

Rudofsky comandava o haras de Hostau com uma despreocupada precisão. Toda manhã seu valete o ajudava a vestir seu uniforme bem-passado e também as botas, sempre lustradas com capricho. No estábulo, os tratadores já haviam preparado as éguas lipizzans. A ponta de prata do seu chicote trançado de couro brilhava com o polimento típico do uso. Esse mestre que conduzia com facilidade no melhor estilo *four-in-hand* nunca chegara a aprender a guiar um automóvel, e sua figura elegante no comando de um par de cavalos brancos era uma cena conhecida por toda a cidade. Quando ele parava em frente à grande estrutura que servia de administração do haras, seus mestres de estábulos já se encontravam ali, prontos para oferecer seus relatórios. E nenhum detalhe era considerado pequeno demais para não ser relatado.

A rotina de Hostau vinha de tradições que remontavam a séculos passados. A fazenda de Rudofsky seguia os preceitos descritos no livro *Regulation of the stud farm* (*Regras de funcionamento de haras*), de 1656. Os tratadores eram encarregados dos cuidados diários dos cavalos, alimentando-os, asseando-os, exercitando-os e levando-os para pastar — em um trabalho que começava com o nascer do sol e só terminava quando ele se punha. Um bom *Landstallmeister*, ou diretor de haras, não permitia que um tratador fosse bruto ou negligenciasse qualquer das esplêndidas criaturas que se encontravam sob seus cuidados. Os cavalos deviam ser sempre tratados com o maior cuidado e carinho. Rudofsky seguia esses preceitos ao pé da letra.

Toda segunda-feira ele inspecionava o plantel inteiro. Os tratadores andavam de um lado para o outro pelos corredo-

Ulli Rudofsky aos 11 anos de idade.

res dos estábulos atarefados em suas funções, tratando de assegurar que tudo estivesse perfeito, da ponta da orelha dos cavalos até o último pelo da cauda de cada um deles. Rudofsky olhava com atenção cada animal conduzido para fora de sua baia por um tratador que, então, fazia com que o animal mostrasse suas orelhas, ficasse ereto em suas quatro patas e deixasse ali a melhor das impressões.

Os detalhes eram todos registrados nos muitos cadernos de anotações do haras: estado geral de saúde, temperamento, solidez e características físicas. Informações pertinentes eram passadas adiante para Gustav Rau. Rudofsky era um especialista consumado em relação aos complexos detalhes envolvidos no gerenciamento de um haras, mas as decisões sobre com que éguas os garanhões cruzariam continuavam nas mãos do seu superior.

Durante 1944, Alois Podhajsky e sua esposa, Verena, fizeram três viagens a Hostau para visitar as éguas lipizzans de Piber. Verena Podhajsky, uma simpática mulher de cabelo encaracolado que vinha até a altura do seu queixo, gostava de ver os cavalos nos pastos e socializava com a equipe que trabalhava no haras. Mas a relação entre Podhajsky e o coronel Rudofsky era das mais frias. Podhajsky se encontrava aflito para interferir nos planos de Rau, convencido de que as éguas austríacas não deveriam cruzar com outras estirpes de lipizzans nem se submeter a qualquer experimentação que pudesse afetar seu desempenho no adestramento clássico. Rudofsky, por outro lado, não apreciava o desejo de Podhajsky de mudar qualquer coisa que tivesse a ver com o seu haras; ele não tinha escolha alguma a não ser seguir as recomendações de Rau. Mas, ao final, nada importava, porque de fato as decisões sobre o programa de cruzamento eram feitas em um nível acima daqueles dois homens.

Uma coisa, no entanto, era clara: o plano de Rau para multiplicar o número de lipizzans estava dando certo. Em 1944, os pastos ao redor de Hostau estavam cheios de plácidas éguas brancas seguidas de perto por potros de pelo escuro. Os primeiros exemplares da nova linhagem de lipizzans de Rau haviam nascido, mas era cedo demais para dizer qual seria o resultado final, pois era preciso aguardar anos e anos para avaliar por completo o desempenho desses potros consanguíneos, e seria necessário passar várias gerações até que a reprodução seletiva pudesse alterar de maneira substancial as novas crias. Mas, por enquanto, o projeto alemão de remodelar a mais antiga e refinada raça de cavalos da Europa, colocando sob esses animais a marca indelével do Terceiro Reich, seguiria adiante sem qualquer impedimento.

Em alemão, a palavra *Rasse* significa "raça" (tanto de pessoas quanto de animais). O programa de Rau em Hostau que almejava produzir uma raça pura de cavalos brancos traçava paralelos evidentes com o outro mais famoso projeto racial nazista conhecido como *Lebensborn*. Em "clínicas de nascimento" especiais, oficiais da SS engravidavam mulheres que eram selecionadas por exibirem sinais aparentes de traços considerados essencialmente arianos. Os bebês eram batizados em um ritual único da SS, embalados em um berço que ficava bem abaixo de uma adaga símbolo da SS enquanto os presentes entoavam votos de lealdade eterna dessas novas vidas ao ideário nazista. Do mesmo modo, os potros nascidos em Hostau também passavam por um rito especial: eram marcados com uma letra H perpassada por uma adaga. Aquela era a marca que identificava a nova e pura raça de cavalos brancos criada por Rau.

A ESCOLHA DE PODHAJSKY
VIENA | 1943

Neapolitano Africa seguia por uma bem-cuidada rua, com o nariz reto à frente e o corpo relaxado. Após uma temporada de rigoroso treinamento na Spanische Hofreitschule, o sensível garanhão havia conquistado um merecido descanso. Aqui, nos arredores de Viena, os cavalos faziam longos passeios descompromissados pelo campo. Como se fossem crianças se divertindo nas férias de verão, cavalos e cavaleiros floresciam sob o ar perfumado do interior. Fundados em 1526, os estábulos de verão dos lipizzans se encontravam em um vasto parque, o Lainzer Tiergarten, um espaço de dez hectares que funcionara no passado como área preservada para a caça entre a nobreza. Mesmo em 1943, javalis selvagens e cervos ainda rondavam livremente pela região. Nessa paisagem esplêndida, os garanhões que tanto trabalhavam na escola passavam as férias de verão, substituindo os exigentes treinos e a agenda cheia de compromissos por dias de liberdade no interior.

Enquanto cavalgava, porém, Podhajsky estava longe de se sentir relaxado. Ele se preocupava o tempo todo com o destino dos seus cavalos. Em breve a escola retornaria às suas atividades normais de inverno, mas, naquele ano, ninguém sabia dizer se voltar para a cidade era uma boa ideia ou a pior de todas elas. Desde o início de 1943, a maré da guerra começara a se virar contra os poderes do Eixo. Bombas dos Aliados caíam sem parar sobre cidades alemãs, e Podhajsky e outras pessoas temiam que Viena fosse o próximo alvo.

O diretor da escola odiava a ideia de quebrar a tradição. Ele sabia que o sucesso dos garanhões tinha como base uma progressão organizada dos treinamentos. Assim como uma bailarina ou músico profissional não pode nunca parar de praticar, seus garanhões também precisavam de uma paciente sequência de treinos que ocorriam por meses e anos a fio, sem interrupções. Podhajsky levara a escola de equitação ao mais alto nível de performance por seguir religiosamente seu metódico programa de instrução. Mas tudo levava a crer que 1943 não seria um ano comum e ele sabia que sua obrigação maior era para com a segurança dos cavalos. O problema era que ele não tinha certeza sobre qual seria a melhor estratégia para protegê-los. Uma opção era quebrar a tradição e permanecer em Lainzer Tiergarten, um parque aberto que seria um improvável alvo de bombas dos Aliados. Mas os estábulos de verão em Lainzer eram estruturas muito simples de madeira. Na cidade, as paredes dos estábulos imperiais pelo menos eram grossas e sólidas. Talvez ele estivesse se iludindo, mas Podhajsky achava que os Aliados seriam incapazes de bombardear Viena, lar de um dos mais importantes tesouros barrocos do mundo. E, no fundo, ele não conseguia imaginar que mensagem a ausência dos lipizzans enviaria aos habitantes daquela sofrida cidade. Os cavalos eram um símbolo da identidade austríaca. Se eles não retornassem, será que as pessoas começariam a perder a esperança? Como responsável por uma das maiores riquezas de Viena, Podhajsky sentia o peso de sua responsabilidade. E, após analisar por um bom tempo aquele dilema, decidiu que os lipizzans retornariam à cidade, como sempre fizeram. Assim eles continuariam treinando e, se o impensável ocorresse, eles pelo menos teriam as grossas paredes do século XVIII para abrigá-los.

Mas poucos meses depois, no outono de 1943, a situação em Viena havia piorado bastante. A guerra não ia nada bem para os alemães e a possibilidade de bombardeio por parte dos Aliados ficava mais evidente a cada dia. Alois Podhajsky encontrava-se em seu escritório na Escola de Equitação na companhia de um comandante local da Wehrmacht que havia trazido consigo uma carta com a insígnia do Terceiro Reich. Assinada por Baldur von Schirach, o *Gauleiter** de Viena, a missiva o acusava de não estar fazendo de tudo para garantir a segurança dos lipizzans. Por que ele havia decidido retornar à Viena? Podhajsky, confuso, lia e relia a mensagem. Estariam os nazistas tão preocupados a ponto de imaginar que a cidade estaria em breve sitiada? E se as bombas realmente chegassem, estariam os cavalos de fato mais seguros em Lainzer Tiergarten? Podhajsky decidiu ignorar, ao menos por enquanto, a acusação de von Schirach. Com sorte, não teria mais notícias do *Gauleiter*.

---

* Chefe de distrito, segundo a organização burocrática nazista. (N.T.)

Apesar da complicada e triste situação da cidade, atrás das paredes da escola de equitação, Podhajsky conseguira manter a mesma rotina de sempre. Cavalos e cavaleiros continuavam com o tradicional regime de treinamento. Notando que cada apresentação dos garanhões amealhava mais e mais público, ele intuía que, após algumas horas na companhia mágica dos cavalos, as pessoas voltavam para casa com uma dose extra de esperança. A guerra se arrastava pelos meses afora e a situação naquela Viena ocupada ficava cada vez pior, mas os cavalos levavam as pessoas de volta a um mundo sem as agruras da guerra e as deixavam ver como ele poderia ser de novo. No entanto, a vida real andava mais sombria que nunca e mesmo os garanhões não conseguiriam oferecer para sempre uma réstia de luz em meio à cortina de escuridão que caía sobre a Europa.

No dia 24 de maio de 1944, Podhajsky aguardava do lado de fora do salão de inverno, montado sobre Neapolitano Africa. Os dois executariam um solo em frente a um grande público. Podhajsky podia sentir a energia que irradiava de sua montaria. Sem dizer uma palavra, ele se comunicava com o cavalo, implorando para que o animal mantivesse seu foco, pois dentro de apenas alguns instantes ele precisaria converter toda sua energia natural em uma performance da mais alta precisão. As mãos de Podhajsky pesavam tanto quanto uma pena sobre as rédeas. Ele sabia que qualquer alteração mínima da pressão exercida por ele comunicaria um universo de intenções para o seu garanhão. Quando a música chegasse ao ponto exato, o conjunto entraria no picadeiro. De repente, a multidão cairia então em silêncio enquanto o andar de cadência perfeita de Africa o faria dançar ao som de uma versão gravada da valsa vienense.

Naquela noite, o edifício inteiro exalava encantamento. A multidão que espiava por entre as colunas coríntias parecia nem respirar. Quando Podhajsky liderou o cavalo através da sequência de passos minuciosamente coreografados, cada um dos movimentos de Africa foi como uma pequena explosão de energia e propósito. Naquela noite, parecia que todos os garanhões e cavaleiros estavam trazendo algo extra para a apresentação, desde a mais simples manobra do mais jovem participante até a complexa e bela posição de estátua de um *levade* — em que o cavalo joga seu peso para as patas traseiras como se estivesse em um quadro de Napoleão —, incluindo aí também a coordenação perfeita da *quadrille*, o grande final, quando 12 garanhões se movem como se fossem um só.

Podhajsky tirou seu chapéu de duas pontas em uma saudação e parecia que o aplauso jamais terminaria, como se o público não quisesse que aquele momento mágico terminasse. Quando a trovoada das mãos em aplauso enfim cedeu, um eco permaneceu a vagar no ambiente. Ninguém – nem homem, nem animal – poderia imaginar que essa seria, por muito tempo, a última de suas apresentações naquele espaço.

Menos de dois meses depois, no dia 20 de julho de 1944, um grupo de alta patente da Wehrmacht alemã tentou sem sucesso assassinar Hitler. Na sequência, membros mais fanáticos do nazismo e pouco simpáticos à instituição austríaca substituíram em Berlim os antigos oficiais que haviam apoiado a escola. Após vários anos de bom tratamento, Podhajsky se viu de repente com uma escola de novo à deriva. Ele foi obrigado a enviar alguns de seus cavalos para unidades montadas do Exército, e seus cavaleiros com idade entre 25 e 28 anos, antes isentos, foram chamados a servir. Naquela altura, maus resultados na Rússia obrigaram os alemães a recuar e, não muito depois, os maiores temores de Podhajsky se concretizaram. No dia 17 de março, aviões B-17 dos Estados Unidos apareceram nos céus de Viena. Começava assim a terrível fase de bombardeios.

Apresentação dos lipizzans na Spanische Hofreitschule.

No verão de 1944, os garanhões brancos já haviam aprendido a reconhecer o sinal de alarme de ataque aéreo. Um a um, eles colocavam a cabeça por sobre a meia-porta de suas baias, prontos para fazer sua parte em mais uma fuga rápida. Logo os passos dos cavalariços uniformizados percorreriam os amplos corredores dos estábulos imperiais. Africa, agora com oito anos, aguardava atento a chegada do seu tratador, baixando a cabeça para facilitar o trabalho da colocação da cabeçada. Na baia ao lado, Theo fazia o mesmo. Ao primeiro sinal de alarme de ataque aéreo, Podhajsky corria para os estábulos para supervisionar a transferência dos animais para o salão de inverno da escola, onde homens e cavalos aguardariam até que as bombas cessassem.

Quando um petardo atingia o solo, Africa se encolhia todo, como se tentasse escapar do barulho das explosões que vinham do alto, mas nem ele nem nenhum outro cavalo entrava em pânico ou tentava escapar. Para Podhajsky, parecia que Africa e os outros carregavam, então, uma expressão peculiar em seus rostos, como se dissessem uns aos outros "Como é difícil entender os humanos!". Em última instância, a responsabilidade pela segurança deles jazia em suas mãos e, como os ataques ficavam cada vez mais frequentes, era claro que os cavalos não poderiam mais ficar ali, mesmo se suas apresentações contribuíssem para o moral de todos. O perigo era simplesmente grande demais.

Em função da preocupação anterior de von Schirach com o bem-estar dos animais, Podhajsky não esperava encontrar problemas ao pedir permissão para levar os cavalos para um local mais seguro, mas quando ele se encontrou com o representante alemão encarregado pela cidade, o diretor da escola foi informado de que, se os lipizzans deixassem a cidade, as pessoas ficariam de coração partido. Podhajsky sabia bem disso, mas também não deixou de entender a mensagem que vinha ali nas entrelinhas. Naquele ponto da Áustria ocupada pelos nazistas, qualquer ato que demonstrasse fraqueza ou derrotismo seria classificado e punido como traição.

Então os lipizzans dançaram durante a longa temporada de ataques aéreos para manter a ilusão de que tudo continuava bem. Enquanto os alemães sofriam uma série de derrotas e os Aliados se aproximavam pelo oeste, Podhajsky não alimentava ilusão alguma. Com crescente frustração, percebeu que os garanhões seriam sacrificados apenas para manter as aparências, da mesma maneira que a orquestra continuara tocando valsa enquanto o *Titanic* afundava. E aquilo era simplesmente inadmissível. Em segredo, durante o outono todo, ele embalou os pertences da Spanische Hofreitschule, mandando inclusive desmontar e encaixotar os enormes lustres de cristal do salão de inverno. Ele achou um oficial simpático à sua causa que lhe forneceu carroças e arreios adequados. Se o pior acontecesse, ele colocaria na estrada aqueles impagáveis cavalos e os levaria para fora da cidade. Cavalgando, eles poderiam ir até Lainzer Tiergarten. Mas Podhajsky não conseguia parar de se preocupar com a inadequação da estrutura de madeira dos estábulos que lá existiam. De fato, no outono de 1944, uma bomba destruiu parte das instalações dos estábulos de verão. Se ele não tivesse removido os cavalos de lá, eles teriam sido atingidos em cheio. Podhajsky partiu, então, para um redobrado esforço para encontrar um lugar mais seguro e distante da cidade que pudesse acomodar tantos animais.

Ao final, ele descobriu uma propriedade na Alta Áustria que possuía instalações grandes o bastante para acomodar 75 cavalos. A condessa Gertrud Arco auf Valley era dona de um enorme castelo com estábulos espaçosos na vila de St. Martin. Ela aceitara abrigar o plantel todo e ainda estendera o convite ao próprio Podhajsky. Mas o cada vez mais desesperado diretor da escola não conseguia fazer com que as autoridades o deixassem sair de Viena. Não havia transporte disponível. Todos os caminhões estavam em uso pelo Exército Alemão. Ao mesmo tempo, ele recebia mensagens frenéticas do diretor do haras da escola-irmã da sua instituição em Budapeste. Eles haviam evacuado sua estrebaria e estavam em fuga com os cavalos sem terem, contudo, um destino certo. Podia ele trazer os cavalos a Viena? Foi aí que Podhajsky entendeu o tamanho do problema: ele queria tirar seus animais de lá enquanto havia quem quisesse trazer os seus exatamente para o local de onde ele queria fugir!

Em um dia de janeiro de 1945, olhando pela janela do seu escritório, Podhajsky viu quatro veículos de mudança sendo carregados com obras de arte do Museu Nacional para que as peças fossem transportadas para um local seguro fora de Viena. Podhajsky então pensou: apesar de as suas súplicas para salvar os cavalos não terem efeito algum, talvez fosse possível convencê-los a levar para um lugar mais resguardado o resto do precioso acervo da escola, como selas, freios e objetos de arte. Quando ele recebeu permissão para o traslado dos artefatos, Podhajsky aproveitou para fazer um pedido extra: seria possível usar a área não ocupada nos caminhões para transportar alguns cavalos para os estábulos que se encontravam à disposição na Alta Áustria? No lugar de apresentar a proposta como se a escola de equitação estivesse deixando a cidade, ele justificou que aquilo era apenas para liberar espaço na estrebaria lotada de Viena. E, para seu alívio, o encarregado concordou com o pedido. Por isso, em janeiro e fevereiro, Podhajsky conseguiu despachar pequenos grupos de animais para o novo endereço, de maneira que, ao final de fevereiro de 1945, apenas 15 garanhões e um pequeno número de cavaleiros ainda se encontravam na capital austríaca. Assim ele conseguia cumprir sua obrigação de manter a escola de equitação em seu lugar ao mesmo tempo que mantinha um bom volume de equinos longe de qualquer perigo.

Mas, quando fevereiro virou março, os bombardeios se intensificaram ainda mais. No dia 7 de março os Aliados cruzavam a ponte de Remagen que atravessa o rio Reno, já no leste da Alemanha. Enquanto isso, os russos pressionavam do outro lado. Podhajsky, então, tentou entrar em contato com o Alto-Comando do Exército em Berlim, mas as linhas de telefone estavam tão comprometidas que sequer conseguiu contato. Enfim, ele obteve a permissão do general Weingert, inspetor da Cavalaria em Berlim, para evacuar os 15 cavalos restantes e assim fechar por completo a escola de equitação, embora o mesmo oficial o tivesse informado que não seria seguro partir sem ter em mãos o expresso consentimento do *Gauleiter*. Podhajsky relutava em abordar o encarregado. A escola estava sob a alçada do Alto-Comando do Exército. Ele achava que chamar a atenção de von Schirach para si mesmo causaria mais danos que qualquer outra coisa. Mas ao mesmo tempo era difícil imaginar outra maneira de seguir adiante. Ele se recordou da carta que von Schirach mandara sobre a importância de manter os cavalos em segurança. Será que aquilo não passava de mais um item entre as suas preocupações ou seria ele talvez mais um homem simplesmente apaixonado de verdade por cavalos? De qualquer modo, não tardaria e Podhajsky descobriria a verdade.

Ao telefone a recepção havia sido gélida, mas após três dias de espera, o diretor da escola fora avisado de que o *Gauleiter* o receberia em sua casa. Von Schirach era alto e louro, com um quê afeminado em seu rosto que fazia eco aos traços da mãe, uma *socialite* de Filadélfia, Estados Unidos, que havia se casado com um alemão. O ex-líder da Juventude

Hitlerista vestia um uniforme marrom novinho em folha, mesmo não sendo de fato um militar. Quando Podhajsky entrou, enfim, na sala, o *Gauleiter* parecia alarmado com a visita.

"A situação com os lipizzans está sob controle?", von Schirach perguntou mais que depressa.

Podhajsky olhou para von Schirach entendendo, então, que o nazista fantasiado de soldado não fazia ideia do que se passava. A pergunta era nada menos que absurda. Os cavalos, bem como o resto da cidade, estavam sitiados. A segurança deles estava em constante perigo. Qualquer idiota podia ver isso. Podhajsky manteve a compostura, como o militar bem-treinado que ele era. Além disso, ele contava sempre com sua implacável calma. Aquele farsante não o intimidaria; não importava seu cargo ou título nem o uniforme que ele vestia sem ter tido sequer a dignidade de ter feito por merecê-lo e menos ainda quantas insígnias ali provavam seu alinhamento total a Hitler.

Podhajsky, sem perder nem um segundo de seu tempo, disse logo ao que viera. "Em função do perigo que os cavalos correm com os ataques aéreos, é necessário removê-los da cidade *imediatamente*."

"Se os lipizzans saírem da cidade, os cidadãos vão se sentir sem nenhuma esperança", contra-argumentou o *Gauleiter*, parecendo agora ainda mais agitado que nunca.

Podhajsky evitou dizer o óbvio, que os cidadãos de Viena já estavam mesmo sem esperança alguma. A única questão agora era se os russos invadiriam a cidade ou se os norte-americanos e britânicos a varreriam do mapa com suas bombas. Os cidadãos não podiam nem ao menos escolher o veneno de sua predileção.

"Além disso", completou o *Gauleiter*, "a cidade será recuperada em breve. Nós estamos a ponto de lançar novas medidas militares contra os Aliados".

"Os cavalos são insubstituíveis. O perigo de permanecer aqui na cidade é grande demais. Eles precisam ser levados imediatamente para um local seguro", era o que Podhajsky repetia com firmeza, enquanto tentava deixar claro que aquela não era uma questão aberta para debate, embora tivesse plena consciência de que estava totalmente à mercê da vontade daquele líder nazista. Em parte, Podhajsky já estava aliviado por saber que conseguira retirar parte dos cavalos da cidade em segredo, transportando-os em duplas ou trios. Mas mesmo aquela estratégia já não era mais possível. Caminhões e combustível só eram agora acessíveis com a permissão das mais altas patentes. Remover 15 garanhões de uma cidade sitiada no meio de uma guerra era uma empreitada grandiosa demais. Ele jamais conseguiria se não contasse com a concordância do homem que se encontrava ali bem à sua frente.

Seguiu-se uma pausa longa, de reflexão por parte do *Gauleiter*. Durante esse tempo, Podhajsky manteve seus olhos sempre presos à expressão pouco reveladora do rosto de von Schirach, certo de que o destino dos seus cavalos estava por um fio. Por meses as autoridades alemãs brincavam com ele. Pediam que deixasse a cidade, depois recusavam a lhe dar permissão para a viagem.

"Não é fácil para mim concordar com a evacuação", disse o *Gauleiter*. "Sempre considerei a Spanische Hofreitschule como sendo a própria Viena e, com a saída dos lipizzans, vai-se com eles um pedaço da nossa Viena." Podhajsky não sabia se devia dizer algo mais ou ficar calado enquanto von Schirach deliberava. Estar ali, implorando para um oficial de araque, um mero civil fantasiado de militar, estava chegando à beira do insuportável.

O líder nazista, então, falou: "Mas eu gosto deles demais. Não posso deixar que corram perigo ficando aqui...".

Podhajsky sentiu como se seus joelhos fossem ceder com tamanho alívio, mas ele respondeu apenas com um pequeno aceno de cabeça. Por dentro, ele estava completamente grato aos seus garanhões. Aqueles cavalos inspiravam as pessoas a amá-los. Mesmo os mais frios e cruéis nazistas. Na prática, os garanhões haviam conquistado sua própria liberdade.

Agora que ele tinha um plano para os cavalos, Podhajsky tornou sua atenção para o apelo dos animais da Spanische Hofreitschule de Budapeste. Embora as instalações de Viena não pudessem de fato ser consideradas seguras, suas paredes grossas poderiam oferecer alguma proteção. Ele mandou então um telegrama para o diretor da unidade em Budapeste, deixando-o saber que os estábulos imperiais estariam vazios em breve e que, se ele quisesse, poderia levar seu plantel para lá, explicando que ele e seus cavalos estavam fugindo para um local mais seguro no interior do país.

Infelizmente, os 22 lipizzans húngaros jamais chegaram. Forças russas os confrontaram em março de 1945, quando estavam a caminho de Viena. Os soldados do Exército Vermelho tentaram confiscar os cavalos para uso na guerra. Quatro deles foram capturados e forçados a puxar uma carroça pesada que levava armas e munições para Viena. Os outros 18, que entraram em pânico e rejeitaram os arreios, foram executados ali mesmo. Seus corpos foram então servidos à faminta tropa russa.

Os garanhões de Viena, com muito mais sorte, haviam conseguido uma chance de escapar e seguiam para os territórios menos perigosos da Alta Áustria. Mas Podhajsky sabia que a provação estava longe de chegar ao fim. Os cavalos teriam pela frente uma longa e difícil jornada até que estivessem em segurança e bem longe dos bombardeios que abalavam diariamente a capital.

CAVALOS EM PERIGO
JANÓW PODLASKI, POLÔNIA | MAIO DE 1944

Na primavera de 1944, enquanto Podhajsky lutava para manter seus cavalos seguros na Viena ocupada, a guerra se aproximava do haras de cavalos árabes Janów Podlaski que os alemães controlavam. Mais uma vez, a localização de Janów, a poucos quilômetros de distância da Rússia, colocava-os em perigosa proximidade com o fogo cruzado. Na parte oriental do país, a resistência polonesa tumultuava a vida dos alemães, bombardeando trens e atrapalhando as atividades nazistas na área. Somando-se a isso havia o enorme Exército Vermelho que vinha do leste. Os poloneses que trabalhavam em Janów aguardavam com ansiedade o desenrolar dos fatos. Sua segurança dependia das decisões tomadas pelos ocupantes alemães. No começo de maio, haviam chegado novas ordens de Gustav Rau. Nove dos melhores cavalos árabes de Janów deveriam ser despachados para Hostau onde, seguindo movimentos cuidadosos como os de um verdadeiro mestre em xadrez, Rau estrategicamente reunia todos os cavalos do mais alto nível. Entre os espécimes escolhidos por ele estava o mais valioso de todos os jovens garanhões: Witez.

No estábulo bem abaixo da torre do relógio, um dos cavalariços mais dedicados de Janów, Jan Ziniewicz, movia-se devagar, arrastando passos tristes e um coração pesado. Ele caminhara de baia em baia, dizendo palavras de carinho a cada cavalo que via. Ao se aproximar de Witez, o príncipe polonês o saudou com um toque leve. Ziniewicz colocou o arreio no cavalo de quatro anos, fez um cafuné em seu nariz, tracejando com um dedo o contorno da pequena mancha branca que havia no focinho do animal. A narina delicada do garanhão estremeceu, como se ele sentisse cócegas. O cavalo moveu sua cabeça à frente e colocou as orelhas pequenas na direção do cavalariço. Ziniewicz media pouco mais de um metro e meio e tinha o rosto escarpado e cheio de marcas, bem típico de um homem que havia passado a maior parte da vida trabalhando ao léu. Ele tinha um jeito calmo e harmônico de lidar com os cavalos que por isso mesmo respondiam muito bem a tudo o que ele pedia. Entendendo que ele não tinha outra opção a não ser seguir as ordens alemãs, Ziniewicz prendeu uma corda guia ao anel de latão do arreio e seguiu para fora da estrebaria com o garanhão o acompanhando de boa vontade. Aquele era o dia em que Witez partiria de trem rumo à Tchecoslováquia.

Na plataforma da estação na vila mais próxima, os cavalariços circulavam ao redor de suas reluzentes cargas, aguardando a vez de embarcar no trem. Cada um dos cavalos árabes estava agasalhado com um cobertor macio e tinha as quatro patas enfaixadas com algodão fixado por ligas de flanela. O interior do vagão havia sido especialmente adaptado, tendo as paredes cobertas por mantas acolchoadas que protegeriam os preciosos animais em sua jornada. Um a um, os nove cavalos árabes subiram a rampa. Ziniewicz havia sido designado para acompanhá-los na viagem. Um dos assistentes do haras, uma jovem chamada Liselotte, manteve-se o tempo todo ao lado de Witez enquanto ele se preparava para partir. Ela não fazia ideia alguma se teria oportunidade de vê-lo uma vez mais em sua vida. Quando o trem já começava a se arrastar da estação, Liselotte sussurrou um adeus a Witez seguindo por um "Vá com Deus". Ouviram-se, então, dois apitos de locomotiva, e Witez já partia em direção à Praga, sem saber se aquela seria a última vez que pisaria em sua terra natal.

Ziniewicz cuidou do bem-estar de Witez durante os nove dias da viagem de trem que os levou por Varsóvia e Lodz a caminho de Praga. Quando enfim chegaram a Hostau, o cavalariço encontrou rostos que ele já conhecia da Polônia, como o mestre Rudofsky e o jovem e gentil veterinário Lessing. Ambos haviam visitado com frequência as instalações de Janów. Mas a presença de conhecidos oferecia apenas um conforto fugaz: Ziniewicz foi obrigado a se despedir logo dos seus cavalos para, então, de acordo com as ordens recebidas, retornar para Janów, deixando em solo estrangeiro o orgulho da Polônia. Ziniewicz sentiria para sempre saudades dos olhos brilhantes da nobre face de Witez, iluminada pela estrela branca e irregular que cobria boa parte da sua testa. Os poloneses que trabalhavam em Janów Podlaski não conseguiam acreditar que o cavalo que tanto adoravam tivesse escorrido feito água de suas mãos. Embora as condições na Polônia fossem perigosas demais, eles achavam que ali, em casa, poderiam cuidar e proteger aqueles cavalos melhor que ninguém. Mas agora Witez estava longe, em um haras estrangeiro controlado pelos alemães. Ninguém sabia se ele um dia retornaria. Agora, dos três belos filhos de Ofir nascidos em 1938, havia apenas dois na Polônia: Witraz e Wielki Szjlam.

Acomodado em Hostau, Witez estava bem. Havia feno e grãos à vontade e as cocheiras eram grandes e confortáveis. Witez e seus colegas, embora longe da Polônia, estavam sendo bem-cuidados e não mais se encontravam sob perigo imediato. Porém, o restante dos milhares de cavalos valiosos de Rau espalhados por toda parte do vasto território da Polônia e da Ucrânia, incluindo aí aqueles que ficaram para trás em Janów, estava no caminho do tsunami da guerra. À medida que o Exército Russo empurrava a guerra para o oeste, passando pela Ucrânia e pela Bielorrússia, chegando até o leste da Polônia, em perseguição ao Exército Alemão e na missão de reconquistar territórios, as fazendas de criação de cavalos de Rau viram-se bem na rota do conflito. O mais novo haras de cavalos lipizzans que havia sido estabelecido em Debica já fora atacado. Por sorte, os cavalos haviam sido relocados logo antes. Em todo o império de Rau, cavaleiros ansiosos se preocupavam e tentavam entender o que fazer, enquanto aguardavam instruções. No depósito de garanhões de Drogomyśl, que ficava na margem leste do rio Vístula na Polônia, já perto da fronteira com a Tchecoslováquia, o mestre Brandt fizera sua esposa e filhos treinar a colocação de arreio nos cavalos e o processo de carregamento das carruagens. Se os russos chegassem, a família estaria preparada. Eles precisariam levar os animais para o outro lado do Vístula, encarando as águas do rio, caso as pontes fossem danificadas. O destino seria Hostau, que ficava a mais de quatrocentos quilômetros a oeste.

No haras Janów Podlaski a equipe continuava na expectativa de receber ordens dos ocupantes. Era comum ver conflitos entre o Exército Alemão e o pessoal do Partido Soviético que operava na área. Em maio de 1944, uma bomba alemã atingiu Janów, destruindo parte de um dos estábulos. Felizmente os cavalos estavam no pasto no momento do bombardeio e nenhum deles se feriu. Apenas cinco anos após a fazenda ter chegado quase à destruição nas mãos dos russos, os funcionários de Janów olhavam atônitos para as ruínas fumacentas de um dos prédios que havia sido reconstruído pouco tempo antes.

No fim de junho, Rau enfim anunciou que o haras todo deveria ser evacuado, inclusive todos os animais. Pelo menos os cavalos não fugiriam a pé: o alemão havia organizado transporte via trem até Sohland, uma pequena cidade a várias centenas de quilômetros a oeste e já dentro da Alemanha. Rau havia persuadido um oficial aposentado da Cavalaria que vivia em Sohland, coronel von Bonnet, a abrir as portas dos seus estábulos para os refugiados e assumir toda a responsabilidade pelos cavalos. Com sorte, eles poderiam passar o restante da guerra sem precisar mudar de endereço de novo. Mesmo viajando de trem, os cavalos estariam correndo perigo naquela jornada. A resistência polonesa operava de maneira bem forte em torno de Janów e poderia muito bem tentar explodir o comboio durante a fuga.

Já tarde da noite, na quietude do lar, Andrzej Kristalovich e sua esposa debatiam o plano em ansiosos sussurros. Viajar com a filha pequena seria perigoso demais e se aventurar rumo ao oeste, em direção à Alemanha, era o mesmo que ir direto para as garras do inimigo. Mas ficar nas mãos dos russos também era uma ideia aterrorizante. Hans Fellgiebel, diretor da fazenda desde 1940, havia estabelecido uma boa relação com os trabalhadores poloneses em Janów. Ele havia protegido muitos artesãos, como ferreiros e confeccionadores de selas que atuavam na fazenda. Apesar do seu uniforme alemão, ele havia conquistado a confiança da equipe em tudo que se relacionava aos cavalos. Ao final, Kristalovich e sua esposa concordaram que sua obrigação principal era permanecer com os animais. Ele havia ficado encarregado de salvaguardar aquele tesouro nacional da Polônia – em especial depois que Stanislaw Pohoski, ex-diretor do haras, morrera após uma doença repentina. Agora, Kristalovich era o polonês de cargo mais alto em Janów.

No dia 1º de julho, 96 dos cavalos que ainda restavam no haras subiram no trem. Os dois meios-irmãos de Witez, Witraz e Wielki Szjlam, atravessaram a prancha de embarque e logo as portas foram trancadas atrás deles. Caminhões carregados com sacos de areia corriam ao lado dos trilhos para proteger os vagões de quem quisesse atirar nos que estivessem fugindo. Mas apesar dos grandes riscos, os cavalos deixaram Janów sem incidentes.

Dezenove dias depois, um segundo carregamento de equinos partia de Janów também em direção à Alemanha. Apenas um dia mais tarde, em 20 de julho de 1944, um dramático evento impactaria a mais recente fuga de homens e animais de Janów: um grupo de conspiradores tentara assassinar Hitler dentro da Wolfsschanze (Toca do Lobo), *bunker* do nazista no leste da Prússia. A ideia era matar Hitler, tomar o controle do governo e negociar termos de paz mais favoráveis com os Aliados. Uma bomba chegou a explodir, mas sua localização deixou a desejar. Hitler sofrera apenas pequenos ferimentos sem importância.

O ataque de 20 de julho atingiu indiretamente o grupo que fugia de Janów. Um dos conspiradores era Erich, irmão de Hans Fellgiebel. Erich foi logo preso e executado. Não demorou muito, Hans também foi encarcerado em Berlim.

Embora o império de Rau estivesse em fuga, ele fazia de tudo para manter seu controle. Os cavalos que ele despachara para Sohland estavam fora de qualquer perigo imediato, mas nem tudo ia bem. Havia mais animais que espaço, faltavam cuidadores e também comida de boa qualidade naqueles estábulos emprestados – os belos cavalos árabes se encontravam em condições deploráveis. Para complicar ainda mais, von Bonnet recebia demandas diárias do Exército Alemão, exigindo que seus homens fossem para a linha de frente, mesmo com ele não tendo gente suficiente para cuidar do plantel. E a situação continuou deteriorando. Em janeiro de 1945, um grupo maltratado de centenas de cavalos apareceu, com seus respectivos cavalariços e tratadores, na propriedade de von Bonnet, implorando por abrigo. Eles haviam caminhado por centenas de quilômetros debaixo de neve e gelo após abandonarem dois haras de Rau mais a leste – Boguslawice e Kozienice. Os novos hóspedes foram colocados na mesma estrebaria onde estavam os dois meios-irmãos de Witez.

As condições, que já eram difíceis, ficaram praticamente impossíveis. O coronel von Bonnet se dividia entre as demandas: não havia homens suficientes para zelar pelos cavalos árabes e faltava comida e forragem. Kristalovich e Ziniewicz fizeram o que podiam para ajudar, mas a fazenda de von Bonnet estava acima de sua capacidade. Eram cavalos demais. Apenas 12 meses antes, esses animais eram os mais bem-cuidados de toda a Europa, e agora estavam em situação precária, em estábulos lotados, com os cascos sem cuidados. Parte deles sofria agora com infecções respiratórias. Todos tinham pelagens foscas, sem viço. Eles pareciam animais de abatedouro e não a realeza entre todos os equinos.

Gustav Rau enfim apareceu em Sohland para controlar a situação. Ele decidiu diminuir o plantel, deixando permanecer ali apenas os melhores. Com olhar de piedade, os cavalos maltratados pareciam vigiar as rondas que Rau fazia. Kristalovich e Ziniewicz haviam cuidado dos irmãos de Witez com todo o carinho, escovando seus pelos até que eles brilhassem de novo e dando-lhes porções extras de comida. No meio do lote tão sofrido, eles pareciam mesmo melhor que muitos dos outros.

Após a impiedosa triagem, apenas aqueles selecionados por Rau poderiam permanecer na fazenda de von Bonnet. Os outros deveriam ser oferecidos aos moradores da região. Quando o desconjuntado grupo de fazendeiros e soldados rasos da área levava os antes magníficos cavalos árabes consigo, Gustav Rau os informava, de coração partido, que os animais estavam sendo doados "como um gesto de gratidão aos soldados e tropas que haviam lutado e retornado da guerra". Um a um, vários dos mais valiosos cavalos da Polônia foram levados pela estradinha afora até desaparecerem de vista. Nenhum deles jamais foi repatriado para a Polônia. Mais uma vez, os dois cavalariços poloneses podiam apenas assistir à diminuição do plantel de puros-sangues de Janów.

Na altura de fevereiro de 1945, seis meses após a fuga de Janów, os homens começaram a perceber que Sohland deixava de ser um refúgio seguro. Apesar da falta de pessoal e das condições precárias dos cavalos que restavam, não havia outra escolha a não ser continuar movendo-os para o oeste. Desta vez o destino seria uma fazenda de remontaria do Exército em Torgau, a cerca de 140 quilômetros de distância. Já não era mais possível contar com o transporte via trem. Por isso, da mesma maneira como fizeram cinco anos antes na direção oposta, era preciso fugir a pé. O plano era ir primeiro até Dresden, cobrindo uns 25 quilômetros por dia, com um descanso noturno, e depois continuar até Torgau após uns dias de repouso. Os garanhões sairiam na frente. Kristalovich os seguiria depois com o grupo mais vulnerável: as éguas e os potros.

Quando eles se colocaram a fazer o percurso por entre as estradinhas cheias de curvas e morros, uma chuva gelada ensopou os casacos dos homens e os cobertores de algodão dos animais, criando ainda traiçoeiros sulcos no chão. O vento passava cortante pelas roupas encharcadas dos tratadores, pela crina e pela pelagem fosca e pesada dos equinos. Éguas prenhas caminhavam lenta e penosamente, com a cabeça baixa e os olhos sem brilho. Kristalovich as vigiava com ansiedade — as péssimas condições as afetariam primeiro. Não tardou e seu maior pesadelo se realizou: o estresse levou algumas éguas a entrar em trabalho de parto. Seus recém-nascidos não teriam como seguir naquele ritmo. Os homens bateram à porta de algumas fazendas, tentando requisitar carroças para o transporte dos bebês, mas não havia nada com quatro rodas na região. Nessa altura, milhões de pessoas do leste da Alemanha tentavam fugir da iminente chegada do Exército Russo. Carruagens, carros, caminhões, gasolina: tudo isso era raridade. A maior parte dos meios de transporte havia sido confiscada pelo esforço de guerra e o que restava era utilizado pelos civis em sua rota de fuga.

Em tempos tão sombrios, ninguém pensava em oferecer seus próprios parcos recursos para ajudar um grupo de cavalos e homens da Polônia já em mau estado. Kristalovich embalava os recém-nascidos em seus braços, protegendo-os com o seu sobretudo. Impotente, ele via a luz de seus olhos cada vez mais fraca. Mesmo assim eles seguiam adiante.

Quando a noite caiu após tão duro dia, eles não conseguiram encontrar abrigo. Bateram de novo na porta de fazendas próximas, à procura de um pasto em que pudessem pousar, mas não encontraram nada. Finalmente, von Bonnet e Kristalovich decidiram que a única opção era continuar em marcha pelo breu da noite, na esperança de que pudessem chegar a Dresden antes do amanhecer.

Superando a própria exaustão, o grupo à frente, formado por cinquenta garanhões — entre eles, Witraz e Wielki Szjlam — cobriu 56 quilômetros em 24 horas e se juntou assim a mais de meio milhão de refugiados que seguiam em direção ao oeste, a caminho de Dresden. Todos eles acreditavam que a cidade não seria bombardeada pelos Aliados, por ter uma arquitetura magnífica e ser um centro significativo de arte e cultura. Em Dresden, as estações de trem estavam abarrotadas. O Grosser Garten, um parque grande no centro da cidade, estava coberto por barracas que abrigavam quase 200 mil refugiados, além de filas e mais filas de carroças, charretes, carros e caminhões que se arrastavam em direção à cidade. Famílias maltrapilhas, fatigadas e com os pés machucados marchavam ao longo das estradas, acalentando os pequenos e dando o braço aos mais velhos. No meio daquela massa de gente, os garanhões de Janów marcharam até os arredores da cidade.

A chegada, porém, não poderia ter acontecido em um momento pior. Bem quando se aproximavam da cidade na noite de 13 de fevereiro, uma voz interrompia a programação da rádio de Dresden: "*Achtung! Achtung!* Há um ataque iminente! Corram para o porão imediatamente!". No centro de Dresden, as pessoas corriam para se esconder, mas na periferia, onde um número sem fim de refugiados, entre eles o grupo de Janów, se encontrava, a maioria nem ficou sabendo da mensagem. Além disso, não havia mesmo onde se esconder. A munição traçante verde varreu os céus da cidade antiga. Pouco depois, ouviu-se um rugido retumbante e esmagador.

Os garanhões relincharam em pânico, mas logo o som dos animais era engolido pelo ensurdecedor barulho dos aviões. Nas palavras de uma testemunha: "Era como se uma enorme esteira rolante estivesse passando por cima de todos nós. Um barulho enorme e pontuado por detonações e tremores". Sem querer, os homens haviam levado os cavalos direto para um dos maiores ataques aéreos da guerra: o bombardeio dos Aliados a Dresden, em que 722 aviões da Royal Air Force e 527 da US Army Air Force despejaram 3.900 toneladas de explosivos em duas ondas de bombardeio em um intervalo de três horas, resultando em uma verdadeira chuva de fogo que destruiu a maior parte do centro da cidade.

A abóbada do céu cobriu-se, então, por um violento tom de laranja e carmim. Enquanto as chamas engoliam a cidade, o horizonte oscilava entre branco e laranja, com uma espessa fumaça negra obscurecendo o céu. Os garanhões estavam em pânico total, recuando e avançando e tentando escapar da cacofonia e do calor intenso. As pessoas estavam todas sem rumo; tanto quanto os cavalos que rodavam atônitos, com os olhos piscando entre o branco, o laranja e o carmim das explosões. Homens e animais fugiam em todas as direções, mas não havia como escapar do inferno que se abatia sobre eles. Não havia para onde ir.

Jan Ziniewicz, forte e rígido, pesava agora míseros sessenta quilos e tentava concentrar toda a sua força no controle de dois garanhões que estavam sob seus cuidados. Flashes de luzes revelavam uma cena horrível: crateras e fogo, pessoas em chamas, cavalos em pânico correndo em todas as direções e, ainda por cima, o barulho aterrorizante, como se um trem de carga em disparada rasgasse o céu com estardalhaço. Witraz e Wielki Szjlam lutavam com toda a força contra seus freios. Seus olhos estavam brancos de medo. Suas narinas se movimentavam como guelras de um peixe fora d'água. Ziniewicz fez o que podia, agarrando com tudo as duas cordas guia que dolorosamente queimavam sua palma. Ele enrolou a corda várias vezes ao redor das mãos para conseguir maior tração, mas, apesar das luvas, o atrito havia arrancado a sua pele. O suor se acumulava em sua testa; contudo, ele rangeu os dentes e se manteve firme. Um clarão de fogo e um pelo chamuscado quase o deixaram cego – era a cauda de Wielki Szjlam que estava em chamas. Sem conseguir alcançá-lo, Ziniewicz prendeu a respiração, na expectativa de que o fogo o engolisse também, mas a chama se apagou sozinha.

Aí, de repente, o ruído demoníaco cessou. Fora a cauda chamuscada de Wielki Szjlam, Ziniewicz e seus dois cavalos haviam sobrevivido intactos ao bombardeio. Mas ele não conseguia ver nem metade do seu grupo. Ao seu redor havia uma horda de gente gemendo, de corpos queimados e de crateras esfumaçadas.

Kristalovich, que viajava com as éguas e os potros, estava meio dia atrás. Quando seu grupo chegou aos arredores da cidade, ele se deparou com a carcaça de 17 dos seus queridos cavalos e pôs-se a chorar. Por fim, ele encontrou Jan Ziniewicz, que tinha as mãos laceradas, com ferimentos profundos causados pelas cordas. Witraz e Wielki Szjlam haviam sobrevivido. Os dois homens se abraçaram. Juntos, eles tentaram então reunir todos os animais sobreviventes.

O grupo congregou-se na floresta de Weisser Hirsch, nos limites da cidade, que estava agora inundada por refugiados e animais combalidos. Parte dos cavalos sobreviventes estava cansada demais ou machucada demais para seguir adiante. Von Bonnet e Kristalovich entregaram os que estavam feridos a um hospital de campo para equinos que também estava em fuga, e depois de apenas dois dias de descanso, o que restava do grupo saiu claudicando em direção ao seu destino final. Torgau estava a cerca de setenta quilômetros a noroeste e seriam necessários outros três dias para chegar lá.

Quando finalmente chegaram, o grupo encontrou, então, estábulos abarrotados. Não havia sequer uma baia disponível. Por isso eles foram parar em um picadeiro vazio, onde os exaustos homens dormiram na areia, ali mesmo, bem ao lado de seus cavalos.

No dia seguinte o coronel von Bonnet retornou para Sohland para evacuar o restante dos cavalos e da equipe que ainda se encontrava em sua propriedade. Naquele momento, os russos estavam tão próximos da fazenda que ele podia até ouvi-los à distância. No exato instante em que ele estava pronto para partir, a autoridade nazista lhe informou que era preciso ficar e lutar, ou ele seria "colocado contra a parede e executado". Von Bonnet ignorou as ordens do *Kreisleiter* e acelerou os preparativos na esperança de evacuar ao menos parte dos cavalos que haviam ficado para trás na viagem inicial. Mas ele nunca chegou a se reunir de novo com o grupo de Janów. Ele foi capturado pelos russos e morreu de disenteria em um de seus campos de prisão.

Em meio aos muitos miseráveis refugiados que se encontravam em Torgau, Kristalovich e Ziniewicz fizeram o que podiam para cuidar dos cavalos que ainda restavam. Eles não tinham tempo de pensar nos mortos, pois cada segundo dos seus dias era ocupado com os cuidados necessários para com os cavalos árabes sobreviventes. Em março, aliás, o grupo partia de novo, dessa vez de trem, encontrando abrigo em uma fazenda ainda mais a oeste, em Nettlelau, Alemanha, onde finalmente se sentiram fora da zona de guerra. Mais de duzentos puros-sangues árabes haviam deixado Janów em janeiro de 1944. Agora restavam menos de cinquenta. Kristalovich e Ziniewicz não tinham a menor ideia do que acontecera com os poucos premiados garanhões e éguas selecionados para irem a Hostau – eles apenas esperavam que estivessem bem, sãos e salvos.

A FUGA

SPANISCHE HOFREITSCHULE, VIENA | 6 DE MARÇO DE 1945

A cena na estação de trem Franz Joseph era do mais puro caos, com os trilhos ocupados por vagões desconjuntados. As duas outras grandes estações de Viena, Südbahnhof e Westbahnhof, haviam sofrido danos durante os ataques aéreos e, como todos tentavam sair da cidade, os caminhos ainda utilizáveis estavam engarrafados. No centro da confusão estavam dois vagões soltos que carregavam uma carga agitada: 15 garanhões lipizzans pertencentes à Spanische Hofreitschule. O responsável por eles, Alois Podhajsky, corria por toda a estação implorando a cada oficial que via para que atrelassem os vagões a uma locomotiva que pudesse transportá-los para fora de Viena.

Aqueles eram os últimos garanhões da raça que ainda se encontravam na capital. E no meio daquele grupo havia duas montarias pessoais de Podhajsky: Africa e seu companheiro de estrebaria, Pluto, que ali ainda estavam porque continuaram treinando até o último segundo. Corria agora o rumor de que os russos chegariam dentro de poucos dias. Podhajsky estava desesperado, temendo ter aguardado demais para escapar com os cavalos remanescentes.

Poucas horas antes, dois caminhões grandes de carga haviam estacionado à frente da escola de equitação, prontos para transportar aqueles equinos. Podhajsky viu os garanhões andarem de maneira obediente sobre as rampas e para dentro das carrocerias que haviam já sido equipadas com baias simples e um monte de forragem para acolchoar o chão. Quando o derradeiro animal embarcou, pela primeira vez em mais de três séculos os estábulos imperiais se encontravam vazios e assustadoramente silenciosos.

Já com todos seguros e a bordo, inclusive seu próprio e precioso Africa, Podhajsky correu pela calçada para lançar um último olhar de despedida para o interior de sua amada escola de equitação. Assim que ele entrou no edifício, os sons da cidade desapareceram. As grossas paredes de quase meio metro de espessura não deixavam o barulho passar. Lá dentro, o picadeiro estava no escuro. Várias janelas haviam sido cobertas com papelão após terem seus vidros quebrados durante os bombardeios. Os lustres de cristal já haviam sido retirados, e a ausência deles deixava a arena com ares de um lugar comum, um lugar qualquer. Apesar do alívio que sentia por ter encontrado um jeito de levar os cavalos embora dali, Podhajsky era, naquele instante, a melancolia em pessoa. Nunca na longa história da escola de equitação alguém precisara organizar a fuga do seu plantel. Será que a escola voltaria um dia para a sua sede? O futuro era completamente incerto – havia a esperança de que os cavalos sobrevivessem, mas a instituição talvez não tivesse a mesma sorte. Apesar de tudo, quando os caminhões partiram em direção à estação de trem, Podhajsky sentia-se satisfeito com o encaminhamento das coisas. Pelo menos todos os seus cavalos estavam partindo rumo a uma situação mais segura. Sua esposa, Verena, havia empacotado os poucos pertences pessoais que restavam e, juntos, eles foram para a estação de trem onde se reuniriam aos seus queridos cavalos.

Mas horas após terem chegado à estação, a noite já quase caía e os garanhões continuavam retidos dentro dos vagões. Um oficial informou que os animais não poderiam seguir viagem sem uma permissão por escrito do governo. Podhajsky, no entanto, não trazia consigo nenhum documento nesse sentido. A um dado momento aquela situação foi resolvida, mas aí era o maquinista da locomotiva que se recusava a atrelar os vagões. Ele dizia que os carros estavam pesados demais e que o motor não aguentaria. O alívio que Podhajsky sentira ao finalmente assegurar um meio de transporte para o resto dos seus animais passou a uma agitação nervosa enquanto os dois vagões permaneceram parados sob os trilhos por horas e horas.

O diretor da escola implorou e bajulou o maquinista até que ele finalmente resolvesse atrelar os vagões à sua locomotiva. Os cavalariços iam junto com os cavalos, enquanto Podhajsky, Verena e vários cavaleiros embarcavam em um vagão de passageiros. Quando o trem finalmente partiu, já era quase meia-noite. O itinerário os levaria para o oeste da Áustria, depois para o norte até seu destino final em St. Martin im Innkreis, uma pequena vila na Alta Áustria.

A viagem, contudo, progredia em uma lentidão extrema. O trem se colocava em movimento por um só segundo para no momento seguinte parar, com um chiado horrível de engrenagens rangendo e um solavanco bruto. Podhajsky espiava a toda hora pela janela do trem, incapaz de ver o que causava tanto atraso, mas tudo o que ele podia discernir era o breu completo que agora existia sobre todo o interior do país. Porém, quando o dia clareou, ele se assustou ao ver o nome da estação em que se encontravam. Apesar de terem viajado a noite toda, sacolejando entre arranques e paradas, eles estavam ainda em Tulln, uma estação que, em condições normais, ficava a apenas meia hora de Viena.

Podhajsky tentou manter a calma e aguardar a parada total do seu pequeno comboio e foi, então, ver o que se passava. Para seu horror, ele descobriu que todos os três carros — aqueles com os cavalos e aquele em que ele mesmo viajava — não mais se encontravam atrelados à locomotiva. O maquinista os havia deixado para trás.

Podhajsky correu para conversar com o encarregado da estação que o recebeu com a incompreensão típica dos burocratas. Ele não sabia nada sobre os vagões, não entendia por que estavam ali. Ele não havia recebido instrução alguma de Viena. Em resumo, Podhajsky, sua esposa, os cavaleiros, cavalariços e seus 15 garanhões estavam todos encalhados ali, em vagões soltos, sem nem ao menos contarem com as paredes protetoras da Spanische Hofreitschule.

As sirenes que anunciavam bombardeios, seguidas por mensagens avisando que o perigo passara, vieram e partiram sem cessar, enquanto os pedidos desesperados de Podhajsky eram simplesmente ignorados pelo encarregado que seguia firme na posição de que ele nada poderia fazer porque não havia recebido instruções do pessoal de Viena.

No dia seguinte, a situação era a mesma. Os garanhões estavam em alvoroço, desacostumados que eram com a prisão em tão diminuto espaço e por tão longo tempo. Podhajsky também estava no seu limite e insistia para que o encarregado da estação ligasse para von Schirach, insinuando ainda que o pessoal das mais altas camadas de poder não ficaria nada feliz se soubesse que seus valiosos cavalos estavam presos ali. Ele não tinha de fato ideia alguma sobre como o *Gauleiter* reagiria, mas seu desespero era tão grande que valia a pena correr o risco.

Quando o encarregado tentou, porém, fazer a ligação, não houve resposta. A linha parecia desconectada. Uma série de ataques aéreos havia mesmo cortado toda a comunicação com Viena. Podhajsky continuou a ameaçá-lo com as possíveis consequências caso os cavalos não seguissem viagem. Entre uma e outra exortação, ele retornava para os vagões onde os animais se mantinham inquietos, mas pacientes, com seus olhos transbordando confiança, demonstrando a fé em seu mestre, enquanto ele mesmo temia não poder cumprir com aquele trato. Mais uma vez ele colocou a mão em sua bolsa de couro e ofereceu um torrão de açúcar a cada um dos garanhões, confortando-os com sussurros que tentavam transparecer uma confiança que ele mesmo não sentia. O diretor da escola demorou-se um pouco mais ao lado de Africa, agradecendo-o pela sua paciência em tão complicada situação. Os olhos negros do animal exalavam sabedoria e compreensão. Mesmo quando estavam em uma situação-limite os cavalos se comportavam de maneira estoica, como se fossem soldados experientes. Mas as horas de espera sem fim continuavam a se acumular, assim como a frustração de todos. A passagem de tempo permanecia pontuada pelo estridente alarme que avisava sobre os intermitentes bombardeios aéreos. E assim, de novo a manhã virou noite, e só aí o encarregado mandou um maquinista atrelar os três vagões. A locomotiva, enfim, tirou-os da inércia. A jornada recomeçava. Eventualmente, eles chegaram, então, a Amstetten, a uns oitenta quilômetros a oeste de Viena.

Mas quando o trem chegou na estação e Podhajsky viu as condições do lugar, seu coração quase parou. Cargas militares tomavam conta dos trilhos enquanto uma multidão ansiosa vagava pelas plataformas, certa de que, a qualquer momento, seria alvo de um novo bombardeio.

Os cavalariços lideraram os cavalos para fora dos vagões rumo às plataformas, para que pudessem esticar as pernas e também colocar uma nova camada de palha nas baias. A massa de gente ao redor, mesmerizada com a beleza dos animais tão reverenciados por toda a Áustria, logo os reconheceu, relembrando um tempo mais simples e mais feliz. Podhajsky tentou usar, então, do óbvio sentimento das pessoas pelos amados cavalos para convencer o encarregado de que eles deveriam ser priorizados na fuga geral. Não se sabe ao certo se foi seu apelo ou a visão dos imponentes animais desfilando no caos da estação, mas o fato é que o responsável finalmente se convenceu de que eles poderiam seguir viagem. Quando o trem partiu de Amstetten, Podhajsky deixou escapar um suspiro de alívio ao ouvir as sirenes ficando para trás. Eles haviam partido na hora exata.

Seu alívio, no entanto, durou pouco. Mais ou menos uma hora depois, quando se aproximavam da estação de Linz, já era possível de novo ouvir as sirenes avisando sobre a chegada de mais ataques aéreos. Pouco antes da estação, um ferroviário saltou e ordenou aos berros: "Desatrele a locomotiva e pare em um ponto seguro. Os passageiros devem desembarcar e seguir direto para um abrigo antibombas".

O maquinista, parando antes mesmo de chegar à estação, desatrelou os vagões e sumiu mais que depressa. Os bombardeios em geral miravam nas estações. As locomotivas eram desviadas e esvaziadas para prevenir que fossem atingidas. Entretanto, não havia como retirar os cavalos de dentro dos vagões de maneira tão rápida e também não havia para onde os levar. Podhajsky observou aquela gente fugindo em disparada rumo aos abrigos enquanto as sirenes tomavam conta do ar, mas ele não se moveu. Em vez de se juntar à turba, ele seguiu para o vagão onde Pluto e Africa se encontravam confinados. Ignorando o agudo apito das sirenes e os gestos desesperados do encarregado da estação, Podhajsky foi para o trem, para ficar ao lado dos seus garanhões. Sem dizer sequer uma palavra, Verena e os cavalariços o seguiram com toda a lealdade.

Mesmo antes de as bombas chegarem, eles já podiam sentir a vibração do vagão. Logo o chão chacoalhava e o ar se enchia de ensurdecedoras explosões. O vagão estremecia e oscilava como se fosse ser lançado ao ar. Podhajsky podia ver os cavalos tiritando de terror; seus próprios joelhos estavam tão trêmulos que ele mal se mantinha em pé. Verena se agarrara com força ao marido, seus olhos à procura de qualquer sinal reconfortante. A tempestade de fogo que se erguia ao redor deles parecia dez vezes mais ensurdecedora e poderosa do que qualquer outra coisa que eles já haviam experimentado entre as quatro paredes da escola de equitação.

Podhajsky notou que Pluto encolhia-se contra o corpo de Africa. Seus olhos estavam arregalados, as narinas estavam enfurecidas e a respiração transpirava pavor. Sem chance de fuga, os cavalos podiam apenas resfolegar e bater as patas no piso. Podhajsky murmurava palavras de conforto, mas a verdade era que, todo eles, humanos e equinos, estavam aterrorizados. Seu único consolo era que eles estavam todos juntos. Explosões que pareciam partir a terra cortavam o ar sem parar. Cada uma delas parecia vir acabar de uma vez por todas com eles. Tudo que Podhajsky podia fazer era abraçar a mulher e tentar comunicar-se, em silêncio, com seus cavalos, garantindo que, mesmo naquele terrível momento, ele não os abandonaria.

Enquanto eles se amontavam no vagão, cercando-se pelos cavalos em pânico e ouvindo as explosões, Podhajsky voltava ao tempo em que combatera na Primeira Grande Guerra. Fora uma época dura de sua vida e ele tentava evitar aquelas lembranças. Ele havia se apaixonado então por um valente zaino de nome Neger, que fora sua montaria na Cavalaria montada durante aqueles anos de luta. No meio de uma peleja furiosa, Neger galopara para fora do campo de batalha, levando seu cavaleiro a um local seguro. Podhajsky mal tivera tempo de compreender que o cavalo havia salvado sua vida quando o destemido animal tropeçou e caiu. Atirado para fora da sua sela, mas sem se machucar, Podhajsky viu, então, que o galante Neger havia sido gravemente ferido por estilhaços e que estava agora agonizante. Ele havia resistido apenas o bastante para transportar seu cavaleiro para longe de qualquer perigo. Podhajsky, com apenas 18 anos, sentou-se no chão e abraçou a cabeça do cavalo, ficando ali até a luz desaparecer por completo dos olhos de sua montaria. E esta verdade silenciosa sobrevivera em tudo que Podhajsky fizera na vida desde então. Ele jamais subestimava a coragem e a lealdade de um cavalo.

Agora as bombas caíam como chuva, e o destino de Podhajsky, de seus preciosos cavalos, Pluto e Africa, assim como dos demais, estavam entrelaçados de uma maneira inextricável. Ele havia passado os últimos meses em incessantes tentativas de garantir a segurança dos animais e todo o seu esforço os trouxera àquele momento. Por duas horas ininterruptas, Podhajsky, sua mulher, os cavalariços e os cavalos se espremeram dentro daquele vagão de trem enquanto o mundo explodia ao redor.

Quando soou o aviso de cessar-fogo, eles permaneceram ali encolhidos por um longo momento, ainda em silêncio. Depois, devagar, tudo voltou a se mover. Podhajsky sentiu o tranco e o engate da locomotiva de novo sendo atracada aos seus vagões e finalmente os puxando pela pequena distância que os separava da estação de Linz.

Antes, porém, que pudessem ao menos suspirar em alívio, as sirenes já soavam de novo. Mais uma vez, o encarregado correu e avisou o maquinista: "Desatrele os vagões e fuja para longe da estação! Os passageiros devem desembarcar e seguir direto para os abrigos antibomba!".

Em frenesi, Podhajsky percebeu que eles iriam outra vez mergulhar no mesmo terror do qual haviam acabado de escapar. Ele pediu e implorou para que a locomotiva não os deixasse ali, com os cavalos presos nos vagões. Agora, já dentro da estação propriamente dita, o risco de serem atingidos era ainda maior. Os pilotos voltariam prontos para acertar em cheio o alvo.

Podhajsky sentiu os vagões se moverem para a frente com um arranque. Desobedecendo o encarregado, o maquinista mostrava sua compaixão pelos cavalos, enquanto deixava a estação levando os vagões consigo.

Quando a noite chegou, eles já haviam escapado de outros dois ataques, e o céu estava vermelho feito sangue por conta dos muitos incêndios que ardiam por toda parte. Enfim, por volta da meia-noite, o trem saiu da ferrovia principal e passou a rodar por uma estrada local, ao norte, que os levaria até seu destino final. As sirenes ali já não soavam mais.

Podhajsky, Verena, os cavalariços, Pluto, Africa e os outros 13 garanhões passaram quatro dias juntos no trem, percorrendo cerca de trezentos quilômetros até chegarem à pequena vila de St. Martin. A quietude da estradinha rural por onde eles seguiram após deixarem a estação não podia oferecer contraste maior ao inferno do qual eles haviam escapado. Podhajsky conseguiu até abrir um sorriso ao ver os garanhões, que haviam acabado de sair daquelas baias apertadas e sujas, farejando o ar e investigando a nova paisagem ao redor como se fossem ratos da cidade visitando o interior. O exausto grupo de animais e homens avançou pela estreita via enquanto ouviam a saudação feita pelos passarinhos que tagarelavam e pelas vacas que ruminavam no pasto. Quando chegaram aos amplos estábulos que eram parte da grandiosa propriedade do conde Arco auf Valley, Podhajsky já não dormia há 36 horas. Os garanhões relinchavam alegres ao redescobrirem seus antigos amigos de Viena após tão longa separação. Finalmente, os 73 garanhões da Spanische Hofreitschule estavam reunidos e seguros, todos debaixo do mesmo teto.

O som de armas e de morteiros ainda ecoava no ouvido de Podhajsky quando ele levou Africa e Pluto para as suas baias naquela noite – ele se sentiu recompensado quando os dois devoraram seus torrões de açúcar e conferiram seus novos aposentos, tentando entender todos os diferentes ruídos e o inusitado cenário. Os estábulos eram muito menos luxuosos que os de Viena, mas mesmo assim Podhajsky sentia que os cavalos de algum modo entendiam a situação. E pelo menos não havia bombardeios naquele pequeno e isolado vilarejo.

A essa altura, Podhajsky sabia que a guerra teria fim e a Alemanha seria derrotada. Mas não havia como imaginar o futuro. Era bem provável mesmo que os garanhões vivessem, mas sem a sobrevivência das instituições que os apoiavam – a Spanische Hofreitschule e o haras para éguas e potros. Podhajsky ganharia a batalha apenas para perder a guerra.

Já em março de 1945 as comunicações com o Reich alemão estavam completamente imprevisíveis e notícias de Hostau, onde as éguas se encontravam, eram raras. Podhajsky perdera por completo o contato com Rau e suspeitava que seu império já não existia mais – e quem saberia o que teria acontecido com os cavalos. Os russos avançavam pelo leste. Era bem provável que Hostau estivesse no caminho deles. Nesse caso, as éguas e os potros estariam em perigo mortal. Os russos haviam se mostrado impiedosos no seu tratamento aos cavalos – eles os colocavam a serviço da guerra, atiravam nos que não cooperavam e, ainda pior, matavam qualquer animal de rebanho, inclusive cavalos, para alimentar seu faminto exército. Se eles chegassem a Hostau, Podhajsky não tinha dúvidas de que os cavalos estariam para sempre perdidos e que poderiam até mesmo estar mortos. E não havia nada que ele pudesse fazer em relação a isso. O destino das éguas estava completamente fora do seu controle.

Podhajsky era perseguido pela imagem dos seus adorados garanhões envelhecendo naquele isolado vilarejo em um exílio semelhante ao que ocorrera à ex-família imperial. Eles seriam os últimos representantes de uma raça prestes a desaparecer. A Spanische Hofreitschule havia perdurado através dos séculos, mas não havia certeza alguma de que ela sobreviveria às últimas semanas da guerra.

2
OS NORTE-AMERICANOS

É absurdo pedir aos deuses uma vitória em uma batalha a cavalo se você não monta.
— Xenofonte

Hank Reed inspeciona a guarda-bandeira do 10º Regimento de Cavalaria em Fort Leavenworth, por volta de 1940.

MÁQUINA *VERSUS* CAVALO
FORT RILEY, KANSAS | 10 DE AGOSTO DE 1941

Debaixo do céu enorme e azul do Kansas, cinquenta cavalos de guerra, pretos feito carvão, enfileiraram-se em posição de descanso, com o pelo escuro e reluzente emoldurado pelos arreios brancos. Os soldados haviam escovado os animais até conseguirem um brilho especial. Também haviam pintado de preto os cascos, lavado e lustrado todos os elementos do arnês e, apesar do trabalho duro, os homens exibiam uniformes impecáveis, sem sinal algum de esforço.

Fort Riley era o principal centro de treinamento equestre do Exército e se espalhava por cerca de 40,5 mil hectares de terreno em Flint Hills, no nordeste do Kansas. Ali, uma urgência crescente tomava conta de tudo. O especialista em cavalos major Hank Reed e seus homens treinavam com afinco para uma guerra que parecia cada vez mais iminente. Apenas três anos antes, Reed havia cruzado caminho com Gustav Rau durante a visita alemã ao Fort Leavenworth. Na época, o jovem oficial era o encarregado do cerimonial da bandeira do regimento durante a visita de dignitários. Agora o mundo era outro. Um pouco antes naquele mesmo ano, Franklin Delano Roosevelt havia assumido seu terceiro mandato como presidente dos Estados Unidos. O país continuava em paz, mas o mundo além das fronteiras norte-americanas estava em chamas. A impressão era de que a qualquer momento a Alemanha invadiria a Grã-Bretanha. No dia 9 de fevereiro, em um pronunciamento de rádio, o primeiro-ministro britânico, Winston Churchill, fez um apelo direto a Roosevelt: "Dê-nos as ferramentas e nós finalizaremos o serviço". Não havia dúvidas de que Churchill se referia ao equipamento construído com maçaricos, rebites e aço. Ele sabia que os Estados Unidos tinham a capacidade de produzir navios, tanques, bombas e veículos blindados em massa, e que aquela era a única chance de os britânicos competirem com a potência industrial alemã. Mas longe da discussão política, cada setor das Forças Armadas exercia sua função, e em 1941 a Cavalaria dos Estados Unidos se ocupava mesmo era com seus cavalos.

Enquanto Alois Podhajsky reerguia a Spanische Hofreitschule na Viena ocupada por nazistas e Gustav Rau expandia sua rede de haras ocupados na Polônia, a Cavalaria dos Estados Unidos treinava seus soldados na arte da montaria. O US Army Remount Service (Serviço de Remonta do Exército), equivalente à operação de criação de cavalos de Gustav Rau, estava expandindo suas atividades de reprodução e aquisição de animais de guerra, antecipando sua entrada no conflito europeu. Esses cavalos eram conhecidos como "remontas" e serviam como uma linha constante de suprimento para o Exército, porque muitos animais morriam ou ficavam incapacitados durante as batalhas. Um grupo de norte-americanos liderado pelo magnata dos cereais, W. K. Kellogg, havia doado um bom número de valiosos garanhões árabes para o esforço de guerra. Alguns, inclusive, vinham da mesma linhagem de Witez e seus irmãos. Pouco depois, Kellogg deu ainda outro presente extraordinário ao Exército: sua fazenda Pomona, na Califórnia. A propriedade abrigava os melhores cavalos árabes do país e era usada com frequência como cenário para filmes. A fazenda foi logo rebatizada de Pomona Remount Depot (Depósito de Remontas Pomona), assumindo assim a função de criação de cavalos para o Exército. Os Estados Unidos estavam prestes a entrar na guerra e os cavalos eram um dos itens no rol dos preparativos.

O epicentro do treinamento da Cavalaria montada continuava a funcionar no mais prestigioso centro equestre do país, em Fort Riley. No dia 10 de agosto de 1941, os homens do 10º Regimento de Cavalaria, um dos mais antigos regimentos de soldados de ascendência africana dos Estados Unidos, estavam reunidos ali, em posição de sentido. No centro da formação, sobre quatro cavalos brancos, a guarda-bandeira aprumava-se sobre suas selas, erguendo as flâmulas do regimento e do país. A "Estrelas e Listras" tremulava sob a brisa cálida que passeava sem compromisso pela área. Trata-se de um dia diferente para o 10º, e eles interromperam a rigorosa rotina de treinamento para comemorar. Fundado em 1866 para ajudar a proteger a ferrovia que seguia para o oeste dos conflitos com os nativos, o 10º, conhecido também como Buffalo Soldiers, havia planejado para marcar a ocasião uma série de atividades que iam desde um desfile até um piquenique, passando ainda por uma peça de teatro a ser apresentada naquela noite. Hank Reed estava orgulhoso, e com razão. Após muitos anos tendo apenas um papel cerimonial, seu regimento vivia agora sob uma nova e revitalizante energia à medida que os eventos mundiais pareciam levar o país à inevitabilidade de uma guerra.

Os termômetros estavam em ascensão e a temperatura chegaria aos 28 graus Celsius à tarde. O céu estava azul-claro e sem sinal algum de nuvem. Os homens uniformizados não tinham como se proteger do sol forte. O novo quartel em Camp Funston, a oeste do centro de treinamento de Fort Riley, fora erguido sobre um terreno dos mais áridos. Ao seu redor, por quilômetros e quilômetros, tudo que se via era mato, enquanto à distância surgiam as paredes reluzentes daquilo que era a maior marca da base, o Rim Rock, uma linha íngreme de despenhadeiros que se destacavam pelo branco pálido do calcário existente em toda a sua extensão. As instalações de Camp Funston em Fort Riley, um lugar fundamental durante a Primeira Grande Guerra, haviam sido demolidas, mas com o inchaço do Exército em 1941 uma nova base fora construída às pressas sobre a planície sedimentar a apenas pouco mais de seis quilômetros a oeste de Fort Riley. A estrada de ferro da Union Pacific Railroad abraçava as curvas das falésias ao longo do rio Kansas até expelir massas de novos recrutas na estação de Junction City. Ali, onde uma placa perto do dormitório dos oficiais pedia que não se atirasse nos búfalos pela janela e onde a casa do general Custer ainda estava, o passado do Oeste Selvagem parecia estar lado a lado do moderno drama vivido então na Europa e na Ásia.

O major Hank Reed era o oficial encarregado das operações do 10º de Cavalaria. Um oficial branco no comando de um regimento composto apenas por negros. O major estava no oeste do país há quatro anos – primeiro em Fort Leavenworth e agora em Fort Riley. Sua face havia enrijecido sob o sol forte do Kansas, mas seu jeito gentil continuava evidente nos traços de seu rosto e no seu sorriso enorme.

Hank havia nascido em uma fazenda perto de Richmond, na Virgínia, filho de um humilde comerciante de tecidos. Ele passeava com conforto entre a *high society* do Exército, mas se movia também com desenvoltura – talvez até mais confortável que em qualquer outro lugar – quando se encontrava debaixo do sol no meio de um terreno poeirento como aquele. Nascido na virada do século no dia de Natal do ano de 1900, ele tinha agora quarenta anos e vivia cheio de esperança. Seus olhos estavam acostumados a ver a imensidão à sua frente emoldurada por duas orelhas em galope.

O vento no rosto sussurrava para ele, dizendo que o mundo vivia cheio de possibilidades. Hank e sua esposa, Janice, não tinham filhos, e isso o deixara ainda mais devoto aos seus bichos, aos seus cavalos, e também aos homens do seu regimento. Talvez não fosse fácil ver como o trabalho do seu dia a dia poderia ter impacto no quadro geral das coisas, mas ele insistia em exercer sua função com perfeição, confiante de que seu dever carregava em si sua própria recompensa. Entretanto, à medida que a tensão crescia no mundo e a atenção se voltava mais e mais para os militares, Reed sabia que ele e seu esquadrão estavam no banco de reservas, longe do palco maior, mas prontos para agir. No entanto, a ação de verdade acontecia em Fort Knox, onde alguns regimentos da Cavalaria experimentavam fazer a transição da montaria para os tanques e carros blindados.

Quando Reed ingressou na academia de West Point em 1918, a Grande Guerra, o primeiro conflito tecnológico do mundo, havia acabado de chegar ao fim. Aquele confronto provara de maneira definitiva que os cavalos não eram páreo para os modernos mecanismos de guerra: a metralhadora, os ataques aéreos e as armas químicas. Mas às margens do rio Hudson os cadetes passavam horas no pátio de manobras aprimorando técnicas de combate montado que a mais recente guerra da história já havia provado serem ultrapassadas. O War Department* continuava a despejar recursos na Cavalaria, em parte porque os céticos acreditavam que os veículos motorizados jamais teriam a mesma mobilidade dos animais, mas também porque a Cavalaria possuía um rico cerimonial e uma tradição esportiva que ninguém queria que desaparecesse. Entre as duas guerras, o Exército havia investido um volume enorme de recursos em um manual de treinamento de equitação que combinava o que havia de mais avançado e efetivo entre as técnicas de montaria. Na década de 1920, eles enviaram um jovem oficial da Cavalaria, Harry Chamberlin, para a Itália, França e Rússia, para que estudasse nas melhores escolas de Cavalaria. Da Itália ele importou a técnica conhecida como "*forward seat*", uma inovação em que o ginete, no lugar de inclinar para trás em um galope e em saltos, mantinha-se em equilíbrio com

---

* "Departamento de Guerra" (em tradução direta) do governo americano. Órgão com status ministerial que supervisionava os assuntos relativos ao Exército. O secretário desse departamento não precisava necessariamente ser militar. O War Department compreendia a Força Terrestre, a Força Aérea e um Comando Logístico. (N.E.)

o movimento do cavalo, o que aumentava de maneira significativa a capacidade de saltar do animal. Desde então o pessoal da Cavalaria Norte-Americana aprendia tudo de maneira sistemática, o que os levava a um alto grau de uniformidade assim como a um estilo facilmente reconhecível. Por conta disso, ser um dos melhores homens da Cavalaria Norte-Americana era naqueles tempos o mesmo que ser um dos melhores do mundo.

Hank Reed fazia parte do quadro de elite da instituição. Em West Point, seus companheiros brincavam sobre seu talento com mulheres e cavalos dizendo que ele "sabia avaliar como ninguém tanto cavalos quanto o sexo frágil". No dia 13 de junho de 1922, dia da formatura de Reed, o céu estava límpido e muito azul. Como estudante, seu desempenho era bem mediano. Sua nota final o colocou bem no meio da classificação da turma. Era sua competência na montaria que o havia levado a conquistar a admiração de seus instrutores e colegas. Enquanto se encontrava ali, aprumado e atento com seu uniforme cinza de cadete, Hank deve ter ponderado se o Exército era mesmo uma boa opção de carreira ou não. Dois anos após o Armistício, muitos achavam que os Estados Unidos não precisavam mais manter um exército. Mesmo assim, Reed estava orgulhoso de sua escolha, de servir seu país. O superintendente de West Point, general de brigada Douglas MacArthur, entregou-lhe seu diploma e o então recém-formado segundo-tenente rapidamente vestiu seu uniforme verde-oliva com cinto Sam Browne, correndo em seguida para a estação de trem. Ele e outros jovens graduados iam ter três meses de licença antes de se apresentarem de novo. Reed assumiria sua primeira missão no 8º Regimento de Cavalaria em Fort Bliss, Texas, um dos vários postos avançados das Forças Armadas no poeirento oeste que eram relíquias dos tempos de guerra contra os nativos. Seu futuro no Exército em tempos de paz seria de exigências sem fim: treinamentos, exercícios, mais treinamentos e mais exercícios. Tudo para se preparar para um momento que talvez jamais acontecesse.

Desde aquele dia, Hank Reed passava um terço dos seus dias em cima de um cavalo. Ele era o melhor dos melhores, um craque, um ás. Em 1930 e 1931, Hank demonstrou sua capacidade em saltos hípicos como membro da equipe de demonstração do Exército e também esteve no banco de reservas dos Jogos Olímpicos de 1932. Naquele ano, ele havia sido selecionado como parte dos "top 12" para fazer o curso avançado de equitação do Exército, a mais disputada vaga no universo equestre, em um curso que era uma espécie de treinamento intensivo desenhado para moldar os líderes do futuro do exército montado. No começo do ano, cada um dos 12 oficiais escolhidos ficara encarregado de treinar quatro cavalos: uma remonta criada pelo Exército, vinda de uma fazendinha da região, provavalmente distribuindo coices e pulos e que não havia sido ainda adestrada nem para a colocação dos freios; um cavalo de polo sem treino algum; um cavalo saltador já com bastante experiência e outro animal saltador ainda novo, sem qualquer adestramento. Os 12 oficiais não tinham qualquer outra responsabilidade. Tudo que faziam era montar aqueles cavalos, muitas vezes passando oito horas direto sobre uma sela, de segunda a sexta-feira. Nos fins de semana, eles jogavam polo e participavam de competições de salto. Hank Reed e seus companheiros podiam treinar um cavalo para que fosse um atleta de polo, um saltador para competições ou uma confiável montaria para um soldado.

O treinamento dos homens da Cavalaria não tinha comparação com nada mais no mundo. Eles podiam pegar qualquer novato que chegasse a Fort Riley sem conhecimento algum de montaria e transformá-lo em um soldado experiente capaz de tirar o cavalo do piquete, encilhá-lo por completo e montá-lo em menos de dez minutos. O sujeito podia aprender a galopar a toda velocidade em formação, muitas vezes puxando outro cavalo enquanto cavalgava ou carregando uma bandeira. Ele e seus companheiros podiam aprender também a lançar um típico "*hooah*" – uma espécie de grito de guerra da Cavalaria – ao descer terrenos íngremes sobre seus cavalos, voar sobre porteiras de cercados ou atravessar ravinas. Só que, apesar do treinamento intenso, os homens às vezes se machucavam ou morriam. Se o ferimento não fosse muito grave, esperava-se que o soldado subisse de novo no cavalo, o mais depressa possível. Lições sobre a travessia de rios quando montado incluíam conselhos sobre como se segurar no pescoço do animal e como se agarrar à cauda da montaria caso o soldado perdesse o assento em uma correnteza mais forte (um filme-treinamento da época explicava que o último método aqui descrito era menos desejável, pois ser puxado pelo rabo do animal não permitia "controle algum sobre o cavalo"). O manual de treinamento da Cavalaria descrevia ainda o que fazer com um animal em queda: naquela fração de segundo em que se percebia que ele estava caindo, o cavaleiro deveria "recolher os braços e pernas no instante em que se perde contato com o cavalo, para que não haja risco de ser atingido pelas patas do animal que tentará reconquistar sua posição de pé". Nenhum obstáculo deveria deter um soldado e sua montaria até que eles chegassem ao seu destino. O lema informal da Cavalaria era "Por cima, por baixo e através".

Um soldado da Cavalaria era treinado também para ser versátil. Segundo a melhor técnica possível, ele se exercitava para subir e descer do cavalo, a cavalgar nas andaduras do passo, trote e galope. Sabia como seguir em formação, até mesmo no espaço diminuto de um picadeiro e de acordo com comandos precisos. Também sabia como se portar em uma formação cerimonial no pátio de manobras ou como sair em um galope pela área rural, navegando por entre os obstáculos naturais que surgissem no caminho. Ele conhecia o nome de cada parte da anatomia de um cavalo, suas doenças e possíveis remédios. Conseguia segurar o coice de um rifle enquanto se equilibrava sobre a sela. Um jovem recruta negro do 10º em 1941 em Fort Riley lembrava o desafio que era aprender a cavalgar do zero, notando que, no primeiro dia, três quartos dos homens haviam caído do cavalo. Ele dizia que "você tinha um descanso de dez minutos entre os treinos e passava oito desses minutos cuidando do seu cavalo e ficava com apenas dois minutos para cuidar de si mesmo [...] mas o cavalo era o mais importante, porque se você não cuidasse dele, não teria no que montar". Homens não nascem sabendo como montar um cavalo. A equitação – definida pelo Exército como a maneira correta e segura de se manter sobre a sela e com "controle do seu cavalo sob condições normais de uso" – era exercitada pelos recrutas com a eficiência de uma linha de produção em uma fábrica.

Fundamental para o processo todo era o relacionamento entre homem e cavalo. O treinamento incluía instrução sobre comunicação entre humanos e animais, cobrindo áreas tais como "tato" e "inteligência moral de um cavalo". Como descrito por um jornalista da revista *Life*, "Um membro da Cavalaria Norte-Americana precisa saber tudo que um soldado de infantaria sabe. [...] Precisa ter um pouco de um mecânico de carro, de um bom piloto de tanque e blindado, de um motociclista. Mas além de tudo isso, ele precisa saber como cuidar e alimentar um cavalo, como amá-lo e venerá-lo, na saúde e na doença, até que a morte os separe". Essa era a doutrina sob a qual Hank vivera os últimos vinte anos e era isso que ele ensinava aos seus homens: a amar e a venerar seus cavalos. Na Cavalaria Norte-Americana do século XX, moral, camaradagem e espírito de equipe incluíam os soldados de quatro patas.

Tudo o que importava na vida de Hank Reed, além de sua família, dizia respeito aos cavalos. Desde seus tempos de cadete, ele havia vivido um mundo que podia quantificar tudo – honra, gentileza, disciplina, espírito esportivo e, sobretudo, coragem – em termos equestres. Seu cérebro estava cheio de palavras relacionadas aos cavalos: patilha, cernelha, barbela, farelo de trigo, espora, gravata de hipismo, lado manso, linha de piquete... Ele conhecia as ajudas para uma troca de mão a galope, a vestimenta correta a ser utilizada em uma caça à raposa, o barulho ensurdecedor de um pelotão em ataque e a serenidade de um passeio a cavalo sozinho por uma trilha tranquila em que sua única companhia eram a respiração e os passos cadenciados da sua montaria. O ritmo do cavalo era como música para os seus ouvidos – o passo era uma balada quatro por quatro; o trote era uma marcha crescente com duas batidas; e o galope formava uma valsa macia a três por quatro. Reed conhecia o cheiro típico da palha fresca no estábulo, as cócegas provocadas pelo bigode do cavalo quando ele tomava de sua mão uma cenoura. Ele sabia de cor como era aquele momento sem fim logo antes de uma inevitável queda e como doía cair e perder o fôlego ao atingir em cheio o chão duro e poeirento. Ele entendia como um cavaleiro se sentia ao final do dia, salgado pelo suor, com a cabeça lavada de toda e qualquer preocupação. Mais que tudo, Hank Reed compreendia aquilo que não era dito por nenhum soldado a cavalo. Queimados pelo sol, ríspidos, fortes, acostumados a receber e a dar ordens, eles sabiam que, se você vivesse, comesse, dormisse e respirasse cavalos por um certo tempo, eles se transformariam em uma parte de você mesmo e a sua alma estaria para sempre alterada. Hank andava, falava, se movia e parava como um homem de Cavalaria – qualquer um facilmente o distinguiria de um membro de infantaria mesmo à distância. Aquilo tudo era uma arte, e Hank Reed, agora com 41 anos de idade, era um mestre dela. O único problema era que aquela arte estava à beira da morte.

Durante as décadas de 1920 e 1930, a Cavalaria do Exército estivera imersa em uma discussão sobre o que fazer com os cavalos: um grupo formado por amantes inveterados do animal (conhecidos como *mossbacks* – os reacionários – pela sua resistência a mudanças) dizia que Cavalaria era sinônimo de soldado a cavalo e que, portanto, cavalo e Cavalaria eram inseparáveis. A outra facção, igualmente inflexível, insistia que as táticas tradicionais das Forças Armadas – vigilância, reconhecimento e mobilidade – eram os pilares da Cavalaria, e os cavalos eram apenas um meio de garantir uma mobilidade que poderia ser ampliada ou substituída por máquinas como os blindados e tanques. Em 1936, a 7ª Brigada, da 1ª Divisão de Cavalaria, foi a primeira a se mecanizar, trocando os cavalos por veículos blindados. Em algumas instâncias das Forças Armadas, a mudança era considerada uma verdadeira heresia. Noutras, era vista como o futuro. No ano de 1940, os Estados Unidos haviam produzido 4,28 milhões de carros. A transição dos cavalos para os veículos motorizados ocorria praticamente no domínio civil.

Em 1939, a Cavalaria ganhava uma nova liderança. O major-general John K. Herr, um *mossback*, queria que as pessoas escolhessem um lado: ou você estava com os tanques ou com os cavalos. A decisão de apontar Herr para o cargo havia irritado muita gente. Ele era descrito pela imprensa da época como um "um cavaleiro grisalho e grande ex-jogador de polo que simplesmente odeia o cheiro de gasolina e faz tudo que pode para frear a tendência à mecanização em substituição às unidades montadas a cavalo". Sua ideia predileta era a criação de uma unidade motorizada da Cavalaria que colocaria cavalos, tanques e blindados trabalhando lado a lado. Herr e seus colegas *mossbacks* chamavam o pessoal das unidades completamente mecanizadas de "preguiçosos do estofado".

Reed montado sobre Tea Kettle, 1942.

No dia 21 de abril de 1941, um soldado e seu cavalo de guerra apareceram na capa da revista *Life*. O ensaio fotográfico documentava o extenso treinamento dos recrutas – uma das fotos mostrava um soldado deitado ao chão com vários ossos quebrados em função de uma queda. O artigo dizia: "Em uma época de tanques de 25 toneladas, guerrear montado em um cavalo parece ser uma atividade completamente antiquada". Mas ao mesmo tempo o texto exaltava as virtudes de uma cavalaria mista, com cavalos e veículos juntos. Uma espécie de carreta chamada de *portee* podia transportar até oito homens e seus respectivos cavalos. Um soldado treinado podia colocar seu animal de guerra em um *portee*, junto com todo o equipamento, em apenas quatro minutos. Dali, as carretas levavam homens e cavalos para o campo de batalha. Apesar da abordagem positiva do artigo, a imagem dos homens a cavalo ao lado dos veículos blindados parecia absurda.

Para um oficial de carreira como Hank Reed, não fazia diferença se a opinião pública estava se distanciando da Cavalaria montada. Seu trabalho era manter o mesmo alto nível de treinamento e competência de sempre. Montar cavalos exigia prática e exercícios constantes. Cuidar dos animais era uma tarefa que consumia o dia todo. Além disso, era necessário contar com artesãos competentes para ferrar os cavalos e cuidar do equipamento. Em breve suas tropas viajariam de trem com os cavalos para participar dos jogos de guerra. O encontro seria uma oportunidade de provar a utilidade dos animais mesmo em tempos de tanques, blindados e jipes.

No glorioso e ensolarado dia do aniversário de 75 anos do 10º Regimento de Cavalaria, após o desfile montado da manhã, os homens estavam preparados e ansiosos para entrar em ação no pátio de manobras de Camp Funston – o Buffalo Stomp Grounds (Território dos Búfalos) – e para ouvir o comandante, coronel Paul R. Davison, fazer um discurso de cima de um palanque. Os soldados ouviram tudo com atenção, rostos parcialmente cobertos pelas abas dos chapéus. Reed estava sentado ao lado dos outros oficiais, atento às palavras do comandante.

Diante de um mar de rostos negros, o coronel branco explicava que o regimento poderia em breve voar para qualquer parte do mundo – África, China, América Latina. "É por isso que treinamos este regimento de maneira tão intensa", disse ele aos homens. "Ao lutar contra um inimigo, é preciso ser duro e estar bem-treinado a ponto de poder voltar para casa e contar para todo mundo o que vivemos." O Exército Norte-Americano, em 1941, ainda segregado e dividido pela cor da pele, tinha dificuldades em lidar com o crescente volume de recrutas negros. O preconceito era rampante, mas os oficiais brancos que lideravam os históricos regimentos negros acreditavam na capacidade de luta dos seus homens. Ao falar mais tarde sobre o 10º, o coronel Davison dizia: "Em todos os meus anos de serviço, o pessoal de maior destaque sempre foi o do 10º. Em nenhum outro comando eu recebi tamanha lealdade, boa vontade e prontidão para o serviço. Minha sensação é de que, em guerra ou em paz, esse regimento poderia fazer qualquer coisa a que lhe fosse designada". Porém, os homens ali sentados enfrentavam uma dupla desvantagem enquanto o mundo se preparava para a guerra: primeiro, porque eles eram de uma unidade hipomóvel; e, segundo, porque eles eram negros em um exército segregado.

O coronel Davison e o major Hank Reed entendiam a pesada aposta que os homens negros faziam ao se alistarem. Em menos de um mês, eles participariam dos maiores jogos de guerra jamais realizados em território norte-americano – um evento que ficou conhecido como Great Louisiana Maneuvers (Grandes Manobras de Louisiana). Os cavalos seriam colocados no meio de uma mistura que incluía tanques, blindados, aviões e meias-lagartas (veículos com duas rodas na dianteira e duas esteiras na traseira). Não apenas os *mossbacks*, mas quase todos os oficiais do Exército acreditavam que os cavalos tinham uma vantagem clara em terrenos difíceis, e a área escolhida para as manobras – os pantanais da Louisiana – encaixavam-se como uma luva na descrição de um terreno difícil.

Na segunda-feira, 15 de setembro de 1941, nuvens escuras e baixas despejavam uma quantidade enorme de chuva sobre a área de mais de 8,8 mil quilômetros quadrados que recebia o maior grupo já reunido das forças militares dos Estados Unidos. A carga d'água castigava as estradas pavimentadas e de terra, que agora eram lama pura. O aguaceiro caíra sobre as florestas de pinheiros, os pântanos salpicados de areia movediça, as fazendas isoladas e as ruas principais das cidadezinhas da região assim como sobre as torres das igrejinhas das pequenas paróquias. A pancada despencara sobre 470 mil homens, 50 mil veículos motorizados e 32 mil cavalos, enquanto o Congresso havia liberado mais de 21 milhões de dólares para cobrir os gastos desses jogos de guerra.

Todos estavam de olho na tecnologia do Exército. A tática militar alemã de guerra-relâmpago, ou *Blitzkrieg*, colocava tanques e veículos motorizados acompanhados de suporte aéreo e era vista como um grande potencial de perigo. George Patton queria mostrar do que sua cavalaria blindada era capaz. A questão que pairava no ar era se o Exército dos Estados Unidos estava mecanizado o bastante para dar conta da luta.

O estado da Louisiana não fornecia apenas o campo de teste para a tecnologia norte-americana. Para o major-general John K. Herr, que entendia a Cavalaria como o centro de tudo, aquilo era uma batalha como a de Little Bighorn*: tratava-se da última chance de provar que as tropas montadas eram indispensáveis mesmo já quase na metade do século XX. Para os soldados negros do 10º Regimento de Cavalaria, havia ainda mais em jogo. Apesar de seu orgulho histórico por sua valentia e dedicação desde a guerra contra os nativos até a conquista do morro de San Juan**, em Cuba, as teorias racistas e pseudocientíficas da eugenia estavam infiltradas no Exército dos Estados Unidos naqueles primeiros anos do século XX e atingiam em cheio os homens do 10º. Desde 1931, o status deles enquanto soldados sofria constantes degradações, deixando-os muitas vezes sem armas, como serviçais de oficiais brancos — cavalariços, valetes, cocheiros —, e arrancando deles seu papel histórico de guerreiros. Agora eles tinham ali uma oportunidade de atestar seu valor.

---

* Em 1876, perto do rio Little Big Horn, o general Custer encontrou um grande acampamento indígena de sioux e cheyenes. Custer ordenou um ataque, mas perdeu feio. Cinquenta nativos morreram, mas também mataram 240 homens do Exército dos Estados Unidos. O governo reagiu com mais e mais tropas. Ao final, as nações indígenas tiveram que se render. (N.T.)

** Em 1898, um navio da Marinha Norte-Americana explodiu nas redondezas de Cuba. Uns dizem que tudo não passou de um acidente dentro da própria embarcação. Outros juram que aquilo foi um ataque espanhol. De um modo ou de outro, a explosão fez com que os Estados Unidos declarassem guerra aos espanhóis. A Espanha perdeu a disputa e o controle sobre suas últimas colônias: as Filipinas e Cuba acabaram conquistando independência, mas Guantánamo e Porto Rico são até hoje territórios dos Estados Unidos. A Batalha de San Juan foi um marco nessa guerra. (N.T.)

A chuva que não cessava fez as estradas arenosas virarem lençóis escorregadios de lama e os brejos logo se transformaram em pântanos. Os cavalos, acostumados a viajar sobre todo tipo de terreno, pareciam ter ali uma vantagem nata. As manobras dos jogos de guerra apresentavam dois grupos em competição: a equipe vermelha sob o comando do general Walter Krueger e a azul liderada pelo general Ben Lear. Cada lado tinha à disposição veículos blindados, cavalaria, infantaria e poder aéreo. O 10º Regimento, que fazia parte da 4ª Brigada, da 2ª Divisão de Cavalaria, fora designado para fazer parte do time azul. Ali, entre os rios Sabine e Red, os homens uniformizados enfrentariam água, argila, lama e morros, além de cobras-coral e bichos-de-pé. Os líderes da Cavalaria reclamaram que os tanques haviam começado com uma vantagem injusta, resmungando que os cavalos deveriam ter uma partida prematura, pois eles em geral faziam o trabalho de reconhecimento, operando furtivamente, bem à frente do restante das tropas. Mas as regras dos jogos de guerra especificavam que tanto as tropas mecanizadas quanto as montadas iniciariam ao mesmo tempo. Os dois times largavam a 160 quilômetros de distância um do outro, dando assim uma óbvia dianteira aos veículos motorizados em termos de velocidade. Ainda assim, parecia possível que os cavalos pudessem demonstrar sua grande mobilidade em terreno tão complicado.

Enquanto a imprensa focava câmeras e comentários no poderio tecnológico exibido pelas divisões blindadas e na parte aérea, o pessoal daquela região modorrenta do oeste da Louisiana estava mesmo impressionado era com as fileiras de cavalos relampejando pelas estradas. Eles também testemunharam em primeira mão certas dificuldades exclusivas dos cavaleiros, que adentravam de mansinho na calada da noite nos paióis de milho para roubar porções extras de comida para os cavalos.

No segundo dia de manobras, uma câmera captou soldados do 10º cavalgando ao lado de uma fila de tanques que dominava o centro da pista. Durante um tempo, parecia que o cavalo tinha mesmo certa primazia. Ele seguia avante pela noite adentro, debaixo de temporal. E por isso os soldados montados venceram o time adversário da divisão do general George Patton ao chegarem primeiro à cidade de Zwolle, onde sua missão era impedir que a 1ª Divisão de Cavalaria cruzasse o rio Sabine. Tanques escorregavam para fora da estrada, atolavam na famosa lama *gumbo** da Louisiana, ficavam sem combustível – sujeitos a todo tipo de imperfeição típica dos veículos motorizados daquela época. O cavalo não padecia de nenhuma dessas deficiências. No regimento montado, corria o boato de que aquele desempenho fantástico acabaria de uma vez por todas com a marginalização que sofriam.

Os jogos aconteceram de 15 a 20 e de 24 a 28 de setembro de 1941. Na segunda manobra, o general Patton trocou de lado. Ele ficou no time vermelho, onde daria assistência ao general Krueger. Patton, que era antes de mais nada um cavaleiro, havia desde muito cedo adotado a novidade motorizada e passou a se aproveitar do fato de que o general Lear, da equipe azul, não confiava nas divisões blindadas e tendia a apostar todas as fichas nos cavalos. O resultado foi que Patton atravessou o leste do Texas com jipes, tanques e blindados, e cercou a equipe oponente, provando assim que táticas de cavalaria combinadas com a velocidade dos veículos motorizados poderiam mesmo superar a montaria tradicional.

Embora a história tenha provado que aquela seria a última vez que a Cavalaria montada teria tamanho peso nos Estados Unidos, naquela época o Fort Riley ainda chamava a atenção dos jovens recrutas. A presença de atletas famosos como Joe Louis e um Jackie Robinson ainda mocinho levantava o moral da comunidade negra dos Estados Unidos, e apesar de os soldados afrodescendentes serem discriminados, alguns pequenos sinais de progresso apareceram quando o curso de formação de oficiais de Fort Riley, com relutância, abriu as portas pela primeira vez a uns poucos soldados negros.

Para os cavalos, não havia sinal semelhante de esperança. Algumas poucas vozes ainda se erguiam a favor deles, mas os veículos motorizados haviam vencido. Em março de 1942, em uma canetada, o War Department eliminava o cargo do major-general John K. Herr e desativava por completo a 2ª Divisão de Cavalaria, da qual o 10º Regimento fazia parte. A amargura tomou conta dos mais velhos representantes da Cavalaria e os críticos colocaram a culpa sobre John K. Herr. Apenas um ano antes da celebração de seu glorioso 75º aniversário, o 10º de Cavalaria era dissolvido

---

* Palavra de origem banto, africana, que entrou para o vocabulário norte-americano através da presença francesa. *Gumbo* se refere a ensopados feitos com quiabo e, por extensão, se tornou nome de um tipo de solo argiloso que, quando molhado, fica muito mais pegajoso e escorregadio que a lama que encontramos no Brasil. (N.T.)

e a maior parte dos soldados recebia novas missões no Exército. Já em 1942, os estábulos de Fort Riley eram convertidos em garagens para tanques.

Hank Reed fora requisitado em outras paragens. No dia 21 de fevereiro de 1942, o coronel Davison se despediu dele com as seguintes palavras elogiosas: "Sua contribuição levou o regimento ao nível atual de maestria e sua liderança leal e consciente ajudou-o a prosperar".

No seu último dia em Fort Riley, o coronel Reed atravessou a base a pé para ir para casa. O céu era uma abóbada perfeita naquela noite, e a Via Láctea brilhava tanto que parecia estar mais próxima da Terra. Ao longe, um trem da Union Pacific levava seu ronco adiante, fazendo soar um apito solitário e cortante. Reed se preparava para a partida. Assim como qualquer outro homem de carreira do Exército, sua vida havia sido uma coleção sem fim de despedidas. Cada nova fase era marcada por malas e trens. Ele já tinha visto seu país passar pela janela de vidro de vários vagões, trocando as paisagens verdes do leste pela geografia ampla do oeste para depois assistir de novo às planícies vazias serem substituídas pelas cidades do leste no seu caminho de volta. Mas dessa vez tudo era diferente. A Cavalaria montada já não existia mais e os homens que ele comandara por sete anos seguidos tinham pela frente um futuro incerto em um exército que jamais os tratara de maneira justa.

O major Reed seguia agora para Camp Forrest em Tullahoma, no Tennessee, para fazer parte do 633º Batalhão Blindado. A partir daquele dia, ele seria mais um "preguiçoso do estofado". Reed não era um ludista* e entendia a necessidade de se adentrar na era dos motorizados – seu amor pelos cavalos já o havia convencido de que o campo de batalha moderno não era ambiente para esses fantásticos animais. Mesmo assim, sua despedida de Fort Riley foi doída.

Os últimos acordes de corneta voaram por sobre a base e depois desapareceram na quietude da noite deixando só o som dos grilos fazendo sua vigília enquanto Hank Reed dizia adeus ao seu último dia como oficial montado.

---

* Ned Ludd foi um operário que, no começo da Revolução Industrial na Inglaterra, participou de um quebra-quebra de máquinas. Do sobrenome dele surgiu o título de um movimento que é sinônimo de quem é contra avanços tecnológicos que consomem postos de trabalho. (N.T.)

UM COMANDANTE SEM CAVALO

FORT JACKSON, CAROLINA DO SUL | 18 DE DEZEMBRO DE 1942

O comunicado do War Department que convocara Hank Reed para seu novo posto chegara uma semana antes do seu aniversário de 42 anos. Um ano após o ataque japonês a Pearl Harbor, o Exército expandia-se com rapidez: Reed fora promovido a tenente-coronel e, pela primeira vez, comandaria um regimento inteiro. Mas antes de se apresentar em Fort Jackson, na Carolina do Sul, ele passaria o Natal com a família em Richmond, na Virgínia. Para o cavaleiro Reed aquela viagem tinha um tom melancólico. Desde sempre ele viajava com seus cavalos, levando-os consigo de base em base. Agora, com os frenéticos preparativos de guerra, já não era possível fazer o mesmo. Reed havia levado dois dos seus cavalos de polo, Tea Kettle e Skin Quarter, para a fazenda da família em Richmond, onde eles ficariam até o fim da guerra. No estábulo, Reed cumpriu seus afazeres com a familiaridade de sempre enquanto deixava os cavalos prontos para dormir. Além de um quartinho de defumação e outro que servia como armazém de gelo, havia um grande celeiro branco com cúpula e portas verdes que ficava no topo de um morro vigiando a floresta. Os dois alazões seguiam os movimentos de Hank com seus enormes olhos doces. Os cavalos haviam viajado com ele de Fort Leavenworth para Fort Riley e depois para Fort Tullahoma, mas hoje Hank Reed se despediria deles por um tempo maior. Ao acariciar o nariz aveludado e dizer umas palavras carinhosas a cada animal, ele não tinha a menor ideia se os veria de novo.

Reed prestava atenção à quietude reinante em Stanford Hill. Tudo tão diferente dos estábulos do Exército, que eram lugares de camaradagem entre homens que tinham muito a fazer em nome de um objetivo comum. Nas bases da Cavalaria, o pessoal estava acostumado aos toques de clarim: o toque de estábulo, que soava às 6:15 horas, e o de botas e selas, que os chamavam para montar. Mas, ali, tudo era tranquilidade. Além do burburinho sossegado dos cavalos murmurando em suas baias e do som dos grilos, tudo era calma – uma calma ilusória. A calma antes da tempestade.

Depois de um último torrão de açúcar e um derradeiro tapinha no pescoço, Hank se despediu dos cavalos sem olhar para trás. Os animais viram quando ele desapareceu na estrada, envelopado pela noite escura da Virgínia. Não havia outro ruído agora a não ser o dos cascos sobre a palha e o ruído tranquilo dos passos de um homem que voltava para casa.

Com a chegada do ano de 1943, por todos os Estados Unidos, homens de todas as idades, das pequenas e também das grandes cidades, do Arizona ao Maine, despediram-se das esposas e namoradas, dos filhos e netos. Quem tinha cachorro fez pela última vez um carinho na cabeça do seu fiel companheiro, enquanto um nó brotava na garganta ao som do rabinho batendo feliz contra o piso. Quem tinha cavalo deu um torrão de açúcar a mais para o animal, sentindo a cócega do bigode sobre a palma da mão enquanto encarava os olhos inescrutáveis do seu amigo de quatro patas. Ao romper do ano de 1943, a bela e triste *White Christmas* [Natal branco], cantada por Bing Crosby, chegava ao topo da parada Billboard. Durante 1942, 3,9 milhões de norte-americanos haviam se alistado nas Forças Armadas. Ao final de 1943, o número havia aumentado para 9,1 milhões.

Logo após o Ano-Novo, coronel Reed partiu para Fort Jackson, juntando-se à multidão de homens uniformizados que se amontoavam em vagões de trem por todo o país. Assim como a maioria de seus companheiros, ele seguia para uma base que tinha o típico estilo confuso do que ainda está em construção: equipes erguiam alojamentos e refeitórios, preparando tudo para a chegada dos novos soldados. A energia explosiva de quem tem um objetivo importante marcava presença em cada conversa, em cada martelada e em cada movimento de pincel. O regimento de Reed estava ainda em sua infância – até ali, não passava de um pequeno grupo de oficiais atuando como seu núcleo. Um deles era o capitão Jim Pitman, um rapaz de olhos azuis, recém-casado e à espera de seu primeiro filho, que compartilhava com Reed a mesma paixão por cachorros e natureza. Outro era o major

Stephen Benkowsky, um veterano de Cavalaria dos tempos em que o 2º Regimento ainda era uma unidade montada. Junto com outros poucos homens, o diminuto grupo organizaria um regimento inteiro da estaca zero.

Apenas oito dias mais tarde, às 10:30 horas do dia 15 de janeiro de 1943, o tenente-coronel Reed subira em um pódio improvisado erguido no meio do pátio gramado de manobras. Vestido com as típicas botas altas e calças culottes da Cavalaria, Reed estava mais bonito que nunca, com o cabelo partido com exatidão ao meio. Aquele era o dia em que o 2º de Cavalaria, um dos regimentos mais celebrados do Exército e que tantas glórias acumulara em decisivas batalhas montadas do século anterior, era oficialmente reativado. Diferente do 10º de Cavalaria, o 2º era composto apenas por homens brancos. O regimento havia sido desativado apenas seis meses atrás, com os homens sendo colocados à disposição e os cavalos sendo distribuídos. Aquela data – Reed declarava – marcava seu renascimento e um novo batismo. Dali em diante o 2º teria a palavra "mecanizada" acrescentada ao nome. Reed evocou os 106 anos de história da unidade e seu lema "Sempre pronto". "Não podemos aguardar que o combate chegue. Precisamos procurá-lo", disse ele. "Vamos ser como o antigo 2º Regimento de Cavalaria sempre foi: sem igual." Os quatro homens da guarda-bandeira mantiveram-se em posição de sentido. Lá do alto, a bandeira dos Estados Unidos e o estandarte do regimento em tons de marrom e amarelo, com 29 faixas representativas de importantes vitórias, formava uma cachoeira de cores.

Embora em seu discurso Reed soasse profundamente convicto, ele carregava consigo certas dúvidas fáceis de compreender. Por vinte anos Reed havia desenvolvido seu papel como líder nos campos de polo e nas arenas de salto do Exército. Agora eles o testavam de uma maneira completamente diferente. Dentro de poucas semanas, civis dos quatro cantos dos Estados Unidos chegariam em bandos ao Fort Jackson. Eles buscariam de tudo em seu tenente-coronel: de figura paterna, prefeito, juiz, pároco, até um médico. Ele mediaria disputas e definiria punições, garantiria as necessidades materiais e espirituais de seus homens. Enquanto discursava, Hank sentiu o peso da responsabilidade sobre seus ombros. Em um futuro próximo, Reed, que estava acostumado a manter com firmeza as rédeas de couro, o taco do polo e o chicote de montaria, teria algo infinitas vezes mais precioso em suas mãos: o destino de seus homens, seus medos, esperanças e as preces de quem os amava e ficaria para trás.

Reed na liderança do novo 2º Regimento de Cavalaria Mecanizada.

A cerimônia de reativação não durou muito. Às 11:30 horas, tudo já havia terminado e Reed estava de volta ao trabalho. No dia 22 de janeiro, os novos recrutas, apelidados de "buchas" pela turma mais antiga, começaram a aparecer aos montes na base. Em pouco tempo, havia gente chegando 24 horas por dia, com equipes que os recebiam de modo contínuo em turnos diurnos e noturnos. Na estação de trem, um sargento recepcionava os novatos que desembarcavam em conjuntos de quatro ou cinco, com um fotógrafo registrando cada um desses grupos. Os rapazes trajavam ternos com abotoamento duplo e fedoras de feltro – vestidos pelas famílias com sua melhor roupa de missa. Mas muitas vezes os ternos estavam surrados e cuidadosamente remendados, revelando a vida de menino de fazenda cujos pais ainda sentiam o peso dos dez anos da Grande Depressão. Os moços chegavam cobertos de poeira, com sapatos puídos e, via de regra, com apenas uma castigada valise de couro capaz de carregar alguns poucos pertences pessoais. Eles formavam uma fila logo atrás do sargento e marchavam para fora da estação, entendendo ali mesmo como suas vidas estavam prestes a mudar para sempre.

O portão principal do campo sinalizava que os recrutas entravam agora em um mundo diferente. A placa com o nome "Fort Jackson" em letras grandes e brancas, colocadas em cima de estacas compridas, como o famoso letreiro de Hollywood, erguia-se acima do portão vigiado por sentinelas uniformizadas por onde os novatos davam seus últimos passos como civis. Lá dentro os jovens espiavam o alojamento dos oficiais, que tinha estruturas brancas em forma de um A que sustentava os telhados verdes e as varandas com tela. Eles entravam em fila na frente de um edifício caiado, todo em estilo colonial norte-americano, e ali prestavam juramento, sendo, então, oficialmente incorporados ao Exército dos Estados Unidos. Nas cenas filmadas por um fotógrafo do US Signal Corps*, seus rostos fornecem um ensaio sobre contrastes: "Eu solenemente juro ou afirmo...". Um deles levanta a mão muito além do necessário, outro parece estar ansioso para entrar em ação. Há um que faz uma cara engraçada, enquanto o outro parece ser tímido e estar sofrendo com a câmera. Todos eles deixavam para trás alguém muito querido. Nenhum deles sabia ao certo para onde iria ou quando voltaria para casa. "Juro obedecer à Constituição dos Estados Unidos..." O pulso de um rapaz se revela mais do que deveria, por conta de um terno pequeno demais para o seu corpo. Outro tem nos cabelos um bico de viúva profundo. Há um que segura o chapéu e o sobretudo na mão esquerda. Os homens se chamam Homer e Guido. Vêm de cidades pequenas. São filhos de agricultores e de motorneiros de bondes. Todos igualmente perdidos.

Depois de serem incorporados, os homens logo aprendiam a entrar em formação – primeiro para receber suas novas roupas e o saco militar de lona, e depois para ganhar um pau de barraca e um colchão de algodão. Se antes eles mal imaginavam como seria a vida no Exército, agora eles se preparavam para se acostumar ao novo mundo em que haviam acabado de entrar. Um mundo onde sargentos observavam todos os seus movimentos e nada do que faziam parecia ser bom o bastante. Parte deles era jovem demais. Parecia que nem sabiam ainda como se barbear direito. Um deles, Jim O'Leary, de Chicago, tinha apenas 17 anos e muito cedo chamou a atenção de Hank Reed. O jovem irlandês tinha uma cabeleira escura e desgrenhada e um rosto que era só sorriso.

---

* Equivale à Arma de Comunicações no Exército Brasileiro, porém com funções mais amplas do que apenas garantir a ligação entre unidades de combate: durante a guerra, o Signal Corps elaborava material de instrução e propaganda voltada tanto para o público militar quanto civil. (N.E.)

Enquanto alguns recrutas eram mal-humorados ou tímidos, O'Leary parecia conhecer todo mundo pelo nome e tinha sempre uma palavra amiga para quem quer que fosse. O novato havia perdido o pai muito novo e reerguera por completo a casa da mãe, com suas próprias mãos, após um incêndio de grandes proporções. Reed colocou O'Leary para ser seu motorista particular. Todos do

Recrutas prestam juramento em Fort Jackson.

2º Regimento de Cavalaria viam o tenente-coronel Reed como um pai, mas entre O'Leary e Reed havia uma afeição especial — o moço órfão de pai estava determinado a cuidar para sempre do seu comandante, desde o primeiro instante.

As ruas de Columbia, na Carolina do Sul, 19 quilômetros a oeste de Fort Jackson, estavam apinhadas de soldados. A trilha sonora básica era o trombone atrevido de Glenn Miller que interpretava *A string of pearls* [*Música e lágrimas*]. A atividade predileta era dançar de rosto colado em salões apertados com moças inquietas que passavam de completas estranhas a amigas íntimas em um piscar de olhos. O cheiro do cigarro Lucky Strike, do perfume Chantilly e do velho e bom suor se misturavam ao ar carregado e úmido da Carolina do Sul. Estes jovens casais temporários iam em bandos para o cinema da base, um enorme celeiro branco, para se agarrar no escurinho enquanto a tela exibia os grandes filmes de guerra de 1943: *Casablanca, Rumo a Tóquio* e *Por quem os sinos dobram*. Todos sabiam que andavam em cima da corda bamba — a guerra estava lá fora, e era para lá que todos os rapazes seguiriam. Os homens iriam todos embora e todas as moças ficariam sozinhas em casa.

Junto àquela massa de soldados, vestido com uniforme impecável e com o quepe do Exército, o primeiro-tenente Tom Stewart se destacava dos outros oficiais pelo seu jeito reservado e educado. Ele era um pouco mais velho que muitos dos recrutas, já havia se formado em direito. Stewart estava preparado para cumprir seu dever para com a nação e aqueles que o conheciam bem podiam atestar que sim, ele era mais um paquerador que um combatente. De cabelo preto, sem ser alto, mas bem-apessoado, Tom tinha uma aparência de forte, embora ele a usasse de maneira gentil. Ele era o mais velho entre os cinco irmãos de uma família escocesa, com profundas raízes em Winchester, no Tennessee. Ele era o protetor da irmã mais nova, Betty Ann, escoltando-a todo dia até a escola. Em contrapartida, ela venerava o irmão mais velho, bonitão e de fala mansa.

Tom tinha uma queda por uma amiga de Betty Ann, mas a bela era vários anos mais velha que ele e não dava a menor atenção ao apaixonado garoto que seguia tímido e calado ao lado delas rumo à escola. Após a formatura, não demorou muito e a jovem se casou com um rapaz de idade mais apropriada para ela. No dia do casamento, Tom enviou duas rosas vermelhas, pedindo para que ela usasse uma pétala em cada um dos seus sapatos quando entrasse na igreja. Tom escondeu-se debaixo de sua timidez, mas sob a aparência calma havia um poço fundo de paixão. Ele também adorava ler. Seu livro predileto era *O coração das trevas*, de Joseph Conrad. Seu apelido era Pastorzinho, pela sua imensa fé. Um dia, Tom voltou da escola e foi direto para o quarto sem dizer uma palavra. Minutos depois, sua mãe, desconfiada, flagrou-o colocando alguma coisa dentro de uma gaveta da cômoda. Quando perguntou o que era, ele corou e gaguejou até enfim mostrar o que escondia: dois troféus de uma competição esportiva da escola. Simplesmente não era da natureza dele gabar-se de suas conquistas.

Ao alistar-se em 1941, Tom Stewart tinha 27 anos. Seu pai, de mesmo nome, havia conquistado notoriedade como promotor durante o famoso caso Scopes, ou o "Julgamento do macaco"*, e depois, em 1939, elegera-se senador. Em todos os sentidos, Tom era um jovem privilegiado. Mas a Segunda Guerra Mundial foi uma época de solidariedade sem precedentes nos Estados Unidos e os alistados incluíam todo tipo de gen-

---

* Em 1925, um professor de biologia do Tennessee foi a julgamento por ensinar a teoria da evolução. As leis daquele estado na época só aceitavam o ensinamento criacionista. (N.T.)

te, inclusive filhos de senadores. Tom fora designado para atuar na equipe do tenente-coronel Reed como um oficial da inteligência e logo se tornaria um homem de confiança do comandante. Mas, em janeiro de 1943, Tom ainda estava verde e apenas seguia ordens enquanto tentava aprender seu trabalho.

Com o passar do tempo, o grupo de desajeitados recrutas foi perdendo o ar de novato. Os dias eram ocupados com exercícios calistênicos, treinamento em estratégia e longas caminhadas. O condicionamento físico de todos melhorara; os corpos estavam mais sólidos e os homens haviam aprendido a trabalhar juntos como uma equipe. Chovia em 25 de março de 1943, e as estradas estavam lamacentas e pantanosas quando os soldados saíram para sua primeira caminhada de 160 quilômetros. Ao final do dia, o pessoal médico havia tido a chance de praticar à vontade o tratamento de bolhas e pés machucados e doloridos. Os homens armaram suas tendas e despencaram ao chão, reclamando e praguejando contra seus superiores. Ao fim de três dias, as tropas foram acordadas às três da madrugada para uma marcha forçada: dez horas a pé, sem descanso, para atravessar 43 quilômetros. Reed, recém-promovido a coronel, cobriu cada passo da marcha junto com seus comandados. Quando os rapazes chegaram ao destino final – Folly Beach, na Carolina do Sul –, Reed os surpreendeu com a banda de metais do regimento que os acompanharia no último 1,6 quilômetro. Assim que os recrutas viram o oceano à distância, comemoraram com gritos e saudações. Suados, com os pés cheios de bolhas, muito sujos, mas ainda cheios de determinação, os homens do 2º de Cavalaria haviam se transformado agora em verdadeiros soldados. Por mais nove meses eles continuaram a treinar e a participar de manobras até todos os traços de inexperiência serem substituídos pela calma confiança de quem trabalha em equipe. Por um tempo, o treinamento parecia que duraria para sempre, mas no dia 9 de março de 1944 Hank Reed recebeu uma carta oficial do War Department: o 2º Regimento de Cavalaria estava de partida.

No dia 20 de março de 1944, um pequeno grupo de oficiais escolhidos a dedo partiu do porto de Nova York a bordo do *Queen Mary*. Entre eles estavam membros do 2º Regimento de Cavalaria que cuidariam da logística no exterior. Um deles, apoiado na grade do deque, observava a Estátua da Liberdade passar ao lado do navio e desaparecer de vista. Esse moço quieto e de olhos comoventes do Tennessee era Tom Stewart. Hank Reed havia incumbido o capitão de liderá-los nessa empreitada.

Umas semanas depois, Reed e o restante dos homens embarcavam no *Mauretania* para atravessar o oceano. O navio, uma embarcação de alta velocidade, não viajava em comboio, mas em zigue-zague, criando seu próprio caminho sobre as águas do Atlântico. No dia 30 de abril, a embarcação chegou a Liverpool, onde os soldados foram recebidos por jovens mulheres da Cruz Vermelha que lhes ofereciam *donuts*. O grupo cortou a cidade carregando seus sacos de bagagem e depois sumiu dentro do escuro dos trens que só viajavam em blecaute. A primeira visão que tiveram do interior da Inglaterra foi toda à luz da lua. Em uma estação rural sem nome, comboios de caminhões os pegaram e, logo depois, eles chegavam ao seu destino: Camp Bewdley, número 1, perto da vila de Stourport-on-Severn em North Worcestershire. Naquela noite, Hank Reed foi para o quarto satisfeito com o trabalho que Tom Stewart e o restante de sua equipe avançada haviam feito na preparação para a chegada do pessoal. Não havia tempo a perder. Reed precisava garantir que o treinamento continuasse, sem interrupções. Mas ele já se sentia orgulhoso ao ver que aquele grupo, antes composto de rostos desconhecidos, vindos de todas as partes do país, já formava uma família.

O GENERAL MAIS COMBATIVO DOS ESTADOS UNIDOS

BEWDLEY, INGLATERRA | 31 DE MAIO DE 1944

No dia 31 de maio de 1944, uma inquieta multidão de mais de 3 mil soldados norte-americanos esperava pelo grande momento. As árvores altas às margens da estrada que levava a Camp Bewdley balançavam de leve com a brisa que corria através da região conhecida como West Midlands. O ar estava fresco e límpido, e em uma área bem ali à frente um agricultor arava o solo de maneira metódica, linha por linha, com a ajuda de um cavalo. Em cima de um morrinho, um grupo de garotos reunira-se para acompanhar o show. Hank Reed, agora coronel, sentou-se no palanque ao lado de uma dúzia de outros comandantes do 12º Corpo de Exército para ver as longas fileiras de tropas marcharem morro abaixo, companhia por companhia, em cadência contada, e depois virar à esquerda e seguir para uma área delimitada por cordas. Aquela era a primeira vez que todos os homens ali instalados em Camp Bewdley se reuniam daquela maneira. Os jovens soldados ainda não estavam acostumados a tamanha distância de casa. Muitos haviam chegado há apenas algumas semanas ou mesmo dias. Mas hoje eles marchariam com uma clara noção de propósito.

De onde Reed se encontrava, com uma visão privilegiada de tudo, o topo do morro parecia uma massa sólida de homens uniformizados, cada um deles trazendo no rosto suas próprias expectativas. Para manter a ordem no meio de tanta gente, integrantes da Military Police* com cintos

---

* Unidades equivalentes à Polícia do Exército no Brasil, com as funções de escolta de autoridades, segurança de entroncamentos e edifícios militares e guarda de prisioneiros. Também são responsáveis pela investigação de crimes militares. No Exército Norte-Americano, a Military Police é uma das Armas, e não uma simples especialização; ou seja, uma carreira em separado dentro do Exército. (N.E.)

brancos, perneiras e capacetes com uma faixa branca se espalhavam por toda parte, direcionando cada companhia, com eficiência e seriedade, para sua posição no aterro gramado. O som dos homens em marcha, dos que estavam sentados e dos que murmuravam era tão baixo que nem encobria o passarinho que cantava ao longe e que Reed conseguia ouvir. Não tardou e os soldados já acendiam cigarros enquanto se sentavam à espera.

Depois de alguns minutos, o som estridente de instrumentos de sopro preencheu o ar. Era a banda que agora tocava uma marcha animada bem ao lado do palanque preparado para os discursos. O alto-falante estalou um pouco quando um sargento que parecia nervoso deu uns toques no microfone. Mas o capitão logo assumiu a situação ao anunciar: "Quando o general chegar, a banda tocará *A marcha do general* e todos devem ficar de pé".

Um momento depois, um soldado estacionado próximo a uma curva da estrada acenou anunciando a chegada de um jipe cheio de oficiais. Logo atrás do jipe vinha um carro preto reluzente.

Em maio de 1944, o número de tropas aliadas e de armamentos estocados na Inglaterra era impressionante. Lá estavam milhões de soldados e todos eles precisavam receber uniforme, armas, munição, comida e produtos médicos. Por todo o país, pastos haviam sido convertidos da noite para o dia em estacionamentos militares, recebendo jipes, aviões, tanques e equipamento de artilharia dispostos em longas fileiras. Os mais engraçadinhos brincavam que a ilha estava tão lotada que ela só se mantinha flutuando, sem afundar com o peso, por causa de uma barragem de balões prateados. A estimativa era de que houvesse 5 milhões de toneladas de equipamento à espera de cruzar o Canal da Mancha. Todos os homens e máquinas precisariam ser carregados pelo mar por uma série de embarcações anfíbias. A construção de tudo aquilo havia se iniciado mais de cinco anos antes. Segundo Eisenhower, parecia que a Grã-Bretanha toda havia se transformado em uma gigantesca base militar. Em Berlim, Hitler sabia que os Aliados estavam preparados, então mandara iniciar um projeto de fortificação de grande escala ao longo da costa noroeste da Europa. A dúvida era apenas quando e onde os Aliados atacariam.

Em maio de 1944, os homens de Janów Podlaski na Polônia preparavam sua fuga junto com os cavalos árabes, enquanto os garanhões brancos de Viena faziam suas últimas apresentações do período da guerra. Na mesma época, o coronel Reed e seus homens aproveitavam uma tarde gostosa de primavera em Camp Bewdley, enquanto aguardavam a visita do comandante-geral do Third Army.

A porta do carro preto se abriu e de lá surgiu o general George S. Patton, agora secretamente na Inglaterra para participar de uma missão falsa preparada para confundir os alemães em relação ao ataque dos Aliados. Resplandecente com suas botas de cano alto da Cavalaria e com um capacete lustrado, o general caminhou a passos firmes em direção à guarda de honra composta por dez homens que se mantinham em posição de sentido. Patton passou devagar diante deles, analisando cada soldado de uma ponta a outra e encarando um a um. Dali ele foi direto para o palanque.

O capelão pegou o microfone para pedir orientação espiritual para que o Third Army pudesse contribuir para agilizar a vitória e a libertação do povo escravizado da Europa. O próximo a falar foi o tenente-general William H. Simpson. "Estamos aqui", ele disse, "para ouvir as palavras de um grande homem. Um homem que guiará todos nós pelo que quer que nos aconteça, de modo que possamos encarar tudo com heroísmo, competência e visão. Um homem que já provou sua capacidade em todo tipo de batalha". A maior parte dos soldados estava boquiaberta, porque nunca havia visto antes o famoso comandante em pessoa, mas esse não era o caso de Hank Reed, companheiro de Cavalaria de Patton que o conhecera anos antes. Desde a invasão do Norte da África e da Sicília, em que o general tivera importante papel, o nome de George Patton passara a ser famoso em todos os lares dos Estados Unidos. Mas Reed o conhecia mesmo era como um jogador de polo agressivo, falador de palavrão e dono de um imenso espírito competitivo.

Embora Patton fosse 18 anos mais velho que Reed, os dois oficiais eram ligados por um forte laço: ambos haviam integrado o prestigioso time de polo do War Department – Patton na década de 1920 e Reed na década seguinte. A ferocidade de Patton no campo de polo era uma lenda no Exército. Ele parecia ir para a guerra toda vez que galopava para jogar. Mesmo entre o pessoal que jogava pesado, o general era famoso pela belicosidade com que encarava o polo. Certa feita, quando jogava em

Myopia Hunt, em Massachusetts, ele levou uma pancada tão violenta na cabeça com um taco de polo que o sangue escorria feito um riacho de sua testa. Patton enrolou uma faixa em torno da cabeça, meteu o capacete no topo daquilo tudo e voltou a jogar. Em outra ocasião, ele caiu tão feio a ponto de sofrer uma grave concussão. Sua filha, Ruth Ellen, que acompanhava a partida, logo soube que o caso era grave porque pela primeira vez ele havia soltado as rédeas ao cair do cavalo.

Patton, como muitos outros membros do Exército, acreditava que em tempos de paz, quando os homens não tinham a chance de experimentar o combate em primeira mão, as batalhas a cavalo que aconteciam no campo de polo eram a melhor maneira de treinar para lutas reais. Se a teoria de Patton estivesse certa, então aquele craque do polo chamado Hank Reed estaria entre os mais preparados soldados de Camp Bewdley naquele dia. Aliás, nenhum dos homens do 2º Regimento de Cavalaria havia participado de qualquer combate real antes, incluindo o coronel Reed.

O general se aproximou do microfone e olhou a grande massa de soldados em sentido diante do palanque. "Podem se sentar", ele disse. Sua voz amplificada ecoou pela encosta, alta e límpida. Sua barriga era firme e inspirava autoridade. Como uma onda, os homens foram, então, sentando no chão coberto de capim.

"Pessoal, esta conversa que se ouve por aí de que os Estados Unidos queriam ficar de fora da guerra, que não queriam lutar, não passa de conversa fiada! Os norte-americanos, tradicionalmente, adoram uma briga. Todos os norte-americanos de verdade amam as ferroadas e a peleja de uma batalha. Quando vocês eram moleques, admiravam o campeão da bolinha de gude, o corredor mais rápido, os atletas da primeira divisão, o lutador de boxe mais durão. Os norte-americanos adoram vencedores e não toleram perdedores. Os norte-americanos jogam para ganhar – o tempo todo…"

Em cima do morro, os homens do 2º de Cavalaria ouviam tudo com atenção. Todos sabiam que o general Patton era chamado para a ação quando a situação ficava feia. De fato, o general deixou claro para todo mundo ali que sua presença em Bewdley precisava continuar sendo *top secret*. Ninguém sabia ao certo o que viria a seguir; sabiam apenas que, todos juntos, fariam parte de uma coisa maior que eles mesmos.

De cima do palanque onde Patton se encontrava, os soldados do Third Army pareciam um mar enorme de humanidade reunida em torno de um objetivo em comum. Apesar de o uniforme fazer com que se parecessem uns com os outros, cada um deles trazia consigo sua própria história, um caminho único que o havia trazido até ali, até aquele lugar. Nascido em 1915, Jim Pitman era um desses combatentes. De olhos azuis e uma cara de duende cheia de ângulos errados, ele tinha um sorriso fácil e sua pele irradiava juventude. Hank Reed tivera vinte anos para se preparar para aquele momento; Jim Pitman tivera apenas quatro. Ao se formar em West Point, em 1940, ele se alistou em um exército que se preparava para a guerra e de repente se viu bem no coração dos acontecimentos.

Já fazia seis semanas que o major Pitman não via sua esposa ou filho. Ele nem tinha muito o que mantivesse acesa a chama da lembrança dos dois. Carregava consigo apenas as coisas que todos os homens traziam: uma carta toda amassada que já se conhecia de cor e umas poucas fotografias. Mas ele jamais se esqueceria do momento em que se despediu de seu filho de apenas dois meses de idade. Quantos momentos importantes da vida do menino ele perderia? O primeiro aniversário? O primeiro passo? A primeira palavra? Seu garotinho nem saberia quem ele era quando ele voltasse para casa. Sua esposa, Tee, tão linda, parecia frágil demais quando ele a olhou pela última vez. Como ela viveria sem ele? Ele a imaginava em sua casa na pequena cidade de Columbia, na Carolina do Sul, lavando pratos na cozinha ou sentada com o bebê em seu colo e o rádio ao fundo. Às vezes ele lembrava do rosto dela dando um sorriso ao vê-lo retornar depois de um longo dia de trabalho. Ele pensava também em seu cocker spaniel dourado que pularia e lamberia sua mão para lhe dar as boas-vindas. E se lembrava do momento em que recebera a espada em West Point e em como a guardara dentro de um pequeno armário atrás da cozinha. Na festa de casamento, eles usaram a espada para cortar o bolo e um dia ele a daria para o filho que — quem sabe? — talvez seguisse seus passos entrando também para as Forças Armadas.

Todos esses pensamentos, no entanto, não distraíam Pitman do assunto em questão. Desde a infância em Mount Holly, Nova Jersey, ele sempre quisera ser soldado. Jim e seu irmão mais novo, Don, passavam horas caçando faisões e codornas na companhia do pai em uma área perto de casa. Ele amava cachorros, em especial os perdigueiros. Antes mesmo de ir para West Point, ele já era um exímio atirador de rifle. Na academia, aprendera a andar a cavalo, jogou um pouco de polo e se mostrou muito bom na quadra de tênis. Ele era respeitado e querido por ser sério, mas também simpático – o tipo de pessoa com quem você podia contar. A maioria de seus companheiros oficiais do 2º de Cavalaria era mais velha, mas o rosto do major Pitman era calma pura e seus olhos azuis estavam bem focados naquele momento com Patton, cuja voz estridente e um pouco anasalada se multiplicava no ar através dos alto-falantes.

"Você não vai morrer", Patton dizia aos seus homens. "Apenas 2% dos que estão aqui hoje morrerão em uma batalha. E a morte não deve ser temida. Todo homem tem medo no seu primeiro combate. Se ele diz que não está com medo é porque ele é um excelente mentiroso." Naquele instante, cada um dos muitos combatentes amontoados na encosta fazia a mesma pergunta a si mesmo: como ele reagiria quando sua hora chegasse? E não era apenas importante pensar na própria morte, mas também se ele morreria com bravura. Ali, naquele momento, tudo parecia ser resumido à sua essência: eles eram um só grupo, tinham uma só tarefa e um só objetivo.

Patton seguia adiante com o discurso, mostrando exemplos vivos do que ele uma vez chamou de "profanidade eloquente". Segundo Patton, "um exército sem palavrão não dava conta de lutar nem para se livrar de um saco de papel encharcado de mijo". Fazendo jus à própria fama, Patton temperava suas frases com epítetos apimentados, criando o que ele mesmo chamava de "duplo sujo".

"Estamos em constante avanço e nada vai nos segurar. A única coisa que vai ser agarrada é o saco dos inimigos", disparou Patton que, àquela altura, tinha já à sua frente uma plateia agitada que ria em uníssona concordância com ele. Mas no meio da brincadeira havia uma mensagem séria. Pitman reconhecia a típica retórica da Cavalaria no discurso de Patton. Seu apelo para que as tropas

Jim Pitman com sua esposa, Tee, em frente da sua casa em Columbia, Carolina do Sul.

seguissem sempre avante, por cima, por baixo ou através, era exatamente o mesmo que os jovens comandantes gritavam quando ele galopava em formação em Fort Riley durante seu treinamento em 1942.

Enfim, Patton fez uma pausa e, agarrando o microfone, lançou seu olhar sobre todos os homens ali reunidos. "Lembre-se disso", ele pontuou. "Agradeça a Deus agora porque, daqui a trinta anos, quando você estiver sentado em frente a uma lareira com seu neto no colo e ele lhe perguntar o que você estava fazendo durante a Segunda Guerra Mundial, você não vai ter que dizer: 'Eu fiquei limpando curral em Louisiana'." Em coro, a multidão de soldados riu à vontade. "Não, senhor! Você vai poder olhar direto nos olhos da criança e dizer: 'Meu neto, seu avô fez parte do grande Third Army junto com um grande filho da puta chamado Georgie Patton!'." Os sons de gargalhadas, de tapas nas coxas e de satisfação tomaram conta da multidão. Mais uma vez, o homem conhecido como "Old Blood and Guts" (Sangue Velho e Coragem) havia marcado um gol de placa entre os seus comandados.

Apenas seis dias depois, em 6 de junho de 1944, o dia D marcava o início da invasão da França. Os homens do 2º Regimento de Cavalaria ficaram tão boquiabertos com a magnitude da operação quanto qualquer civil que viu naquele dia o céu carregado de aviões de combate que seguiam para a costa sul da Inglaterra, rumo ao território francês. Naquela data, Pitman compreendeu que seus anos de treinamento estavam a ponto de serem colocados à prova. Mas ele e seus companheiros de cavalaria não tiveram muito tempo para reflexão enquanto aguardavam a vez de embarcar para o fronte na França. As seis semanas seguintes foram de preparação frenética e movimentação incessante: o 2º de Cavalaria foi apresentado a novos tipos de armas, construiu e memorizou mapas topográficos, ajudou a transportar prisioneiros alemães feridos e teve aulas de francês e alemão. Até que um dia finalmente receberam ordem de marcha. Eles partiriam para o continente.

Na manhã do dia 16 de julho, Jim Pitman viu pela primeira vez as águas acinzentadas do Canal da Mancha quando eles chegaram à cidade costeira de Broadmayne. As horas seguintes foram preenchidas por uma lista sem fim de afazeres: os rapazes camuflaram tanques, meias-lagartas e jipes, depois se reportaram à zona de acantonamento para preencher formulários. Cada um recebeu duzentos francos (o equivalente a quatro dólares) antes de partir para o porto de embarque em Portland. No dia 20 de julho, eles subiram nos navios de desembarque LSTs, grandes embarcações feitas sob medida para transportar as tropas e os veículos pelo canal – a proa do LST baixava para formar uma rampa e desembarcar o equipamento direto sobre a praia. Já a bordo, os homens primeiro travavam os veículos no lugar e depois se acomodavam em suas cabines. Às cinco da manhã, o comboio partiu.

Eram ao todo 31 navios em uma procissão majestosa que cruzava o Canal da Mancha sob a escolta de contratorpedeiros e corvetas da Marinha dos Estados Unidos. Quase trezentos pés acima, o céu se encontrava todo pontilhado por uma barragem de balões prateados, cada um deles ancorado a um LST, criando um zunido típico ao ser arrastado pelos cabos de aço. De quando em quando eles cortavam fantasmagóricos blocos de neblina, mas a maior parte do tempo o mar se mostrava calmo. Dentro do navio em que Jim Pitman se encontrava, havia uma tensa agitação no ar, uma mistura de medo e expectativa. Jim e os outros comiam e bebiam de uma maneira voraz, sem saber quando teriam de novo uma refeição de verdade. A travessia foi tranquila e a maior parte dos homens estava se sentindo bem – pelo menos em termos físicos. Mas Pitman fora convocado quando o comandante a bordo, major Stephen Benkowsky, ficou doente. O que parecia ser apenas um problema de estômago, no entanto, logo se tornou uma dor aguda acompanhada de náusea e febre.

Às oito da noite, o comboio já havia cruzado 104 quilômentros e baixado a âncora na praia de Utah, ao norte de Sainte-Mère-Église, na França. Eles estavam agora cercados por centenas de outras embarcações, cada uma delas com um balão prateado de barragem. O plano era preparar para o desembarque às duas da manhã.

Dentro do navio, a situação de Benkowsky se deteriorava, e em poucas horas era evidente a gravidade do problema. O diagnóstico médico: apêndice supurado. Era preciso tirar Benkowsky dali. Ele deveria ser operado imediatamente ou sua vida estaria em risco. Mas às 11 da noite, artifícios luminosos vermelhos surgiram em meio ao nevoeiro, pintando o céu de um tom horrível. Navios ancorados ali perto, em Omaha, haviam detectado aviões inimigos nas proximidades. Mais que depressa, uma cortina de fumaça foi liberada para camuflar os navios. O comboio estava sob a ameaça de um iminente ataque. A bordo, a febre de Benkowsky subia e a dor só piorava. Mas agora era impossível pensar em evacuação. Sem muita opção, o médico presente tomou a decisão de operá-lo. Debaixo de neblina, com os artifícios luminosos incendiando a noite, ele improvisou uma sala de cirurgia na copa do navio e, com mãos firmes e um bisturi, tentou salvar a vida de Benkowsky.

Poucas horas antes, Jim Pitman era o segundo na linha de comando. Mas agora ele liderava o 42º Esquadrão do 2º Regimento de Cavalaria, com seus 120 homens. Às duas da manhã, o alerta de ataque se encerrara e o quadro de Benkowsky se estabilizara. O 2º de Cavalaria estava liberado para prosseguir com o desembarque. Já em terra firme, a primeira tarefa oficial de Pitman era despachar Benkowsky para o departamento médico.

O Canal da Mancha se encontrava agora às costas de Pitman; à sua frente estava toda a Europa continental. A milhares de quilômetros dali, sua bela esposa, Tee, estava sentada em uma cadeira de balanço com o bebê James ao colo. Era bem provável que o rádio tocasse Glenn Miller ao fundo, enquanto a vida seguia seu curso em uma rua tranquila dos Estados Unidos. O pequeno James podia estar dormindo em paz, com os olhos sonhando em movimento por debaixo das pálpebras cerradas, seu corpo coberto por mantas limpas, sem a menor ideia de que seu pai estava prestes a saltar com tudo em um futuro incerto, movido por seu senso de responsabilidade, honradez e coragem. Quando Pitman pisou na praia francesa pela primeira vez, o recém-apontado comandante do 42º Esquadrão tinha dois objetivos em mente: cumprir com afinco as ordens de seu superior, coronel Reed, e fazer com que seu filho tivesse orgulho dele.

DUAS MÃOS E UM CORAÇÃO PÚRPURA*

LUNÉVILLE, FRANÇA | 18 DE SETEMBRO DE 1944

No outono de 1944, quando Alois Podhajsky tentava decidir se devia retirar os cavalos lipizzans que ainda estavam na Spanische Hofreitschule de Viena, Hank Reed combatia na região de Aube, no nordeste da França. Enquanto alguns líderes comandavam de longe, Reed mantinha-se sempre próximo aos seus homens. Hoje, ele estava a caminho de uma inspeção da posição de sua tropa. Seu motorista, Jim O'Leary, ia ao volante com um soldado raso no assento dianteiro de passageiro que, por sua vez, tinha uma metralhadora .30 na mão. Reed havia colocado um dos seus oficiais seniores para supervisionar o posto de comando. Entretanto, o capitão Andrews não entendera bem a mensagem. Ele achou que Reed desejava observar a posição do inimigo e instruíra O'Leary a sair da via principal e seguir por uma estradinha rural. Ninguém sabia ao certo qual era a presença alemã naquela área, por isso um só pelotão havia partido naquela direção poucas horas antes em uma missão de reconhecimento. A princípio, a estradinha os levou por um mosaico de campos bem-arados e umas poucas casas de fazenda, mas depois ela se aprofundou em meio à mata fechada e em aclive. Cerca de um quilômetro a sudeste da vila de Marcilly-le-Hayer, a estrada de repente deixava para trás a floresta, e Reed pôde ver, então, um vale à sua frente. Ao longe, era possível identificar os prédios de pedras do

---

* Medalha concedida a feridos e mortos em combate pelas Forças Armadas Norte-Americanas desde a entrada dos Estados Unidos na Primeira Guerra Mundial, em 1917. A medalha tem o formato de um coração, com esmalte púrpura sob uma efígie dourada de George Washington. (N.E.)

centro de um vilarejo que se amontoava às margens de um pequeno riacho. O'Leary parou em um ponto alto. Reed e o capitão Andrews desceram, sacaram seus binóculos e inspecionaram a cena. Reed logo entendeu que houvera um problema de comunicação e que Andrews os havia levado para perto da posição dos alemães, longe de onde estavam seus homens.

A missão do 2º Regimento de Cavalaria era fazer reconhecimento – operando sempre à frente do restante das tropas e muitas vezes até atrás das linhas inimigas. Sua tarefa era atuar como os olhos e ouvidos de Patton para descobrir onde as forças alemãs se encontravam. Por serem altamente móveis, carregarem pouco armamento e estarem sempre na vanguarda, era comum que eles se encontrassem muitas vezes em situações perigosas.

Naquele dia, quando Reed escrutinava o vale através da lente do seu binóculo, ele notou que um dos seus próprios veículos despachado em missão de reconhecimento estava preso na metade do morro à frente deles, a pouco menos de cem metros da vila.

Seu sexto sentido fez com que Reed percebesse que havia ali algo a mais. Notando sua posição exposta, ele se virou para Andrews e disse: "Não acha que estamos sendo atrevidos demais?".

Os homens se atiraram ao chão, todos juntos. No mesmo instante, eles viram uma unidade *Panzer*, com seu típico uniforme preto, sair da vila em formação e marchar morro acima em direção ao blindado parado a meio caminho. Devagar, Hank Reed pegou seu fuzil de precisão e atirou, acertando em cheio um soldado alemão já no seu primeiro tiro. O'Leary abriu fogo, então, em direção ao vale com sua metralhadora. Quando uma bateria de tiros ricochetou ao redor de Reed, ele gritou para que o artilheiro mudasse de posição para obter um ângulo diferente. Em completa desvantagem numérica, diante de trinta a 35 granadeiros *Panzer*, os quatro homens continuaram a atirar; eles viram que todos os soldados alemães haviam afivelado seus capacetes. Um momento depois, o blindado que estava paralisado conseguiu se mover e virar em direção ao vale, descarregando suas armas em cima dos alemães.

Em meio à chuva de balas, O'Leary se arrastou do jipe para onde Reed se encontrava. Seu rosto exibia uma alegria improvável naquelas circunstâncias. "Senhor, o general comandante do 12º Corpo de Exército acabou de passar um rádio ordenando que o senhor volte imediatamente para seu posto de comando."

Sem perder o fôlego, Reed respondeu: "Diga a ele que cumpro a ordem assim que ele conseguir fazer esse pessoal *Panzer* largar do meu pé". Ele, então, olhou com calma pela mira do seu fuzil, achou o ponto e apertou o gatilho.

Pouco depois, o reforço chegou e os alemães recuaram para a vila. Sacudindo a poeira do uniforme, Reed subiu de novo no jipe e foi embora para o posto de comando. Entre seus homens, aquele coronel foi rapidamente se tornando uma lenda.

Para um soldado comum do 2º Regimento de Cavalaria de Reed, a experiência de combate era feita de longos períodos de tédio e desconforto intercalados com intensas explosões de ação. A tensão era uma companhia constante. A tensão e a lama que bloqueava os pneus dos veículos, a carne enlatada, os biscoitos cream crackers e os confeitos de leite maltado que vinham nos pacotes de comida distribuídos para os soldados e que eram conhecidos como *K rations*. Em novembro de 1944, Francis Herron, escrevendo no semanário *Warweek*, chamou os soldados do 2º de Cavalaria "os homens mais solitários do mundo". Operando quase sempre além das linhas inimigas, eles eram conhecidos como "fantasmas" pelos alemães porque costumavam se materializar assim do nada. Um oficial do 2º disse: "Houve uma ocasião em que fizemos quinhentos prisioneiros em uma semana, matamos nem sei mais quantos, estraçalhamos trinta veículos à bala, e 90% dos combates ocorreram só porque tropeçamos neles por acaso". No fim de agosto, eles haviam avançado quase 485 quilômetros desde o desembarque nas praias da Normandia, e sempre na base da luta e do suor.

Na perspectiva dos homens sob o comando do cavaleiro Reed, a guerra se dava em um nível micro, com uma batalha para cada morrinho e para cada rio atravessado, cada ponte e cada bifurcação da estrada. Nas palavras de um capitão, "Pode acreditar, não demora nada para você ficar colado à mãe terra quando o lado trabalhador de uma metralhadora está apontado em sua direção. Sua garganta seca, a palma da sua mão fica pegajosa e, de repente, você tem consciência de cada pequeno contorno do terreno à sua frente. Um montinho, insignificante em uma olhada geral, assume a importância protetora de uma montanha".

Como comandante do grupo todo do 2º Regimento de Cavalaria, com suas duas unidades principais, o 42º e o 2º Esquadrão, Hank Reed tinha a obrigação de enxergar o quadro geral. Cada esquadrão tinha seu próprio pelotão de comando além de seis tropas, identificadas por letras de A a F. Cada uma dessas tropas tinha cerca de vinte soldados, e ainda tanques, armas, blindados, semilagartas e jipes. Além disso, Reed viajava com o pelotão de comando, que incluía oficiais de inteligência, de serviços médicos e de suprimento. Um grupo de interrogadores especializados também seguia junto ao 2º. Juntos, eram mais de quatrocentos homens sob as ordens de Reed. A Cavalaria estava montada sobre veículos motorizados, mas manter esses corcéis mecanizados em forma era um trabalho constante. Os motores roncavam pelas estradas rurais da França muitas vezes enfrentando uma lama mais poderosa que as armas do inimigo. A linguagem dos soldados mantinha ainda as metáforas dos tempos da Cavalaria montada. Eles falavam sobre montar e desmontar dos jipes em um pinote e cortar o mato em um galope.

A Cavalaria dos Estados Unidos estava toda mecanizada, mas a dos alemães não. Reed e seus homens tiveram que encarar a realidade de mirar em cavalos no meio de batalhas. Enquanto percorriam a França sobre garanhões de quatro rodas, aconteceu de verem ou se envolverem em situações em que um equino se encontrava no meio do fogo cruzado. Um desses incidentes ocorreu no dia 23 de agosto, perto da vila de Montargis, 32 quilômetros a oeste de Marcilly-le-Hayer. Na ocasião, os homens de Hank Reed trombaram em uma coluna de sessenta veículos alemães puxados a cavalo que seguia em direção ao oeste, adentrando o território onde se encontravam os norte-americanos. O coronel, então, não teve outra opção a não ser ordenar que sua tropa dizimasse a coluna. Reed e seus homens viram muitos e muitos animais feridos e sofrendo – mas todos eles pertenciam aos alemães e, por uma questão de princípio, a prioridade do 2º de Cavalaria era salvar vidas humanas e vencer a guerra. Mesmo assim, as imagens assombrosas dos cavalos caídos continuavam com os homens mesmo depois de estarem longe da batalha.

Embora os "cavalos" de Reed fossem movidos a gasolina no lugar de feno, a filosofia por trás das missões não havia mudado desde os tempos da Cavalaria montada. Nas palavras do historiador George F. Hoffman, "nunca fora uma missão da Cavalaria lutar por um período longo, de uma só vez. Bater e correr, mover-se com rapidez, procurar e surpreender o inimigo, emboscá-lo se possível, flanqueá-lo, confundi-lo e aí bater e se retirar".

Como o Third Army mantinha um ritmo alucinante enquanto rumava para o leste da França, o posto de comando de Reed mudava com frequência para manter sua posição de vanguarda no fronte dos norte-americanos. Entre agosto e setembro de 1944, Reed levantou acampamento quarenta vezes. Em geral, a partida para o novo endereço ocorria de manhã cedo ou no fim da tarde, com um primeiro esquadrão avançando para escolher o local. Não era raro que o coronel mudasse duas vezes em um só dia. Entre um e outro assentamento, Reed liderava seus comandados a partir de um jipe estrategicamente posicionado em uma ravina ou bosque. Sempre correndo o risco de um encontro surpresa com o inimigo, o sargento O'Leary parecia o Pateta da Disney ao volante – encurvado para a frente, com os cotovelos espetados para os lados, pronto para pisar com tudo no acelerador.

Na fria madrugada do dia 8 de setembro de 1944, não havia nenhum perigo iminente à vista. O 2º Regimento de Cavalaria estava espalhado pelos arredores de Lunéville, uma cidade francesa de médio porte situada na confluência dos rios Meurthe e Vezouze. O 42º Esquadrão havia capturado a cidade no dia anterior. Sem previsão de qualquer perigo, a maior parte do 2º de Cavalaria já havia partido mais para o leste, deixando para trás apenas o esquadrão levemente armado de Pitman para tomar conta da cidade. O primeiro sinal de problema veio logo antes do amanhecer, quando Reed ficou sabendo que um dos pelotões de Pitman, em missão de patrulha, havia se deparado com um pequeno grupo de tanques alemães em aproximação. Pouco depois, o rádio trouxe mais más notícias: outra patrulha havia encontrado poderosos *Panzers*. Pitman mais que depressa relatou o ocorrido a Reed, que estava acampado a pouco mais de trinta quilômetros de distância.

À medida que a presença de mais e mais blindados era reportada via rádio, Reed começou a suspeitar que os alemães estavam posicionando um batalhão completo na região para tentar reconquistar Lunéville. O coronel sabia que o esquadrão de Pitman não era grande o bastante e nem tinha o nível de armamento necessário para enfrentar sozinho um batalhão de tanques. E, pior ainda, pouco depois das oito da manhã, Pitman contatou Reed via rádio para relatar que alguns dos seus veículos haviam sido atingidos por fogo disparado por blindados. Ele também requisitava reforço imediato, mas a verdade era que Reed não tinha nada a oferecer. Levaria no mínimo algumas horas até que qualquer apoio chegasse. A responsabilidade de conseguir atrasar o avanço alemão teria que ficar mesmo nas mãos da pequena e pouco equipada força sob o comando de Pitman. Eles precisariam resistir até que Reed conseguisse recuar e chegar à cidade por uma outra rota.

Embora o coronel estivesse preocupado, ele tinha uma tremenda fé na liderança do jovem major. Apenas duas semanas antes, Pitman havia demonstrado sua coragem ao fazer o papel de emissário para encontrar um general alemão – viajando de olhos vendados em um jipe inimigo, por entre arame farpado e muitos reforços, até o quartel-general do adversário, carregando consigo uma carta assinada por Reed que exigia a capitulação de suas posições. Os alemães recusaram a oferta, mas Pitman retornou sem problemas.

Reed não subestimava a dificuldade intrínseca àquilo que pedia ao major, mas também sabia que podia contar com ele. Os dois serviam juntos desde o começo de carreira em Fort Jackson, e o coronel conseguia até imaginar os olhos azuis e brilhantes de Pitman espiando atentos logo abaixo do capacete. Reed informou ao seu major que o 42º Esquadrão teria que lutar sozinho. Jim Pitman entendeu a mensagem. O coronel lhe pedia para segurar a peteca no ar e ele levou a palavra do chefe a ferro e fogo, talvez até recordando umas de suas citações prediletas, do poeta John Dryden: "Ter presença de espírito e coragem quando sob perigo em excesso/ Vale mais que exércitos em sua procura pelo sucesso". Treinado para agir em situações complicadas, Pitman tentou priorizar – dando ordens, evacuando os feridos e usando a sua própria arma, ciente de que cada escolha que fazia trazia consigo consequências de vida e morte. Ele protegeu seus olhos da fumaça, calou o ruído enorme dos tiros ao seu redor e ignorou o martelar ensandecido do seu coração enquanto tomava decisões rápidas e gritava comandos para seus homens.

Enquanto o esquadrão de Pitman atrasava com valentia a poderosa força alemã, o pelotão de comando, também debaixo de bala, voltava para a cidade por um caminho melhor, para tentar achar um local onde pudesse assentar um posto de comando. O coronel passou as coordenadas de um ponto de encontro para Pitman, ordenando que o major se reportasse pessoalmente. Cerca de uma hora mais tarde, Reed e Pitman chegavam ao local marcado, quase no mesmo instante. O coronel emergia de seu blindado quando o major chegou e logo viu o rosto de Pitman, sujo e fatigado. No entanto, no exato instante em que Pitman deu seu primeiro passo em direção ao comandante, a explosão gigantesca de um morteiro tomou conta de tudo e, naquele segundo, cada uma das fotos daquele jovem na companhia de sua esposa e filho se tornaram seus últimos registros de vida.

Ao mesmo tempo, uma dor insuportável consumia a mão direita e a coxa esquerda de Reed, e ele caiu inconsciente. A última imagem que o coronel guardaria para sempre de Pitman era a de seu corpo destroçado bem diante dos seus olhos. O caos, então, caiu sobre o lugar. Jim O'Leary, porém, conseguiu achar um caminho em meio à grande cratera em que a estrada havia se transformado. Ele agarrou seu comandante e o tirou da zona de maior perigo. Outro soldado carregou o corpo de Pitman para uma ambulância, mas ele já estava sem vida.

Pitman morto e Reed ferido – a notícia circulou como um raio. Homens apareciam nas janelas do segundo andar das casas; outros deixavam a segurança oferecida pelas paredes para saírem às ruas, aglomerando-se rapidamente em torno de seu líder ferido para formar um círculo de proteção. A meia luz, a expressão dos rostos dos homens era séria. Eles estavam na luta havia tanto tempo que já sabiam como não se apegarem às más notícias. Mas ao se reunirem em torno de Reed, seus corpos servindo de escudo contra outros possíveis projéteis, lágrimas traçaram caminhos claros nos rostos encardidos dos soldados.

Pitman não tinha mais como saber que sua tática de atrasar o inimigo havia funcionado. Quando a luz do sol se pôs naquele 18 de setembro, os homens do 42º Esquadrão haviam perdido a maior parte dos seus veículos e estavam cercados por todos os lados. Mas um avião de reconhecimento dos Estados Unidos sobrevoou a área e informou pelo rádio que havia uma estradinha desimpedida que cortava a floresta. Tamanho era o número de veículos perdidos que muitos homens tiveram que pegar carona no que havia sobrado, dependurando-se nas laterais ou em qualquer outro canto em que conseguissem manter um pé firme. Toda vez que uma bomba caía, os combalidos homens se jogavam ao chão e depois se arrastavam como podiam até que a situação se acalmasse e eles pudessem, então, recuperar o passo e subir de novo em um veículo. Ao final do dia, o saldo era de cinco mortos, mas o 2º Regimento de Cavalaria havia conseguido manter seu domínio sobre a cidade de Lunéville.

Reed foi enviado a Paris para cirurgia e recuperação. Ele ficaria bem, mas perderia para sempre a mobilidade total da mão direita. Seus dias de jogador de polo ficariam para sempre no passado. Mas quando qualquer visita vinha vê-lo, o coronel jamais falava dele mesmo – apenas perguntava sobre seus homens. Em especial, queria saber como estavam os outros feridos. Pelo resto da vida, Reed carregaria na memória a sombra do rosto de Jim Pitman, junto com o de cada um dos homens que morreram quando lutavam sob seu comando.

Já em dezembro de 1944, o coronel estava de volta com seus comandados em Luxemburgo após recusar um trabalho de escritório e uma promoção que o deixaria longe dos perigos da linha de frente. Reed comemoraria seus 44 anos no dia 25 de dezembro de novo com as mãos nas rédeas do 2º de Cavalaria.

Do quartel-general do Third Army chegaram as saudações do general Patton:

> Desejo a todos os oficiais e soldados do Third Army dos Estados Unidos um Feliz Natal. Tenho total confiança em sua coragem, em sua devoção às suas responsabilidades e em sua capacidade de combater. Marchamos rumo à nossa vitória completa. Que a bênção de Deus esteja com todos vocês no dia de Natal.

No dia do Natal, a calma imperava sob a enorme quantidade de neve que se acumulava ao redor das barracas e que mantinha os veículos longe das estradas. Do nada, porém, um só estilhaço de bomba despencou sobre o posto de comando, fazendo sua marca sobre um dos mapas, mas, fora isso, o dia transcorreu tranquilo, com os homens entretidos com os pacotes de Natal distribuídos pela Cruz Vermelha e as cartas enviadas pelas famílias, amigos, esposas, noivas e namoradas.

Em Stanford Hill, a mulher de Reed, Janice, e sua família reuniram-se em torno da grande mesa de mogno. No celeiro, Tea Kettle e Skin Quarter espiavam os campos de inverno cobertos de branco pela geada, enquanto batiam seus cascos no chão e criavam plumas de vapor com a própria respiração. Por todos os Estados Unidos, famílias se reuniam para celebrar a data com um prato a menos à mesa. James Hudson Pitman, com apenas 14 meses, celebrava seu segundo Natal ao lado da mãe, uma jovem viúva que vivia ainda à sombra da morte do marido. Embora James jamais chegasse a conhecer o pai, o menino cresceu cheio de orgulho, sabendo que ele fora o único a enfrentar sozinho uma divisão inteira de tanques alemães na Europa.

Reed e seus homens, acampados ali durante o pior do inverno, devem ter tido dúvidas naquela hora em relação ao propósito de sua presença naquele local, mas a verdade é que os mais importantes dias do 2º Regimento de Cavalaria ainda estavam por vir. Dentro de pouco tempo, quando chegassem mais ao leste, a invernada já estaria mais amena e os alemães seriam empurrados para trás. Quando abril de 1945 chegou, o 2º de Cavalaria havia coberto mais território, matado mais soldados inimigos, capturado mais prisioneiros e sofrido menos baixas que qualquer outro regimento de tamanho similar na Europa. Com a neve derretida, os alemães enfrentariam suas últimas batalhas, e o 2º teria a chance de embarcar em sua mais animadora aventura. Mas naquele momento, Natal de 1944, o pessoal estava feliz só de ter uma noite tranquila e silenciosa.

3
A MISSÃO

Uma boa solução aplicada com vigor agora é melhor que uma solução perfeita aplicada dez minutos mais tarde.
— George Smith Patton

Puros-sangues guiados por prisioneiros de guerra em um desfile nazista.

FECHANDO O CERCO
BOÊMIA, TCHECOSLOVÁQUIA | FIM DE ABRIL DE 1945

Quatro meses haviam se passado desde aquele lúgubre Natal do ano de 1944. Quando abril de 1945 chegava ao fim, um incrível volume de homens e equipamentos norte-americanos e russos marchavam em direções opostas, vindo do leste e do oeste, encolhendo dia após dia a distância entre eles. E, no meio dos dois frontes, a Alemanha desmoronava. Sua infraestrutura se desmantelava a olhos nus. Enclausurados em áreas que só diminuíam, milhões de refugiados tentavam se manter longe de qualquer perigo. Homens dedicados a seus cavalos e que viviam em áreas afetadas pelo combate tentavam escapar para regiões mais seguras. Até àquela altura, os garanhões lipizzans na Áustria e as éguas da mesma raça em Hostau não estavam sob ameaça, mas o caos de um Terceiro Reich à beira de um colapso colocava-os na pior situação possível.

Ao longo de uma estrada rural perto da vila de St. Martin na Alta Áustria, Alois Podhajsky seguia montado em Neapolitano Africa com os olhos atentos às sensíveis orelhas de seu cavalo. Ele e os outros cavaleiros da Spanische Hofreitschule estavam ali no treino diário dos garanhões. Em formação livre, bem próximos uns dos outros, iam oito ginetes, todos montados sobre lipizzans brancos. A terra sob os cascos de Africa estava esponjosa e lamacenta; bolsões de neve continuavam agarrados ao chão. Sua pelagem opalina brilhava com destaque contra os galhos nus das árvores que apenas começavam a esverdear para a primavera. Podhajsky seguia sua conversa sem palavras com sua montaria, utilizando seu peso sobre a sela, suas pernas e as rédeas como sinais para informar e ser informado sobre o que o cavalo sentia. O homem aparentava serenidade, e sua postura tão ereta na sela parecia a mesma de quando, nove anos antes, ele adentrou a arena dos Jogos Olímpicos em Berlim. Mas Podhajsky rapidamente escaneou a mata ao redor da estrada, vigiando em seguida as orelhas brancas e pontiagudas de Africa. Às vezes o cavalo ouvia a chegada de bombas muito antes que o seu próprio ouvido fosse capaz de captar qualquer ruído.

As orelhas de Africa tremularam duas vezes e Podhajsky sentiu o garanhão tenso debaixo de suas pernas. O experimentado cavaleiro ergueu, então, sua mão para sinalizar aos companheiros que era preciso se proteger embaixo das diminutas copas das árvores, embora os cavalos, com pelagem tão clara e reluzente, fossem fáceis demais de se ver lá de cima. Sob a sela e entre suas pernas, Podhajsky sentiu Africa se encolher, pronto para disparar em fuga diante do perigo. Mas obediente e confiante sob as rédeas do seu cavaleiro, ele se manteve imóvel. No céu, o ruído de uma aeronave tornara-se evidente, crescia e crescia até que pareceu estar bem acima do grupo só para, então, diminuir até desaparecer à distância. Ninguém disse nada. Quando o perigo passou, Podhajsky voltou a cavalgar pelo mesmo caminho e os outros cavaleiros o seguiram em silêncio. Sempre que um incidente como aquele ocorria, Podhajsky se enchia de dúvidas sobre a sapiência de treinar os garanhões em campo aberto, mas que outra opção ele tinha? Os animais, acostumados ao exercício diário, não podiam permanecer o tempo todo enjaulados nas pequenas baias que eram então suas casas temporárias. E o picadeiro interno vivia agora lotado, só podendo acomodar dois ou três cavalos de uma vez.

Podhajsky e seus cavaleiros moravam no castelo Arco em St. Martin, onde haviam se refugiado após a fuga de Viena, em março. Eles, no entanto, não eram os únicos habitantes daquele local. O castelo abrigava muitos outros refugiados alemães que haviam fugido dos territórios orientais do Reich. Os quartos que ocupavam na antiga ala dos empregados eram bem simples, mas Podhajsky sabia que mesmo aquilo era um golpe de sorte. A vila tinha tanta gente que parecia estar a ponto de explodir, lotada de prisioneiros de guerra russos e poloneses trazidos para trabalhos forçados nas fazendas da região. Miséria, privação e raiva imperavam na pequena cidade. Os prisioneiros estavam agitados e voláteis, na expectativa de que a guerra terminasse a qualquer momento e eles fossem libertados. Os austríacos estavam presos em uma apatia paralisante — certos de que a guerra estava quase no fim, mas temerosos em relação ao futuro. Podhajsky entendia que diante do sofrimento daquelas pessoas o destino dos cavalos brancos não era nem um pouco importante. Alguns dos refugiados chegavam a dizer em voz alta que eles cuidavam melhor dos cavalos que das pessoas e que os animais deviam ser sacrificados para alimentar seres humanos.

Acima de tudo, todos temiam porque não sabiam que força ocupante chegaria primeiro – os russos, que já haviam tomado Viena, ou os norte-americanos, que se espalhavam por toda a Alemanha e estavam a menos de 160 quilômetros dali. Como Podhajsky descreveu, "O que estava acontecendo no fronte era o que mais nos preocupava, porque era o avanço de dois exércitos distintos em termos de ocupação da Alemanha e aquilo ditaria o nosso destino".

Dias depois, naquele mesmo mês, Podhajsky foi surpreendido por um visitante que vinha de Berlim só para ver os cavalos. Tratava-se do general Erich Weingart, chefe do setor de transporte do Alto-Comando do Exército Alemão – o mesmo indivíduo que havia dado permissão para que Podhajsky retirasse os garanhões de Viena, caso os nazistas concordassem com a ideia.

O general percorreu os estábulos devagar, parando para olhar cada um dos cavalos. O tour tinha um ar melancólico, como se Weingart soubesse que esta seria a última vez que veria aqueles garanhões.

Enquanto os dois homens caminhavam pelo jardim antes do jantar, Podhajsky falou com franqueza sobre seus temores: durante a ocupação alemã, seus cavaleiros vestiram uniformes da Wehrmacht. Agora ele temia que fossem separados dos cavalos e tratados como prisioneiros de guerra. Naquele ponto, cada cavaleiro era responsável por dez cavalos. Se eles fossem levados para prisões, não haveria ninguém para cuidar dos animais. Mas o general o tranquilizou; os norte-americanos chegariam antes dos russos, ele disse. "Mais uma vez você colocará os soldados que chegarem sob o forte feitiço dos seus cavalos brancos, da mesma maneira que você fez comigo."

O general Weingart prosseguiu: "Vou mais uma vez me reportar aos meus superiores... e terei um documento para você, assinado, selado e pronto para entrar em vigor imediatamente, removendo a Spanische Hofreitschule do comando do Exército e declarando-a de novo uma escola civil, como ela era antes de 1938. Talvez um documento assim o ajude a atravessar com mais facilidade o período de transição. Para mim, esse serviço que presto para a Spanische Hofreitschule será a última boa ação da minha vida".

Então, o general despediu-se emocionado de Podhajsky, assegurando que retornaria dentro de poucos dias com a papelada assinada. Menos de uma semana depois, os refugiados do castelo Arco já ouviam com nitidez o fogo da artilharia que anunciava a chegada dos norte-americanos. Triste, Podhajsky entendia que o que quer que viesse a seguir seria imprevisível e perigoso. Só mais tarde ele saberia que o carro do general Weingart havia sido encontrado às margens do lago Chiemsee. O alemão havia retornado à Bavária e acabado com a sua própria vida.

Tentando não atrair muita atenção sobre si mesmo, Podhajsky começou a se preparar para o fim: ele havia escondido parte do seu mais valioso equipamento em um compartimento dentro do castelo e tinha também separado um amontoado de roupas civis para que seus cavaleiros pudessem passar despercebidos dentre a horda de refugiados e assim não serem definidos como prisioneiros de guerra. Ele sabia que tudo que fizera para salvaguardar os cavalos poderia desaparecer em um instante naqueles dias finais do conflito.

Os cavaleiros se revezavam montando guarda armada no estábulo. Se os mais resistentes nazistas escolhessem enfrentar os tanques norte-americanos que chegavam, os animais poderiam ser vítimas do fogo cruzado. Se Podhajsky e seus companheiros parecessem ansiosos demais para se entregar, poderiam ser executados como traidores. Enquanto a tensa vigília prosseguia, Podhajsky tomava cuidado ainda para racionar o que restava de grãos. Durante muito tempo ele recebera porções extras enviadas pelo pessoal de Hostau, mas as remessas haviam cessado – ele não recebia nem comida nem notícia das éguas e dos potros – e temia pelo pior.

Cerca de 160 quilômetros ao sul de St. Martin, o haras em Hostau se encontrava agora isolado do restante do Reich alemão em função de uma quebra de comunicação. A propriedade estava estranhamente intacta, sem sinais evidentes da devastação imposta em toda parte pela guerra. No celeiro bem-mantido dos garanhões, Witez, em boa forma e reluzente, espiava o mundo por sobre a meia-porta de sua baia. Seu relincho morno e rouco recebia os cavalariços que por ali passavam. Ele levantava a cabeça e tremulava as orelhas sempre que via o veterinário Rudolf Lessing percorrendo os estábulos, concentrado em seus deveres. Mas Lessing não se demorava muito na ala dos garanhões. O fim de abril marcava a temporada de nascimentos e grande parte da sua atenção era, então, devotada às éguas prenhes.

No celeiro comprido que abrigava as amplas baias de parto, Lessing observava em silêncio as éguas, atento ao estado de cada uma. Ele vigiava qualquer sinal indicativo de um parto iminente; procurava sinais de agitação e examinava as tetas das éguas para ver se estavam produzindo "cera", o que, em geral, é indício de um nascimento a qualquer segundo. Quando uma égua entrava em trabalho de parto, ele era chamado para ficar ao lado dela, dia e noite, sem se importar com o relógio. E a verdade era que elas tendiam mesmo a dar à luz durante as horas mais escuras da noite. Com todo o carinho, ele inspecionava Madera, uma das éguas lipizzans de Piber, que tinha sempre uma doçura enorme naqueles olhos castanhos e suaves. E ali ele notou que seu úbere começava a inchar. Ela daria à luz nos próximos dias.

Em seguida, Lessing checou aquelas que já tomavam conta dos seus bebês – potros escuros e de pernas bambas. Após tantos anos na companhia de cavalos, ele sabia ler seus pensamentos e entender suas expressões. Às vezes, ao ver a maneira confiante com que os animais respondiam a ele, em especial as éguas prenhes ou com recém-nascidos ao seu lado, seu coração chegava a doer. A temporada em que os cavalos se encontravam mais sem defesa era a dos partos. Até mesmo ali, na Boêmia, um dos lugares mais seguros para se esconder da guerra na Europa, era impossível ignorar a atmosfera nefasta que espreitava sob a serenidade superficial de tudo. Lessing mantinha seu foco no trabalho à sua frente, mas o perigo iminente estava sempre vivo em seus pensamentos.

Notícias chegavam na forma de esfarrapados rumores e sussurros de pânico. A rádio oficial alemã continuava a propagar o triunfo próximo do Reich de Hitler. Mas tarde da noite, quando Lessing e sua esposa ouviam a rádio clandestina dos Aliados, a verdade surgia: a maré da guerra havia se virado contra os nazistas, os russos avançavam com rapidez rumo ao oeste, direto para onde eles se encontravam. Assim como muitos outros cidadãos do seu país, Lessing percebia que a guerra estava prestes a acabar e que a Alemanha seria derrotada. Mas ninguém podia de modo algum expressar nada disso ou seria executado como traidor.

Civis que falavam alemão, em rota de fuga da luta intensa que ocorria mais ao leste e temerosos de que russos e tchecos não tivessem misericórdia alguma para com eles ao fim do conflito, surgiam aos montes na cidade na esperança de atravessar a fronteira e adentrar a Alemanha. Uns poucos mais afortunados vinham em carros ou caminhões. A maior parte deles trazia consigo carroças sobrecarregadas e puxadas por um só cavalo exausto, enquanto os mais miseráveis caminhavam, carregando um amontoado de pertences ou os filhos pequenos no colo. O veterinário os ajudava sempre que podia, oferecendo o que pudesse aos animais. Ele tratou de cascos rachados e de pele escoriada pelo vaivém dos arreios em corpos famintos. Parte dos cavalos tinha pústulas infectadas onde o couro duro havia se esfregado sem parar contra a pele nua do animal.

Mesmo ali no haras, os pastos antes tão bem-cuidados agora sofriam com o excesso de bichos. Na metade de março de 1945, um dos diretores da rede de haras de Rau aparecera do nada na cidade, acompanhado de um duque russo à procura de abrigo para seu plantel de cabardinos e pôneis panjes criados nas estepes da Rússia. Eles haviam fugido por cerca de 640 quilômetros, vindos de um haras sob o comando de Rau na Polônia central, na expectativa de encontrar abrigo em Hostau. Lessing sabia que aquele grupo estava mais bem-preparado que qualquer outro — os cavalos dos cossacos eram criados para serem fortes e sobreviverem mesmo com pouca ração, e seus ginetes eram hábeis, com larga experiência como

Refugiados chegam a Hostau em março de 1945.

pastores de equinos. Lessing e seus colegas só podiam imaginar o destino que teriam tido os outros cavalos de que cuidaram na parte oriental do império de Rau – era bem provável que eles não conseguissem se mover a pé com a mesma facilidade. A fazenda havia também perdido contato com Alois Podhajsky e os corcéis brancos de Viena. Ninguém fazia a menor ideia se a tradicional escola de equitação continuava de pé. Lessing temia por si mesmo e por sua família, mas, sobretudo, pelas éguas de barriga inchada e aquelas que tinham filhotes pequenos e que tanto confiavam nele para que continuassem em segurança.

As longas botas de couro do coronel Hubert Rudofsky, polidas para brilhar, faziam cliques sobre o chão de pedras do estábulo de Hostau enquanto ele vistoriava a área toda com seus olhos exigentes. Todos os detalhes do uniforme da Wehrmacht vestido pelo diretor do haras se encontravam no mais perfeito estado. Próximo a Rudofsky, mas um pouco mais baixo, via-se o coronel da Luftwaffe, Walter Hölters[6]. Com mais ou menos a mesma idade de Rudofsky, na casa dos cinquenta anos, ele trazia um bigodinho *à la* Hitler. Os dois examinavam um árabe cinza de nome Lotnik importado de Janów. O tratador de Lotnik estalava a língua de leve, fazendo com que o animal colocasse as orelhas para a frente e ficasse ainda mais altivo. O rosto belamente talhado de Lotnik e seus olhos escuros mas ao mesmo tempo tão radiantes estavam emoldurados por uma cabeça cheia de pingentes de fios dourados em estilo árabe. Rudofsky orgulhosamente apontou para as características excepcionais do cavalo cinza: seus olhos grandes, a traseira curta, pernas retas e limpas e um nariz fino e delicado. Rau tinha uma predileção por esse garanhão. Ele achava que sua cor clara e seu "puro-sangue" faziam dele o candidato ideal para cruzamento com as éguas lipizzans. Hölters ouvia atento à palestra que Rudofsky realizava, ciente de que o mestre do haras de Hostau era um dos maiores especialistas em criação de cavalos do Terceiro Reich.

---

6 No livro *Hostau 1945*, Peter se refere a um misterioso visitante chamado Walter H. Entretanto, é bem provável que Rudofsky soubesse que o nome verdadeiro dele fosse *Luftwaffe Oberstleutnant* Walter Hölters, diretor de um grupo de interrogadores de pilotos russos capturados.

Hölters não havia de fato explicado a Rudofsky o que o trouxera àquela área. Rudofsky confiava, de boa-fé, que ele era um admirador de equinos, mas decidiu não o pressionar demais para descobrir sua verdadeira intenção. Ele havia aprendido que era mais seguro falar apenas sobre cavalos e não adentrar nas turvas águas da política.

Quando a apresentação de Rudofsky sobre o cavalo chegou ao fim, o visitante sinalizou que ele gostaria de conversar em particular. Os dois caminharam, então, para o pasto, longe do ouvido curioso dos cavalariços, e o oficial sussurrou nervoso que trazia informações importantes. "Viena já está nas mãos dos russos", disse ele. "O Exército Vermelho está nos arredores de Pilsen, a menos de 65 quilômetros de distância. Eles chegarão lá a qualquer momento."

Rudofsky absorveu a notícia em choque. Pilsen era a maior cidade ali no leste. Se o que o oficial dizia era verdade, os conquistadores russos cairiam sobre eles dentro de poucos dias, talvez até em questão de horas.

"Passei um tempo na linha de frente ocidental", Hölters prosseguiu. "Os russos não dão a menor importância aos cavalos – eles os matam na mesma hora e depois fazem comida para alimentar as tropas famintas. Vocês estão sob enorme perigo e é preciso agir agora mesmo para salvá-los."

Rudofsky examinou cada centímetro do rosto do oficial. Que solução aquele sujeito poderia sugerir que ele mesmo já não tivesse considerado e descartado? Mesmo se fosse contra as ordens superiores de se manter em seu posto, mover os cavalos de repente seria uma missão impossível. Eles estavam no meio da temporada de partos. Não havia caminhões disponíveis nem gasolina. Menos ainda, eles não tinham permissão para partir. Até aquele momento, Hostau tinha sido um refúgio. O duque russo e sua comitiva tinham vindo para cá. Outros podiam agora mesmo estar a caminho de Hostau. Que lugar seria mais seguro que aquele?

Rudofsky tinha experiência o bastante para saber que o aviso de Hölters era justificado. Havia exemplos de sobra de cavalos valiosos destruídos durante os últimos caóticos meses de avanços e recuos. Trakehnen, famosa "cidade dos cavalos" da Alemanha, havia visto um êxodo em massa de sua população de equinos. Proprietários e criadores dos renomados *trakehner* para a Cavalaria, quase 8 mil no total, haviam fugido cruzando o congelado rio Vístula enquanto eram metralhados pelos russos. O melhor corre-

Hubert Rudofsky com Lotnik e outro cavalo árabe em Hostau.

dor PSI da Alemanha, de nome Alchimist, morrera sob tiros no dia 15 de abril de 1945 porque se recusara a subir em um caminhão russo. Rudofsky não sabia ao certo o que acontecera com cada um dos cavalos do império oriental de Rau, mas ele suspeitava que muitos estavam perdidos por aí ou mortos. Apenas uma semana antes, ele havia contatado Berlim para saber o que deveria fazer caso o haras estivesse sob perigo de ser tomado. A resposta foi curta e grossa: "Mantenha-se a qualquer custo em sua posição".

Rudofsky prestava atenção, desesperado para ouvir uma sugestão viável da boca do oficial. Mas quando Hölters falou, ele se sentiu desarmado. "Você precisa fazer contato com os norte-americanos. Eles não estão muito longe – estão logo ali do outro lado da fronteira com a Baváratia. Talvez você pudesse entregar os cavalos a eles. Esta seria a sua última esperança."

Os norte-americanos? Rudofsky fez uso de toda a sua formação militar para manter uma expressão neutra, mas por trás da fachada digna estava em profundo choque. Aquele oficial, um desconhecido de marca maior, sugeria algo que Rudofsky jamais imaginaria, mesmo em seus maiores delírios. Era impensável, risível, beirava a insanidade – ele havia aconselhado que Rudofsky cometesse um ato de alta traição! Em silêncio, Rudofsky passou em revista todas as suas possibilidades. Será que o oficial fora enviado ali para testar sua lealdade, criando uma armadilha para que ele fosse pego? Ou talvez ele falasse a verdade, o que era ainda mais aterrador. Se sua esperança maior estivesse na rendição aos norte-americanos, então, era óbvio que todas as outras vias tinham se fechado. Só uma coisa era certa: Rudofsky percebeu que o homem carregava de fato um entusiasmo verdadeiro por cavalos. Sua erudição em relação aos lipizzans e à Spanische Hofreitschule era autêntica. Sem nada dizer, Rudofsky encerrou sua pausa com um curto meneio de cabeça.

Após instruir Rudofsky para que aguardasse uma nova comunicação, Hölters entrou no carro e sumiu na estrada. Rudofsky jamais veria de novo aquele coronel baixinho e de bigode *à la* Hitler.

Após a partida de Hölters, Rudofsky se viu atirado em um precipício de indecisão. Ele compreendia que os cavalos corriam perigo e que a catástrofe era iminente, mas a dúvida permanecia: deveria ele seguir o conselho do coronel da Luftwaffe? Ele imaginava que aquilo poderia ser uma armadilha e que ele estava à beira de ser taxado de traidor. Em seguida, ponderava sobre o que os norte-americanos fariam caso ele os abordasse. Entre todos os cavaleiros do Reich, Rudofsky fora escolhido para ficar encarregado dos mais preciosos cavalos que existiam. Ele era responsável pela segurança dos animais. Não havia solução fácil para aquele problema e ele tinha pouco tempo para considerar as opções – se demorasse além da conta, poderia ser tarde demais para agir.

Perto de completar 48 anos, Rudofsky havia nascido em um tempo e lugar onde rapidamente aprendera uma dura verdade: repúblicas e seus impérios, ditadores e presidentes, iam e vinham. Eles demandavam lealdade à força bruta, mas eram sempre destronados. Durante quase quarenta anos de levantes, Rudofsky mantivera o foco nos cavalos tratando de se enturmar como um camaleão que se adapta a cada ambiente. Sua lealdade verdadeira estava ao lado da sua mãe convalescente, seus sobrinhos, a paróquia católica onde por gerações os Rudofsky eram batizados, casavam-se e eram enterrados e, claro, aos animais que estavam sob seus cuidados. Os cavalos existiam ali antes da chegada do Terceiro Reich. E estariam ali, ele acreditava, depois que Hitler partisse. Rudofsky relutava diante da ideia de fugir com os cavalos, e não era porque ele não se importava com o bem-estar dos animais. Na verdade, não havia nada mais importante para ele. Mas em que lugar – ele se questionava – seria possível protegê-los melhor que ali mesmo em Hostau, onde ele era um dos mais respeitados membros da comunidade? O mais seguro para os cavalos, na opinião de Rudofsky, era que eles permanecessem no haras.

Cansados e desgastados pelas batalhas, Hank Reed e o 2º Regimento de Cavalaria vinham avançando em direção ao leste, de combate em combate, por quatro meses, desde o Natal de 1944. No dia 19 de março, eles haviam cruzado o Reno. Desde então avançavam rapidamente pelo território da Alemanha. As batalhas eram esporádicas, mas brutais, com alemães fanáticos loucos para acabar de uma vez por todas com os norte-americanos. O coronel Reed e sua tropa haviam penetrado tanto na Alemanha que agora a fronteira com a Tchecoslováquia estava a apenas alguns quilômetros de distância. Do outro lado da divisa, e sem que eles tivessem a menor ideia, ficava a pequena e pacífica vila de Hostau.

Duzentos e noventa e cinco dias. Aquele era o número exato de vezes que o sol nasceu desde que Reed e seus homens haviam pisado pela primeira vez na França. A marca de cada um daqueles dias estava gravada no rosto queimado de vento do coronel, rabiscada em seu olhar tristonho e expressão sombria. Todos sentiam que a qualquer momento o Reich seria derrotado, mas mesmo enquanto marchavam, se aproximando mais e mais do fim da guerra, a dura realidade era que Reed perdia soldados quase todo dia – por projéteis de franco-atiradores, pelo fogo dos morteiros que os queimavam vivos, por estilhaços quentes feito lava que os cobriam ou por explosões de canhão que os dizimavam. Sempre dói perder um homem, mas por algum motivo, quanto mais próximos chegavam do fim, mais tristes e imperdoáveis eram as baixas. Reed podia ver a esperança de voltar para casa sorrindo no fundo dos olhos dos seus homens a cada novo quilômetro avançado, a cada nova cidade conquistada. Mas todo dia os relatórios pós-ação somavam o total de perdas, adicionando novos números à coluna de botas sem dono. O coronel tentava não pensar nas mães e nas mulheres amadas que os esperavam em casa – aquelas que liam os jornais e viam que a guerra estava prestes a acabar, aquelas que estavam se permitindo acreditar que com certeza seus queridos retornariam sãos e salvos.

O sol do fim de abril brilhou sobre todos eles: sobre Podhajsky, que sabia que os próximos dias seriam os mais decisivos em relação ao futuro dos garanhões; sobre Lessing, que cuidava das éguas e dos potros enquanto imaginava o que seria deles; sobre Rudofsky, um homem que se encontrava, sem querer, diante da mais difícil decisão possível; e sobre Hank Reed, que adorava cavalos e não fazia ideia de que estava prestes a ter a maior chance de sua vida. O sol também resplandeceu sobre os cavalos – refletindo raios de luz nas costas do garanhões brancos que estavam em St. Martin, das éguas de Hostau e sobre a pelagem avermelhada de Witez, que brilhava como uma peça polida de bronze. Os dias seguintes determinariam o destino de todos eles, homens e cavalos, que se encontravam rodeados por nações em pé de guerra e que apontavam as mais poderosas armas do mundo em sua direção.

AS FOTOGRAFIAS
PERTO DA FRONTEIRA COM A TCHECOSLOVÁQUIA | 25 DE ABRIL DE 1945

Hank Reed estava de pé dentro de uma casa rústica de fazenda, nos arredores da vila de Vohenstraus, na Baviária, sudeste da Alemanha. Para além da janela, dava para ver prédios com todo tipo de cicatrizes provocadas pelas explosões de bombas dois dias antes, quando os tanques norte-americanos entraram na cidade.

Reed acabara de receber um comunicado importante. Um grupo da inteligência da Luftwaffe havia fugido de Berlim em desespero. Queriam estar longe antes que os russos tomassem a capital. Quando o combustível acabou, eles se esconderam em uma antiga e remota cabana de caçadores no coração da Floresta da Boêmia — uma área de vegetação densa o bastante para criar uma barreira natural quase impenetrável. O grupo era composto de oficiais de alta patente e sabia-se que eles carregavam consigo documentos de alto valor estratégico. Eles se identificavam como uma "equipe de meteorologistas" para despistar suas atividades de espionagem. E havia quem apostasse que eles transportavam fotografias e mapas sigilosos com a localização dos campos da Força Aérea Russa e de várias indústrias do leste da Europa. Naquela altura, os russos eram aliados dos Estados Unidos, mas em certos círculos já havia a ideia de que seria preciso ter informações de inteligência para se navegar no que seria o mundo após a guerra. O comandante de Reed no quartel-general do 12º Corpo de Exército havia deixado claro que a captura daquele grupo era uma missão da mais alta prioridade.

Reed convocou o capitão Ferdinand Sperl[7], um importante interrogador de prisioneiros de guerra. Sperl era fluente em alemão e tinha cer-

---

7 Sperl nascera na Suíça e se naturalizara norte-americano, mas seus avós tinham origens na Boêmia e ele havia inclusive visitado a área quando criança.

to conhecimento da região. Ele era também famoso pela sua sagacidade e tinha um pendor para trotes e brincadeiras – uma das suas artimanhas prediletas era encher o próprio cantil com vinho ou conhaque. Ele colocava uma camisinha de vênus cheia de água no bocal, para evitar um flagrante no caso de uma súbita inspeção. Mas por trás do jeito brincalhão, Sperl exibia grande inteligência e era ainda um poliglota de mão-cheia. Reed contava com ele sempre que a missão exigia tato diplomático e um conhecimento mais sofisticado de outras línguas.

Sperl, natural da Suíça, era o comandante do grupo de interrogadores que acompanhava os passos dos comandantes do 2º Regimento de Cavalaria. Entre eles havia seis homens que dominavam nove idiomas e que viajavam juntos em um jipe carinhosamente apelidado de Chez Stubby. Quando eles montavam sua barraca de trabalho, era sempre a uma boa distância do quartel-general, para que os prisioneiros interrogados não vissem o acampamento do coronel, mas perto o bastante para ter a cobertura dos sentinelas.

Reed tinha um mapa aberto sobre a mesa. Ele mostrou a Sperl um ponto quase na divisa com a Tchecoslováquia, a poucos quilômetros – uma espécie de hospedaria para caçadores chamada Dianahof.

Ferdinand Sperl com seu jipe apelidado de Chez Stubby.

"Há uns vinte homens escondidos aqui desde que fugiram de Berlim"[8], disse Reed. "Precisamos capturá-los e, mais importante, manter os documentos intactos."

Aquela era uma missão perigosa, mas Reed explicou que eles tinham um trunfo nas mãos. Porque a captura teria alto valor, os prisioneiros seriam enviados direto para a França, onde seriam interrogados pelos norte-americanos. Ou seja, eles não seriam tratados como prisioneiros de guerra comuns. A esperança era de que a oferta fosse um poderoso incentivo para que eles se entregassem.

"Dê um jeito", disse Reed. E Sperl batizou a missão de Operação Sauerkraut (Chucrute).

No dia seguinte, 26 de abril, por volta do meio-dia, antes mesmo que Sperl pudesse finalizar seu plano, um carro se aproximou devagarinho do posto de controle do quartel-general do 2º Regimento de Cavalaria com um bandeira branca tremulando na antena. O carro transportava um oficial da Luftwaffe que parecia ter uns cinquenta anos, era baixinho e exibia um bigode fino. O alemão exigia uma conversa com o comandante, dizendo que trazia "informações importantes". Sperl correu para ver o que causava tamanha comoção. Ninguém procuraria o coronel Reed sem falar com ele antes.

Sperl fez com que o oficial fosse escoltado para a barraca de interrogatórios e depois o escrutinou com seu olhar treinado. Ele notou em especial o pequeno bigode do sujeito que tinha ainda um rosto ovalado e usava um *pince-nez* que lhe dava um ar de intelectual. Sperl era um craque natural na arte de "ler" gente e seu treinamento como interrogador apenas o fizera ainda mais habilidoso. Profissional de hotelaria, tinha trabalhado em alguns dos melhores hotéis do mundo antes da guerra. Seu "escritório de campo", porém, era bem mais modesto – apenas uma barraca empoeirada, uma mesa e algumas cadeiras típicas dos frontes de batalha, além de uma máquina de escrever com pintura de camuflagem.

---

8 Um pequeno grupo de inteligência da Luftwaffe formado por cerca de vinte oficiais e combatentes evacuaram de Berlim e se instalaram em uma cabana de caça, chamada Dianahof, logo após a fronteira da Boêmia.

Sperl fez um gesto para que o homem se sentasse. "O que o trouxe aqui?", perguntou. Seu alemão tinha um sotaque suíço, mas seu jeito simpático temperado com uma certa pitada de confiança era 100% norte-americano.

"Vim tratar de negócios urgentes", respondeu o oficial. "Preciso falar com o oficial comandante." Sua postura exalava orgulho e ele se mantinha todo empertigado diante do capitão suíço-americano.

Sperl tinha uma expressão amiga, mas embora não desse nenhum sinal evidente de perigo, era claro que ele não estava ali a passeio. O interrogador começou com uma questão bem simples: "Nome e patente?".

"*Oberst* Walter H.", replicou o alemão.

Oberst era uma patente militar equivalente a coronel e Sperl sabia disso, mesmo assim ele perguntou de novo o nome completo do oficial.

"Walter H.", o coronel repetiu.

Sperl conhecia bem aquela tática. Oficiais de inteligência em negociação se recusavam a revelar seu sobrenome.

"Preciso falar com o comandante. Tenho informações urgentes", repetiu o sujeito.

Sperl esparramou sobre a mesa a carteira confiscada do oficial à procura de pistas sobre sua identidade. Obviamente o oficial havia removido qualquer forma de identificação antes de se apresentar aos norte-americanos.

No entanto, a carteira não estava toda vazia. Sperl notou a ponta cerrada de umas fotografias e as puxou para fora. Sua expectativa era ver fotos de família — em geral, as pessoas carregavam retratos amarrotados de esposas e filhos, e às vezes esses pedaços de papel já gastos forneciam pistas sobre a identidade de seus proprietários ou pelo menos abriam uma janela para que o interrogador criasse certa proximidade com o interrogado.

Mas Sperl teve uma surpresa. No lugar de membros de uma família, ele tinha em mãos duas fotos de belíssimos cavalos brancos. O oficial observava o norte-americano com ansiedade. Sperl entendeu de imediato que aquilo tinha enorme relevância para o homem à sua frente. Seu trabalho era descobrir por quê.

"Por que você anda com estas fotos?", Sperl perguntou de chofre.

"Quero falar com o comandante", respondeu o alemão.

"Por que você anda com estas fotos?", repetiu Sperl, dessa vez com esforço para manter um tom simpático.

O oficial titubeou. Era claro que ponderava naquele instante se deveria narrar sua história para o capitão ou continuar insistindo que fosse levado até seu superior. "Bati essas fotos uns dias atrás, não muito longe daqui, em uma vila chamada Hostau, onde existe um antigo haras nacional..."

Sperl acenou com a cabeça para que o homem prosseguisse.

"Lá estão alguns dos mais valiosos cavalos do mundo."

Sperl observava o sujeito com atenção. O oficial trajava um uniforme da Luftwaffe, não da Cavalaria; não havia ali nenhuma conexão óbvia com cavalos. "Você veio aqui direto de Hostau? É lá que você está instalado?"

"Não", respondeu o oficial.

"Então por que você está preocupado com eles?"

Um meio sorriso surgiu no rosto do coronel. "Simplesmente adoro cavalos", ele disse.

"Então, você não está instalado em Hostau, mas é um entusiasta da equitação...", disse Sperl enquanto baixava o corpo para se aproximar mais e observar o rosto do oficial. "E quem é você *exatamente*?" Sperl falava de um modo que criava um clima tranquilo e propenso a confidências, feito um *maître* de restaurante que bate papo com um cliente.

O oficial, no entanto, tinha na ponta da língua uma resposta bem-ensaiada. "Sou meteorologista. Faço parte de um grupo de meteorologistas que saiu de Berlim há pouco tempo."

Um grupo de meteorologistas que saiu de Berlim há pouco tempo? Sperl manteve o rosto neutro, mas lá no fundo de sua cabeça a frase do oficial havia disparado um alarme. Esse coronel H., fã de cavalos, era também um espião. E não um espião qualquer, mas exatamente um daqueles que ele procurava.

Sperl encarou com firmeza os olhos do oficial e sabia muito bem o que deveria fazer.

"Você não está falando a verdade", disse Sperl. "Você não é meteorologista. Você faz parte de um grupo de inteligência da Luftwaffe. Vocês estão todos na cabana de caça chamada Dianahof que fica não muito longe daqui. Quando fugiam de Berlim, ficaram sem combustível."

Os olhos do coronel se esbugalharam com a surpresa, mas ele não demonstrou emoção alguma.

"Preciso falar com o comandante", ele repetiu.

Sperl manteve-se firme. "Explique o porquê destas fotos de cavalos."

O oficial, talvez percebendo que não seria mesmo levado ao comandante se não cooperasse com Sperl, começou então a se explicar.

"Estes não são cavalos comuns. São lipizzans do haras nacional de Viena. O Exército Alemão os enviou para Hostau para mantê-los a salvo. Mas agora eles correm o risco de serem capturados pelos russos. Quero falar com o comandante para ver se é possível ajudá-los." Apesar de sua postura de militar bem-treinado, naquele instante era visível a emoção do oficial.

Com as duas fotografias em mãos, Sperl saiu à procura do coronel Reed. Ele apostava que o comandante acharia aquilo tudo muito interessante. O alemão não fazia ideia da sorte que tinha. Em abril de 1945, de todos os comandantes do Exército dos Estados Unidos que estavam na Europa, apenas meia dúzia era apaixonada por cavalos. Hank Reed havia chegado ao continente encarregado de uma cavalaria sem cavalos, mas na hora de escolher um codinome para o regimento, ele revelou o que carregava no fundo do coração: Thoroughbred (Puro-Sangue Inglês).

Quando Sperl mostrou a Reed as duas fotografias, o comandante ficou totalmente surpreso. A última coisa que esperava ver ali era um monte de belos cavalos puros-sangues. Desde que a guerra começara, Reed havia visto todo tipo de cavalo em sofrimento – puxando carroças de artilharia, passando fome e à frente de cargas pesadas, ferido à bala, com sua carcaça exposta à beira da estrada, coberta de moscas. Naquele ponto da luta, refugiados famintos arrancavam nacos de carne de cavalos exaustos assim que eles caíam ao chão. Aquela deveria ser a primeira guerra mecanizada da história, mas na verdade aquilo só valia para os norte-americanos. Alemães e russos ainda usavam cavalos no transporte de suprimentos e em outros trabalhos pesados. Mas o coronel notou de imediato que aquelas fotos revelavam animais especiais.

Ele observou com atenção cada detalhe da foto que mostrava um tratador segurando um cavalo branco feito neve, de traços delicados e portando um freio ornamentado com pingentes de fios trançados. Dois oficiais alemães olhavam admirados tendo, ao fundo, um estábulo branco e bem-cuidado. Quando uma pessoa comum observa um cavalo, ela nota coisas óbvias, como tamanho e cor, mas quando um entusiasta vislumbra um cavalo, milhões de detalhes saltam aos olhos. Reed notou as pernas perfeitas do animal, os traços benfeitos do rosto e as pequenas orelhas pontiagudas. A pelagem denotava saúde; brilhante como pérola; os olhos exalavam vida. Sua aparência tão distinta da dura realidade de fome e guerra que existia ao seu redor indicava com clareza que aquele equino era precioso para os homens uniformizados que estavam ali diante e por trás da câmera: tratava-se de um espécime tão raro que um oficial decidira ir até o inimigo com uma bandeira branca para que o cavalo pudesse ser salvo.

Com Sperl como intérprete, Reed disse para o alemão que os norte-americanos poderiam estar interessados em ajudar a encontrar uma rota de fuga para os cavalos. Em seguida, ele explicou seus termos: o grupo de inteligência deveria se entregar, trazendo consigo todos os documentos. Se eles atendessem às demandas do coronel, seriam mantidos juntos e transportados direto para interrogatório na base do Teatro de Operações da Europa. Lá eles teriam movimentos restritos, mas não seriam tratados como prisioneiros de guerra. Eles trabalhariam com os Aliados apenas nos assuntos de inteligência relacionados com a Rússia, o que significava que não seriam traidores da própria pátria. Se o plano seguisse como prometido – Reed dava a sua palavra –, ele faria todo o esforço para levar os cavalos de Hostau a um local seguro.

O oficial concordou com um aceno firme de cabeça. Ele levaria Sperl a Dianahof junto com uma bandeira branca para que pudessem organizar os detalhes da rendição. Ele então explicou as defesas alemãs que encontrariam no caminho. Havia apenas alguns pontos de controle entre o quartel-general dos norte-americanos e a cabana de caça onde seu grupo se encontrava, e ele tinha as senhas para passar incólume por tais pontos. O coronel alemão, no entanto, não deu garantia alguma. Ele não sabia se havia forças da SS nas matas e havia ainda a possibilidade de se depararem com *partisans** tchecos que faziam ataques de pequeno porte a alvos alemães.

---

* Palavra francesa utilizada para designar tropas não oficiais de resistência a ocupações estrangeiras. (N.T.)

Reed perguntou sobre a quantidade e a exata localização dos documentos. O alemão explicou que eles tinham mapas e fotografias aéreas escondidos em caixotes enterrados no chão ao redor da cabana. Reed e Sperl trocaram olhares de triunfo quando o alemão explicou que os documentos escondidos encheriam um caminhão todo – uma captura de proporção sem precedentes. Bom, isso se eles conseguissem levar a cabo o plano, e se aquele oficial à sua frente fosse confiável.

Eles aguardaram até o pôr do sol, na esperança de que a escuridão tornasse tudo menos conspícuo. Daí Sperl partiu para Dianahof junto com o alemão. O coronel "Walter H." disse que a unidade estava preparada para se entregar, mas Sperl sabia que tudo ali era imprevisível. Sair sozinho com o alemão representava um considerável risco.

A estrada se emaranhava morro acima circundada por uma floresta de pinheiros que ficava sempre mais e mais densa enquanto a escuridão os cobria como um manto pesado de algodão. Sperl puxou o casaco contra o corpo à medida que o jipe avançava sobre a estrada de terra. Ele mantinha seus olhos atentos no homem que fazia ali o papel de guia. A mata seguiu assustadora e quieta até o ponto em que eles chegaram a um bloqueio com sentinelas alemãs. Os guardas sacaram seus fuzis e dispararam tiros para o alto, quebrando o silêncio.

Sperl aguardou, tenso, enquanto o coronel anunciava a senha. Sua vida estava à mercê de um oficial alemão que ele vira pela primeira vez umas poucas horas antes. Sperl manteve o rosto impávido ao encarar os canos de armas apontadas direto para ele na esperança de que os sentinelas acreditassem que ele era um prisioneiro do coronel – não um espião norte-americano. Depois de um longo instante cheio de tensão, os guardas descansaram as armas e os deixaram passar.

Quando chegaram à cabana, a escuridão era quase total. Mesmo assim Sperl notou a grande estátua de mármore branco e reluzente de Diana, a deusa da caça, bem em frente à casa principal de três andares com acabamento em reboco e forma de caixote. Sua localização remota, com a casa situada bem no topo de um morro, fora antes o cenário ideal para a hospedagem de grupos de condes interessados em caça e para *soirées* de verão para a nobreza. Mas lá dentro Sperl notou que já não restava qualquer sinal de alegria.

No lugar de barões em férias de verão, encontravam-se ali duas dúzias de oficiais da Luftwaffe que tinham plena consciência de que aquela guerra estava com seus dias contados.

Dizendo que gostaria de falar com seus homens sozinho, o oficial da Luftwaffe escoltou Sperl até outra sala onde ele deveria aguardar. Após esperar por aquilo que parecia uma eternidade, o coronel retornou e fez um sinal para que Sperl adentrasse na grande sala de conferência. À mesa havia mais de vinte oficiais e outros homens e mulheres. Sperl olhou para os rostos impassíveis ao seu redor e, com a maior clareza possível, explicou os termos impostos por Reed. Ao finalizar, só restava um silêncio pétreo.

Mais uma vez o comandante do grupo pediu que Sperl se retirasse. Mas a espera foi bem menor. O coronel logo retornou e anunciou sua decisão: os alemães se renderiam e entregariam todos os documentos aos norte-americanos. Em troca, pediam apenas uma coisa: queriam encenar uma pequena batalha para que não ficasse evidente que haviam se entregado de boa vontade.

Sperl instruiu-os a desenterrar os caixotes de documentos e ficar a postos para carregá-los pela manhã. Os norte-americanos retornariam de madrugada. Os oficiais alemães estavam nervosos, pois sabiam que se entregar, mesmo neste estágio último da guerra, envolvia sérios riscos: se um destacamento da SS, fiéis juramentados a Hitler, suspeitasse do plano, eles os matariam para evitar a rendição. Além disso, ali perto da fronteira, *partisans* tchecos podiam estar à espreita, e o comportamento deles era sempre imprevisível. O combinado era encenar um combate, mas todos ali, inclusive Sperl, já haviam vivido o bastante para saber que a linha que separava uma farsa de uma batalha de verdade era das mais tênues. Se a missão obtivesse o sucesso esperado, seria um golpe de mestre – a captura de um grande grupo de altas patentes da inteligência alemã junto com todos os seus documentos. Ninguém disse nada sobre os cavalos.

Apesar do cansaço após organizar o comboio – dois tanques, dois carros blindados, dois caminhões e uns jipes – e da tensão que pairava no ar, Sperl mal conseguiu dormir naquela noite. Assim que a madrugada chegou, os norte-americanos colocaram o pé na estrada. Na noite anterior, Sperl e seu guia haviam viajado com a ajuda da escuridão, mas agora o sol estava prestes a nascer e o barulho de tantos veículos rasgando a estrada ecoava na floresta, dando ao inimigo tempo suficiente para preparar uma emboscada.

Quando o comboio serpenteava a estradinha montanhosa, tiros ricochetearam no meio da floresta por um breve instante. Sperl não sabia dizer quem atirava em direção a eles, ou mesmo se uma unidade da SS, enlouquecida a ponto de se autodestruir, estaria à espera deles na próxima curva. Enquanto tentava se manter focado, ele analisava milhares de possibilidades, e nenhuma delas era positiva. Se fossem pegos em meio a um tiroteio, de que lado seus guias alemães ficariam? Seu ouvido estava acostumado a reconhecer sinais de perigo em meio ao ruído dos veículos, mas desta vez Sperl não notara nada além do barulho de motor. Ao chegarem a um dos postos de controle, eles o encontraram vazio, sem homens. Não tardou muito e eles alcançaram a cabana de caça.

Refletindo os raios do sol nascente, Dianahof mostrava-se imponente, com um telhado alto de pedras e grandes janelas que pareciam olhos à espreita do mundo. A estátua de Diana observava com serenidade o grupo de oficiais alemães que estavam reunidos perto de montanhas e montanhas de caixotes de madeira, todos eles cheios de valiosos documentos classificados como secretos.

O coronel alemão estava impecável com seu uniforme completo, seu *pince-nez* refletindo a luz da manhã. Com uma formalidade excessiva, ele se rendeu aos norte-americanos declarando, com orgulho, ter participado da Primeira Guerra Mundial como piloto da famosa esquadrilha Immelmann. Pela primeira vez ele fornecia também seu nome completo: Walter Hölters. O coronel supervisionou o carregamento dos documentos nos caminhões alemães. A operação toda não demorou mais que alguns minutos.

Quando já não havia mais caixotes no chão, o comboio se dirigiu para a fronteira alemã, deixando para trás um tanque e um blindado. Ao completar uma curva, já a uma distância segura do alojamento, Sperl pôde ouvir o tanque norte-americano a canhonear a casa vazia, seguido de perto pelo matraquear da metralhadora que criava, assim, a impressão de um fogo cruzado. Sperl esperava que aquela farsa distraísse qualquer um que porventura estivesse na floresta pronto para emboscá-los. De onde estava, era possível ver as colunas de fumaça que se erguiam sobre a hospedaria em chamas. Quando o som do falso combate se acalmou,

Sperl e seus prisioneiros se encontravam sozinhos no meio da estrada que rasgava a montanha. A única companhia era o som dos caminhões e jipes ferindo o silêncio. Sperl deu um suspiro de alívio e passou um rádio para o coronel Reed: "Prepare-se para a chegada dos prisioneiros".

De volta ao quartel-general, Reed convidou Hölters para comerem juntos e passou a pressioná-lo para obter mais informações sobre os cavalos. Onde exatamente eles se encontravam? Quem os guardava? Quantos eram? De quais raças? Quantas pessoas cuidavam dos animais? Havia prisioneiros Aliados por lá?

Hank Reed e Walter Hölters não podiam ser mais diferentes. O norte-americano bonito com um sorriso largo e um olhar simpático estava no campo há meses. Seu rosto marcado por sol, chuva, vento e neve revelava sua exaustão. Seu uniforme verde estava desbotado e castigado. Walter Hölters exibia um uniforme novo, ornado com fitas e metais reluzentes. Ao redor deles, reinava o caos, a brutalidade e o derramamento de sangue. Mesmo assim havia entre eles esse fio de entendimento atrelado aos cavalos.

Uma coisa era certa – o alemão estava ansioso para ajudar Reed a formular um plano para salvar os animais. O coronel Hölters havia passado seus anos de guerra como espião, e o complô que ele e Reed traçaram dava mesmo para escrever um livro de intriga e espionagem. Primeiro, em duas folhas de papel, o alemão redigiu uma carta para Hubert Rudofsky, diretor do haras de Hostau que ele conhecera poucos dias antes.

Hölters despachou seu valete pessoal para entregar a carta de bicicleta a um guarda-florestal que morava nas profundezas da mata, quase a meio caminho entre Hostau e a linha de frente dos norte-americanos. O guarda a levaria até seu destino final.

O plano estava traçado. A carta enviada por Hölters não mencionava os norte-americanos, mas levava instruções sobre como Rudofsky poderia entrar em contato com ele caso tivesse interesse em discutir uma rota de fuga para os lipizzans. Reed ordenou que os sentinelas permanecessem atentos a qualquer soldado alemão cruzando a linha inimiga querendo conversar sobre cavalos.

Agora só lhes restava aguardar.

O PLANO

HOSTAU, TCHECOSLOVÁQUIA | 26 DE ABRIL DE 1945

Rudolf Lessing correu para o escritório de Rudofsky, atendendo a uma convocação para se apresentar de imediato na sala de seu comandante. O chamado podia significar qualquer coisa – um cavalo com cólica, um potro mal-posicionado no ventre da mãe ou uma lista interminável de problemas que surgiam em um dia normal de trabalho. Quando Lessing entrou no gabinete de Rudofsky, no entanto, seu chefe tinha um ar sério e segurava uma carta nas mãos.

Lessing ouviu com atenção quando Rudofsky revelou o objetivo secreto da recente visita de Hölters ao haras; o coronel pedira que ele considerasse evacuar os cavalos, mas Rudofsky estava relutante. Ele acreditava que os cavalos estariam mais seguros se permanecessem ali, mas isso não queria dizer que não houvesse considerado a possibilidade de fuga. Hölters parecia seguro de que a melhor opção seria debandar e, depois de muita consideração e sofrimento, Rudofsky chegara à conclusão de que o coronel estava certo.

Rudofsky balançou a carta em direção a Lessing. Um mensageiro de Hölters havia acabado de entregá-la. Ela continha a promessa de uma rota de escape para os cavalos. Havia, contudo, dois poréns: o plano era secreto e perigoso.

"Uma rota de escape?", perguntou Lessing. "Mas como? Quando?" Ele pensava nas éguas prenhes, algumas delas prestes a dar à luz; outras com potros ainda minúsculos.

Mas a urgência no rosto de Rudofsky não deixava dúvidas. Eles precisavam agir o mais depressa possível. Lessing deveria seguir a cavalo até a mata densa que corria dos dois lados da fronteira entre a Alemanha e a Tchecoslováquia para localizar ali a casa de um guarda-florestal onde ele faria, então, contato com o coronel Hölters. Para evitar qualquer suspeita, Rudofsky permaneceria no haras. Lessing deveria levar consigo um cavalariço em um segundo cavalo, para o caso de ser necessário trazer de volta um negociador. Eles não podiam confiar em mais ninguém. Uma palavra errada, um gesto diferente, mesmo que dos mais inocentes, poderia trazer sérias consequências.

Com milhares de perguntas sem resposta martelando em sua cabeça, Lessing meneou em concordância e partiu direto para o estábulo.

Na intimidade da baia, ele falou manso com o PSI Indigo, enquanto colocava a sela no cavalo e apertava a barrigueira e a cilha. Indigo — assim chamado por sua pelagem tão preta que parecia até azul — havia começado a vida nas corridas e, no passado de paz, costumava ganhar com frequência. Naqueles tempos sombrios, porém, ele exercia tarefas muito mais simples: transportar o veterinário para as fazendas vizinhas sempre que necessário. Hoje, Lessing confiava a Indigo a missão de levá-lo montanha acima, para as profundezas da floresta naquela que poderia ser a mais importante viagem da sua vida.

Lessing e o cavalariço partiram em um trote ligeiro. O veterinário tinha pressa e cavalgava com as costas inclinadas para a frente, o calcanhar pesado para baixo. Indigo esticou o nariz adiante. Seus longos passos cobriam a distância com rapidez. Junto, mas em profundo contraste, seguia um garanhão lipizzan branco iugoslavo, cuja pelagem nevada flutuava a partir de sua poderosa crina arqueada e do rabo alto como lençóis limpos esticados em um varal.

Como veterinário, era comum que Lessing cruzasse o terreno montanhoso do interior sobre o dorso de um cavalo. O haras em Hostau, com mais de seiscentos hectares de pasto, contava com várias estações auxiliares e, quando não estava cuidando dos cavalos de Hostau, Lessing fazia atendimentos particulares. Ele já havia colecionado uma boa quilometragem sobre sela naquelas paragens e se sentia à vontade nos campos e estradinhas da região. Mas Lessing sabia que daquela vez era diferente. Ele corria um risco enorme. Tentando não pensar na esposa e nas filhas, que viviam em um apartamento no haras e não sabiam do inusitado que ocorria, ele se esforçava para manter o foco em si.

Ao se aproximar da floresta, a ansiedade de Lessing retrocedeu. A sensação de estar em ação era melhor que aquelas semanas anteriores, cheias de incertezas e espera. Eles chegaram à beira da mata e adentraram por entre picadas que seguiam debaixo da sombra das árvores. O couro negro de Indigo sumia sob o escuro das copas, enquanto o lipizzan ao seu

Lessing e Indigo.

lado reluzia como se fosse lua cheia. Enfim, o conjunto chegou ao alojamento do guarda-florestal no coração do bosque. Eles se aproximaram com cautela, sem saber ao certo o que encontrariam.

O guarda estava em casa. Lessing perguntou sobre o paradeiro do coronel alemão, mas o homem explicou que Hölters havia partido e que, além de tudo, ele acreditava que o coronel era agora prisioneiro dos norte-americanos. O guarda ofereceu seu estábulo e sua motocicleta, caso Lessing desejasse prosseguir com a procura, mas ele também alertou o veterinário sobre a possibilidade de se deparar com patrulhas Aliadas se seguisse adiante. Despreparado para lidar com aquela notícia, Lessing avaliou suas opções. Talvez o mais sensato fosse retornar. Mas Rudofsky havia pedido que ele fizesse contato com o coronel Hölters. Se ele simplesmente retornasse a Hostau, o que seria dos cavalos e deles mesmos? Não havia nenhum outro plano para salvá-los.

Lessing decidiu deixar os cavalos com o cavalariço na segurança do estábulo do guarda-florestal e prosseguir sobre a motocicleta emprestada. Já era fim de tarde e estava ficando frio. Dentro da mata fechada, as sombras se amontoavam depressa e o ruído do motor da moto maltratava seu ouvido como se fossem tiros.

"Mãos ao alto!" Eram soldados norte-americanos que, com metralhadoras em punho, bloqueavam o caminho.

Lessing desligou o motor e ficou imóvel. Ele vasculhava o cérebro à procura de palavras em inglês, mas sua língua estava inerte. Nada vinha à cabeça. Os soldados o encaravam com armas apontadas direto para seu peito. Lessing ergueu as mãos acima da cabeça. Titubeante, sob a expectativa de que eles duvidariam dele, o alemão explicou que era veterinário de um haras da região. Mas os soldados não deram o menor sinal de surpresa. Medo e ideias sem sentido embaralhavam seus pensamentos. Tudo o que sabia sobre os norte-americanos era que eles eram inimigos. E agora eles o tinham como prisioneiro.

Os sentinelas fizeram sinal para que ele avançasse a pé pela estrada. Um pouco à frente, eles encontraram um jipe e indicaram que Lessing subisse a bordo. Naquele instante, explicaram também qual seria o destino: ele seria levado para conversar com o comandante no quartel-general do regimento.

Enquanto o jipe produzia todo tipo de barulho na estrada, Lessing repetia para si mesmo que fazia aquilo em nome da segurança dos cavalos. Ele não sabia o que o aguardava. Será que iria para um campo de prisioneiros? Algo ainda pior? Eles logo chegaram ao quartel-general do 2º Regimento de Cavalaria e, antes mesmo que pudesse refletir sobre a sua situação, Lessing já se encontrava frente a frente com um coronel norte-americano. O alemão tomou ali uma decisão inesperada. Embora não esperasse cair nas mãos dos soldados Aliados, por que não tentar vender a eles a ideia de salvarem os cavalos? Ele concluiu que não tinha mesmo nada a perder.⁹

. . . .

---

9 Segundo o livro de Peters (1982), Lessing disse que ele usou "o tempo que passou no posto norte-americano para descobrir o maior volume de informações possíveis e explicar com franqueza a situação".

Até aquele ponto, o plano estava funcionando a contento. Diante de Reed se encontrava um jovem oficial veterinário alemão. O homem era bem-apessoado e tinha um corpo perfeito para a montaria, com torso comprido e magro, além de pernas finas. Ele tinha uns bons centímetros a mais que Reed e era mais de uma década mais novo. Também era claro que estava apavorado. Felizmente, o alemão conseguia comunicar-se em inglês. Reed ouvia enquanto o homem escolhia com cuidado as palavras ao explicar a existência de uma fazenda de criação de valiosos cavalos ali perto.

No intuito de deixar o jovem oficial tranquilo, Reed mais que depressa informou-lhe que sabia da existência de cavalos em Hostau e que entendia que eles estavam sob perigo imediato. Lessing se surpreendeu ao ver que os norte-americanos já sabiam do haras, mas não deu sinal algum nesse sentido. Na verdade, o veterinário dava a entender que sua visita era para isso mesmo, para lhes pedir ajuda. Sua esperança, naquele momento, era que Rudofsky aprovasse seus atos.

"Os cavalos correm perigo", disse Lessing. "É por isso que vim vê-los." Reed revelou, então, que tinha um plano: o pessoal do haras alemão deveria trazer os animais para além da fronteira. Dali em diante os norte-americanos garantiriam a segurança dos equinos.

Talvez Reed tenha visto a enorme decepção nos olhos do veterinário. Lessing tinha plena consciência de que não estava autorizado a abrir negociações com os norte-americanos, mas, ao mesmo tempo, entendia que estava diante de uma oportunidade imperdível. Hesitante, mas ao mesmo tempo determinado, Lessing explicou que a proposta de Reed não funcionaria. Era temporada de parto no haras. Muitas das éguas tinham acabado de dar à luz ou estavam prestes a fazê-lo. Elas não conseguiriam cobrir a distância, e muito menos os potros. Além disso, o haras não tinha nem caminhões, nem pessoal, nem combustível para transportar os cavalos – que ainda por cima, eram muitos, várias centenas de animais, a maior parte brancos. Como poderiam, então, escapulir sem alarde? Lessing tentava se manter calmo e ao mesmo tempo firme ao explicar suas necessidades. O Exército Norte-Americano precisava ocupar Hostau.

O veterinário se apressava a explicar a certeza de que seu comandante, coronel Rudofsky, concordaria com a rendição. Mas o veterinário soava mais confiante do que realmente estava. Rudofsky não havia dito nada a esse respeito.

"Independentemente da sua posição", Lessing emendou, "é importante saber que não tenho autoridade para tomar tal decisão. Envie um oficial seu comigo até Hostau para que possamos conversar com meu superior". Lessing mencionou os dois cavalos no alojamento do guarda-florestal e disse que o oficial norte-americano poderia voltar com ele em uma cavalgada.

Reed não deu sinal algum do que pensava, mas sabia de algo de que Lessing não suspeitava. Embora fosse comandante, Reed não tinha permissão para levar suas tropas para o outro lado da fronteira tcheca. Em fevereiro, na Conferência de Yalta, Roosevelt e Churchill acertaram com Stalin que tudo além da fronteira leste da Alemanha ficaria sob o controle russo. Desde 21 de abril, uma linha restritiva havia sido traçada ao longo da divisa com a Tchecoslováquia. As tropas norte-americanas estavam proibidas de atravessar aquela linha. O frio contínuo, as estradas lamacentas e a neve nas montanhas deixavam qualquer movimento mais lento, mas o 2º Regimento de Cavalaria, junto com a 90ª Divisão de Infantaria, estava preparadíssimo para entrar na Tchecoslováquia assim que recebesse ordens para ir adiante. Por enquanto, porém, eles haviam avançado tanto quanto podiam. A proximidade dos cavalos era tentadora, mas ao mesmo tempo eles se encontravam dolorosamente fora de alcance.

Reed analisou as opções. Deveria ele arriscar a vida do seu pessoal em uma missão insana para salvar cavalos? Colocar seus homens em perigo nunca era uma decisão fácil de ser tomada. Mas a ideia de abandonar os cavalos também o incomodava. Não dava para esquecer a lição básica que a Cavalaria lhe ensinara por mais de vinte anos: os cavalos deveriam sempre ser bem-tratados.

O coronel repassou uma lista mental de tudo que precisaria – homens e equipamentos a serem reunidos a toque de caixa. O 2º de Cavalaria jamais permanecia por muito tempo no mesmo lugar; em poucos dias ou mesmo horas eles receberiam ordens de partir para uma nova missão. Se enviasse um homem para negociações, essa pessoa teria que achar um jeito de cruzar a fronteira bem debaixo do nariz dos inimigos. E, se fosse pego, deveria manter seu objetivo em segredo, mesmo, talvez, sob tortura. Mentes mais racionais podiam com certeza dizer que Reed delirava ou era um tolo por simplesmente considerar uma manobra como aquela.

Quanto mais o coronel pensava no assunto, mais ele percebia que havia apenas um homem no Exército que talvez fosse louco o bastante para concordar com aquele plano: o homem que antes havia dito "É preciso ser um mestre em cavalos, um erudito, um cavaleiro com princípios morais, um herói de sangue-frio, um selvagem de sangue quente. E, sobretudo, é preciso ser sábio e tolo ao mesmo tempo". O homem que era ao mesmo tempo sábio e tolo o bastante para concordar com aquele plano era o velho companheiro de polo e também grande mentor de Hank: o comandante do Third Army, general George S. Patton.

VESTIDO COMO UM PLENIPOTENCIÁRIO

QUARTEL-GENERAL DO 42º ESQUADRÃO | ESLARN, BAVÁRIA, PRÓXIMO À FRONTEIRA COM A TCHECOSLOVÁQUIA | 26 DE ABRIL DE 1945

O coronel Reed sabia que não havia tempo a perder — naquele ponto, apenas alguns quilômetros o separavam da frente russa que avançava a passos largos. Para que a missão obtivesse sucesso, ela teria que acontecer logo, antes que alguém além de Patton soubesse do plano e tivesse o bom senso de enterrá-lo.

Reed precisava encontrar o homem certo para acompanhar Rudolf Lessing até Hostau. O veterinário explicara que era necessário alguém de patente elevada, de major para cima. Reed não aceitava a ideia. Seria perigoso demais enviar um oficial daquele porte naquela missão louca. O alemão atravessara a mata densa para chegar até eles e seria necessário fazer o mesmo trajeto de volta. Reed precisava escolher alguém que soubesse montar, fosse esperto e tivesse classe o bastante para soar convincente. Precisava também ser alguém em quem confiasse. Pois o homem certo para tal missão era Tom Stewart, o rapaz do Tennessee. O capitão nunca fora do tipo de falar pelos cotovelos. Além disso, entendia um pouco de alemão e, portanto, não ficaria completamente perdido. E, como filho de senador, tinha um jeito seguro, uma postura de quem sabe dar ordens. Mais importante ainda, Stewart havia crescido em meio a cavalos no Tennessee e, com certeza, daria conta de uma cavalgada daquelas sem a menor dificuldade.

Tom Stewart tinha planos de ver um verdadeiro milagre naquele dia. Junto com uns companheiros, queria ir até uma vila ali perto, Konnersreuth, onde diziam que havia uma bavariana que era prova viva do fenômeno conhecido como estigmas — ela afirmava ter chagas no corpo, que eram uma

Tom Stewart em foto tirada na França.

cópia daquelas que Jesus tinha depois de ser preso à cruz: feridas na planta dos pés, nas palmas das mãos e na testa. A mulher, Therese Neumann, havia se curado de uma paralisia parcial quando estava na casa dos vinte anos. Agora tinha curativos sempre ensanguentados sobre as mãos, cabeça e pés que, em tese, jamais melhoravam. Diziam ainda que ela sobrevivia apesar de não beber nem comer nada a não ser a hóstia consagrada da missa a que comparecia uma vez por semana. Konnersreuth ficava perto do quartel-general do 2º Regimento de Cavalaria e também muito próxima à fronteira com a Tchecoslováquia. Uns soldados estavam curiosos para conferir a mulher-milagre — Stewart não era católico, mas era neto de um ministro metodista e um homem de muita fé.

Tom Stewart estava acostumado a levantar e desfazer acampamento depois de passar por mudanças quase diárias por meses a fio. Seu rosto exibia as marcas do cansaço das batalhas. Seu uniforme dava sinais do uso intenso. Suas botas de combate estavam arranhadas e surradas após quilômetros de trilhas. Embora ele fosse por natureza um introvertido, por trás da calma educada e do respeito às convenções e obrigações sociais, Stewart carregava consigo um maremoto de emoções reprimidas. Certa vez, quando o 2º de Cavalaria lutava na França, Stewart recebeu uma ordem urgente para remanejar seus homens para evitar um ataque aéreo iminente. Um dos soldados, no entanto, recusou-se a ir com eles, insistindo que deixar o local em que estavam, bem atrás de uma cerca viva, não seria seguro. Enquanto o resto dos homens se apressava para cumprir as ordens, Stewart retornou para convencer o recalcitrante soldado a seguir com eles. Naquele exato instante, os aviões despejaram uma grande carga de bombas. Em um clarão de fogo intenso, os cinco homens que haviam seguido as ordens de Stewart morreram — apenas ele e o soldado desobediente sobreviveram. Desde então, o capitão sofria para entender e aceitar o que acontecera. Ele era um sujeito corajoso e havia servido sempre sem hesitar ou questionar as ordens superiores, mas, depois daquele incidente, o filho do senador havia se fechado mais e mais dentro de si. Quando os homens decidiram visitar a milagrosa camponesa de Konnersreuth, Stewart, compreensivelmente, procurava por um sinal ou bênção divina.

Mas ele jamais teve a chance de ver a mulher marcada como Cristo porque recebeu ordens de retornar ao quartel-general do 42º Esquadrão o mais depressa possível. Seus camaradas teriam que seguir sem ele.

O coronel Hargis, comandante do 42º, aguardava Stewart com uma expressão mal-humorada. "O coronel Reed quer que eu o empreste para uma missão especial", ele disse. Acostumado a seguir ordens, Stewart não perguntou que tipo de trabalho faria. Apenas ignorou o azedume do chefe e se apressou a se apresentar a Reed.

Stewart chegou a tempo de ver Hank Reed e um sargento descerem do jipe onde ficava o sistema de radiocomunicação do coronel. Stewart não sabia àquela altura que Reed acabara de receber uma mensagem de Patton, o comandante do Third Army. Reed pediu que Stewart entrasse na sua tenda-escritório. Ele iria para lá em seguida.

Dentro estavam vários oficiais dos Estados Unidos, entre eles, Sperl, cuja coragem exibida naquela mesma manhã rendera a captura de Walter Hölters e dera o pontapé inicial a toda uma cadeia de eventos. Ali se encontrava também um oficial alemão que lhe fora apresentado como Rudolf Lessing. O alemão falava um inglês compreensível, apesar do forte sotaque. Seu maneirismo revelava uma boa educação e certo grau de formalidade, e era evidente que não estava de todo à vontade. Quando Stewart chegou, o alemão falava sobre um local chamado Hostau, explicando que grande parte dos funcionários de lá eram prisioneiros de guerra – em sua maioria, iugoslavos e poloneses – que planejavam fugir para a França antes da chegada do Exército Russo. Com a conversa já ao meio, Stewart não conseguia entender ao certo o que se passava, mas logo Reed retornou e o atualizou sobre os acontecimentos. Do outro lado da fronteira havia uma coleção de cavalos sem igual no mundo e a vida deles estava em perigo. Reed tentava organizar uma maneira de ajudar a evacuar os animais para um local mais seguro. O oficial alemão era um emissário do haras que se encontrava ali para tentar negociar os termos da operação. Stewart seguiria junto com Lessing até o outro lado da frente inimiga – e quando Reed disse "seguir", ele queria dizer cavalgar. O objetivo era negociar uma rendição pacífica do haras.

Depois de três anos na Cavalaria, Stewart tinha bastante experiência, mas aquela era, sem sombra de dúvida, a mais improvável missão que ele jamais encontrara. Longe de se sentir honrado pela escolha, o capitão, com a modéstia quase doentia de sempre, entendeu que ele fora escolhido porque não faria falta se o perdessem. Ele pensou nos seus companheiros que estavam a caminho de ver uma camponesa especial em Konnersreuth, e sentiu uma pontada de inveja.

Antes, porém, que Stewart tivesse chance de pensar muito sobre a missão, seu comandante já lhe dava um curso intensivo e instantâneo de negociação com um general do Exército Alemão. Ao mesmo tempo, Sperl escrevia uma carta em alemão, com cópia em inglês, explicando que o capitão Tom Stewart era um emissário do coronel Reed.

"Tenha cuidado", avisou Reed. "Se você der qualquer sinal de que entende alemão, o resultado pode ser fatal." Reed sabia que os alemães poderiam conversar à vontade na frente de Stewart, oferecendo informações secretas se acreditassem que ele não os entendia. Porém, se notassem que ele havia ouvido algo confidencial, poderiam decidir prendê-lo – ou talvez até executá-lo no mesmo instante.

Stewart acenou que entendia o risco.

Quando Sperl lhe entregou as cartas, o capitão passou os olhos no texto e protestou. "A carta fala em 'emissário'", ele disse. "Vocês não acham que soa como se eu fosse um espião?"

Sperl e o resto da turma deram uma risada. "Bom, o que pode ser melhor...?", Sperl disse. "Atravessar a linha de frente inimiga sobre um cavalo para negociar com o adversário? Como posso dizer isso sem soar estranho demais?"

Stewart deu de ombros. Fazia sentido. Apesar do clima de brincadeira geral, ele sabia que aquela era uma missão perigosa. O capitão ainda se lembrava de quando Jim Pitman se ofereceu para ir, como voluntário, de olhos vendados, negociar com os alemães em um *château* tomado pelos inimigos. Pitman aceitava qualquer coisa. Já haviam se passado sete meses desde aquela manhã fatal em Lunéville, mas todo dia o pessoal ainda pensava na falta que o amigo fazia. Stewart não era nem o primeiro nem o único a se arriscar ali – todos eles atendiam ao chamado quando chegava sua vez.

O capitão lançou os olhos sobre a face teutônica de Lessing à procura de um sinal de que o homem merecia sua confiança. Mas o alemão era mesmo reservado, correto e muito calado. Não havia sinais de abertura. Stewart só podia contar com sua fé.

Além de três cartas, Ferdinand Sperl datilografou um documento falso no mais caprichado alemão que sabia. Por não ter acesso a papel timbrado oficial, Sperl rasgou a primeira página de um livro, aparando com cuidado suas pontas, e a inseriu em uma máquina de escrever manual. A carta anunciava que Tom Stewart era um oficial com patente suficiente para aceitar a rendição de uma unidade inimiga. Ao documento alguém adicionou ainda uma rebuscada assinatura falsa do general Patton.

Com tudo pronto, Reed fez um pronunciamento solene. "O capitão Stewart precisa voltar, são e salvo, à linha de frente dos norte-americanos dentro de 24 horas."

Lessing meneou em concordância.

"Se ele não retornar dentro do prazo estabelecido, nossas tropas atacarão Hostau com carga total."

Os três homens entenderam a mensagem. Se houvesse tiroteio em Hostau, os cavalos seriam os grandes perdedores.

A fase de preparação chegara ao fim. Os dois homens retornaram para o 42º Esquadrão, que se encontrava acampado a poucos quilômetros de distância e que era onde estavam sendo organizados os últimos detalhes de sua partida. Ao se despedir deles, Reed foi de poucas palavras, mas Stewart podia ler na expressão do comandante que aquela missão tinha um interesse especial do coronel — ele queria, de fato, salvar os cavalos. Por toda a Europa havia homens cujo trabalho era tão somente resguardar e preservar artefatos culturais e recuperar peças de arte roubadas. No alto escalão, as Forças Armadas dos Estados Unidos sabiam que, mesmo no momento mais sombrio de uma guerra, era preciso proteger tesouros insubstituíveis. Mas os cavalos, igualmente venerados e infinitamente preciosos, por serem criaturas vivas, não tinham a mesma proteção que as peças de um museu. Reed sabia que não havia sequer uma regra, regulamento ou lei do governo dos Estados Unidos que desse suporte oficial aos seus atos. Ele tinha plena consciência de que salvar aqueles animais era uma escolha que fazia e que colocava soldados em risco. Em outras palavras, Hank Reed estava seguindo o que seu instinto ditava.

Quando Stewart e Lessing voltaram para o quartel-general, o lugar estava em polvorosa com as últimas notícias: o capitão Stewart se encontraria com um general alemão! Seus colegas vieram, tentando ajudar a vesti-lo para aquela aventura inesperada. Um ofereceu uma jaqueta – um pouco grande demais, mas não havia outra opção. Outro homem lhe ofereceu um bibico. Lessing estava preparado para cavalgar. Tinha botas de cano alto e tudo o mais. Stewart teria que se contentar com os coturnos de combate. Pronto para partir no seu papel de oficial, com o documento de plenipotenciário em segurança no bolso, ele foi interrompido pelo comandante do 42º Esquadrão, coronel Hargis.

"Você não é obrigado a ir", disse Hargis em tom sério, certo de que aquela perigosa missão não estava à altura do filho de um senador. Mas o conselho do coronel não ajudava em nada. Stewart já dera sua palavra a Hank Reed, e ele não era homem de não cumprir promessas.

Já quase anoitecia quando o capitão partiu na companhia de Rudolf Lessing, armado apenas com seu conhecimento rudimentar da língua alemã, um documento improvisado, sua coragem e a promessa de Lessing de que o norte-americano retornaria são e salvo para o quartel-general dos Aliados antes do meio-dia do dia seguinte.

Stewart e Lessing caminharam um pouco até a motocicleta do guarda-florestal, subiram nela e seguiram juntos pela estrada. Agora já no escuro da noite, e tentando não chamar a atenção para si, eles iluminavam o caminho apenas com um ponto de luz. Não demorou muito e ouviram um avião que sobrevoava a área. Lessing desligou o motor e apagou a luz.

"Não se preocupe. É um avião nosso, é um Bed Check Charlie*", disse Stewart. "Pode ficar tranquilo."

"Mas nada impede que ele atire", replicou Lessing.

Stewart engoliu em seco, porque Lessing tinha razão.

No estábulo do guarda-florestal, o capitão viu pela primeira vez o garanhão lipizzan que seria sua montaria. O cavalo tinha uma cabeça bem-desenhada com um perfil côncavo e um par de olhos pretos e cheios de vida. Stewart se aproximou com cuidado, colocando a mão com delicadeza sobre o animal enquanto sussurrava palavras de carinho. O garanhão virou a cabeça e olhou surpreso para aquele estranho. Lessing

---

* O Bed Check Charlie era uma estratégia inventada pelos japoneses de mandar um avião solitário e barulhento sobrevoar acampamentos inimigos basicamente para manter os soldados insones, mas a aeronave também podia disparar bombas. (N.T.)

explicou que aquele cavalo havia nascido no haras real iugoslavo e que fora antes a montaria predileta do rei Pedro.

O cavalariço havia há muito tempo retornado para Hostau a pé. Lessing observou enquanto Stewart checava o bridão e apertava a barrigueira. O norte-americano juntou as rédeas em uma só mão, pousou a mão esquerda sobre a crina do cavalo e, de pé ao lado esquerdo do animal, pôs um pé no estribo, preparando-se para se lançar sobre a sela seguindo o passo a passo de um cavaleiro experimentado. Mas quando Stewart deixou seu peso cair sobre o estribo, o garanhão se mostrou nervoso, chacoalhando-se sem sair do lugar. Se o cavalo saísse em disparada quando ele estivesse quase montado, Stewart correria o risco de ficar preso ao equipamento e ser arrastado. Lessing não disse nada, mas ficou de olho, preocupado. O cavalo sempre testava um cavaleiro desconhecido, e o alemão não sabia ainda se aquele vaqueiro daria conta do recado. No entanto, para o alívio de Lessing, Stewart decidiu deixar de lado o estribo. Ele agarrou a crina do garanhão e pulou no dorso do cavalo, assentando-se com precisão. Já sobre a sela, Stewart se curvou e acariciou o pescoço do garanhão, deu um sorriso e uma piscadela para Lessing e, em seguida, os dois partiram.

Lessing tinha pressa. Já estava bem escuro e o conjunto tinha mais de 15 quilômetros de cavalgada pela frente. Rudofsky devia estar impaciente e preocupado. E a contagem regressiva para o retorno de Stewart já se iniciara.

A trilha era estreita e seguia entrecortando vários pontos de mata fechada. De dia aquele terreno não oferecia perigo, mas agora era difícil ver o que estava logo ali adiante. Uma faixa fina da lua escapava por entre as árvores, iluminando um pouco do caminho, mas a viagem era arriscada e cheia de possíveis armadilhas naturais. A Floresta da Boêmia havia sido território selvagem por vários séculos, povoada apenas por antigos habitantes que ganhavam a vida fabricando peças artesanais de vidro, tecidos rendados e explorando de maneira sutil as riquezas da floresta. Havia também a possibilidade de se depararem com um lince faminto à espreita no breu. E ainda mais perigosa que qualquer animal predador era a ideia de homens armados espiando por entre os troncos e a folhagem. Mas, ao menos até aquele instante, eles não ouviam nada além do som das agulhas dos pinheiros roçando contra o corpo dos cavalos e o ruído dos cascos em marcha.

De repente, o cavalo de Stewart tropeçou em um tronco caído. A cabeça e o pescoço do animal se lançaram para adiante em seu esforço para manter seu próprio equilíbrio. Lessing viu horrorizado quando Stewart, em meio ao movimento brusco do cavalo, espatifou-se ao chão. Se o soldado norte-americano ou o cavalo estivesse ferido, seria o fim da missão. Mas, para seu alívio, Tom Stewart sorriu e subiu de novo no cavalo, batendo a poeira do corpo e logo retomando o ritmo da cavalgada sobre o imponente lipizzan. O capitão parecia relaxado em sua sela, segurando a rédea com apenas uma mão, no melhor estilo Velho Oeste. Lessing o vigiava com receio, sem saber se o seu companheiro de viagem tinha a experiência necessária para cavalgar à noite, na mata, em cima de um animal tão sensível.

Eventualmente, eles chegaram a uma barricada na estrada. De um lado havia uma parede íngreme de rocha. Do outro, um precipício. Stewart perguntou se havia minas na barricada e, quando Lessing respondeu que não, o norte-americano então se aproximou do obstáculo com o cavalo, observou bem os detalhes e retornou. Na sequência, ele passou voando por Lessing, rumo à barreira, lançando-se para cima e adiante sobre os estribos, em perfeita posição de salto.

"Esse cavalo não salta", gritou Lessing. Mas Stewart já estava no ar, mantendo-se ereto e bem-equilibrado, com o corpo avançando para além do assento. Rudolf deu de ombros, desceu da sela e puxou Indigo para contornar a barreira por uma estreita picada que Stewart nem chegara a notar.

"Ué, dava para atravessar assim?", disse um Stewart claramente surpreso.

O restante da viagem ocorreu sem nada de mais até que eles chegaram a Hostau, às duas da madrugada. As ruas da pequena cidade estavam enterradas em um silêncio assustador. Lessing levou Stewart para seu apartamento, mas, para sua surpresa, ele encontrou o outro veterinário do haras, Wolfgang Kroll, em vigília do lado de fora, com uma metralhadora deitada no colo.

Tom Stewart olhou com determinação para aquele soldado armado à sua frente e sentiu-se mais sozinho que nunca. Ele estava a mais de 15 quilômetros além da fronteira da Tchecoslováquia. Era bem provável que fosse o soldado mais ao leste de todo o efetivo norte-americano em solo europeu naquele instante. Mas Stewart estava ainda mais só do que imaginava. O que Reed não havia dito ao jovem capitão antes de despachá-lo para aquela aventura noturna era o conteúdo da mensagem que ele recebera de Patton no rádio do jipe exatamente quando Stewart e Lessing chegavam para falar com o coronel. Na verdade, Reed não comentara com ninguém boa parte do que Patton havia dito – ele resolvera carregar aquele peso sozinho. O general havia dado sinal verde a Reed, mas adicionara que, se o coronel arriscasse a vida de seus homens para salvar cavalos, ele não poderia contar com o apoio do general.

Se a missão falhasse – se um ou mais homens se perdessem, fossem feridos ou morressem –, Reed deveria dizer que aqueles soldados se confundiram e acabaram, sem querer, indo além da linha inimiga. Reed tinha consciência de que, se a missão acabasse mal, Patton não assumiria qualquer responsabilidade.

Agora, Tom Stewart, sozinho e a quilômetros além da frente adversária, ouvia o tiroteio rápido do diálogo entre os dois veterinários alemães e ficava a cada instante mais preocupado. Durante a breve ausência de Lessing, muita coisa havia mudado. Havia um novo decreto. Trazer um norte-americano para o haras era agora o suficiente para configurar um ato de traição.

MUDANÇA DE IDEIA
HOSTAU, TCHECOSLOVÁQUIA |
27 DE ABRIL DE 1945, DUAS DA MANHÃ

Nada de norte-americanos! Lessing entendeu muito bem o recado sussurrado por Wolfgang Kroll. Ele, então, empurrou Stewart pela porta de seu apartamento adentro e logo alertou a esposa, em voz baixa, que o capitão estrangeiro deveria ficar ali escondido, em segredo. A mulher não fez pergunta alguma, mas imediatamente atualizou o marido sobre o que havia ocorrido durante sua ausência, tomando cuidado, porém, para não acordar as crianças. Depois ela passou um café para esquentar aquele Stewart cansado e com frio, enquanto Lessing foi para o estábulo guardar os cavalos.

Kroll acompanhou Lessing, fornecendo ainda mais detalhes sobre as novidades. O coronel Rudofsky tinha uma posição favorável àquela negociação secreta com os norte-americanos, mas enquanto Lessing se ausentara, o general Schulze havia chegado à cidade a bordo de um grande Mercedes e à frente de uma unidade da milícia Volkssturm — um grupo armado e mambembe, composto em sua maioria por adolescentes alemães, que lutava desesperada e violentamente contra russos e norte-americanos. Schulze planejava montar ali uma última linha de defesa alemã, tendo Hostau como sua base, e era, naquele exato instante, o homem encarregado de tudo na cidade.

Lessing tentava entender como deveria interpretar os últimos acontecimentos. Seu companheiro veterinário não fazia, de fato, parte da equipe do haras de Hostau. Ele havia chegado apenas seis semanas antes, junto com refugiados russos. Kroll tinha um ar dramático e uma reputação de quem exagerava um pouco ao narrar suas experiências com os *partisans* na Iugoslávia e o treinamento de camelos no deserto do Norte da África. Mas, desta vez, Lessing percebeu que seu companheiro falava sério. Em poucas horas, a situação havia se deteriorado, passando de frágil para totalmente precária.

Assim que Lessing instalou os cavalos no estábulo, correu para a casa principal à procura de Rudofsky. Embora fosse tarde da noite, o diretor do haras o aguardava. Rudofsky confirmou que o general Schulze era, naquele instante, a mais alta patente em Hostau e era completamente contra qualquer tipo de rendição.

Lessing olhou para o comandante sem acreditar no que ouvia. Nenhum dos dois disse nada, mas ambos sabiam muito bem que qualquer tentativa de defesa contra russos ou norte-americanos terminaria em uma derrota avassaladora e colocaria os cavalos bem no centro do fogo cruzado.

"Estou com as mãos atadas", disse Rudofsky. "Se eu tentar negociar com os norte-americanos, ou deixar que meus superiores saibam que um deles está bem aqui, eu, você e o estrangeiro corremos o risco de sermos executados como traidores."

Nas últimas 12 horas, Lessing havia cavalgado por mais de cinquenta quilômetros, estivera sob a mira das armas dos norte-americanos, acompanhara o capitão estrangeiro em uma travessia pela mata onde haviam vários atiradores da SS e, agora, encontrava-se diante de um impasse impossível. Cansado e assustado, ele tentava manter a cabeça em ordem.

Enquanto os dois conversavam, aflitos, nenhum deles sabia ao certo quão próximos estavam do fim. No dia do aniversário de Hitler, apenas uma semana antes, a cidade toda saíra debaixo de chuva para "comemorar" a data, lotando as ruas para ver os lipizzans desfilarem em seu melhor aparato. Naquela data, em um discurso para seus fiéis partidários, o ministro de propaganda de Hitler, Joseph Goebbels, deixara claro como se esperava que os alemães se comportassem diante de uma iminente derrota: "Nosso infortúnio nos fez amadurecer, mas não roubou o nosso caráter. A Alemanha continua a ser a terra da lealdade. Nós celebraremos nossos maiores triunfos mesmo em meio ao perigo. A história jamais terá qualquer registro do nosso povo desertando de um *Führer* seu, nem de um *Führer* desertando de seu povo. E isto chama-se vitória".

Goebbels, porém, estava muito errado. O *Führer*, na verdade, desertara de seu povo. Lessing e Stewart chegaram a Hostau no dia 28 de abril. Dois dias mais tarde, Hitler se suicidaria em seu *bunker*, deixando o corpo de seu terrível império acéfalo e desesperado à procura de ar. Mesmo naquele instante, a comunicação com Berlim se mostrava esporádica e descoordenada. Autoridades regionais em pânico não sabiam ao certo a quem se reportar. Todos improvisavam.

Apenas 24 horas antes, Rudofsky e Lessing tinham pela frente um plano viável – render-se para poder proteger os cavalos. Mas agora os norte-americanos teriam que lutar para chegar ali e a segurança dos animais não mais estaria garantida. Se eles aguardassem e nada fizessem, os russos chegariam em questão de dias. Exausto e frustrado, Lessing retornou para o seu apartamento. Enquanto compartilhava uma refeição com Stewart, o alemão revelou a situação quase sem esperança em que os dois se encontravam.

A luz da lua brilhava sobre os estábulos; a pelagem branca dos lipizzans reluzia com suavidade sob a claridade. Em algum lugar do celeiro, Madera, a égua que havia dado à luz recentemente, dormia, sendo interrompida aqui e ali pelo seu recém-nascido potro que, cambaleante, procurava por mais leite. Witez estava atento, andando de um lado para o outro em sua baia, sempre muito sensível a qualquer sinal de tensão que pairasse no ar. Indigo mastigava uma porção de feno, cansado após sua longa aventura pela mata. O estábulo era pura paz. Ali só se ouvia o quieto som de caudas que balançavam e de cascos que pisoteavam a palha colocada no chão. Tudo ali parecia o mesmo de sempre. Mas a verdade era que a guerra estava prestes a invadir Hostau. Aquela paz estava para ser despedaçada sob uma onda terrível de violência.

Quando Lessing deixou o quartel-general norte-americano com o simpático estrangeiro cavalgando ao seu lado, a carta em três vias que ele carregava no bolso próximo ao seu coração era uma promessa de proteção, mas agora ele ponderava: proteção a quem? E contra quem? No exato momento em que havia se lançado rumo ao desconhecido em cima do seu cavalo, uma certeza fundamental havia sido alterada. "Quais eram agora seus aliados?", ele se perguntava. A resposta, ele entendeu, era qualquer um que estivesse disposto a salvar os cavalos. E a única coisa que existia entre os animais e a morte deles eram exatamente as escolhas que ele mesmo viria a fazer.

Lessing não dormiu naquela noite. Quando o galo cantou pela primeira vez, ele se levantou e foi conversar com o novo oficial encarregado de Hostau, o general Schulze. Mas quando o veterinário se viu na presença de Schulze, não teve tempo nem de abrir a boca e o comandante de rosto vermelho já gritava com ele: "Que história é essa de que você está negociando com os norte-americanos?".

Lessing sentiu uma onda gelada de pavor percorrer seu corpo ao ver que o general, sabe-se lá como, já tivera notícias da sua viagem para além da divisa.

"Que ousadia é essa de tentar passar a perna nos alemães?", continuou Schulze. "Que direito você tem de cometer tal acinte?"

Lessing não respondeu.

"Vou mandar fuzilá-lo! Você com certeza enlouqueceu!"

Lessing podia ver no rosto do comandante furioso que não havia a menor chance de aquele sujeito recuar. Não importava quantas vidas fossem destruídas. E o general Schulze não estava sozinho em seu plano de lutar até a morte.

Os moradores de Hostau já podiam ouvir o ronco dos caminhões norte-americanos patrulhando perto da fronteira boêmia e os rumores diziam que os russos estavam a apenas um ou dois dias dali. Olhando a história de longe, a ideia de continuar lutando mesmo diante da derrota inevitável parece ilógica e autodestrutiva. Só que a atitude do general Schulze não era incomum. De acordo com o historiador Ian Kershaw, "independentemente do que achavam de Hitler e do Nacional-Socialismo, do fanatismo compromissado a uma pequena dose de desprezo, nenhum general (e o mesmo valia para a maior parte de seus comandados, de praças a oficiais) queria ver a Alemanha derrotada e, menos ainda, subjugada pelos bolcheviques".

O horror que Lessing sentia para com o plano suicida do general primeiro virou raiva e, em seguida, convicção. O veterinário tinha apenas 28 anos de idade e acumulara mais experiência lidando com animais tidos como irracionais do que com generais claramente insanos e belicosos. Mas Lessing decidira que, mesmo sob risco de perder sua vida, era chegada a hora de dizer o que pensava. Ele bem sabia que a contagem regressiva continuava a seguir adiante no quartel-general dos norte-americanos. E se Stewart não reaparecesse por lá até a hora marcada, as armas dos Aliados apontariam direto para cima dos estábulos.

"Senhor, disciplina, obediência – tudo isso é necessário e honrado. Entretanto, em Hostau temos a obrigação de, antes de mais nada, manter os cavalos em bom estado. Por isso mesmo é nosso dever maior fazer tudo que estiver ao nosso alcance para salvá-los. Não importa mais quem vencerá a guerra neste 27 ou 28 de abril, porque nós deveríamos ter vencido tempos atrás. Agora é tarde demais."

Lessing ficou, então, na expectativa de que o general explodisse de novo. Mas, para sua surpresa, Schulze respondeu de maneira calma: ele havia decidido empurrar o problema adiante. O general não sabia o que fazer com os norte-americanos. Lessing teria que encontrar seu superior, o comandante de brigada, para conseguir uma permissão. Se o veterinário tivesse êxito, o general o dispensaria em um passe de mágica.

Lessing olhou ansioso para o relógio e explicou para o general que não havia tempo para aquilo. O coronel Reed havia deixado claro: se seu soldado não retornasse são e salvo até o meio-dia do dia 27 de abril, ele tomaria "medidas de represália" contra Hostau. "Jamais deixarei o soldado deles partir. O norte-americano fica!", disse o general. "Ele é meu prisioneiro de guerra."

A bruma da manhã já clareava e o sol nascente se espalhava pela pequena vila, iluminando o topo da torre da igreja de St. James e depois derramando seus raios dourados através da longa fileira de estábulos brancos onde os cavalos mastigavam contentes sua porção matinal de aveia. As faixas de luz desenhavam pequenos pontos de prata ou ouro ao passarem sobre cada cavalo. Embora a cena inspirasse tranquilidade e paz, era evidente para Lessing que algo precisava ser feito – e mais que depressa.

LESSING NO COMANDO
HOSTAU, TCHECOSLOVÁQUIA | 27 DE ABRIL, MANHÃ

Ao raiar do sol, Stewart, Lessing e Kroll saíram em cavalgada à procura de um burocrata nazista que tivesse como se comunicar com o comandante de brigada. Abordar os nazistas com um norte-americano a tiracolo para pedir permissão para render os cavalos — era mesmo impossível imaginar que tipo de reação eles teriam. Mas todos eles sabiam muito bem que a justiça nazista geralmente era feita por meio de bala.

Ao cruzarem os portões da frente do haras, a vila de Hostau parecia um lugar sereno e pacato. As pedras de calçamento das ruas eram todas alinhadas e cercadas por casas caiadas com jardins bem-cuidados. Verdadeiras florestas de arbustos perenes, todos da mesma cor de nuvens carregadas, subiam os distantes morros que apareciam em ondas sem fim. Os cascos dos cavalos batiam firmes contra as pedras irregulares do chão. Os três cavaleiros que ali passavam haviam combinado um sinal de emergência. Se algum deles desse o tal sinal, partiriam em um galope veloz para cima dos morros, em uma tentativa de fugir até as margens da mata densa.

Logo o trio chegou à pequena casa que servia de posto de comando da companhia. Dois soldados guardavam a porta de entrada. Lessing se aproximou sem apear do cavalo enquanto seus dois companheiros se mantiveram a certa distância, deixando assim o estrangeiro longe de vista. De repente, vários homens uniformizados saíram de dentro da casa. Kroll se assustou e deu o sinal de emergência várias vezes, em desespero. O coração de Stewart parou um segundo, mas ele continuou em sua posição, observando Lessing que agora descia do cavalo. Mesmo à distância, Stewart podia ver a tensão que dominava aquele encontro. Ele olhou de novo para Kroll, que continuava a fazer o sinal de emergência. Mas Stewart não se mexeu. Sair dali a galope acabaria com seu disfarce e Lessing, agora fora da sela, não teria como escapar para encontrá-los morro acima. Além disso, se os nazistas vissem o uniforme norte-americano de Stewart em sua rota de fuga, Lessing seria imediatamente tratado como traidor — sendo bem provável que eles o executassem ali mesmo, antes até que Kroll e Stewart pudessem ouvir os disparos.

Portanto, no lugar de fugir, Stewart marchou em direção ao grupo reunido em frente à casa. Um homem gordo veio em sua direção e segurou o freio da montaria de Stewart. Era o *Gauleiter*, o oficial encarregado do Partido Nazista local, sorrindo — nas palavras do próprio Stewart — "como um gato pego com a boca toda suja de leite". Ajeitando os ombros e levantando o queixo, Stewart exibiu com gosto o grandioso garanhão lipizzan e, sem ao menos olhar para o chefe nazista, jogou para ele as rédeas, como se o *Gauleiter* não passasse de um mero cavalariço. Após um momento de tensão, Lessing voltou a falar em um tom calmo, mas insistente, explicando que os homens requisitavam uma audiência com o comandante de brigada e precisavam de permissão para ir até ele. Stewart olhou firme, com as pernas bem abertas e os braços cruzados. O *Gauleiter* titubeou e depois grunhiu seu consentimento. Ele disse a Lessing que o comandante de brigada era o *Generalmajor* Weissenberger e que a sua base ficava na cidade de Klattau, cerca de quarenta quilômetros a sudeste.

Olhando para seus relógios, Stewart e Lessing perceberam que estavam em apuros. Não havia a menor chance de ir até Klattau e voltar antes do meio-dia. Para resolver o problema, Kroll se ofereceu para partir imediatamente com Indigo e informar os norte-americanos que Stewart se atrasaria, prometendo ainda que, depois de transmitir a mensagem, ele cavalgaria de volta para a casa do guarda-florestal onde aguardaria o retorno de Lessing. Lessing e Stewart galoparam, então, até o haras, onde trocaram os cavalos pela motocicleta de Lessing. Stewart rapidamente colocou uma capa de chuva e um quepe alemães como disfarce, subiu no *sidecar* da moto e os dois, então, partiram a toda para o QG do *Generalmajor* Weissenberger em Klattau, onde eles logo foram recebidos.

Sentado a uma mesa nua estava um homem pequeno vestido com uniforme da Wehrmacht. Ao seu lado, dois pares de oficiais alemães bem-vestidos exibiam ares formais que mascaravam por completo qualquer expressão de emoção. Qualquer um deles podia ser um nazista fanático que denunciaria Lessing como colaborador e faria de Stewart um prisioneiro de guerra.

Stewart mirou nos olhos do *Generalmajor*. O momento de explicar sua causa havia chegado.

Enquanto Stewart falava, Lessing traduzia. Ele saudou a autoridade alemã em nome tanto do general Patton quanto do coronel Reed antes de ir buscar em seu bolso a carta de apresentação, agora bastante amassada, que ele ajeitou como pôde sobre a mesa, de uma maneira cheia de confiança e bem-floreada. "Os norte-americanos desejam assisti-lo na evacuação segura dos cavalos através da fronteira da Bavária", ele disse.

Uma pausa longa foi, então, seguida por alguns momentos em que Weissenberger analisava a carta. Quando deu por encerrada a leitura, os oficiais presentes começaram a conversar entre si em alemão de maneira muito rápida. Stewart mal podia acompanhar o que diziam, mas teve a terrível sensação de que o vento de repente mudava e, como ele mesmo disse mais tarde, tomava um rumo nada favorável. Os homens pareciam com raiva e agitados; não conseguiam chegar a um acordo.

Lessing acompanhava a discussão dos oficiais com um crescente desânimo. Falando pela primeira vez ali, o veterinário explicou que o general Schulze havia aprovado o plano e que o capitão norte-americano precisaria retornar para a linha deles antes do meio-dia. Eles apenas aguardavam a permissão do general.

Após alguns longos e tensos momentos, o *Generalmajor* gesticulou para que Stewart se assentasse.

"O objetivo dos norte-americanos é salvaguardar os cavalos e poupar vidas humanas", disse Stewart.

Mas no lugar de responder, Weissenberger se virou furioso para Lessing. "Você jamais deveria ter agido de modo independente e cruzado a linha do inimigo. A guerra ainda não acabou! Você agiu de maneira arriscada e imprudente!"

A expressão do rosto de Lessing nada revelava, mas, por dentro, seu sangue fervia. Mesmo com os norte-americanos em massa na fronteira e com os russos marchando a passos largos em sua direção, aqueles homens não conseguiam encarar a verdade. Mas o que eles não conheciam era a determinação daquele jovem veterinário. Lessing pensou na esposa, que havia escondido o oficial norte-americano no apartamento deles na noite anterior, embora ela soubesse com clareza dos riscos que tal ato trazia consigo. Ele pensou também na filha, Karen, que não tinha culpa alguma de ter nascido em um mundo tão confuso e de ponta-cabeça. Ele viu o ombro reto e aprumado do soldado norte-americano sentado à sua frente. Um sujeito que viajara milhares de quilômetros para tentar ajudá-los a sair daquela bagunça horrorosa que ele não ajudara a erguer. E Lessing, enfim, pensou nos cavalos. Ele conhecia bem cada um deles: os olhos de águia do árabe Witez; o olhar maternal da égua Madera que virava a cabeça para observar seu potro dando seus primeiros passos um pouco além no pasto; a expressão cheia de vida do garanhão do rei Pedro; e a paciência de seu próprio PSI negro, Indigo, antes um cavalo de corrida de prestígio e que agora o servia de maneira completamente fiel.

Lessing não decepcionaria quem contava com ele nem desistiria dos seus preciosos cavalos sem resistir e lutar. Talvez percebendo a força do veterinário, o *Generalmajor* levantou-se para encará-lo. Quando Lessing falou, suas palavras foram de desdém e sem rodeios. "Ah, é mesmo? A guerra não acabou? 'Berlim permanecerá alemã. Viena será da Alemanha de novo.' É isso que ouvimos no rádio, mas alguém aqui acredita mesmo nisso?"

As palavras jorravam de sua boca. Se seus superiores não gostavam do que ouviam, podiam, então, prendê-lo e jogá-lo em um campo de prisioneiros ou, até pior, matá-lo com um tiro na cabeça. Lessing sabia bem disso. Mesmo assim continuou a falar. "Caí nesse discurso bonito por 14 anos. Chega. O que estamos fazendo aqui é loucura. Devemos levar essa insanidade ainda mais além para que acabemos até mesmo com o que conseguiu sobreviver intacto durante todos estes anos de destruição?"

Um silêncio tenso ficou preso no ar até que Weissenberger, com um gesto apático, deixou-se cair em sua cadeira. "Ok, certo. Faça você o que bem quiser."

Lessing insistiu que Weissenberger escrevesse uma carta atestando aquele acordo. O *Generalmajor* se levantou e, seguido por dois de seus capangas, saiu da sala.

Logo depois, dois dos coronéis retornaram. Um deles rabiscou um bilhete com pressa e depois o empurrou para o outro lado da mesa, em direção a Lessing:

Herr General Schulze,

Assumi a responsabilidade de permitir que o oficial veterinário e o capitão norte-americano cruzem a linha inimiga. Entretanto, a negociação do haras de Hostau não pode ser liberada por mim e, portanto, é necessário que estes homens retornem a Hostau.

27 de abril, 13:40 horas

Antes que os homens pudessem mudar de ideia, Lessing dobrou o papel e o colocou no bolso, enquanto ele e Stewart se apressavam para ir embora. De novo sobre a motocicleta, os dois dispararam de volta para o haras para transmitir a mensagem a Rudofsky.

Já em Hostau, Lessing mostrou o bilhete[10] a Rudofsky e, então, sem ter mais tempo de ir a cavalo até os norte-americanos, ele e Stewart subiram mais uma vez na motocicleta, partindo em velocidade para o alojamento do guarda-florestal. Por lá, Lessing encontraria Kroll, e Stewart seguiria sozinho para além da linha dos seus compatriotas.

A tarde já quase se encerrava quando eles chegaram à casa do guarda-florestal. Em um primeiro momento, o lugar parecia deserto até que, com uma sequência de galhos pisados, cinco homens surgiram de trás da construção, cercando o veterinário e o capitão. Stewart e Lessing gelaram, mas o alemão logo reconheceu o bando – era o nazista local e seus mal-encarados companheiros. Alguém lhes havia informado que Stewart e Lessing passariam por ali.

Stewart ficou firme em sua posição, como se os desafiasse a dar um passo à frente. Lessing também já havia passado além do medo.

"Tenho uma carta do general!", disse Lessing. "Saiam da frente e deixem o norte-americano passar!" O simples ato de ver a missiva do general acovardou os homens e eles logo sumiram no meio da mata. A partir dali os dois se separariam. Stewart continuaria a pé, e Lessing, encontrando Indigo sozinho no estábulo, aguardaria o retorno de Kroll.

---

10 Weissenberger ligou antes para avisar Schulze sobre sua aprovação. Ao chegar a Hostau, o general Schulze forneceu um passe permitindo que Lessing e Stewart cruzassem a fronteira.

Stewart caminhou pela picada na floresta até ver um sentinela norte-americano. Ele subiu em um jipe que o aguardava e foi embora em direção ao quartel-general. Ao chegar, encontrou Wolfgang Kroll jogando cartas com os soldados norte-americanos e contando casos de suas aventuras malucas. Reed demonstrou enorme alívio ao ver que o filho do senador retornara inteiro.

Quando Stewart não apareceu ao meio-dia, como combinado, o coronel Reed começou a organizar uma força-tarefa para salvá-lo. Com a chegada de Kroll, eles o detiveram enquanto aguardavam o retorno seguro de Stewart. Agora, com o capitão ali, Reed passara um rádio para o general Patton pedindo permissão para mandar uma força-tarefa para o haras em Hostau. A resposta de Patton fora curta e grossa: "Vá pegá-los. E seja rápido". Embora o poderoso Third Army de Patton estivesse posicionado na fronteira com a Tchecoslováquia, pronto para atravessá-la a qualquer momento, eles ainda não haviam recebido ordens para avançar. Por isso, a força-tarefa de Stewart rumaria para o leste sozinha. No dia 28 de abril de 1945, o general Patton confidenciara em seu diário: "Pessoalmente, não vejo muita glória nesta guerra". Era evidente que, naquela altura, Patton não imaginava o que estava por vir.

Lessing aguardou Kroll por várias horas na casa do guarda-florestal, mas acabou desistindo e, junto com Indigo, voltou para Hostau. Quando estava próximo da vila, os raios rosados da madrugada já iluminavam o céu. A trilha que seguia passava na frente de uma grande mansão, e ele vislumbrou por um momento o barão que ali residia e cujos cavalos ele às vezes tratava. O cavaleiro acenou para ele e, talvez notando que Lessing estava exausto, ofereceu-lhe comida.

Lessing, que não havia dormido nas últimas trinta horas, não notara sua própria fatiga até receber aquela gentil oferta. De repente, sentiu que estava prestes a cair do cavalo e decidiu parar um instante. Agora ele estava agradecido por ter à sua frente um prato de sopa quente. Mas antes mesmo que Lessing pudesse terminar sua refeição, o telefone tocou. O barão mais que depressa compartilhou as notícias. As forças norte-americanas se aproximavam da vila. Naquele exato minuto, estavam apenas a alguns quilômetros de distância de Hostau.

Esquecendo da fome e do cansaço, Lessing pulou de novo sobre Indigo. Ele ainda tinha pela frente dois quilômetros e meio até Hostau. E se não chegasse a tempo com a mensagem de que os norte-americanos já estavam a caminho, o general Schulze poderia sair atirando e os estrangeiros entrariam em Hostau abrindo fogo. Lessing colocou Indigo em ritmo de galope e partiu em direção à vila na maior velocidade possível.

OS TANQUES SE APROXIMAM
HOSTAU, TCHECOSLOVÁQUIA | 28 DE ABRIL, MANHÃ

Na manhã do dia seguinte ao retorno seguro de Stewart, o capitão estava de novo montado, mas dessa vez em seu jipe e comandando uma força-tarefa organizada a toque de caixa, composta por cerca de setenta homens do 42º Esquadrão do 2º Regimento de Cavalaria. Com dois tanques e dois canhões de assalto, eles partiram em direção à fronteira para entrar na Tchecoslováquia, embora apenas os oficiais soubessem os detalhes da missão. Os soldados haviam sido informados de que o objetivo era tomar o controle de um local específico, mas nenhum deles sabia sobre os cavalos. Durante as negociações, os alemães haviam prometido a Stewart que suas tropas não defenderiam o haras, mas também não garantiriam uma travessia segura. Os norte-americanos teriam que lutar contra qualquer resistência que encontrassem no caminho. Por isso, ao se aventurarem a cruzar a divisa e entrar na Tchecoslováquia, Stewart e seus homens estavam em alerta total.

Os homens do 2º de Cavalaria não tinham como saber qual era o estado real das forças alemãs na região. Nos últimos tempos, falava-se muito em um "último reduto". Havia rumores de que os alemães reuniam ali todo seu aparato para entrar em uma batalha sem trégua até o último instante. Por mais de uma semana, o Third Army era todo ansiedade pura, preparando-se para avançar sobre a Tchecoslováquia e destruir de uma vez por todas o que quer que restasse do adversário. Eles só aguardavam a ordem para agir. Mas, por enquanto, o destemido exército continuava no mesmo lugar. No dia 28 de abril, quando a pequena força-tarefa partia para sua missão, era claro para todos os seus integrantes que eles operavam além da linha inimiga contando apenas com um reforço mínimo. O que nem Stewart nem seus homens sabiam era que o 7º Exército Alemão que se encontrava em Klattau, perto de Pilsen – cerca de cem quilômetros a leste de onde estavam os norte-americanos – tinha muito pouco combustível e estava praticamente imobilizado, incapaz de se mover em massa. Por isso, eles concentravam esforços na colocação de minas em barricadas para criar a possibilidade de que os norte-americanos fossem mais facilmente atingidos por um tiro letal de fuzil.

Reed havia dividido a força-tarefa em três partes. Os homens da Tropa A, sob o comando de Stewart, chegariam a Hostau pelo norte, passando pela cidade de Weissensulz. Ao mesmo tempo, a Tropa F entraria em Hostau pelo leste, seguindo a linha quase direta que Stewart percorrera antes a cavalo. E a Tropa C ficaria nos arredores, à procura de um grupo grande de prisioneiros de guerra que os relatórios diziam existir por ali.

O comboio de tanques, carros blindados, canhões de assalto e jipes sob o comando de Stewart seguia devagar, sempre atento a qualquer sinal de resistência. Sabia-se que havia mesmo pequenos bandos de alemães espalhados pela área. Alguns deles eram compostos por atiradores da SS preparados para morrer lutando. Mas havia também desertores querendo roubar combustível e provisões para que pudessem fugir para a Alemanha antes do avanço dos russos. Uma coisa era certa: a equipe de Stewart devia estar preparada para encontrar gente muito pouco amigável.

Logo após cruzarem a fronteira da Tchecoslováquia, houve uma breve enxurrada de tiros. Mas uma resposta firme de metralhadoras mais que depressa calou o adversário que estava claramente em situação inferior. Stewart tinha a estranha sensação de que os mesmos oficiais que garantiram não atirar neles no dia anterior estavam agora mandando bala em sua direção. Ele não se surpreendeu nem um pouco ao ver que o coronel Trost, o homem que assinara a carta que garantira sua segurança menos de 24 horas atrás, estava ali entre os feridos. Mas aquele grupo estava sob controle e os homens prosseguiram em direção a Hostau.

Enquanto isso, no haras de Hostau, Hubert Rudofsky já podia ouvir os tanques se aproximando. Aqui e ali, ecoava à distância o som de tiros. O pessoal na fazenda andava ansioso para lá e para cá – granadas haviam explodido nos pastos, assustando os cavalos, mas sem causar danos. O general Schulze, cuja chegada no dia anterior havia provocado rebuliço no haras, parecia ter muito pouco controle sobre suas mal-ajambradas tropas: rapazes que pareciam novos demais para estarem uniformizados andavam nervosos pela região sem qualquer propósito evidente. Rudofsky, receoso do pandemônio que poderia ocorrer quando os norte-americanos se aproximassem, estava de plantão bem diante dos estábulos. Ele vigiava o horizonte na esperança de que Lessing chegasse a qualquer momento.

Rudofsky viu, então, o general Schulze em evidente agitação, disparando rumo ao seu grande Mercedes. Atrás dele seguiam nervosos lacaios carregando uma montanha de malas. Rudofsky observou com alívio quando Schulze entrou no carro com motorista enquanto seus servos colocavam a bagagem no porta-malas. Em seguida, o Mercedes cruzou o portão principal do haras e a milícia maltrapilha do general, com sua artilharia puxada a cavalo, tratou também de fugir da cidade. Os combatentes-meninos da Volkssturm pareciam inebriados, felizes por não terem mais que lutar. E foi aí que Rudofsky viu Lessing e Indigo cortando o topo de um morro. Ao chegar ao haras, o veterinário contou que os tanques norte-americanos estavam a poucos quilômetros dali, mas a essa altura o general já estava longe, deixando para trás nada mais que um pouco de poeira.

Rudofsky pensou na família em Bischofteinitz, a quase 13 quilômetros a leste e ainda sob o controle firme dos nazistas. No últimos dias a Juventude Hitlerista e a milícia Volkssturm haviam montado barricadas por toda parte da cidade, preparando-se assim para um último esforço de defesa. Uma das barreiras ficava sobre uma ponte bem em frente à casa do irmão do diretor do haras – das janelas, a família podia ver o pessoal da milícia escondido por trás das paredes do castelo e das lápides do cemitério. Na semana anterior, Rudofsky vira seu sobrinho brincar com uma arma em punho, tendo um *bunker* como proteção. Ulli, um garoto de cabelo muito louro e rosto radiante, estava a poucos dias de completar dez anos. Na ocasião, Rudofsky tirou a arma das mãos do sobrinho enquanto dizia: "Isso não é para você". Ele tinha esperanças de que o garoto não se metesse em confusão.

Obrigado pela sua honra a se manter ao lado dos cavalos, Rudofsky empurrou suas preocupações pessoais para o fundo da cabeça enquanto aguardava a chegada dos norte-americanos. Ele não sabia nada sobre os inimigos que se aproximavam além daquilo que ouvira nas transmissões clandestinas de rádio. Esses desconhecidos teriam, em breve, todo o poder sobre o destino dos cavalos – e Rudofsky não fazia ideia do que fariam com eles. O peso de sua responsabilidade estava sólido sobre seus ombros. Hubert Rudofsky, austríaco de nascença, entraria para a história de seu país natal como o homem que entregara os cavalos do imperador de bandeja à outra nação. Mas ele assim escolhera para garantir, acima de tudo, a segurança dos animais. Só o tempo diria se ele tomara a decisão certa ou não.

Nos estábulos, os cavalos já podiam ouvir o ruído distante dos tanques em aproximação, mas eles não tinham como saber que aquele dia marcaria outra grande guinada em suas vidas. Madera, Witez, Favory Slavonia – um garanhão lipizzan da Croácia –, todo cavalo que vivia em Hostau viera de outro local. A atmosfera ali era de agitação; os cavalos podiam sentir a tensão e o medo no ar.

Mais que depressa, Rudofsky tirou da parede o retrato de Hitler e escondeu tudo que tinha a insígnia nazista. Ele e seus ajudantes dependuraram ainda lençóis brancos nas janelas. Com outro lençol branco à mão, eles cruzaram o portão principal do haras e partiram pela estrada que cortava o centro da cidade, indo assim ao encontro de seus conquistadores.

Os homens da Tropa F refaziam o trajeto que Stewart e Lessing haviam feito pela floresta e que era a mais direta rota até Hostau. No comando de um dos pelotões estava um dos mais confiáveis homens de Reed, o tenente William Donald "Quin" Quinlivan, um militar de carreira desde os tempos da Cavalaria montada, que havia se alistado aos 17 anos após fugir de casa e mentir sobre sua idade. Sua forte liderança acabou promovendo-o ao corpo de oficiais. Sob a fraca luz da madrugada de um céu de pesadas nuvens cinza, Quinlivan seguia em direção a Hostau com plena consciência de que haveria atiradores de pontaria afiada na mata com amplas opções de esconderijos. Stewart e Lessing haviam atravessado a floresta incólumes, mas a cavalo era mesmo mais possível viajar de maneira silenciosa. O barulho da procissão motorizada liderada pelo capitão tornava seus homens alvos bem mais fáceis. Quinlivan tinha um coração manso debaixo de uma carcaça de homem bravo – ele adorava animais, mas também sabia como ser duro com os subordinados. Antes da partida, ele ouvira soldados reclamando daquela missão; todos sabiam que a guerra estava prestes a acabar e ninguém queria correr o risco de morrer bem agora quando o final estava tão próximo.

Quinlivan tinha também suas próprias preocupações, mas ele as mantinha para si mesmo. Enquanto prosseguiam sob o céu baixo da manhã, ele pensava em sua família. O capitão vinha de uma família de católicos devotos que moravam em uma violenta cidade às margens do rio Mississippi chamada East Dubuque, em Illinois, também conhecida como Cidade dos Pecados. Sua mãe, Madonna, já tinha uma estrela dourada dependurada na janela. Seu filho mais velho, Bert, morrera em uma missão de treinamento na Nova Escócia, em 1940. Quinlivan não queria de jeito algum que sua mãe recebesse outro telegrama do War Department. Ele sofria ao pensar como ela se sentiria se descobrisse que ele havia morrido em uma missão tola de resgate de um punhado de cavalos.

Durante a travessia da floresta, o tenente Quinlivan permaneceu em estado de alerta máxima, reagindo com rapidez a qualquer movimento ou ruído. Ele espiava por entre as árvores alinhadas ao longo da estrada, certo de que seria fácil demais para os soldados inimigos se esconderem por trás da densa folhagem. Mas a floresta ao redor deles permanecia escura e quieta. Logo eles estavam pisando pela luz brilhante do sol, deixando a floresta para trás. Passaram, então, por vários vilarejos com suas casinhas caiadas e flores coloridas enfeitando as janelas. Não havia sequer uma alma nas ruas. Depois de mais uns poucos quilômetros, a tropa subiu para o topo de um morro. Espalhada à frente deles estava a vila de Hostau. Quinlivan pôde ver então o maior símbolo da cidade, a igreja de St. James com sua torre que acabava em forma de cebola e que se erguia rumo ao céu. Adjacente à vila estava o haras com suas fileiras de estábulos brancos e pastos perfeitamente cercados. Grupos de cavalos alvos pipocavam por toda parte nos campos, alguns deles com potros escuros ao seu lado. Com o barulho da aproximação das tropas, eles rodopiaram e partiram a galope, flutuando ao vento. Quinlivan deu um longo suspiro de admiração e, com o maior cuidado possível, a Tropa F desceu o morro.

Enquanto os homens de Quinlivan chegavam em Hostau, Stewart e a Tropa A ainda estavam a caminho. Após aquela pequena resistência inicial, a força-tarefa prosseguira sem impedimentos. Mas agora eles se encontravam em uma encruzilhada, analisando com cuidado seus mapas. Aquela não era a vila indicada no papel. Aquela não era Weissensulz.

Forçada a retornar após terem cometido um erro na rota, a Tropa A de Stewart só chegaria a Hostau muitas horas mais tarde.

Quinlivan e a Tropa F já chegavam à periferia da cidade. E foi neste momento que eles avistaram dois alemães com uniforme completo: um homem alto com óculos redondos e rosto reservado – Hubert Rudofsky – e um oficial veterinário magro – Rudolf Lessing. Os dois traziam consigo um lençol branco.

Um momento mais tarde, os norte-americanos passavam pelo portão central que os levava direto ao coração do haras. Hubert Rudofsky havia dado ordem para que retirassem a bandeira alemã. Agora, tremulava ali ao vento a "Stars and Stripes" norte-americana. Hubert Rudofsky e Rudolf Lessing já haviam entregado suas espadas artesanais e cerimoniais.

O haras supersecreto de Hitler estava agora sob comando norte-americano.

A QUEDA

HOSTAU, TCHECOSLOVÁQUIA | 28 A 30 DE ABRIL DE 1945

Apenas 24 horas após Tom Stewart ter passado a noite encolhido em uma cadeira no apartamento de Lessing, ele havia se tornado o novo comandante encarregado da vila de Hostau. Os cavalos olhavam serenamente para os homens com uniformes verdes e botas de combate fatigados enquanto os soldados se moviam com rapidez pelo perímetro da fazenda, instalando barricadas, inspecionando elementos inimigos e criando pontos de coleta de armas. A maior parte dos cavalariços de Hostau eram prisioneiros de guerra — russos, poloneses e iugoslavos, além de várias outras nacionalidades de Aliados. Com a chegada dos norte-americanos, eles seriam muito em breve enviados de volta às suas unidades.

Stewart tinha ordens de Reed para cobrir com segurança a área em torno das três unidades do haras. Ele partiu, então, no seu jipe com Lessing ao seu lado. Os dois sacolejaram pelas estradas entre Hostau e Zwirschen, uma vila a poucos quilômetros de distância em que o haras tinha pastagens e estábulos adicionais. A zona rural estava calma, mas de tempos em tempos crianças pequenas apareciam pedindo chocolate e eram seguidas de perto pelas preocupadas mães que repreendiam seus filhos e ordenavam que eles mantivessem distância.

Quando Stewart e Lessing chegaram aos estábulos de Zwirschen, o que viram beirava a insurreição. Um cavalariço russo aguardava perto da estrada. O homem media 1,80 metro, era sólido feito pedra e exibia com prazer uma expressão ameaçadora. Stewart avaliou a situação em um segundo. O russo e os outros prisioneiros de guerra encarregados dos cavalos haviam se rebelado, certos da derrota iminente dos alemães. Agora a dupla de Hostau confrontava o caos: cada um dos cavalariços russos exibia vários relógios roubados em seus braços, enquanto os moradores locais estavam apavorados diante dos recém-liberados prisioneiros.

Além, nos pastos, os cavalos estavam tranquilos. Cada um deles valia uma fortuna no mercado. Os russos já haviam se cansado de roubar ninharias como relógios e, com certeza, logo partiriam para a usurpação daqueles valiosos animais – isto se não os vendessem primeiro como carne ou para refugiados que por ali passavam e que teriam joias e outros itens de herança para trocar por um cavalo que puxasse sua carroça.

O russo colossal que assumira o papel de líder do grupo vinha agora em direção a Stewart com o rosto contorcido em uma careta ameaçadora. Pela sua carranca, não ficava claro se entendia que ele e o norte-americano estavam do mesmo lado, como aliados.

Stewart sabia que era preciso se estabelecer como dono da situação o mais rápido possível. Ele gesticulou para que Lessing aguardasse um pouco atrás. Embora Lessing fosse alto, o cavalariço russo parecia ser capaz de jogar os dois no chão com um só golpe.

"Devolva todos os relógios", ordenou Stewart em um tom de voz sem traço algum de medo.

O russo deu um passo à frente. Stewart manteve sua posição. O ar estalava com a eletricidade gerada por aquele confronto aberto.

"Devolva todos os relógios! Agora!", ordenou Stewart, com Lessing rapidamente traduzindo o comando.

O russo sorriu e balançou a cabeça em negativa, aprumando o corpo – Stewart não chegava a bater no queixo do sujeito que era ainda duas vezes mais largo que o norte-americano. Seus braços eram puro músculo e suas mãos tinham calos pelo trabalho intenso com o forcado na fazenda.

Lessing aguardava quase sem respirar. Ele achava que Stewart recuaria a qualquer momento deixando os russos livres para o que bem quisessem. Que diferença faria para o norte-americano? Os alemães estavam vencidos, eram inimigos. Por que um norte-americano se daria o trabalho de defendê-los?

Mas Tom Stewart avançou sobre o pescoço do russo e tornou-se uma imagem borrada de vários movimentos enquanto disparava socos e mais socos no rosto do grandalhão. Depois ele ainda o virou e o acertou por trás com um chute.

O gigante caiu comendo poeira.

Em seguida, os russos, em choque, devolveram todos os relógios que Stewart, então, retornou aos atônitos espectadores. Pouco depois, os norte-americanos já estabeleciam patrulhas de rotina e pontos de sentinelas ao redor dos estábulos e dos pastos de Zwirschen, restaurando assim a ordem.

Naquela mesma tarde, Hank Reed andou pelas ruas de Hostau no assento de passageiro do seu jipe verde já combalido. Por todas as ruazinhas estreitas, bandeiras brancas tremulavam nas janelas, as pessoas gritavam agradecimentos e acenavam enquanto ele passava, criando um ar festivo por toda parte. Jim O'Leary guiava agora o veículo pelo portão principal de Hostau e estacionava bem diante do pomposo prédio central do haras. Após 281 dias de batalha, Hank Reed retornava para o ponto onde tudo havia começado – entre os cavalos. Stewart e Quinlivan receberam Reed e o levaram para inspecionar os militares do haras que, agora, eram mantidos como prisioneiros de guerra.

O coronel Rudofsky estava à frente da linha. Ele havia estudado o rosto do comandante norte-americano, tentando imaginar que tipo de homem ele estava prestes a conhecer. Quando o forasteiro se aproximou, Rudofsky notou que Reed era bem mais baixo que ele, mas parecia, de algum modo, mais alto – ele caminhava com aquele balanço típico dos ianques, como se tivesse acabado de saltar de uma tela de cinema. Rudofsky se surpreendeu com seu jeito amigável e ao mesmo tempo respeitoso. Ele não notou qualquer sinal de desdém.

Reed caminhava ao longo da fileira de oficiais derrotados oferecendo cigarro a cada um dos homens para deixá-los à vontade. Apenas Rudofsky declinou. Reed não pôde deixar de notar as bochechas vermelhas do comandante alemão ou o suor que se acumulava em sua testa. Ele já conhecia dois veterinários alemães, mas ali diante dele se encontrava agora o diretor tcheco encarregado do haras alemão. Era impossível não ver seu profundo desconforto.

A primeira tarefa era inspecionar a fazenda toda. Reed ofereceu um lugar à frente no jipe para Rudofsky, equilibrando-se atrás sobre um punhado de caixas. Se Reed notou o olhar surpreso do alemão ao ofertar o lugar à frente, ele não demonstrou. O'Leary os levou, então, a percorrer os perímetros do haras, cobrindo inclusive a área dos estábulos extras onde Stewart havia apagado a centelha de uma insurreição horas antes.

Tudo estava em ordem. Nos campos, éguas brancas pastavam em paz com seus potros escuros brincando ao redor.

A próxima tarefa era percorrer os estábulos. Sperl traduzia à medida que Rudofsky fornecia detalhes da operação do haras.

Reed havia encorajado os soldados a virem junto com ele ver tudo. Não havia dúvidas quanto ao entusiasmo do coronel para com os cavalos e logo o restante do grupo estava contaminado por aquela empolgação.

Um soldado raso, olhando com atenção as éguas, disparou: "Estes cavalos parecem grávidos, senhor".

O coronel Reed deu uma risada e perguntou ao rapaz: "De onde você é, soldado?".

O jovem norte-americano de ascendência italiana respondeu com orgulho: "Do Bronx". O coronel sorriu e disse: "De onde venho, a gente diz que a égua 'está prenhe'".

Quando o giro pelos estábulos e pastos chegou ao fim, era hora de ver, então, a apresentação das joias finas de Hostau: os garanhões. Quando Witez foi levado para fora do estábulo, sua pelagem resplandecente criou um halo de luz à sua volta. Ele dançou na ponta de um cabresto de corrente, com seus tendões estalando debaixo do seu couro tenso.

Rudofsky e Reed inspecionam os cavalos capturados em Hostau.

As orelhas pontiagudas iam para a frente e para trás; seus olhos escuros pareciam conter uma infinita profundidade, enquanto seus cascos praticamente flutuavam acima do chão. Reed estava inebriado com a visão daquele animal perfeito, da crineira arqueada do pescoço até a retidão exemplar das canelas, passando ainda pela elevação de sua cauda sedosa. A expressão cheia de vida de Witez atingira um ponto profundo da alma daquele combatente cansado.

Satisfeito com a segurança do haras, Reed deixou Stewart com uma pequena força-tarefa composta de vários pelotões de soldados, além de instruções para que Rudofsky, Lessing e Kroll continuassem a operar como sempre, mas agora sob o comando de Stewart. E assim Reed voltou para seu quartel-general.

O dia seguinte foi pacífico e sem novidades. Mas logo ao amanhecer do dia 30 de abril, o rádio de Stewart rompia o silêncio com más notícias. Uma patrulha norte-americana havia se deparado com uma barricada alemã bem-guardada e feita às pressas durante a noite, bloqueando a rota de retorno à Alemanha. Stewart mais que depressa organizou seus homens e partiu para a pequena cidade de Rosendorf, perto do começo da floresta.

Na área próxima a Rosendorf, a várias quilômetros de Hostau, a patrulha norte-americana estava agora debaixo de uma chuva de balas de soldados alemães protegidos pela barricada. Respondendo com uma cortina pesada de tiros de metralhadora, os soldados dos Estados Unidos notaram a presença de uma casinha bem próxima. O lugar parecia desocupado, mas podia também abrigar atiradores de elite. O sargento encarregado queria ocupá-la – de lá, alguns deles poderiam dar cobertura enquanto o resto da patrulha manobraria em torno da barricada. Para isso, então, ele mandou um dos seus homens, o soldado raso Manz, para que pudesse assegurar que o lugar poderia ser utilizado.

Raymond Manz estava a poucos dias de celebrar seu vigésimo aniversário. Era um rapaz alto que calçava sapatos 44 e que entrara para o Exército logo depois de se graduar na Southeastern High School, em Detroit, em julho de 1943. Quando Manz posou para a foto de alistamento, seu rosto era redondo e quase infantil; seu boné militar era grande demais para sua cabeça. Quase dois anos depois, ao engatilhar sua arma e se preparar para avançar, ele havia crescido e se tornado um homem: tinha ombros largos, um porte atlético e cheio de juventude, com cabelos castanhos cacheados e um sorriso doce e reservado. Manz já havia lutado em seu caminho pela França afora, inclusive na Batalha das Ardenas. Ao se preparar para seguir aquelas ordens, o jovem não tinha como saber que aquele 20 de abril de 1945 se tornaria um importante marco na história daquela guerra. Ao fim do mesmo dia, Hitler se mataria. Em 48 horas, os alemães renderiam Berlim aos russos. A vitória dos Aliados na Europa estava apenas uma semana adiante. Manz e todos os homens do 2º Regimento de Cavalaria estavam tão perto do último dia de luta que quase poderiam alcançá-lo e tocá-lo com as mãos.

Mas não era nisso que o jovem soldado raso pensava naquele instante. Disparando sua arma, ele avançou rapidamente em direção à casa. Porém, em questão de segundos, tiros saíram pelas janelas do imóvel. Manz fora atingido no ombro e tropeçara combalido sem, contudo, cair ao chão. Prosseguindo adiante, disparou uma enxurrada de tiros com sua metralhadora, dando assim a cobertura necessária para que o resto do pelotão pudesse passar pela barreira. Foi aí, então, que um segundo tiro atingiu Manz, dessa vez na cabeça.

Quando seus amigos conseguiram chegar até ele, o rapaz já estava morto. Raymond Manz jamais chegaria a ter vinte anos. Morrera indo em direção ao inimigo, caindo sem nunca ter dado um passo sequer para trás.

Mais ou menos no mesmo instante, em Hostau, Tom Stewart ouvira das duas patrulhas avançadas que um grupo de alemães havia atirado contra eles quando estavam a caminho do haras. O ataque dava a entender que os alemães estavam organizados e avançavam também rumo à fazenda. Stewart estava guardando os cavalos com uma equipe reduzida ao mínimo e não tinha uma estimativa confiável do tamanho daquela força de ataque inimiga. Ele e Quinlivan reuniram seu pequeno grupo em uma tentativa de empurrar o avanço para o mais longe possível dos cavalos. Para piorar a situação, Stewart convocou parte dos prisioneiros libertados, entre eles um palestino e um maori da Nova Zelândia que ainda vestiam uniformes de cativos. Juntos eles conseguiram manter os adversários além dos perímetros das pastagens. A batalha durou cinco horas até que os alemães recuassem para a floresta. Logo depois, os homens apareceram por entre as árvores carregando bandeiras brancas. Stewart e Quinlivan haviam acabado com os últimos sinais de resistência alemã.

Na manhã de segunda-feira, dia 30 de abril, enquanto Tom Stewart lutava contra os ataques, Hank Reed estava em Schwarzenfeld, a cerca de oitenta quilômetros a sudoeste de Hostau. A primavera parecia distante debaixo daquele céu plúmbeo que despejava às vezes um pouco de neve sobre os distintos homens ali reunidos. O coronel Reed e três outros oficiais do 12º Corpo de Exército, ao qual pertencia o 2º de Cavalaria, recebiam naquele instante duas honrarias francesas: Ordre National de la Légion d'Honneur e ainda a Croix de Guerre. O posto de comando do 12º Corpo estava cheio de visitas importantes. No dia anterior, o general Patton estivera no quartel-general e informara ao seu comandante, tenente-general Stafford LeRoy "Red" Irwin, que a guerra deveria se encerrar dentro de um ou dois dias. Embora não haja registro oficial da conversa entre Red Irwin, Hank Reed e o general Patton sobre os cavalos de Hostau, os três sabiam que a força-tarefa de Stewart havia capturado todo o valioso plantel do haras. Eles entendiam que manter sua posição de controle na fazenda na Tchecoslováquia era apenas um primeiro passo para garantir a segurança dos animais. Reed manteve-se em posição de sentido, olhos firmes adiante, quando a pesada espada francesa tocou seu ombro. Ele queria que a cerimônia acabasse depressa. Estava impaciente para retornar o quanto antes para seus homens e os cavalos capturados.

Já no final da tarde, Reed estava de novo em Hostau, satisfeito com o trabalho que Stewart fizera durante sua ausência. Assim como todos os outros integrantes do Third Army, Reed havia descoberto várias coisas sombrias acerca da raça humana no curso dos últimos 12 meses. Ele ouvira sobre as atrocidades que o Exército descobrira ao libertar Dachau – os horrores dos vagões de trem cheios de corpos em semidecomposição e o número impressionante de prisioneiros, fracos e emaciados feito espantalhos. Mas ele mesmo havia sido poupado de ver aqueles demônios com os próprios olhos. Em lugar disso, recebera a missão de libertar os mais belos cavalos. Era uma bênção inesperada e fabulosa.

A guerra havia destruído muita coisa, mas uma das maiores consequências era a falta de esperança na paz mundial. No entanto, todo homem que tivera a chance de bater os olhos naqueles cavalos em Hostau ganhava um sorriso no rosto e uma imagem que guardaria para sempre de um mundo menos problemático do que aquele em que viviam no momento. Naquele dia, Hank Reed entendeu que, no meio de toda tristeza, perda e dor, ele conseguiria realizar ao menos uma coisa positiva: aqueles cavalos imaculados e adoráveis galopariam no mundo pós-guerra.

OS NORTE-AMERICANOS
ST. MARTIN IM INNKREIS, ÁUSTRIA | 28 DE ABRIL A 2 DE JUNHO DE 1945

Enquanto o comboio de Hank Reed seguia para Hostau para resgatar os cavalos, a duzentos quilômetros dali, na Áustria, Alois Podhajsky ouvia o som distante de tiroteio, certo de que a vila de St. Martin seria capturada dentro de poucas horas. A situação estava volátil. Todo trabalho que fizera para salvar os garanhões poderia ir por terra abaixo dependendo de como aquelas horas finais se desenrolassem. Desde que perdera a comunicação com Hostau algumas semanas antes, ele se preocupava com as éguas, mas naquele instante ele estava tão nervoso com o destino dos garanhões brancos que não tinha tempo nem cabeça para mais nada. Logo após Podhajsky ter recebido a derradeira visita do general Weingart — que se matara não muito tempo depois —, uma carta "Altamente Secreta" havia chegado: eram suas ordens militares finais. Ele era ali designado o comandante da defesa de St. Martin. Seu dever era defender a vila em nome da Alemanha. Podhajsky prometera a si mesmo que ele, de fato, *defenderia* St. Martin, fazendo todo o possível para uma rendição rápida, com o mínimo de violência e derramamento de sangue. Mas ele sabia que nem todos concordavam com ele. Durante a ocupação, os líderes do Partido Nazista local haviam aterrorizado os moradores da vila, e diante da derrota iminente da Alemanha, os alemães e seus colaboradores austríacos estariam à mercê daqueles que eles tanto maltrataram. Temendo pelo futuro, os colaboradores tinham mesmo todas as razões para se manterem agarrados ao império agonizante.

A noite já caía e os sons de batalha, ainda distantes e intermitentes, haviam cessado ao menos por enquanto. Podhajsky caminhava pelos arredores do castelo quando o prefeito da cidade apareceu à procura de ordens para organizar uma Volkssturm e combater os norte-americanos. Aquilo era tudo o que Podhajsky estava, a todo custo, determinado a evitar. Se tentassem defender assim a vila, os norte-americanos chegariam atirando e os civis e os cavalos estariam em perigo. Mas, como chefe de defesa do setor, Podhajsky não podia deixar evidente que não tinha qualquer intenção de guerrear – se mostrasse suas cartas, ele poderia aparecer em uma vala qualquer com uma bala entre os olhos e sem condições de proteger seus preciosos garanhões.

Então Podhajsky teve que fazer com que os nazistas acreditassem que ele estava ao lado deles. Naquele instante, o prefeito estava bem diante dele, aguardando as ordens do coronel. Podhajsky entendeu que era preciso distrair a milícia, ocupando-os com algo mais que a luta armada. Foi então que ele criou um esquema para desviar a atenção do prefeito. O que o alcaide queria mesmo era proteger seu próprio negócio – um pequeno açougue. Para isso o coronel lhe pediu que dividisse as tropas da Volkssturm colocando-as em frente às lojas da cidade para prevenir saques. O prefeito, em total acordo, partiu rápido para colocar o plano de Podhajsky em ação. Logo depois, quando um primeiro-tenente se apresentou para receber ordens, Podhajsky o despachou para uma escola fechada no extremo da vila na esperança de manter os homens o mais longe possível durante a aproximação dos norte-americanos.

Em seguida, surgiram dois oficiais do Partido Nazista. Podhajsky ficou surpreso ao ver que os dois – temidos por toda a área – estavam tremendo e pálidos. Eles disseram que tinham ordens do *Kreisleiter* – autoridade regional nazista que era um brutamontes sem alma – para bloquear todas as estradas de acesso à vila. Eles queriam que Podhajsky ordenasse a colocação de barricadas. Podhajsky sabia que aquilo seria arriscado demais. Os norte-americanos eram conhecidos por usar o dobro da força de ataque quando encontravam resistência ao entrar em uma cidade e, com certeza, fariam exatamente aquilo naquele caso. Se eles liberassem seu poder de tiro, seus tanques teriam as barricadas como alvo. A vila seria atingida em cheio, podendo até mesmo ser destruída, e civis morreriam. Para ganhar tempo, ele mandou colocar guardas nos bloqueios, mas manter as estradas abertas.

"Só que tenho ordens para fechá-las", gaguejou um deles. "O próprio *Kreisleiter* está a caminho de St. Martin para uma inspeção!"

"Ele disse que qualquer insubordinação será gravemente punida", completou o outro também nervoso. Os homens pareciam conscientes da dificuldade que teriam pela frente para cumprir aquela ordem, mas também apavorados com a ideia de não fazerem o que o chefe nazista ordenara.

Podhajsky tentou acalmá-los. "Estou lhes dando minhas ordens. Se houver qualquer problema, eu mesmo falarei com o *Kreisleiter*." Os dois representantes nazistas sumiram mais que depressa, bem como Podhajsky imaginara. "Já vão tarde." Ele continuou em alerta, mas, pelo menos por um tempo, as estradas permaneciam abertas e pairava no ar uma certa calma, apesar da tensão.

Alois Podhajsky havia vestido o uniforme da Wehrmacht alemã em 1938. Naquela época, ele era um dos maiores atletas de hipismo do mundo. Quando se tornou diretor da Spanische Hofreitschule de Viena, ele havia jurado usar seu prestígio para manter em segurança a mais importante instituição equestre de sua terra natal. Quase sete anos depois e muitas concessões mais tarde, o êxito de sua missão ainda não estava assegurado. Nas próximas horas ou dias, sua capacidade como soldado e como homem seria de fato decidida. Conseguiria ele salvar os cavalos austríacos? Como a história trataria as muitas concessões que fizera? No meio de tudo isso, eram os seus garanhões, Pluto, Africa e todos os outros, que lhe serviam de norte. Podhajsky se desfez do casaco e das calças do uniforme alemão. No lugar deles, vestiu roupas civis. Enrolando apressado o uniforme, ele o escondeu. Um silêncio nada natural pairava sobre a vila. Não havia mais nada a fazer a não ser esperar.

A calma não durou muito. Uma hora e meia depois, o telefone de Podhajsky tocou. Era um dos representantes do Partido que, ainda mais agitado, pedia que ele fosse explicar por que as estradas não estavam fechadas com barricadas. O *Kreisleiter* chegaria a qualquer momento. Podhajsky olhou em pânico as roupas que vestia. Não havia tempo para colocar de novo o uniforme. Ele jogou um sobretudo por cima da indumentária civil na esperança de que ninguém notasse. Na cintura, escondeu uma pistola e, com esforço, saiu no silêncio da noite.

Quando Podhajsky entrou no escritório, os líderes nazistas, lívidos e ansiosos, receberam-no com um silêncio de pedra. Então, a porta se abriu com um estrondo e o *Kreisleiter* entrou na sala junto com dois homens armados da SS quebrando o silêncio com um "Heil Hitler".

"As barricadas já foram colocadas a postos?", gritou o *Kreisleiter*.

Como um peixe à procura de água para respirar, o representante mais velho abriu a boca, mas sem forças para articular palavra alguma.

Podhajsky tomou a dianteira, com cuidado para manter um tom normal. "Não, as barricadas ainda não foram colocadas ou o seu carro não teria como chegar aqui."

"Por que minhas ordens não foram cumpridas?", o rosto do *Kreisleiter* estava vermelho de raiva.

A sala era pura tensão. O *Kreisleiter*, ladeado por seus dois capangas fortemente armados, olhava para Podhajsky. O coronel, com calma, encarou o olhar duro do trio. Todos os outros presentes se encolheram em seus cantos, apenas imaginando o que aconteceria.

Podhajsky sentiu o coldre frio de sua pistola e decidiu que ele não iria embora sem luta. Sua mente escrutinou milhares de possibilidades em apenas alguns segundos. Ele sabia que estava a um milímetro de receber um tiro que faria dele um exemplo. Se aquilo acontecesse, quem iria proteger os cavalos? Ele se concentrou de novo, pensando na face dos seus adorados Pluto e Africa.

Com a voz mais calma possível, Podhajsky explicou: "Quando as nossas tropas conseguiram conter o avanço dos norte-americanos – o que foi indicado pelo cessar dos tiroteios –, não vi utilidade alguma no fechamento das ruas, posto que isso significaria também acabar com o livre deslocamento dos nossos próprios soldados. Mas mandei colocar homens da Volkssturm nas barricadas existentes e tomei as medidas necessárias para que elas pudessem ser fechadas de maneira rápida assim que eu desse uma ordem".

O *Kreisleiter* nada disse e parecia estar pensando. Podhajsky aguardou na expectativa de que seu blefe funcionasse.

Os oficiais da SS colocaram as mãos em suas armas, prontos para entrar em ação caso o chefe desse sinais de estar pouco satisfeito. Mas o *Kreisleiter* parecia aceitar a explicação de Podhajsky. "Então tudo está na mais perfeita ordem", afirmou.

Ele se virou e convocou seus dois lacaios da SS que, por sua vez, gritaram ameaças aos líderes locais quando caminharam pela porta afora. Os três entraram em um carro preto com bandeiras nazistas tremulando e então partiram para a inspeção da próxima vila, aparentemente satisfeitos com a ideia de que o coronel Podhajsky lutaria até a morte para defender aquela cidade.

Enfim livre dos nazistas, Podhajsky se apressou de volta aos estábulos para ver se os cavalos estavam bem. Ao se aproximar, seu coração bateu mais rápido e ele disparou a correr. Gritos e vaias ecoavam por toda parte. Uma multidão descontrolada cercava o celeiro. Podhajsky lutou contra a aglomeração para ver do que se tratava. Já perto da porta, ele percebeu que os homens roubavam cigarros de uma sala de armazenamento que ficava acima dos estábulos. Com a pistola em mãos, Podhajsky forçou o recuo da massa, chamando integrantes da Volkssturm para fazer a distribuição. Sua esperança era de que aquilo levaria a multidão para longe dos estábulos.

Durante toda a noite, tropas alemãs e soldados sozinhos atravessavam a cidade para lá e para cá, mas de manhã a vila era só quietude. Perto da hora do almoço, um dos seus cavaleiros trouxe a notícia: os norte-americanos estavam quase lá.

Podhajsky sinalizou para que todos os cavaleiros trocassem os uniformes por trajes civis. Verena recolheu as fardas e tratou de escondê-las em uma das grandes salas de desenho do castelo. Os cavaleiros foram instruídos a render suas armas, retornar o mais depressa possível para os estábulos e ficar longe de vista.

Podhajsky logo se reuniu a eles, ansioso por manter seus olhos sobre os cavalos. Nas horas seguintes um verdadeiro turbilhão varreu a cidade. Os norte-americanos acuavam todos os alemães uniformizados que encontravam e, ao mesmo tempo, os prisioneiros de guerra libertados saqueavam e quebravam tudo que viam pela frente. Podhajsky e seus cavaleiros estavam preparados para reagir caso fosse necessário, mas a turba permaneceu do lado de fora das portas trancadas dos estábulos. Em suas baias, Africa, Pluto e os outros garanhões levantavam a cabeça e tremelicavam uma ou outra orelha sempre que a gritaria e o tumulto ecoavam pelas paredes. Ao fim do dia, as tropas Aliadas haviam restaurado a ordem. A tranquilidade de novo imperava.

Enfim, a dolorosa temporada de dominação nazista se encerrava. Mas a segurança dos cavalos ainda não estava garantida. Os norte-americanos haviam tomado uma área que estava à beira do caos com a presença de um enxame de refugiados e prisioneiros de guerra, de desalojados que precisavam de ajuda, além, é claro, de nazistas que tentavam escapar. Entre aquela multitude de problemas, como Podhajsky poderia convencer os estrangeiros a entender a importância daqueles cavalos?

No dia seguinte, as estradas de acesso à vila de St. Martin estavam entupidas com veículos norte-americanos, e um sem-número de soldados com cara de gente importante circulava por toda parte. Na boca do povo corria o boato de que o general de brigada William A. Collier do 12º Corpo de Exército chegaria em breve para instalar o quartel-general no castelo. Não demorou muito, e a caravana adentrou a cidade com o general desembarcando com sua comitiva. Ciente de que precisaria da proteção dos norte-americanos, Podhajsky correu para se apresentar. "Os cavalos!", Podhajsky tentava explicar sem que o general lhe desse ouvidos. O encarregado passava afobado, preocupado em organizar o alojamento do pessoal envolvido na ocupação. Em um piscar de olhos, ele já estava longe de vista.

OS GENERAIS
CASTELO ARCO, ST. MARTIN, ÁUSTRIA | 7 DE MAIO DE 1945

Com o coração estraçalhado pela recepção do general, Podhajsky retornou aos estábulos levando consigo seus maiores temores. Os animais não mais corriam perigo físico imediato, mas haviam sido colocados de lado – a escola e seus cavalos agora pertenciam a ninguém. No entanto, suas necessidades de comida e cuidado não haviam diminuído.

A decisão de sair de Viena fora por demais dolorosa. Naquela jornada, por muitas vezes os animais ficaram sob grande risco. Aqueles foram os piores momentos da vida de Podhajsky. Agora o horror absoluto das bombas caindo sobre sua família e seus animais havia ficado para trás. Os cavaleiros estavam agradecidos pela sua liderança e mantiveram uma extenuante rotina na tentativa de atender à incrível demanda de tantos cavalos a exercitar. E para assim o fazer eles precisaram se separar de suas famílias e casas. Todos acreditavam que Podhajsky havia conseguido. Ele salvara a Spanische Hofreitschule.

Podhajsky, no entanto, sabia que a verdade era mais complicada. Os cavalos e cavaleiros haviam sobrevivido à guerra, mas a instituição que eles representavam jamais correra tamanho risco. Ele não tinha notícia alguma do destino das éguas de Hostau. Isolado em St. Martin, ele não sabia que um coronel norte-americano havia capturado o haras. Também não fazia ideia se o elegante salão da Michaelerplatz havia permanecido inteiro. Mas sua mais imediata preocupação era saber com quem ele poderia conversar sobre comida e grãos para os cavalos.

Durante os meses anteriores à evacuação, Podhajsky havia tomado o cuidado de estocar comida, reduzindo ligeiramente a ração dos cavalos ao mesmo tempo que requisitava porções extras de grãos das lojas de Hostau. A reserva estava quase no fim, e quem garantiria agora que os norte-americanos se importariam o bastante com a Spanische Hofreitschule? A antiga instituição poderia ser vista como nada mais que uma relíquia de uma ordem derrotada, tão obsoleta quanto o próprio Império Austro-Húngaro.

Ao percorrer os estábulos, cumprimentando cada um de seus cavalos pelo nome e distribuindo torrões de açúcar, Podhajsky demorava um pouco mais nas baias de Pluto e Africa. Pluto era um jovem garanhão de grande potencial, e Africa tinha aquela rara sensibilidade. Eles estavam vivos e esbanjando saúde, mas será que voltariam um dia a se apresentar? Será que o mundo teria de novo a oportunidade de ver o fulgor desses dois animais e tudo o que eles tinham a oferecer?

Do lado de fora dos estábulos, os norte-americanos corriam febris para todo lado, ocupados com preparativos. Os boatos diziam que dignitários militares ainda mais importantes estavam para chegar ao castelo Arco no dia seguinte. Mais tarde, um dos cavaleiros de Podhajsky veio correndo vê-lo. "Há um oficial norte-americano perguntando por você", disse ele já sem ar. "Ele quer vê-lo agora mesmo. Ele o viu nas Olimpíadas e quer conhecê-lo e saber como está!"

Podhajsky sentiu seu coração quase parar. Quem sabe ele poderia encontrar alguém simpático à sua causa?

Apressando-se para deixar o estábulo, ele logo encontrou o major que o conhecia de nome e que lembrava de sua incrível apresentação nas Olimpíadas de Berlim. No mesmo instante, o general de brigada Collier, que o havia ignorado antes, chegava aos estábulos acompanhado do comandante do Corpo de Exército, general Walton Walker. O major, então, revelou apressado aos generais que eles se encontravam diante de um atleta olímpico – uma celebridade do universo da equitação. Podhajsky os observava com um misto de esperança e cautela. Até aquele instante, ele e seus homens haviam feito de tudo para passarem despercebidos, à espreita pelos estábulos, incertos sobre sua situação.

Walker e Collier ouviram tudo com atenção. E foi aí que Walker teve uma ideia. Seu chefe viria inspecionar tudo no dia seguinte, e Walker achava que ele gostaria de ver os garanhões de Podhajsky. Todos sabiam que George Patton tinha um enorme interesse em cavalos. Seria possível Podhajsky organizar um show para o general? No dia seguinte?

Quando Podhajsky ouviu o nome do general Patton – famoso líder do Third Army e ex-atleta olímpico assim como ele –, se exaltou por um instante, mas foi logo tomado por uma excruciante dúvida. Sob condições normais, os cavaleiros se preparavam por meses a fio. Os últimos dias haviam sido tão tumultuados que ele mantivera os garanhões recolhidos em suas baias. Como poderiam estar preparados para se apresentar em um show no dia seguinte? Mesmo assim, Podhajsky sabia que, para proteger os cavalos, ele precisava de amigos em postos de comando. Por isso, sem hesitar, ele disse sim à ideia do general.

Satisfeito com o resultado daquela conversa, Podhajsky retornou ao castelo onde, assim que entrou, viu os soldados norte-americanos esvaziando uma sala para usá-la como refeitório.

Podhajsky se apavorou. Eles haviam escondido seus uniformes da Wehrmacht por trás dos móveis daquele salão. Se os norte-americanos os encontrassem, poderiam achar que seus cavaleiros eram soldados alemães e prendê-los como prisioneiros de guerra – e aí, quem cuidaria dos cavalos? Tudo estaria perdido. Por um momento, ele ficou em pânico. O que deveria fazer?

Nesse instante, porém, viu que sua esposa já estava um passo adiante. Verena ajudava com a limpeza e, com uma calma estudada, caminhava pelo salão com uma cesta cheia de cortinas e almofadas para lavar. Com um pequeno aceno de cabeça, ela sinalizou para o marido que levava consigo os uniformes do Exército Alemão.

Naquela noite, a primeira da nova ocupação, Podhajsky quase não dormiu. Sua cama era pouco mais que um berço e não havia lugar para suas pernas compridas, mas o pior era mesmo sua cabeça que rodava cheia de preocupações em relação ao show prometido.

Conquistar a atenção do Alto-Comando dos norte-americanos era sua melhor chance de assegurar ajuda para a escola de equitação, mas como ele poderia fazer uma apresentação de primeira grandeza em tão curto espaço de tempo? Todo show daqueles cavalos brancos parecia acontecer sem esforço algum, mas aquilo era um truque. Na verdade, eles eram o ápice de um trabalho meticuloso executado por um pessoal altamente especializado. E todos eles exercem suas funções com a devoção de monges.

Na manhã seguinte, Podhajsky percebeu que o general Walker estava tão preocupado quanto ele com a tal apresentação e, após inspecionar os estábulos, o pátio e o picadeiro, que estava em péssimas condições, ele amealhou um verdadeiro exército de voluntários para dar um jeito na situação. Um grupo limpou, então, o pátio e a arena coberta; outro tratou de usar galhos de árvores para esconder a dilapidação das paredes ao redor do picadeiro; e um terceiro grupo removeu as selas e os uniformes de apresentação do local onde Podhajsky os escondera.

Podhajsky, porém, sabia que aquilo tudo cuidava apenas das aparências. O que o general Patton vinha ver era a apresentação dos lipizzans e, para cavalos e cavaleiros, aquele seria um show que definiria o futuro de suas vidas.

Mas como poderiam ficar prontos para a ação? O número de cavaleiros estava incompleto – faltavam aqueles obrigados a se alistar no serviço militar. E mesmo com a participação de todos os homens presentes, o show exigiria muito dos cavalos. Como acontece com todo atleta de elite, os garanhões só treinavam com força máxima por breves períodos de tempo. Mas a vida deles andava tão confusa! E os treinos, na melhor das possibilidades, haviam acontecido de maneira esporádica. Um observador comum poderia não perceber a diferença, mas uma pessoa acostumada a montar notaria. E Patton acompanharia tudo com um olhar de especialista.

Se Podhajsky parasse um segundo e pensasse em tudo o que passara nas últimas semanas – sua luta para conseguir permissão para deixar Viena, o terrível susto que vivenciara junto aos cavalos no vagão de trem, a longa noite em que conseguira evitar que os nazistas locais resistissem à chegada dos norte-americanos, o momento em que ele retirara de uma vez por todas o detestado uniforme da Wehrmacht escondendo-o atrás dos móveis, seu intenso alívio pelo fim da guerra unido à consciência de que ele e seus cavalos estavam exilados longe de casa e com a possibilidade de jamais retornarem –, tudo isso seria suficiente para deixar qualquer um tonto. Mas, no lugar de devaneios, Podhajsky mergulhou nos preparativos para o show. Ele ensaiou Pluto e Africa nos vários andamentos, testando-os para ver quem estava em melhor situação. Pluto estava um pouco descuidado, como sempre, mas era capaz de se apresentar com brilho. Africa, por sua vez, exigia duas vezes mais carinho e elogio que qualquer outro cavalo, de tanto que tentava satisfazer seu mestre. Apesar da enorme interrupção e da falta de treinamento adequado, Podhajsky descobriu que seus cavalos pareciam entender sua urgência e respondiam dando o melhor de si. Ele observou cada um dos seus cavaleiros e montarias em separado e conseguiu, então, mapear um programa para sua apresentação – algo que levasse em consideração o espaço pequeno, o reduzido número de cavaleiros e ainda o grau de dificuldade dos movimentos exigidos de cada cavalo. Ele simplesmente não poderia exigir demais dos animais que não estivessem prontos.

Foi com tremendo alívio que Podhajsky soube, naquela tarde, que a visita de Patton ocorreria apenas alguns dias depois. Após um pequeno intervalo, eles e seus homens trataram de treinar. Eles desembalaram os alto-falantes usados para a música e, com a ajuda dos soldados, penduraram fios com lâmpadas para alegrar o ambiente. Podhajsky notou que o general Walker fazia visitas periódicas à arena para observar o treinamento e parecia que ele queria ficar por ali. Era evidente que os garanhões haviam conquistado mais um fã.

O grande pátio do castelo ficava, em geral, tomado por refugiados comprando e vendendo itens roubados, mas, no dia marcado para a visita de Patton, o lugar tinha apenas um sentinela a postos em cada uma das suas entradas.

A comitiva militar enfim chegara com toda pompa e circunstância. Primeiro foi a vez do desfile regimental, com a bandeira da 4ª Divisão Blindada e do 20º Corpo de Exército, flanqueados pela Military Police. Logo após as bandeiras vinha o subsecretário de Guerra, Robert Patterson, com o general Patton ao seu lado. Patton caminhava cheio de confiança, como um conquistador, acenando a mão ao inspecionar a fileira de cavalos alinhados para recebê-lo. Ele e sua camarilha entraram, então, na área do picadeiro, assumindo seus lugares nas arquibancadas erguidas especialmente para eles no dia anterior.

Era hora de começar a apresentação. Podhajsky espiou mais uma vez seus cavaleiros. Cada um deles montava um cavalo com o qual mantinham uma intimidade única, quase mágica entre animal e humano. Cada cavaleiro havia treinado seu garanhão desde o primeiro momento, quando eles eram ainda muito jovens. Cada um deles conhecia todas as artimanhas e o temperamento de suas montarias. Seus pontos fracos e fortes. Cada conjunto se comunicava apenas através de toques tão profundamente arraigados que pareciam ser nada mais que pura intuição. Havia entre eles verdadeiros casos de amor. Os cavaleiros haviam devotado suas vidas aos seus cavalos e à fina arte de montá-los. E era por isso que eles ali estavam, ainda juntos. Agora era hora de provar o quanto valiam.

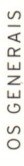

General Patton, coronel Podhajsky e o subsecretário de guerra Robert Patterson inspecionam os estábulos de St. Martin, Áustria.

Milhões de ideias rodopiavam naquele instante na cabeça de Podhajsky. Ele não pensava apenas se a exibição seria boa o bastante. Ele também se perguntava: "Mesmo que a apresentação seja ótima, será que alguém se importará com isso? Seria possível que aqueles desconhecidos, aqueles forasteiros reconhecessem o extraordinário dom daqueles animais?".

A arte do hipismo clássico é feita de sutilezas. Enquanto a plateia se impressionava ao ver saltos e pulos, cavaleiros experimentados entendiam que a verdadeira façanha da Spanische Hofreitschule estava na exaltação da harmonia, da paz e da simetria exibidas sem esforço aparente e que, paradoxalmente, só existia após anos e anos de treinamento e dedicação abnegada tanto dos cavalos quanto dos cavaleiros. Podhajsky tinha fé em Patton, por ele ser um cavaleiro, mas, sobretudo, ele depositava sua esperança em seus cavalos e no feitiço que eles pareciam lançar. Podhajsky pensou nas derradeiras palavras do agora amaldiçoado general Weingart: "Mais uma vez você colocará os soldados que chegarem sob o forte feitiço dos seus cavalos brancos, da mesma maneira que você fez comigo".

Podhajsky havia colocado Neapolitano Africa para liderar a quadrilha – a mais importante posição no dia mais importante de suas vidas.

A música começou a tocar.

Longe estavam os afrescos ornamentados e os lustres de cristal do picadeiro nobre da escola em Viena. Longe também estavam o teto alto e as janelas enormes que iam até lá em cima e que haviam sido projetadas para levar luz a toda parte. Longe estava ainda o retrato em que Carlos VI sorria ao vigiar a continuação de uma tradição de excelência que ele havia fundado três séculos antes.

Ali, na tristeza disfarçada do pequeno picadeiro de St. Martin, tudo se resumia à sua mais pura essência – cavalos e cavaleiros e a maneira como eles se moviam em conjunto.

O general George Smith Patton sentou-se na arquibancada para ver aquela apresentação especial organizada para entretê-lo. Patton e Patterson haviam voado até St. Martin em um *Piper Cub* para visitar o 20º Corpo de Exército e só ficaram sabendo da presença dos garanhões brancos da Spanische Hofreitschule após sua chegada. Patton soubera, então, que ele e o diretor austríaco da escola tinham algo muito importante em comum: Patton havia competido no pentatlo moderno nos Jogos Olímpicos de 1912, em Estocolmo, enquanto Podhajsky competira no adestramento em 1936. Muito havia mudado para ambos desde então, mas a paixão que tinham por cavalos não havia diminuído em nada.

Dois cavaleiros abriram o show com um *pas-de-deux* – uma coreografia a dois. Da sua posição próxima ao portão por onde os cavaleiros entravam no picadeiro, Podhajsky podia ver que a sequência prosseguia sem falhas, mas seu olhar seguia de perto o rosto do general Patton, tentando analisar sua expressão. O general não parecia muito interessado. Talvez estivesse até entediado. Podhajsky provavelmente não soubesse que seu estilo de equitação estava a quilômetros de distância do tipo de montaria a que Patton estava acostumado. Nos Estados Unidos, predominava o chamado método *forward*, em que os cavalos se moviam de maneira mais "natural", com a cabeça e o pescoço estendidos. O treinamento de reunião – que mantém a garupa contida, a frente alta e o nariz do animal quase perpendicular ao chão, com o andar bem-controlado pelas mãos, pernas e assento do cavaleiro – era essencialmente uma arte europeia. Para um caçador ou um jogador de polo como George Patton, aquele estilo de montaria contido era um completo desconhecido. Era como se um fã de rock'n'roll fosse convidado a ouvir um quarteto de cordas. A expressão do general era difícil de entender – ele parecia nem prestar atenção ao show. Mas não demorou muito e o *pas-de-deux* ficou mais rápido e mais complexo, e Podhajsky notou que tanto Patton como outros norte-americanos de repente estavam debruçados em direção ao picadeiro e começavam a prestar grande atenção.

Em seguida foi a vez da quadrilha, com os cavalos em formação fazendo uma coreografia tão precisa quanto aquelas das corporações musicais no melhor estilo *drum corps**. A apresentação deixou uma ótima impressão. A beleza e a precisão harmônica haviam encantado os espectadores. Na verdade, há mesmo algo de fascinante na exatidão de uma banda marcial, de um nado sincronizado em explosão ou de uma fileira de dançarinas do The Rockettes. Montado sobre Africa, Podhajsky liderou ali a mais perfeita tradução daquilo que conhecemos como equitação: oito cavalos e oito cavaleiros em absoluta sincronia. O general Patton se levantou da cadeira. Seu rosto continuava sério. Apesar disso, Podhajsky suspeitava que havia ali um ar de interesse.

Quando a quadrilha chegou ao fim, Podhajsky acarinhou Africa, sussurrou elogios em seu ouvido. Sua apresentação havia sido perfeita, mesmo em circunstâncias tão deselegantes.

Os cavalos passaram, então, a ser preparados para o próximo segmento. Selas e mantas eram trocadas pelos eficientes tratadores. Verena aproveitou a pausa para ir à coxia onde comentou com o marido, em voz baixa, sua impressão. Ela estava certa de que Patton e companhia estavam apreciando o programa. O general já não parecia entediado – ele estava prestando muita atenção e todos os espectadores pareciam impressionados.

Se Patton e Podhajsky se conhecessem pessoalmente, era bem provável que os dois atletas olímpicos logo vissem um no outro a mesma persistência intensa e desmedida. Assim como Podhajsky sabia organizar um show equestre, Patton tinha larga experiência em um dos maiores espetáculos com equinos do Exército dos Estados Unidos, o Society Circus, que ocorria todo ano no Fort Myer, na Virgínia. Sob a batuta de Patton, o evento havia exibido várias das mais avançadas manobras de equitação – acrobacias

---

* Organização que aglutina uma série de fanfarras consideradas de alto desempenho, fomentadas por grupos de veteranos de guerra. (N.E.)

complicadas ocorrendo no lombo de um cavalo em marcha, como a manobra em que o cavaleiro tem seus pés apoiados em dois animais diferentes, ou os vários volteios militares conhecidos como ordem unida com fuzil. Nos tempos passados de paz, presidentes e embaixadores, senadores e estrelas de cinema haviam prestigiado aquele evento anual. Mas tudo aquilo agora eram apenas recordações para Patton, que se dispusera, por conta própria, a se distanciar de sua paixão pelos cavalos para ajudar o Exército a se adaptar aos últimos avanços tecnológicos que tanto ajudaram os Aliados a ganhar aquela guerra. Assim, Patton, mais que qualquer outra pessoa, tinha a exata noção de quanto esforço havia ali por trás daquele show.

Ao ver os garanhões circularem o picadeiro, ele não sabia bem o que pensar. O que mais surpreendera o general era que os cavaleiros pareciam homens adultos saudáveis. Ele não conseguia imaginar como eles haviam escapado das batalhas. Enquanto o espetáculo de Podhajsky prosseguia, ele ainda não havia se rendido por completo ao charme daqueles equinos.

Para o *finale*, mais uma vez Podhajsky havia escolhido Africa. Ele esperava que a decisão fosse acertada: aquela era a primeira vez que seu excitável garanhão se apresentaria sozinho. Em silêncio, com apenas um toque leve nas rédeas, a pressão das suas pernas e o peso do seu próprio corpo sobre a sela, Podhajsky se comunicava com seu cúmplice, seu companheiro, seu cavalo. Aquele era o momento mais importante da vida dos dois.

A área do picadeiro estava, digamos, apresentável, decorada com galhos recém-cortados e completamente limpa, tendo, inclusive, uma arquibancada improvisada e ornamentada que parecia mesmo melhor do que era com todos aqueles condecorados uniformes dos figurões sentados ali. Mas aquilo tudo não chegava perto da grandiosidade da arena de Viena. A luz elétrica criava sombras. O som da música era abafado e baixo.

Porém, quando Podhajsky deu sinal para que sua amada montaria entrasse no picadeiro, ele sabia muito bem que o que mais importava não era o esplendor ao redor, mas a profunda beleza do espírito do cavalo. A maior parte da plateia jamais saberia muito sobre aqueles cavalos ou sobre tudo que haviam sofrido. O instinto, contudo, fazia com que entendessem que aquela apresentação era uma manifestação da atração humana aos seus mais importantes princípios: beleza e harmonia, paz e compreensão mútua. Cada uma dessas qualidades parecia ter sido perdida nas batalhas, no caos e na enorme tristeza da guerra. Podhajsky acreditava que aqueles cavalos podiam, por um momento, levar as pessoas a uma experiência em que elas encontrassem o sentido do que é o sublime. Não importava que Africa jamais havia se apresentado sozinho, menos ainda que o ambiente não fosse o mais adequado. Quando um homem se comunica com um cavalo, ele fala a língua do amor e, por isso mesmo, ele fala com toda a humanidade.

Podhajsky decidiu de repente montar no mais avançado estilo clássico. Ele cruzou as rédeas na mão esquerda de modo que teria controle apenas da rédea mais baixa. Na outra mão ele segurava seu chicote para cima acrescentando assim mais elegância à cena. Agora ele e o cavalo precisavam confiar completamente um no outro.

Ao entrar no picadeiro, Podhajsky já habitava um círculo de concentração onde só existiam o cavalo e ele mesmo. Sempre brilhante em seus movimentos, Africa exalava animação. Os norte-americanos ao redor estavam fascinados e não conseguiam tirar os olhos de cima do conjunto. Podhajsky deu uma espiada furtiva no rosto do general e viu que Patton já estava ficando sob o feitiço do cavalo. O tempo parou de correr enquanto eles se apresentavam. Podhajsky e Africa executaram sem rugas todas as intricadas manobras – *pirouettes*, mudanças de mão, movimentos laterais – como se homem e animal, ou mestre e servo, fossem apenas um. Podhajsky notou que o entusiasmo da plateia crescia a cada exercício. Todos os movimentos de Africa eram agora seguidos por uma salva de palmas. Podhajsky sentia toda a potência do garanhão. Parecia que Africa entendia que dançava pela sua vida.

A apresentação chegara ao fim.

Podhajsky e Africa foram para a linha central da arena, parando bem em frente a Patton, que estava sentado no meio da arquibancada. Eles se aproximaram primeiro em um movimento conhecido como *passage* – um trote flutuante em que o cavalo exagera a suspensão de seus passos. Em seguida, Podhajsky colocou o garanhão em *piaffe*, um movimento ainda mais árduo em que o cavalo levanta suas patas e trota sem sair do lugar.

Por último, ele ficou quieto. Neapolitano Africa parou ereto, os cascos alinhados como se estivessem pisando sobre uma linha invisível. Podhajsky fez uma mesura com seu chapéu de duas pontas e olhou direto para o general George Patton que, por sua vez, levantou-se e retornou a saudação.

Patton saúda os lipizzans durante a apresentação em St. Martin, Áustria.

Podhajsky mais tarde registrou em suas memórias: "Aquele foi um dos mais importantes momentos da minha vida. Em um vilarejo na Áustria, em um instante decisivo, dois homens se fitaram, ambos atletas olímpicos que haviam representado seus respectivos países... Embora os dois se encontrassem agora em uma situação tão desigual – um como triunfante conquistador em uma guerra tão brutal, o outro como membro de uma nação derrotada".

"Honoráveis senhor secretário de guerra e general", Podhajsky disse em inglês. "Agradeço a honra que os senhores concederam à Spanische Hofreitschule. Essa tradicional instituição austríaca é hoje a mais antiga escola de equitação do mundo, tendo conseguido sobreviver a guerras e revoluções através dos séculos e que, por sorte, resistiu também às turbulências dos últimos anos." Ninguém ali presente fazia ideia de como aquelas palavras eram verdadeiras. Entre as várias terríveis catástrofes da guerra, os inocentes cavalos maltratados e mortos à bala jamais poderiam ser classificados como o pior no ranking de atrocidades – mas a morte de animais inocentes, domesticados, e que só existiam para o prazer dos homens, parecia revelar de forma clara o nível de depravação e barbarismo a que os seres humanos haviam chegado.

Para lhe dar coragem, Podhajsky tentara imaginar que um resto do espírito olímpico de paz e cooperação resistia ali, naquele momen-

Patton em conversa com Podhajsky ao final da apresentação em St. Martin, Áustria.

to, quando ele olhava para o general como um dominado perante seu dominador.

"A grande nação dos Estados Unidos", continuou Podhajsky, "que foi escolhida para salvar a cultura europeia da destruição, com certeza terá interesse nesta academia que, junto com seus cavaleiros e cavalos aqui presentes, é um pedaço vivo da arte barroca. Por isso, acredito que meu pedido não será em vão, e peço ao senhor, general, a sua especial atenção e ajuda para a proteção da Spanische Hofreitschule...".

Patton parecia a princípio surpreso com as palavras de Podhajsky. Ele pausou e depois sussurrou algo para o secretário de guerra. Voltando-se, então, para Podhajsky, ele disse: "Coloco aqui e agora a Spanische Hofreitschule sob a proteção do Exército Norte-Americano para assim restaurá-la nesta nova Áustria que agora se ergue".

À meia-noite do dia 8 de maio de 1945, os alemães se rendiam oficialmente e a guerra na Europa chegava ao fim.

Mas para Podhajsky e Africa, a guerra havia se encerrado quando eles entraram no picadeiro, deixando para trás medos e incertezas, para pisarem, assim, em uma nova era.

A MAIS LOUCA CARAVANA DO MUNDO
HOSTAU, TCHECOSLOVÁQUIA | 15 DE MAIO DE 1945

Duas semanas após sua cavalgada à luz da lua sobre o cavalo do rei Pedro, o capitão Tom Stewart olhava maravilhado para o pátio do haras em Hostau, Tchecoslováquia. Em um mundo enlouquecido pela guerra, não havia lugar algum onde se pudesse ver uma cena como aquela. O príncipe Ammazov, líder dos cossacos, montava um de seus cabardinos russos. Ele vestia um chapéu *papakha* de pele de carneiro e uma capa comprida feita do mesmo material. Sua filha de dez anos, já uma experiente amazona, seguia-o sobre um robusto panje. O restante da tropa, toda em trajes tradicionais, encontrava-se ao redor, de olho nos cavalos. Os ex-funcionários alemães de Hostau, agora prisioneiros de guerra dos Estados Unidos e em roupas civis, estavam a postos com listas de checagem, dando instruções. Cavalariços esfarrapados — ex-prisioneiros de guerra que agora estavam livres, mas sem ter para onde ir — seguravam as cordas guias dos preciosos animais. Combalidos jipes, carros blindados e tanques norte-americanos estavam estacionados no entorno. Soldados uniformizados dos Estados Unidos, a maioria sem experiência alguma com cavalos, trabalhavam para preparar os mais belos animais do mundo para a partida. Membros mais antigos da Cavalaria haviam se voluntariado para seguir junto com os cossacos em escolta e agora se preparavam para subir à sela de suas montarias. Centenas de cavalos curveteando, dançando, relinchando e grunhindo olhavam para todos os lados com olhos cheios de brilho, loucos para partir, sem saber quanto a jornada mudaria para sempre suas vidas. Um bando de jipes e blindados, além de uns poucos tanques, estavam prontos para galopar com eles. Parte dos caminhões seguiria carregada de equipamento de equitação — selas, freios, bridões e cabrestos. Outros carregavam bens pessoais. Todos estavam de partida. Apenas Rudofsky, ex-mestre do haras, planejava permanecer.

．．．．

Os primeiros dias da ocupação norte-americana haviam sido dolorosos para Rudofsky. Sem contato com a família em Bischofteinitz, ele aguardava ansioso uma resolução a respeito de seu futuro. Só depois do dia 5 de maio, quando o 38º Regimento de Infantaria Norte-Americana tomara a cidade, ele ficou sabendo da apavorante história de que o jovem Ulli havia se escondido junto com seus colegas de escola dentro das paredes ocas do castelo local durante a aproximação dos tanques Aliados. Com armas apontadas diretamente para eles, o professor da turma dera a Ulli um pedaço de pano branco e o empurrara para fora do esconderijo antes de qualquer outra pessoa, enquanto sussurrava "Os norte-americanos não atiram em crianças". Felizmente, Ulli sobrevivera inteiro à guerra, mas Rudofsky relutava em abandonar o menino cujo pai continuava desaparecido – morto ou internado em um campo de prisioneiros russo. Além disso, Rudofsky estava convencido de que, com os nazistas derrotados, a Tchecoslováquia não tinha mais inimigos e teria um futuro brilhante. Antes da guerra, o país vivia em uma democracia, e Rudofsky acreditava que eles retornariam ao mesmo modelo e que aquele seria, então, um país com lugar para todos.

Lessing tentara mudar a opinião de Rudofsky. Os dois tinham discussões acirradas sobre o assunto longe dos norte-americanos.

"Você está sendo ingênuo demais", disse Lessing. "Os *partisans* tchecos são ligados aos bolcheviques. Eles odeiam os alemães – com toda a razão – e você tem ascendência germânica."

Rudofsky era categórico. Ele havia cumprido sua obrigação de manter os cavalos em segurança e jamais abandonaria sua família. Ele seguiria apenas até a fronteira com os animais.

"Por que devo deixar o país onde nasci?", Rudofsky murmura-

Cossacos.

va para Lessing. "O que tenho a temer quando sei que jamais fiz qualquer coisa que fosse contra um tcheco em toda a minha vida? Minha família está aqui. Minha mãe está doente demais para viajar, a mulher do meu irmão e seus filhos precisam de mim..."

Enquanto todos se preparavam para ir embora, Rudofsky manteve-se ocupado, checando com atenção todos os itens, tomando cuidado especial para garantir que os puros-sangues levassem consigo uma cópia oficial da prova de seu pedigree. Rudofsky achava que era preciso documentar de maneira adequada a linhagem à qual cada animal pertencia. Assim eles seriam tratados com o devido valor e talvez até pudessem retornar para os respectivos donos.

Ao mesmo tempo que Rudofsky preparava suas listas, Quinlivan e Stewart observavam os soldados norte-americanos que separavam os cavalos em grupos de viagem, tocando com cuidado as éguas quase prestes a parir e os delicados potros recém-nascidos para que subissem as improvisadas rampas de acesso aos caminhões. Enfim, a mais improvável caravana da história estava pronta para partir.

Hank Reed havia organizado tudo para aquele momento. Na melhor das hipóteses, mover mais de trezentos cavalos por terra era uma tarefa complicada. Mas fazê-lo sob as circunstâncias daquele momento era como tentar resolver um intricado quebra-cabeça chinês. Reed possuía uma enorme experiência em operações de larga escala envolvendo equinos. Na época em que atuava em Fort Riley, jornadas de 160 quilômetros no lombo de um cavalo eram coisa comum. Mas aqui tudo era improvisado e apenas uns poucos soldados sabiam montar. Por isso, a tarefa era infinitamente mais complicada. Mover tantos cavalos sem ter em mãos o equipamento adequado trazia vários riscos. A gambiarra feita nos caminhões de transporte podia machucar os bichos. O estresse da jornada poderia provocar partos prematuros. Os cavalos talvez não cooperassem. E, além de tudo, a equipe reunida para transportar os cavalos formava um conjunto dos mais estranhos. Muitos deles, apenas semanas antes, eram inimigos jurados. Para coroar a situação, Reed havia concordado, por questões humanitárias, que famílias interessadas em seguir com a caravanas teriam sua permissão, podendo carregar consigo seus pertences e suas crianças.

Reed havia colocado o veterano "Quin" Quinlivan como encarregado da adaptação dos caminhões de Fort Riley. Dotado de uma mente perfeita para tarefas práticas, o tenente mergulhou em sua missão com entusiasmo, criando novos usos para velhos equipamentos para poder acomodar da melhor maneira possível aqueles preciosos cavalos. Quin colocou os rapazes para construir as rampas necessárias para que os animais subissem nos caminhões. Eles também tiveram que improvisar cercas contra a neve, elevando as laterais das carrocerias descobertas. Estes veículos cheios de gambiarras não lembravam nem de longe os vagões acolchoados ou os trailers especialmente preparados que em geral eram utilizados para o transporte de equinos valiosos, mas aquilo era o melhor que podiam fazer. Apenas as éguas prestes a parir e os potros jovens demais para caminhar seguiriam a bordo dos caminhões. O restante dos cavalos estaria mais seguro a pé, organizados em grupos – no melhor estilo caubói – em sua travessia da fronteira.

Os cavalos seguiriam em caravana até Kötzting, uma pequena vila não muito distante da fronteira onde os norte-americanos estavam mantendo e processando seus prisioneiros alemães. Reed havia enviado Kroll na frente para organizar estábulos e pastagens para os cavalos, mas ele retornara com notícias pouco animadoras. Os estábulos e os currais da região não estavam devidamente equipados para abrigar os sensíveis puros-sangues. Os campos disponíveis no entorno de Kötzting dariam conta daqueles trezentos e tantos cavalos por apenas algumas semanas. Reed disse que aquilo teria que servir. Mais tarde eles encontrariam uma solução mais adequada e em longo prazo para os animais.

O coronel sabia que todas as dificuldades de transporte dos cavalos eram nada quando comparadas à delicada situação política em vigor. Desde que haviam entrado na Tchecoslováquia, Reed e o 2º Regimento de Cavalaria dançavam um complicado tango com os russos. Após a captura do haras de Hostau, o 42º Esquadrão havia se movido ainda além no território tcheco, deixando apenas uns poucos soldados vigiando o haras e estabelecendo seu quartel-general na cidade de Nepomuk. A cerca de quarenta quilômetros a oeste de Hostau, Nepomuk se encontrava nos limites acordados entre os russos e os outros Aliados. Os norte-americanos não deveriam avançar nem um palmo além. Patrulhas do 42º tiveram seu primeiro contato com forças russas que avançavam em direção ao oeste na tarde do dia 8 de maio. Naquela mesma noite, Reed confrontara um general russo que garantia que suas ordens eram para seguir em direção ao oeste, entrando no território já tomado pelas tropas dos Estados Unidos. Reed havia se levantado e, balançando seu indicador de modo firme, dissera ao velho russo, em termos bem claros, que ele não deveria dar nem mais um passo adiante porque as armas dos norte-americanos ainda se encontravam carregadas. Naquele momento, os russos concordaram, então, em desviar da cidade capturada pelos Estados Unidos.

A situação no oeste da Tchecoslováquia continuava confusa e caótica com os dois exércitos gigantes, da Rússia e dos Estados Unidos, estacionados lado a lado, compartilhando espaço com um assustado povo local. Além disso, havia a inundação constante de novos prisioneiros de guerra e as estradas entupidas de famílias de refugiados fatigados que marchavam para o oeste. Cenas de violência da multidão pipocavam aqui e ali, com episódios de execuções sumárias de pessoas suspeitas de terem colaborado com os alemães. Até mesmo certos elementos da Infantaria norte-americana ameaçaram, em um determinado momento, atacar o haras de Hostau. Reed mais tarde contou em um depoimento oficial que "eles não viam com bons olhos aquela ilha de norte-americanos e alemães vivendo em paz". Sob tal atmosfera, o coronel sabia que os cavalos precisavam chegar depressa ao território exclusivo dos norte-americanos, antes que o 2º de Cavalaria recebesse ordens de recuar. Quando a ordem viesse, Reed não teria mais qualquer influência sobre o destino dos animais. Um representante tcheco já havia visitado o haras e parecia ansioso por decretar todos eles como propriedade do governo tcheco – uma alegação[11] que Rudofsky, o único com conhecimento dos cavalos que se encontravam em Hostau antes da

---

11 Em 1970, ao narrar os fatos da operação de salvamento, Reed descreveu a visita de Basta como "furtiva" e disse ainda que ele "aparentemente tinha o intuito de ser conivente com o tenente-coronel nascido na Tchecoslováquia e que era o segundo na linha de comando quando eles chegaram". Essa frase parece se referir a Rudofsky, entretanto Rudofsky era o primeiro na linha de comando de Hostau, e, em seu depoimento juramentado, Reed deixa claro que nenhum dos cavalos pertencia aos tchecos. O interesse tcheco no haras era natural, e porque a nação era tratada como um país Aliado, os norte-americanos não teriam o direito de remover a propriedade tcheca da Alemanha. Acontece, porém, que o haras em Hostau havia sido confiscado pelos alemães e todos os cavalos de lá haviam sido trazidos de outros países.

guerra, negava por completo. Reed sabia que para definir a origem daqueles puros-sangues seria necessário um acordo diplomático entre várias nações e que aquilo teria que acontecer mais tarde. Os norte-americanos podiam fornecer proteção nas estradas que davam em Hostau. A parte perigosa seria atravessar em segurança a fronteira guardada pelos tchecos.

O coronel tinha consciência de que qualquer erro seu poderia impedir que os cavalos voltassem inteiros à Alemanha, fazendo-o entrar para os livros de história como o mais inepto comandante de cavalaria a atuar na Europa. Ele não apenas desapontaria o general Patton, mas criaria um verdadeiro pesadelo de relações públicas. Tudo isso estava em sua cabeça enquanto ele supervisionava os complicados preparativos para a viagem. Mas havia mais por trás da obsessão de Reed com cada detalhe. Ele havia liderado seus homens pela guerra toda, até o final. Salvar os cavalos era a sua última grande missão e ele estava determinado a sair dela com êxito.

Com tudo pronto, Tom Stewart subiu a bordo do jipe que lideraria o comboio junto com o major que daria a ordem de marcha. Como puxadores da procissão, eles ficariam sempre à frente, seguidos de perto pelos caminhões que levavam éguas e potros.

Um verdadeiro trovão de cascos batendo no chão tomou conta de tudo quando o mais improvável desfile lotou a estreita rua principal de Hostau. Plácidas éguas brancas, potros serelepes, agitados árabes e musculosos cavalos russos passaram em frente à igreja de St. James na saída da cidade.

Quinlivan e Witez em Hostau.

Na carroceria dos caminhões, os pequeninos se esforçavam para manter o equilíbrio e espiavam admirados pelos vãos das laterais improvisadas.

Witez partiu com disposição, os olhos muito vivos e a cauda levantada. Em cima de seu lombo ia um membro da Cavalaria, um caubói do distante Idaho que parecia viver um dos melhores momentos de sua vida. Poucos cavalos de Hostau, que eram usados apenas para reprodução, estavam treinados para levarem sela e cavaleiros consigo. E Witez era um deles. O baio havia recebido a importante tarefa de pastorear o grupo de jovens garanhões, que eram os mais excitáveis. Quinlivan montava o colega de estábulo de Witez, o árabe cinza Lotnik, que seguia junto com o grupo de garanhões mais velhos.

Reed e seus homens haviam planejado cada etapa da viagem e mobilizado todo o pessoal disponível. Era difícil acreditar que apenas duas semanas antes Stewart e seus companheiros haviam batalhado e conquistado Hostau. Agora, além do pessoal do 2º de Cavalaria, outras centenas de soldados norte-americanos estavam em fileira nas ruas para que eles pudessem passar com segurança. A cada interseção, havia um veículo dos Estados Unidos guardando as vias.

Apesar de tudo isso, o grupo mal havia iniciado a viagem quando os problemas começaram a surgir. Antes mesmo de deixar os limites da vila, os jovens garanhões chegaram perto demais das éguas, e o pessoal de chão acabou perdendo o controle da situação. Quinlivan teve que acalmar Lotnik quando alguns garanhões que estavam soltos saíram em disparada. Os cavalos aceleravam campo afora em direção aos estábulos. Não havia tempo para enviar alguém atrás deles – todas as mãos estavam ocupadas; eles tentariam recuperá-los depois.

Tom Stewart seguia à frente no jipe, bem próximo dos caminhões. Os veículos motorizados poderiam fazer a jornada em umas duas horas, mas moviam-se devagar, mantendo o ritmo dos grupos de cavalos que seguiam a pé. A estrada atravessou campos floridos, levando-os depois para as profundezas da floresta e de novo para trilhas ensolaradas. Quando a noite caiu e estava escuro demais para que pudessem seguir viagem, os grupos pousaram em celeiros ao longo da rota, com Lessing e Kroll circulando por eles para cuidar dos cavalos que precisavam de atenção. Muitos tinham as patas doloridas, porque não estavam acostumados a caminhar aquele tanto.

O segundo dia foi de sol e céu azul. Rudolf Lessing, montado sobre Indigo, ia à frente do primeiro grande grupo e não tardou muito a avistar um pequeno burgo à distância. Lessing sentiu o coração apertar ao perceber que muito em breve eles cruzariam a fronteira entre a Tchecoslováquia e a Alemanha. O destino da caravana era a cidade de Furth im Wald, uma aglomeração de prédios medievais às margens do rio Chamb. Uma elegante ponte arqueada os levava por sobre as águas até a vila. Quando eles a cruzassem, estariam na Bavária, agora oficialmente um protetorado norte-americano.

Acima do portão de entrada da cidade de Furth im Wald havia um escudo medieval e cruel de uma cabeça de cavalo extirpada de seu corpo. De acordo com a lenda local, um famoso bandido tentara fugir da prisão sobre seu cavalo branco, galopando em direção ao portão. No entanto, o encarregado do portão baixou a grade de ferro para evitar a fuga, decapitando o cavalo e acabando com os planos do criminoso. Agora, os homens e os cavalos brancos tinham a esperança de que aquele portão não se fechasse diante deles como acontecera na velha lenda. Os cavaleiros já podiam ver as torres da cidade à distância, mas a caravana ainda teria que encarar o obstáculo que seria atravessar os cavalos pela fronteira guardada pelos tchecos.

Quando o primeiro grupo se aproximava do posto de controle, Lessing viu um oficial armado guardando um grande portão com listras vermelhas e brancas. Ao se aproximarem mais, os guardas da fronteira mandaram fechar o portão e depois se colocaram à sua frente, apontando as armas direto para os homens e os animais. O jipe de Stewart e os caminhões lotados de cavalos ficaram parados e com os motores ligados. Não demorou nada e o primeiro grupo de cavalos, que estava logo atrás, mostrou-se agitado, empinando e escavando o chão com as patas, sem entender por que não podiam seguir adiante. Lessing, montado sobre Indigo e com os olhos fixos nas armas, entendeu de imediato o perigo. O segundo grupo de cavalos não estava muito atrás. Se as éguas e os garanhões ficassem próximos demais, seria uma confusão dos diabos e alguns deles poderiam sair em disparada. Lessing ficava mais nervoso a cada segundo que passava. Ele já havia ouvido vários casos de cavalos apavorados e descontrolados morrendo nas mãos de soldados assustados ou afoitos. Os *partisans* tchecos a postos na barricada gritavam que os cavalos não poderiam passar porque os norte-americanos não tinham permissão para removê-los do território tcheco. Lessing sabia que aqueles cavalos não pertenciam à Tchecoslováquia – todos haviam sido trazidos de outros países e estavam agora sob o comando dos Estados Unidos. Mas como prisioneiro de guerra alemão, ele tinha medo de dizer qualquer coisa e complicar ainda mais a situação.

Um instante depois, ele viu o segundo grupo de cavalos aparecer à distância. Para seu alívio, ele também avistara Quinlivan e Lotnik trotando para se juntar a Stewart para conversar com os guardas da fronteira. Os homens repetiam a mesma ladainha – os cavalos não podiam deixar o território tcheco e os norte-americanos não tinham autoridade ali. Quinlivan analisou rapidamente a situação: havia nervos exaltados, armas apontadas e cavalos inquietos e resfolegantes, prontos para explodir. Stewart fez que sim com a cabeça e Quinlivan tratou de resolver o problema. Ele passou um rádio para os tanques que se encontravam no final do comboio, pedindo que apontassem direto para as barricadas.

"Abra o portão ou nós o abriremos para você", Quinlivan disse com firmeza. Nem homens nem armas se mexeram. A única coisa que se ouvia eram os cascos dos cavalos no chão. Mas, de repente, o guarda mais grosseiro fez um sinal com a cabeça e a barreira foi levantada.

Galopando e trotando, dançando e empinando, exibindo suas famosas andaduras, os cavalos brancos avançaram sob a cintilante luz do sol, atravessando a ponte e chegando assim ao protetorado norte-americano na Alemanha.

No meio da multidão, a pelagem lustrosa do baio Witez se destacava. Durante toda a cavalgada, ele havia se comportado de maneira exemplar. Parecia até que dizia aos jovens e serelepes garanhões que se acalmassem e continuassem indo em frente, porque aquilo ali era assunto sério. Por sua vez, Quinlivan só seguiu com Lotnik depois que o último cavalo havia cruzado a barricada.

Na fronteira, Hubert Rudofsky[12] manteve-se empertigado em trajes civis com os quais tinha pouca familiaridade. Com uma prancheta na

---

12 Algumas fontes afirmam que, ao retornar para o haras em Hostau, Rudofsky foi imediatamente preso. Porém, ele ficara encarregado dos cavalos, e os norte-americanos voltaram a visitar a fazenda para retirar outros equinos no dia 17 de maio. Após a partida dos norte-americanos, o haras passou a ser dirigido pelo tcheco Jindrich Basta. Rudofsky continuou com suas funções até 1º de junho de 1945.

mão e uma postura de homem de negócios, ele assinalava o nome de cada cavalo – que ele conhecia só de bater os olhos – à medida que eles passavam à sua frente. Quando o último puro-sangue cruzou o portão, Rudofsky fez uma marca ao lado do nome do animal e, com o coração pesado, deu as costas a todos e voltou para casa.

Ao chegar a Hostau, os longos corredores caiados dos estábulos estavam vazios e silenciosos. Desde os dias dos Dragões Imperiais aquelas paredes viviam cercadas pelos ruídos de um estábulo ocupado – o martelo contra a bigorna enquanto o ferreiro labutava, o estampido oco dos cascos contra a palha, o matraquear das correntes de prata polida quando os cavalos mexiam a cabeça, o relinchar carinhoso que ecoava longe e perto sempre que um tratador se aproximava com um balde cheio de aveia. Agora o ambiente estava mudo. Tudo o que havia era ausência.

Aos 48 anos, Rudofsky não tinha outro lugar para onde ir que não fosse a casa da mãe na vizinha cidade de Bischofteinitz. Pelo menos seu sobrinho, Ulli – aquele que havia segurado a bandeira branca quando chegara a hora da rendição às forças norte-americanas –, ficaria feliz com seu retorno.

Na tarde do dia 16 de maio, quando Stewart, Quinlivan e Lessing finalmente chegaram a Kötzting, na Alemanha, junto com mais de trezentos cavalos exaustos e com patas doloridas, eles não poderiam ter encontrado um ambiente menos hospitaleiro para com puros-sangues mimados e sensíveis. A pequena cidade estava superlotada. A 111ª Divisão Panzer, aquela poderosa divisão de tanques que entrara em confronto com o 2º de Cavalaria na batalha de Lunéville, havia se rendido em massa aos norte-americanos no dia 7 de maio. O 2º de Cavalaria teria agora que processar cada um daqueles soldados – fazê-los passar por exame médico, registrar as impressões digitais, preparar a papelada de dispensa, tudo sob seu selo. Mesmo atendendo quinhentos homens por dia, aquela tarefa exigiria mais de um mês para ser finalizada. Por enquanto, já havia mais de 17 mil alemães, prisioneiros de guerra, acampados sob guarda em pastos vazios. Para piorar o caos, havia também uma enxurrada de refugiados – gente que falava alemão e havia fugido da Boêmia e da Silésia antes da chegada dos russos e que agora procurava abrigo em qualquer lugar. Mesmo os moradores da cidade estavam espremidos em acomodações apertadas, porque toda casa aquartelava soldados norte-americanos. Nas estreitas e íngremes ruelas, qualquer bate-boca logo virava pancadaria, enquanto ladrões baratos circulavam fazendo dos mais vulneráveis e dos perseguidos de sempre as suas vítimas.

Apesar do cansaço da jornada, os cavaleiros não tinham tempo para descansar. Os celeiros, currais e pastos que Kroll havia localizado estavam espalhados pelos arredores. Todos os cavalos haviam chegado em segurança, mas quando Lessing, Quinlivan e Stewart inspecionaram o que havia à disposição em Kötzting, entenderam que estavam diante de um desafio e tanto — manter os cavalos alimentados, com água à disposição e longe dos ladrões consumiria vigilância constante de uma força que já estava no limite, consumida por uma lista sem fim de demandas.

Hank Reed não estava ali para testemunhar a chegada da caravana; seu posto de comando continuava instalado na Tchecoslováquia. Ele havia tomado o controle do castelo que pertencia ao barão von Skoda, proprietário da Skoda Works, uma das maiores fornecedoras de armas e explosivos para a Alemanha durante a guerra. Era preciso garantir que aquela importante unidade não caísse nas mãos de espertalhões. Em breve os norte-americanos recuariam, deixando o território tcheco sob o comando russo. Mas naquele instante Reed precisava manter as botas firmes no chão e as armas todas carregadas até que o 2º de Cavalaria, e o Third Army como um todo, recebesse ordens de bater em retirada.

Para Reed e seus homens, nada poderia diminuir o que eles já haviam feito ao salvarem aquelas belezas de quatro patas. Todos os cavalos estavam seguros em território norte-americano, e nenhum deles havia sequer se machucado na viagem. Em 1942, quando Reed assumira o comando do 2º de Cavalaria, parecia que os dias de valor equestre do regimento haviam ficado para sempre para trás. Mas agora ele, que tinha como codinome Thoroughbred, havia conquistado um lugar ao lado dos honoráveis soldados montados do passado.

O ADEUS AOS LIPIZZANS
KÖTZTING, BAVÁRIA, ALEMANHA | 16 A 21 DE MAIO DE 1945

Pela primeira vez na vida, Alois Podhajsky viajava de avião. Ele estava a bordo do avião militar pessoal do general Collier a caminho do posto de comando do 2º Regimento de Cavalaria, no castelo Skoda, em Zinkowy, Tchecoslováquia. O austríaco encontraria o homem que havia salvado seus lipizzans: coronel Hank Reed. A missão de Podhajsky era inspecionar os cavalos que o 2º de Cavalaria havia acabado de trazer para Kötzting e pegar suas éguas e os potros para transportá-los de volta para a Áustria.

Era de se entender que Podhajsky estivesse nervoso. Ele havia recebido informações muito básicas de que as éguas de Piber pareciam estar entre os cavalos recentemente capturados pelo 2º de Cavalaria. Estariam elas seguras e com saúde? Haveria perdas? Podhajsky não sabia. Quando ele olhou pela janela do avião, viu um panorama atrativo. Daquela distância, era possível detectar traços da guerra que tanto maltratara o continente por seis anos seguidos. Quando a pequena aeronave se aproximava de seu destino, Podhajsky viu ainda o castelo do barão von Skoda cercado por hectares de jardins ornamentais. O avião circulou sobre o prado e depois fez um pouso perfeito nas terras da propriedade.

À espera de Podhajsky estava um major norte-americano que seguiu com ele até o majestoso edifício barroco. Eles andaram apressados por um labirinto de corredores compridos, passando por sentinelas vestidos com uniformes cor de oliva que guardavam as entradas dos amplos salões onde havia belas pinturas a óleo em molduras douradas dependuradas nas paredes. O major o levou a um quarto confortável e pediu que ele ficasse à vontade. Informou ainda que o comandante do 2º de Cavalaria, coronel Reed, jantaria com ele. Às seis da tarde, o major retornou e o acompanhou para que se encontrasse com o coronel.

Podhajsky foi então apresentado a um homem com um sorriso acolhedor e de modos simpáticos que logo o fez se sentir bem-vindo. O austríaco estava surpreso e honrado pelo convite que Reed fizera para que ele sentasse à mesa dos oficiais no refeitório. Durante o jantar, os dois discutiram seu assunto predileto: cavalos. Reed contou a Podhajsky que ele havia reconhecido seu nome. O diretor da escola de equitação de Fort Riley, coronel Tuttle, um membro da equipe olímpica de 1936, havia admirado enormemente a apresentação de adestramento que Podhajsky fizera em Berlim. Ao retornar para Fort Riley, Tuttle nomeou uma das escolas de equitação da Cavalaria em homenagem ao austríaco – mas eles pronunciavam seu nome como "Podhorski"[13].

Reed contou ao austríaco o que havia ocorrido durante as duas últimas semanas. Ele explicou que os norte-americanos haviam capturado o haras intacto, mas que agora as instalações estavam em território que pertencia aos russos. Temendo que os norte-americanos logo deixassem a área e que os russos confiscassem os cavalos ou que a Tchecoslováquia decretasse que eles eram patrimônio tcheco, Reed tomara a difícil decisão de movê-los por terra até a vila de Kötzting, na Alemanha. Felizmente, os cavalos chegaram bem, mas as condições eram complicadas – ele queria devolver os lipizzans para a Áustria o mais rápido possível.

Podhajsky explicou a Reed que havia, porém, um pequeno problema. Nem todos os lipizzans de Hostau tinham vindo da Áustria – alguns haviam sido trazidos do haras de Lipica, na Itália; outros da fazenda imperial da Iugoslávia; e havia mais tantos de outras localidades. Reed se assustou com aquela complicação inesperada, mas havia antecipado que todos os lipizzans partiriam para Viena.

Na manhã seguinte, Reed e Podhajsky foram para Kötzting – em uma viagem de cerca de 65 quilômetros – a bordo do jipe do coronel, com O'Leary ao volante. A rota os levou pelo sudoeste do interior da Tchecoslováquia. O dia lindo de primavera estava de tirar o fôlego, com flores

---

13 Em seu livro de memórias, Podhajsky afirma que o cavalo chamado Podhorski era montado pelo irmão de Reed, mas Reed não tinha irmão algum. Pode ser, porém, que o próprio Reed tenha tido a oportunidade de cavalgar Podhorski.

pontilhando as pradarias verdejantes e umas poucas nuvens penduradas no alto de um céu azul e limpo. Enquanto dirigiam, passaram por prédios cobertos com faixas que diziam: "Saudamos o Exército Vermelho!". Não havia nada parecido dando as boas-vindas às forças norte-americanas.

Reed notou que o austríaco olhava fixo para as faixas soviéticas. "As pessoas não gostam da nossa presença e querem que a gente vá embora o quanto antes", disse o coronel para Podhajsky. "Agora você entende por que transferi os cavalos para a Baváría com a maior rapidez possível." Reed não precisava dizer mais nada.

Mais adiante, Reed contou para Podhajsky que o alojamento dos cavalos em Kötzting e redondezas era bastante improvisado e temporário e que não havia forragem suficiente nem para alimentar os animais locais, menos ainda os que haviam acabado de chegar. O coronel também explicou que os cavalos estavam divididos em pares ou trios em pastagens e currais totalmente inadequados para tão valiosos animais. Seus homens haviam relatado que todos chegaram em bom estado, mas ele não podia garantir suas condições desde então. Por tudo isso, quando eles se aproximavam, Podhajsky estava com os nervos à flor da pele, imaginando o pior.

Ao chegarem, foram recebidos por Lessing, sobrecarregado e exausto, mas ansioso para dar as boas-vindas ao seu ex-colega. Lessing e Podhajsky haviam se encontrado no ano anterior, quando o austríaco visitara Hostau para ver as éguas. Agora o encontro deles fora cordial. Os dois conversaram sobre o bem-estar dos cavalos enquanto tomavam café na casa do veterinário. Embora Lessing considerasse o austríaco um amigo, viu a tarja escarlate que Podhajsky usava como sinal de lealdade ao seu país e se surpreendeu quando o austríaco se recusou a lhe dar a mão em cumprimento ou a olhar em seus olhos. Lessing ficou magoado com aquele tratamento – os dois tinham em comum o amor pelos cavalos e ambos haviam vestido o uniforme da Wehrmacht. Mas aquele passado em comum não era o bastante para superar a situação política que os colocava em campos opostos: Lessing era um alemão derrotado; Podhajsky era um austríaco libertado. Os fatos faziam com que suas circunstâncias pessoais fossem completamente diferentes. Lessing era um prisioneiro de guerra dos norte-americanos, enquanto o diretor da Spanische Hofreitschule era um homem livre.

Quando Reed, Lessing e Podhajsky percorreram os estábulos, Podhajsky logo reconheceu as éguas de Piber, tratando cada uma delas pelo nome. Os cavalos brancos olhavam e relinchavam quando viam um rosto conhecido. Podhajsky caminhava por entre todos os animais, encontrando com facilidade aqueles que traziam a marca de um P com uma coroa acima da letra. Eram, ao todo, 219 éguas austríacas. Quarenta e poucos lipizzans que não eram da Áustria haviam sido trazidos para Hostau da Iugoslávia e da Itália. Alguns haviam nascido em Hostau, mas Podhajsky mostrou que a origem de cada um deles podia ser determinada com facilidade pelas marcas que traziam no couro. Hank Reed sabia que a decisão final ficaria nas mãos de juízes e tribunais que diriam com quem os cavalos deveriam ficar — naquele instante, ele só precisava que eles fossem retirados de Kötzting. Ele pediu, então, que Podhajsky levasse para a Áustria todos os lipizzans puros, para que eles ficassem em segurança até que o destino final fosse resolvido.

Podhajsky refletiu por alguns instante sobre a situação em St. Martin. Ele já tinha dificuldades para cuidar de setenta garanhões. Teria ele condições de receber tantos outros cavalos sob sua responsabilidade? Ele hesitou por apenas um minuto antes de concordar em encontrar um endereço temporário para os lipizzans de Lipica e do haras real iugoslavo. A decisão deixaria para trás cerca de 15 lipizzans que tinham diferentes origens. No dia seguinte, Podhajsky voltou para St. Martin no avião do general Collier determinado a encontrar estábulos em St. Martin e nos arredores para abrigar todos os novos cavalos. Reed havia prometido que os animais chegariam dentro de uma semana.

No dia 22 de maio, Quinlivan e Lessing prepararam para colocar os lipizzans nos caminhões que os transportariam de Kötzting para a base de Podhajsky no castelo Arco, a quase cem quilômetros dali. Sob o comando de Reed, os norte-americanos haviam reunido quarenta caminhões alemães. Cada um deles levaria cerca de 15 dos 219 potros e éguas que retornariam à Áustria; o restante dos caminhões levaria prisioneiros de guerra que atuariam como cavalariços, além de transportar comida e suprimentos para os cavalos. Prisioneiros alemães de guerra haviam sido recrutados para dirigir os caminhões e fazer o serviço de cavalariços durante a jornada. Membros do 2º de Cavalaria acompanharam o comboio em automóveis e jipes.

Quinlivan e Lessing supervisionaram o carregamento das éguas, garantindo que elas estivessem estabilizadas ao subirem as rampas improvisadas. Parte dos cavalos estava sedada, outra parte subia a rampa sem hesitação e havia ainda os que titubeavam e precisavam ser persuadidos. Quando todos os cavalos já se encontravam nos caminhões, os norte-americanos deram, então, um sinal para que o comboio partisse. O que ficara para trás era um grupo heterogêneo de animais – incluindo árabes de Janów Podlaski e um punhado ainda de lipizzans – que seria levado pelo 2º de Cavalaria para um haras alemão capturado em que Reed achara lugar para eles. Witez havia sobrevivido à sua longa jornada e, apesar de tudo, estava em muito boa condição. Ele já havia perdido os pelos de inverno e tinha agora uma coleção de pintas espalhadas pelo lombo que lhe dava um ar de joia lapidada. Sua crina era sedosa, seus olhos eram muito vivos, seu espírito continuava firme, sem mostras de abatimento. Seu destino estava nas mãos do 2º de Cavalaria.

Desde que retornara de sua visita a Reed, Podhajsky havia passado seu tempo desesperado à procura de estábulos para todas as éguas. Na noite de 22 de maio, ele recebeu um telefonema do quartel-general do 20º Corpo de Exército avisando que elas já chegavam de caminhão a uma pista de aviões ali perto – naquela mesma noite. As éguas estariam lá às 22 horas. Podhajsky deixou de lado a fadiga e foi direto para o local combinado. A noite estava fria e bastante escura; as luzes que antes iluminavam a pista não mais funcionavam. A única fonte de iluminação naquela noite sem lua era o manto de estrelas que brilhavam no céu. Podhajsky andava de lá para cá, ansioso e, de repente, cheio de energia. Desde que os alemães haviam tomado as éguas da Áustria, ele imaginava se elas retornariam um dia. Agora, dentro de poucos instantes, as lipizzans estariam de novo em solo pátrio.

Logo ele ouviu um estrondo, e o comboio de quarenta caminhões começou a adentrar a pista de pouso com os fachos de luz dos faróis desenhando listras na escuridão. Enquanto aguardava a chegada da caravana, Podhajsky havia preparado uma rampa, colocando-a em inclinação contra um pequeno montinho de terra. Seu plano era que os motoristas dessem ré até chegarem perto da rampa, um de cada vez, para que os cavalos não precisassem saltar da carroceria para o chão. Mas a pista estava escura demais e os motoristas não podiam ver o bastante para dar marcha a ré até a rampa criada por Podhajsky. No lugar disso, eles pararam de qualquer jeito em qualquer canto, simplesmente desligando a ignição.

Assim que o barulho dos motores acabou, os cavalos ficaram inquietos, chutando as finas tábuas que os mantinham confinados nas carroceria. Houve quem sugerisse, então, que eles aguardassem até a luz da manhã para descarregá-los, mas Podhajsky podia ver que as éguas estavam entrando em pânico. Eles teriam que improvisar e rezar para que tudo desse certo. Infelizmente, a rampa que Lessing e Quinlivan haviam utilizado para colocar os animais nos caminhões tinha sido esquecida em Kötzting, e a que Podhajsky fizera só funcionaria se estivesse colocada contra um morro. Um dos veículos tinha uma pequena rampa utilizada para carregar latas com gasolina, mas ela não era comprida o bastante. Em vez de apenas guiar as éguas para fora dos caminhões, eles teriam que empurrá-las para baixo até o final da pequena rampa e depois fazer com que elas pulassem no escuro. Embora a situação estivesse longe de ser ideal, aquela era a única possibilidade que eles tinham à mão. Dois caminhões estacionaram de modo que pudessem iluminar a área de descarregamento com seus faróis. As éguas – algumas calmas e outras impacientes – desceram a rampa, uma a uma, saltando e, às vezes, caindo no chão. Assim que um caminhão era esvaziado, eles transferiam a rampa para o próximo.

De repente, uma das éguas prenhes se apavorou, disparando para cima do seu cavalariço e voando para fora do caminhão em um salto que terminou em uma terrível torção. A queda fez um barulho enorme e, depois, entre grunhidos e guinchos, ela saiu aos pulos, usando apenas três patas. Sob a fraca luz dos faróis, os homens podiam ver a quarta pata dependurada em um ângulo estranho. O coração de Podhajsky batia aflito. Ele se aproximou devagar, convencendo a égua aterrorizada a deixar que ele a examinasse. Uma breve avaliação revelou então o pior. A égua, Trompetta, havia quebrado o osso da canela – uma lesão fatal. Ela havia feito toda a viagem para retornar à Áustria, mas jamais chegaria ao celeiro. A aparência séria de Podhajsky não revelava a dor que tomara conta dele. Com a pistola e uma mão firme, ele acabou com o sofrimento da égua. E aquele tiro, naquela noite, marcou, então, o último disparo ouvido pelos lipizzans naquela guerra.

As outras éguas desceram sem problemas e, depois de algumas horas, todas já estavam sobre uma cama fresca de palha em um dos celeiros que Podhajsky havia arranjado. Era quase madrugada quando os prisioneiros partiram de volta levando os caminhões, e Podhajsky pôde ir dormir, exausto.

A chegada tumultuada das éguas à Áustria apenas servira para mostrar as dificuldades que estavam por vir. Sim, ele tinha os cavalos e, sim, Reed e Patton haviam cumprido suas promessas. Mas agora havia mais de trezentas éguas e garanhões que dependiam dele – um homem cansado, de 47 anos, de uma nação derrotada e que precisava garantir a segurança e o bem-estar de todos aqueles animais. O país chamado Áustria precisaria se reinventar e a Spanische Hofreitschule precisaria achar um novo caminho se quisesse ter futuro.

4
DE VOLTA PARA CASA

Por mais de mil anos os conquistadores romanos que retornavam de guerras eram recebidos com honras pelo seu triunfo em um tumultuado desfile. Na procissão, seguiam trompetistas, músicos e animais exóticos trazidos dos territórios conquistados juntos a carros carregados com tesouros e armas confiscadas… atrás do conquistador que usava uma coroa de ouro ficava um escravo que sussurrava ao ouvido do vencedor uma mensagem: toda glória é efêmera.
— DO FILME *PATTON*

Lipizzan sendo colocado em uma baia de transporte nas docas de Bremerhaven.

OS SUPERCAVALOS SÃO NOSSOS
ALEMANHA OCUPADA PELOS NORTE-AMERICANOS |
22 DE MAIO A 30 DE OUTUBRO DE 1945

A guerra havia acabado, mas o planejamento e a luta pelos puros-sangues amealhados pela Alemanha estavam ainda no começo. Durante os últimos seis anos, Hitler havia sistematicamente confiscado os melhores exemplares de equinos da Europa. Na ponta do lápis, esses tesouros de quatro patas estavam entre as mais valiosas propriedades capturadas pelos norte-americanos. E talvez nenhum outro item falasse tanto à imaginação dos homens quantos essas belas e galantes criaturas.

No fim de maio de 1945, a Alemanha estava lotada de cavalos de pedigree. Parte deles havia sido usurpada de países ocupados. Outra parte era formada por animais em péssimas condições que haviam sobrevivido, junto com seus proprietários, à fuga rumo ao oeste por terra, e que tiveram, assim, a sorte de escapar dos russos e de sobreviver à dura jornada até atravessar a fronteira alemã. Todos eles precisavam de teto e alimentação.

O Exército Norte-Americano, exausto após ter lutado por toda a Europa, tinha agora a tarefa de restabelecer um governo funcional, garantir serviços básicos à população, dispensar os prisioneiros alemães de guerra e tentar organizar aquele emaranhado de pessoas e propriedades. Entre todas essas demandas, o destino dos cavalos não era uma prioridade. Por outro lado, diferentemente de obras de arte que podiam ficar encaixotadas e guardadas até que uma solução fosse encontrada, os animais precisavam de atenção e cuidados imediatos.

Em Kötzting, Reed tinha em suas mãos uma situação urgente. Os cavalos de Hostau ficariam em breve sem ter o que comer. Mesmo depois dos 219 lipizzans terem retornado para a Áustria, mais de cem puros-sangues permaneciam ali, sem ter para aonde ir. Reed sabia que os cavalos eram poloneses, iugoslavos e russos em sua origem, mas ninguém podia dizer com precisão como eles haviam parado em Hostau; e ninguém parecia ter autoridade para negociar o retorno deles para seus verdadeiros donos – caso fosse possível localizá-los. Na esperança de prevenir a venda dos cavalos, tentava encontrar uso para eles, distribuindo os que podiam ser montados entre os oficiais do 2º Regimento de Cavalaria. Ele enviou ainda cinco montarias para o general Patton no quartel-general do Third Army, mas mesmo assim tinha mais de noventa cavalos que permaneciam ali, inclusive os árabes da Polônia, Witez e Lotnik.

Ansioso para retirá-los com segurança de Kötzting, Reed enviou os cavalos restantes para Mansbach, um haras alemão capturado que ficava cerca de 320 quilômetros a noroeste. Lá, Quinlivan, Lessing e Kroll encontraram estábulos em boas condições, com baias amplas, além de verdejantes pastos. Pela primeira vez desde que eles haviam deixado Hostau, os cavalos tinham, de fato, pastagens seguras, cercadas e espaço de sobra para esticar suas patas. Entretanto, encontrar comida adequada era um problema. Como Lessing mais tarde explicou, "Não havia aveia suficiente para alimentar as crianças e ali estávamos nós exigindo meia tonelada do produto". Pelo menos Witez e os outros animais já não corriam riscos imediatos. Mas Reed sabia que, se ele recebesse ordens para tal, teria de retirar seus homens daquela tarefa e que, se aquilo ocorresse, seria bem provável que os cavalos fossem vendidos para quem pagasse mais – mesmo se a oferta viesse de um abatedouro.

Ali os cavalos estavam em segurança. A ordem do dia era determinar se a captura deles havia sido feita com o amparo da lei. Nos dias 16 e 17 de junho, Reed, Stewart e Hubert Rudofsky foram convocados até o quartel-general do Third Army para depor diante do inspetor-geral da unidade, Clarence C. Cook. O testemunho de Rudofsky fora especialmente poderoso. Ele explicou que, ao retornar à Tchecoslováquia vindo da Polônia em 1944, não havia cavalo algum em Hostau que já estivesse lá antes da chegada dos alemães. Alguns haviam sido transferidos para outras fazendas. Os mais jovens, em grande parte, ele presumia, haviam sido despachados para o fronte de guerra quando atingiram os quatro anos de idade. Rudofsky jurou que o pedigree dos cavalos estava todo correto e que nenhum deles pertencia à Tchecoslováquia. Reed e

Stewart confirmaram o mesmo. Cook concluiu que a captura dos cavalos havia ocorrido dentro da legalidade e que os puros-sangues podiam ser declarados espólio de guerra.

Agora, então, os cavalos pertenciam ao Exército dos Estados Unidos, mas a dúvida sobre o que fazer com eles persistia. Para o sobrecarregado Exército Norte-Americano, tudo que tinha a ver com cuidar de cavalos estava ligado a dificuldades – desde a compra de grãos até encontrar trabalhadores confiáveis para lidar com os animais. Felizmente, Reed, Patton e outros experientes oficiais da Cavalaria entendiam que era preciso fazer algo pelos bichos – e o mais depressa possível. Mas a possibilidade de que algo fosse feito rapidamente parecia remota. Desde as Manobras de Louisiana em 1941, o War Department dos Estados Unidos havia estabelecido uma posição firme em relação aos cavalos, deixando claro que eles não eram uma prioridade. Com as intensas demandas que haviam na Alemanha e a necessidade de despachar os veteranos de volta para casa o quanto antes, a questão dos animais parecia não ter chances de conquistar muita simpatia.

A sorte, porém, mudou quando, no começo de agosto de 1945, o coronel Fred Hamilton assumiu o US Army Remount Service. Hamilton, um veterano de Fort Riley com 49 anos de idade, era louco por cavalos e acreditava que o Exército deveria continuar exercendo seu papel de criar equinos. Ele estava diante de uma oportunidade única.

Assim que Hamilton assumiu seu novo posto, ficou sabendo da incrível coleção de puros-sangues que estava nas mãos do Exército Norte-Americano. O general Patton, de partida para os Estados Unidos, encontrou-se com Hamilton e explicou que quatro grandes haras reprodutores ligados à Wehrmacht, assim como a escola de equitação da Cavalaria do Exército Alemão – onde os melhores cavalos para shows se encontravam – estavam em estado de quase emergência. Milhões de dólares de cavalos da mais pura linhagem corriam risco. Com tantas outras preocupações e tarefas, os homens de Patton tinham dificuldades para assumir responsabilidade sobre o bem-estar dos cavalos. Muitos deles não serviam para cavalgadas ou fins recreativos – existiam para reprodução e eram o alicerce sobre os quais um exército erguia seu poder militar. Nem mesmo a entrada recente do mundo na era atômica havia mudado a visão que estes dois soldados tinham em relação ao valor dos cavalos enquanto propriedades militares. Como Hamilton disse mais tarde em um relatório: "É importante lembrar que o cavalo ainda tem papel vital no estabelecimento militar destes [...] países. Estas nações não se encontram em posição de se tornar altamente motorizadas ou mecanizadas e, sem dúvida, continuarão a contar com vários equinos em seus exércitos. Um retorno, portanto, do estoque de reprodutores deve ser visto como uma contribuição para o poderio militar destes [...] países, assim como para o poderio militar da Rússia". Com o apoio de Patton e de vários "senadores entendidos em cavalos", entre eles o pai de Tom Stewart, Hamilton pressionou para chamar para si o problema e logo tomou uma decisão.

No dia 21 de agosto de 1945, o coronel Hamilton recebeu ordens para ir à Europa inspecionar todas as instalações de equinos capturadas pelo Exército na Alemanha. A primeira parada de Hamilton foi no haras de Mansbach. Ele ficou impressionado com a magnificência dos árabes poloneses que Reed e seus homens haviam capturado, mas estava inseguro quanto a quem eles pertenciam.[14] Ele sabia pouco sobre a trágica história dos árabes de Janów Padlowski. Se tivesse acesso aos fatos, teria entendido que havia cidadãos poloneses que se importavam com aqueles cavalos e que esperavam trazê-los de volta para casa. Hamilton sabia apenas o que ouvira do pessoal alemão que havia roubado os cavalos e só muito depois ficara evidente que eles estavam prontos para encobrir boa parte do papel da Polônia na guerra.[15] Além da informação equivo-

---

14 Hamilton especificou que, na época de sua visita, os cavalos estavam, de fato, nas mãos da tropa e que a situação estava confusa porque a Allied Reparations Commission (Comissão de Reparações dos Aliados) ainda não havia sido constituída.
15 O principal informante de Hamilton em relação à situação dos cavalos poloneses, entre eles Witez e Lotnik, era Gustav Rau. Hamilton refere-se a Rau como um "especialista em cavalos mundialmente famoso" de quem ele "não tinha como duvidar". Rau disse que os árabes de Janów haviam sido legalmente adquiridos pela Alemanha após um saque feito por poloneses em campo durante a invasão russa a Janów.

cada[16], os norte-americanos suspeitavam que a Rússia tinha segundas intenções e que sua argumentação de que eles pertenciam à Polônia ou Iugoslávia era apenas uma jogada dos bolcheviques na esperança de tomar os cavalos para fortificar assim o aparato militar soviético.

Após um mês de viagem pela Alemanha e Itália, Fred Hamilton tomou uma decisão. Ele acreditava que o melhor para os cavalos era embarcá-los para os Estados Unidos, para que fossem usados no programa de remontaria do Exército. Em seu relatório oficial, ele escreveu: "Na minha opinião, se os Estados Unidos não trouxerem estes cavalos reprodutores para cá, essa raça pode desaparecer por completo do mundo em um futuro próximo. Os europeus não se encontram em posição de mantê-los; [eles] precisam vender parte do acervo, e certas nações a leste estão ansiosas para adquiri-los de qualquer maneira, seja por meios legais ou não".

Apesar da firme recomendação de Hamilton, aquela não seria uma tarefa fácil. Espaço de carga nos navios que retornavam da Europa era coisa rara e cara. O continente estava repleto de soldados loucos para voltar para casa e havia uma quantidade imensa de equipamento que precisava ser despachada para os Estados Unidos. Seria possível que Hamilton convencesse os chefes do War Department a cederem pessoal e espaço para os cavalos?

Em Mansbach, o verão de 1945 era de tranquilidade para homens e cavalos – Quinlivan e Lessing haviam desenvolvido uma sólida amizade com cavalgadas diárias. Mas apesar da aparente calma, fornecer cuidados adequados para aqueles sofisticados animais não era nada fácil. E ninguém conhecia melhor os desafios que Rudolf Lessing. Ele não só cuidava dos equinos sob a responsabilidade do 2º de Cavalaria como também fazia patrulhas pelas redondezas, oferecendo ajuda onde quer que precisassem dele. Por todo o verão de 1945, Lessing percorreu a região a bordo de um BMW-21 conver-

---

16 Hamilton também afirmava que jamais conversou com o conde Stefan Adam Zamoyski, membro do governo polonês em exílio que havia sido apontado para tratar da criação de equinos na Polônia. Segundo ele, as intenções do conde foram vistas com suspeita e ele foi barrado de entrar na zona norte-americana. Zamoyski é tido como o salvador da vida dos meios-irmãos de Witez – Wielki Szlam e Witraz –, ajudando-os a repatriá-los para a Polônia.

sível com dois carburadores e interior em couro vermelho. O veículo havia sido confiscado dos nazistas e vendido a ele por um preço simbólico, por exercer um cargo essencial. O carro era fantástico, mas havia um problema: ele bebia gasolina feito doido e Lessing tinha direito a apenas trinta litros de combustível por semana. Às segundas-feiras, ele entrava na fila para encher o tanque no depósito dos norte-americanos. Ele tinha sorte, pois apenas uns poucos escolhidos tinham acesso a isso — médicos, veterinários e caminhoneiros que transportavam bens essenciais.

Nos dois primeiros dias após encher o tanque, ele circulava por toda a região rural, cuidando de animais de fazendeiros sem recursos. Naquela altura, as pessoas estavam tão destituídas que ele passou a levar consigo um balde para que pudesse ser pago com leite caso o fazendeiro não tivesse um tostão. Já na quarta-feira, a gasolina fornecida pelos norte-americanos chegava ao fim, e ele precisava, então, comprar mais no mercado paralelo de caminhoneiros alemães que transportavam os suprimentos que chegavam de navio dos Estados Unidos — comida, roupa e gomas de mascar. Os caminhoneiros iam até a floresta, tiravam parte da gasolina de seus enormes tanques e a vendiam em troca de cigarros. Era assim que Lessing conseguia manter sua ronda ativa a semana toda, o que para ele era vital, dadas as deploráveis condições dos animais. As pessoas estavam fazendo qualquer coisa para sobreviver, sem nunca saberem se teriam o que comer no dia seguinte, menos ainda como fariam para alimentar seus bichos.

Muitas vezes Lessing era chamado para colocar um cavalo de tração de novo sob suas patas usando uma espécie de tipoia grande. Os gentis gigantes puxavam carroças de carvão para cima e para baixo de grandes morros, e quando não estavam bem-alimentados, caíam ao chão, por pura exaustão, e depois tinham dificuldades para se levantar. Rudolf recebia, então, um pedido de visita urgente, para que içasse o bicho. Lessing sonhava com um futuro em que as pessoas pudessem de novo montar um cavalo por prazer e esporte, mas todo dia havia tantos desafios pela frente que parecia difícil demais imaginar quando chegaria aquele tempo. Por isso mesmo, ele apoiava a decisão de passar o controle permanente dos cavalos que restavam para os norte-americanos.[17] Witez, em seu estábu-

---

[17] Podhajsky relatou que Lessing queria que todos os lipizzans fossem enviados para os Estados Unidos, porque achava que assim eles teriam maiores chances de sobreviver.

lo, parecia bem-adaptado, mas nenhuma decisão havia sido tomada ainda quanto ao seu destino. Depois de todo o esforço para salvar aqueles cavalos, eles só sobreviveriam aos tumultuados anos do pós-guerra se houvesse um plano concreto para ajudá-los. A cada dia ficava mais claro que, se Hamilton não conseguisse achar um jeito de embarcar os cavalos para os Estados Unidos, o Exército não teria como se responsabilizar por eles por muito mais tempo.

Durante todo o verão, vários visitantes foram até Mansbach. Liselotte, a assistente do haras Janów na Polônia que havia chorado na plataforma da estação quando Witez partira, ficou aliviada ao ver que o garanhão estava são e salvo. Até mesmo Gustav Rau, que havia sobrevivido à guerra em uma fazenda de remontaria no Norte da Alemanha, veio ver seus ex-cavalos – como circulava como civil, estava livre para continuar sua vida livremente. Seu papel na administração do haras da Polônia fora basicamente varrido para debaixo do tapete. E infelizmente, anos mais tarde, quando o governo polonês conseguiu se organizar e começou a pressionar para que os cavalos tomados pela Alemanha fossem devolvidos, Gustav Rau se tornaria a principal fonte de informações equivocadas sobre os animais – impedindo assim que qualquer árabe de Hostau voltasse à sua terra natal.

Quando o verão de 1945 acabou, o papel do 2º de Cavalaria como mantedor dos cavalos também chegou ao fim, com Hank Reed passando a responsabilidade para o coronel Hamilton. O final da guerra não havia diminuído as atribuições de Reed. Patton o colocara à frente da recém--formada força policial que deveria patrulhar a tensa região da fronteira alemã e uma das primeiras ações de Reed foi colocar parte de seu efetivo em cima de cavalos. Ele tinha muito trabalho pela frente, mas também mais oportunidade de relaxar do que antes, e sua carruagem, puxada por um par de lipizzans, era algo comum de se ver no seu novo quartel-general perto de Munique. Depois de tantos e longos meses sozinho na guerra, sua esposa, Janice, havia se reunido a ele na Alemanha. Mas os últimos meses tinham sido também um tempo de despedidas dolorosas e sem fim: os homens do 2º de Cavalaria haviam ficado tão próximos que ele sentia que muitos faziam parte de sua família – em especial o sempre leal rapaz que por três vezes salvara sua vida, Jim O'Leary. No dia da partida de O'Leary, Hank escreveu uma carta para a mãe do jovem em Chicago que dizia: "Não tenho filhos. Mas se tivesse um, só poderia desejar que ele fosse tão bom quanto o seu".

No dia 1º de setembro, chegou também a hora da partida de Tom Stewart. Em maio, ele havia recebido a Estrela de Bronze por sua coragem, uma honoraria assegurada pela sua missão em Hostau. Mas ele não se considerava um herói. A memória de seus camaradas perdidos nos campos de batalha o afetara profundamente, aumentando assim sua timidez natural. Witez, com seu nariz aveludado e sua expressão altiva, ajudava Stewart a se lembrar das coisas boas que havia feito. Quase dois anos após sua partida do porto de Nova York a bordo do *Mauretania*, Tom Stewart, enfim, voltava para casa sabendo que havia feito tudo que podia para salvar os cavalos.

Após o retorno de Stewart, o único membro do 2º de Cavalaria que ainda estava com os cavalos era o tenente Quinlivan. No dia 19 de setembro de 1945, ele recebera ordens altamente secretas do War Department: ele havia sido selecionado para fazer parte de uma delegação especial comandada pelo coronel Fred Hamilton. O grupo – que contava ainda com outro oficial da Cavalaria, um treinador de cavalos de Paramus, Nova Jersey, e também dois veterinários – formava agora um time de especialistas apelidado de Detetives de Cavalos. A missão deles era escolher os melhores entre os animais capturados para enviá-los para os Estados Unidos.

Nas três semanas seguintes, os experts percorreram os quatro haras alemães capturados e examinaram os melhores cavalos pertencentes à equipe equestre do Exército Alemão. A cada parada, o time avaliava a conformação, o temperamento e o desempenho dos cavalos, investigava o pedigree de cada um e analisava ainda as – muitas vezes pouco confiáveis – notas de compra e venda que pareciam existir apenas para comprovar que cavalos apropriados de outros países pertenciam de fato à Alemanha. Qualquer cavalo cujos papéis indicassem que era de propriedade particular ou que havia sido ilegalmente confiscado era imediatamente excluído da lista de aquisições norte-americanas. A cada parada, os detetives de cavalos precisavam ser mais espertos que os alemães que, naturalmente, tentavam esconder o que de melhor existia. No fim de setembro, Hamilton e os Detetives de Cavalos haviam selecionado 150 animais, entre eles a égua lipizzan Madera, o belíssimo cinza árabe Lotnik e o predileto de todo o 2º de Cavalaria, Witez. De acordo com o próprio Hamilton, a ideia era selecioná-los não pelo seu valor monetário ou pedigree, mas por suas qualidades que se encaixavam com perfeição ao programa de criação de cavalos do Exército. Apesar disso, entre os selecionados estavam alguns dos cavalos de corrida mais valiosos do mundo, o que gerou, de fato, uma onda nada pequena de controvérsia. Mas, naquela altura, Hamilton estava certo de que havia escolhido os melhores cavalos para o benefício dos próprios animais, do Exército e, por extensão, do povo norte-americano.

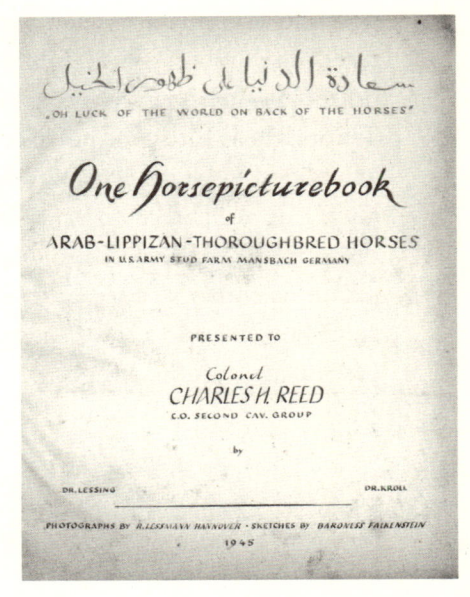

Reed ganhou um álbum com fotos dos cavalos que salvara.

Sabendo que os cavalos seriam em breve dispersados, Reed fez uma última visita aos estábulos de Mansbach. Ele estava aliviado de ver que todos estavam muito bem-tratados e que não havia neles traço evidente daqueles angustiantes últimos dias de guerra. Feliz com a lealdade e a competência dos alemães, Reed havia convidado Lessing e Kroll a acompanhar os cavalos naquela viagem aos Estados Unidos, onde os veterinários teriam a chance de começar uma vida nova. Kroll, que era solteiro, concordou prontamente com a oferta, mas quando Lessing soube que sua família não poderia ir junto, já que as acomodações a bordo eram reservadas apenas para trabalhadores, se debateu por semanas tentando decidir o que fazer. Reed garantia que ele poderia se estabelecer por lá e depois buscá-la, mas, após muita reflexão, Lessing decidiu ficar com a família, deixando os norte-americanos e seus amados cavalos seguirem viagem sem ele.

Em honra ao seu esforço, Hank Reed entregou a Lessing uma carta de recomendação, elogiando-o por seu espetacular desempenho. Para Reed, Lessing e Kroll prepararam um álbum com capa de couro cheio de fotos dos cavalos. Uma majestosa fotografia do garanhão lipizzan Neapolitano Slavonia aparecia na capa. No topo, em árabe e depois com a tradução em inglês, havia um simples provérbio: "Ah, a sorte do mundo sobre o lombo de um cavalo". Hank Reed virou as páginas devagar, admirando as fotos dos potros, das éguas, dos cavalos de montaria e dos garanhões. Uma das legendas dizia: "O lipizzan galopando pelo campo ao pôr do sol parece ter saído direto de um conto de fadas...". Política, preconceito, avareza e intolerância haviam criado uma divisão cruel e profunda entre os países destes homens; a graça dos cavalos, no entanto, já havia começado a tecer sua aproximação. Os antigos inimigos se despediam agora como amigos.

A PARTIDA
BREMERHAVEN, ALEMANHA | 1º DE OUTUBRO DE 1945

Nas docas agitadas de Bremerhaven, entre os vários surrados contêineres, uma improvável cena surgia: robustos lipizzans brancos, elegantes PSIs de sangue azul, árabes de pescoço sinuoso e arqueado e um único cavalo cossaco circulavam nervosos, dando puxões nas guias mantidas com força por soldados norte-americanos uniformizados. Os animais estavam à espera da sua vez para serem colocados dentro de caixotes de madeira feitos sob medida para levar apenas um animal e que seriam, então, içados pelo ar até o deque do navio. Quando as roldanas começassem a gemer e os caixotes fossem içados, os cascos daqueles cavalos deixariam para sempre o continente que os havia visto nascer e que, com todo o orgulho, havia cuidado daquelas raças por séculos, mas que agora já não seria mais seu lar.

O cargueiro da classe Liberty *Stephen F. Austin* levaria consigo mais de sessenta homens. Alguns deles haviam mesmo esperado aquela chance exclusiva de viajar junto à carga preciosa composta por 151 dos mais valiosos cavalos do mundo. Lá embaixo no porão do navio, o pessoal havia construído baias para cada garanhão. As éguas seguiriam em estreitos compartimentos individuais, de pé, enquanto os potros viajariam agrupados em cercadinhos. Como acontecia com quase tudo no pós-guerra, tudo ali tinha um pouco de improviso. Quando os especialistas em cavalos instalaram os animais em seus devidos lugares, lá do deque soldados jubilantes se curvavam nas grades do navio com enormes sorrisos no rosto. Eles aguardavam aquele dia desde quando haviam desembarcado no continente, no verão de 1944. Finalmente, eles voltavam para casa.

Poucos dias antes, os cavalos haviam sido colocados em trens que os levariam até o porto alemão de Bremerhaven. Do 2º Regimento de Cavalaria, apenas "Quin" Quinlivan acompanharia os animais em sua viagem transatlântica. Viajando ao lado dos puros-sangues ia também o veterinário alemão Wolfgang Kroll. Lessing fora com eles até as docas para ajudar a supervisionar o embarque. Os três ex-inimigos dormiram no chão duro dos vagões de carga até chegarem a Bremerhaven, esquentando suas marmitas de combate, as famosas "rações C", em pequenos fogões de uma boca da marca Sterno, sem jamais deixar os cavalos. Uma das éguas árabes, Gospa, pariu no meio da viagem de trem. Os homens abriram um dos vagões pela manhã e encontraram ali um potro pequenino espiando o mundo bem ao lado da mãe. O mais maravilhoso de tudo era a estrela que ele trazia na testa. Aquele pequeno moço seria o primeiro filho de Witez a crescer nos Estados Unidos.

Para Rudolf Lessing, ver os cavalos irem embora era ao mesmo tempo um prazer e uma tristeza. Ele sabia que, quando o navio se fosse, ele voltaria para casa de mãos vazias. A missão que havia começado em abril do ano anterior, quando atravessara a fronteira e entrara na Alemanha, havia, enfim, chegado ao fim. De agora em diante o destino dos cavalos estava nas mãos do Exército dos Estados Unidos. O amor e o cuidado constantes que Lessing oferecera a esses preciosos animais iriam ecoar entre os aficionados

O potro filho de Witez trota ao lado da mãe.

do mundo equestre em dois continentes por muitas e muitas gerações. Em retorno, ele não pedia nada. Lessing voltaria para casa, para sua esposa e filhos, onde continuaria a lidar com porções limitadas de gasolina e carregaria sempre um latão no banco de trás para receber o pagamento em leite por seus serviços enquanto cumpria sua rotina, desde o amanhecer até o pôr do sol, sempre ajudando os animais que precisavam dele. Quando o último caixote deixou a doca e os cavalos que ele tanto amava partiram para terras distantes, Rudolf Lessing virou-se e voltou para casa.

Os homens se amontoavam cheios de esperança no deque quando o *Stephen F. Austin* deixou o porto de Bremerhaven no dia 12 de outubro de 1945. Navegando pela costa da Holanda, eles podiam ver os moinhos de vento ao longe. O mar estava calmo, mas os soldados estavam agitados. Eles sabiam que as águas estavam cheias de minas letais não detonadas. Um navio norueguês que passara próximo à rota deles naquele mesmo dia havia perdido o leme em uma explosão. A silenciosa e mortal água cinzenta do mar ia ficando para trás à medida que o navio avançava com sua carga singular. Todos deram um suspiro de alívio quando finalmente saíram intactos do perigoso corredor. Lá embaixo, Quinlivan garantia que os cavalos tivessem acesso a comida e água e que não se metessem em nenhuma confusão. No melhor dos cenários, em que tinham bastante exercício e ar fresco, os garanhões já davam muito trabalho. Ali, nos porões de um navio, ficariam enjaulados durante cerca de 12 dias de viagem. Mantê-los calmos seria um trabalho árduo. Agachado no porão, Quinlivan passou horas cuidando do pequeno potro que havia nascido no trem. Os veterinários estavam preocupados com sua fragilidade. Ninguém sabia se o pequeno sobreviveria. Apesar de tudo, o sol brilhava lá fora e todos a bordo sonhavam com uma viagem tranquila. Era difícil de acreditar, mas dentro de poucos dias aqueles cavalos dos quais Quinlivan cuidava desde os últimos dias de guerra chegariam a salvo nos Estados Unidos.

O problema foi que, cinco dias após partirem, quando entravam na baía de Biscay, o mar ficou agitado e o navio se jogava de um lado para o outro. Os cargueiros classe Liberty eram construídos para levar 10 mil toneladas

Os Detetives de Cavalo no deque do navio *Stephen F. Austin* a caminho dos Estados Unidos, em outubro de 1945.

de carga — os 151 cavalos que estavam abaixo do deque ocupavam toda a área do porão, mas não pesavam o bastante (o peso médio de cada cavalo é de quatrocentos a 550 quilos) para garantir um bom lastro. Por isso o navio começou a dar pinotes e a se balançar para todo lado. Quinlivan descreveu o que viu: "A embarcação velha mergulhava o nariz lá para baixo e tudo nela vibrava". Parte dos homens vomitava com o enjoo. Os que estavam em melhor estado, como Quinlivan, cobriam os que passavam mal.

A princípio, parecia que os cavalos estavam melhor que os homens. As quatro patas ajudavam a equilibrar mesmo quando seus companheiros humanos mal conseguiam ficar de pé. Quinlivan e sua equipe se movimentavam em torno dos animais para garantir que tudo estivesse bem. Mas a tempestade ficou mais violenta e mesmo os bichos passaram a perder o equilíbrio. No porão, a sensação era de montanha-russa. O barco mergulhava para a frente, forçando os cavalos em uma direção. Quando ele atingia o ponto máximo das ondas, batia com tanta força que as pranchas do fundo chegavam a tremer. Tudo isso para, em seguida, reiniciar o ciclo. Cambaleando de cavalo em cavalo, os homens faziam carinho nas pelagens suadas e conversavam com os animais tentando acalmá-los. Por sua vez, os cavalos reagiam tentando escapar daquilo que os mantinha ali, jogando a cabeça para cima e puxando com força na esperança de se livrarem das cordas que os seguravam dos dois lados. Separados por pranchas estreitas e baixas, os animais viam o desespero de seus companheiros e ficavam ainda mais nervosos, enquanto o navio os jogava de um lado para o outro de suas pequenas baias. Só Witez, equilibrado como um gato, balançava sem entrar em pânico. Quando Quinlivan se aproximava, ele soltava uma lufada de ar quente na bochecha do soldado, como se dissesse "Não se preocupe comigo".

O tempo piorou ainda mais. O vento varria o deque a 120 quilômetros por hora e a embarcação não avançava. No leme, a bússola do capitão parara de funcionar; ele pelejava para navegar agora com a ajuda do equipamento reserva. Em uma tentativa de encontrar a rota mais curta, o oficial decidira lançar o navio direto contra o temporal. Mas foi só fazê-lo e a embarcação passou a sacolejar perigosamente. Ao subir no deque para tomar um breve descanso dos cuidados dos cavalos, Quinlivan ficou chocado ao ver a intensidade da tempestade. O cargueiro, leve demais para manter seu curso no mar agitado, apanhava sem dó, chacoalhando feito louco a cada golpe das ondas. Quando o barco batia com tudo em um cavado, Quinlivan já via a próxima onda se erguer quase dois metros acima de sua cabeça. Instantes depois, a segunda onda atingia o navio, levando-o para cima – tão acima que era possível ver o oceano enlouquecido logo abaixo deles. Mal conseguindo se manter de pé, Quinlivan se arrastou de volta para o porão para ver como estavam os cavalos.

Já não havia mais luz e tudo era puro breu no compartimento de carga. Quinlivan podia ouvir o som apavorante dos garanhões grunhindo, dos cascos batendo contra metal e madeira, e do relincho desesperado das éguas. Cada vez que o navio pendia para um lado, os cavalos eram lançados contra as placas de madeira que os separavam. Quando uma onda especialmente grande quase virou a embarcação, as que separavam os cavalos quebraram e os animais foram jogados para todos os cantos do porão.

Quinlivan partiu para a ação para salvar os animais. Com a ajuda de uma só lanterna, seguiu para aquele amontoado confuso. O restante do pessoal o seguiu de perto.

Sob a pequena nesga de luz oferecida pela lanterna, eles estremeceram com o que viram. A força da tempestade havia jogado os cavalos para fora das baias e empilhado os valiosos garanhões. Eles lutavam entre si, chutando uns aos outros, em meio a um punhado de dentes reluzentes emaranhados, cascos afiados e narinas bufantes, além de pelos brancos que surgiam no clarão do facho da lanterna só para desaparecerem no instante seguinte em meio ao breu. As éguas também haviam sido lançadas para fora das baias. Muitas estavam machucadas e cobertas por pedaços de madeira. E todos sabem que um cavalo apavorado é tão perigoso quanto o tiroteio de uma guerra.

Mesmo assim, os homens de Quinlivan não pensaram nem uma vez na própria segurança. Sem dar corda para o medo, tentavam desfazer o amontoado, desesperados para separar os animais antes que eles matassem uns aos outros. Toda a jornada por terra, todo o perigo que haviam enfrentado, todas as vidas que haviam sido colocadas em risco para salvar aqueles cavalos — tudo estava a um centímetro de ser jogado fora.

Quinlivan procurava o potro da égua Gospa, já pensando no pior — com poucos dias de vida, o pequenino poderia ser facilmente pisoteado pelos cascos de um furioso garanhão. Mas — um milagre! — ele não sofrera sequer um arranhão: Gospa conseguira protegê-lo usando seu próprio corpo como escudo. Em seguida, Quinlivan foi procurar Witez. Mesmo no meio do caos, o garanhão parecia compreender que entrar em pânico só complicaria ainda mais a situação. Quinlivan acariciou o focinho do cavalo por um segundo, sussurrando um agradecimento. Witez, como qualquer figurão que se preze, havia sido criado para manter a compostura mesmo em meio à fúria de uma batalha — e, a bordo do *Stephen F. Austin*, ele mostrou o seu valor.

Quando os homens conseguiram separar os cavalos, muitos deles estavam sujos de sangue e cheios de machucados. Os animais tremiam e bufavam com os olhos esbugalhados. O capitão havia conseguido mudar de curso, contornando a região da tempestade; o navio parara de arremeter-se com violência. Mas a equipe que cuidava dos bichos não tinha tempo para descansar. Os veterinários agacharam no chão coberto de palha para criar áreas esterilizadas e suturar as feridas dos cavalos com mãos firmes, enquanto outros ajudavam segurando lanternas para iluminar a área de trabalho.

Enfim, após horas de atenção constante, os animais estavam todos com pontos dados e curativos feitos. O pessoal também havia reconstruído as baias improvisadas. Os cavalos estavam cansadíssimos e os homens mal conseguiam se manter de pé, de tão exaustos que estavam. Mas todos sobreviveriam.

Aos poucos o mar se acalmou e, depois de cinco dias de fúria, Quinlivan pôde, finalmente, passar um tempo no deque. O oceano havia se transformado em um tapete turquesa e tranquilo pontuado por algas marinhas; ao longe, Quinlivan conseguiu ver um grupo de toninhas brincando. Mas ele sabia que a calmaria não significava o fim dos problemas. O desvio da tempestade significava que eles estavam fora de curso. A jornada, estimada a princípio em dez a 12 dias, acabara de se estender por mais de duas semanas. Em segurança, já fora da rota do temporal, eles agora estavam diante de um tipo diferente de emergência — o estoque de feno e grãos estava perigosamente baixo. Comida para cavalo era um item tão escasso na Alemanha que eles embarcaram com apenas o mínimo necessário para a viagem.

Em uma tentativa de esticar ao máximo as provisões, o pessoal tomou a arriscada decisão de engordar o que restava de comida com a palha que servia de cama para os animais. Os delicados equinos, já debilitados pela traumática tempestade, não gostaram da novidade. Um por um, todos ficaram doentes, sofrendo com terríveis cólicas — uma condição intestinal muito perigosa entre cavalos e que muitas vezes acaba em fatalidade. Mais uma vez, os homens desceram em peso para o porão de carga para cuidar de cavalos atormentados por dores. Os animais não conseguiam vomitar, por isso Quinlivan tentava acalmá-los enquanto um veterinário passava uma sonda pela narina de cada um dos adoentados, em uma tentativa de promover uma lavagem gástrica. Um a um, os cavalos foram se recuperando. Dois dias antes de alcançar o porto, a comida simplesmente chegou ao fim. Se a viagem tivesse durado um pouco mais, parte dos cavalos poderia não ter sobrevivido.

No dia 28 de outubro de 1945, o *Stephen F. Austin* e sua exausta carga de homens e equinos chegavam à doca de Newport News, na Virgínia. Dezesseis dias em alto-mar, uma violenta tempestade e uma alimentação inadequada haviam deixado os cavalos com uma aparência fatigada e desgastada — os arranhões e cortes ainda não haviam sarado, a pelagem estava sem viço e eles haviam perdido peso — mas o mais importante era que haviam sobrevivido.

O primeiro a subir no navio foi o coronel Fred Hamilton, responsável pelo US Army Remount Service. Depois de retornar aos Estados Unidos, ele havia preparado tudo para a chegada dos cavalos e queria fazer seu relatório. "Quantos animais nós perdemos?", ele perguntou.

"Nenhum", Quinlivan respondeu com orgulho. "Na verdade, ganhamos mais um." Uma das éguas havia parido dois dias antes da chegada a Newport News, e seu potro se juntava à cria de Gospa como os menores do grupo. Quin havia saído de Bremerhaven com 151 garanhões, éguas e potros, e chegara à Virgínia com 152.

O CAVALO SEM CAVALEIRO
LUXEMBURGO | 22 DE DEZEMBRO DE 1945

A notícia ruim se espalhara como fogo. No dia 9 de dezembro de 1945, o general George S. Patton havia sofrido um sério acidente de carro na região da Renânia, Rheinland em alemão. Assim como todo mundo na Europa e nos Estados Unidos, Hank Reed ficou em choque ao ouvir a notícia. A princípio ninguém conseguia acreditar que aquele guerreiro praticamente invencível havia caído em tal armadilha do destino. Por alguns dias, os jornais continuaram a dizer que Patton estava em recuperação. Mas no hospital militar em Heidelberg a realidade era outra. O general havia fraturado a espinha e estava paralisado do pescoço para baixo. Quando o médico foi falar com Patton, um cavaleiro consumado, o general fez apenas uma pergunta: "Vou conseguir cavalgar de novo?".

O acidente ocorreu seis meses após a tomada de Hostau; e em uma surpreendente guinada, os cavalos socorridos estavam agora felizes na Virgínia, estado em que o próprio Hank Reed nascera. O coronel ficara na Alemanha para organizar uma nova força policial, mas seu envolvimento com cavalos se mantinha e ele criou uma brigada montada para patrulhar a montanhosa fronteira entre a Alemanha e a Tchecoslováquia – a mesma área que Stewart e Lessing haviam atravessado antes a cavalo. O projeto de Reed demonstrava que os animais continuavam a ter utilidade no Exército, mesmo que de forma limitada. Patton, como governante militar da Baviera, dera apoio total à iniciativa de Reed.

Durante os seis meses que antecederam o acidente de Patton, um debate emocionado havia corrido solto e discutia algo de grande valor tanto para

Patton como para Reed – o papel do cavalo no Exército do pós-guerra. Com algumas poucas exceções, os norte-americanos não haviam utilizado cavalo algum em combate durante aqueles anos de hostilidade. Mesmo assim, o papel do animal no Exército – a escola de equitação de Fort Riley, o prestígio dos eventos equestres e a parte cerimonial de guarda-bandeira – fazia parte fundamental da história das Forças Armadas e tanto era assim que muitos simplesmente não conseguiam imaginar o Exército sem eles.

Patton havia sido arrastado para dentro do debate. Em julho, o coronel Thomas J. Johnson, diretor da American Remount Association (Associação Norte-Americana de Remontaria), escrevera para o general à procura de ajuda para combater a "discriminação presente e insensata a cavalos e mulas no Exército". Johnson dissera a Patton que "sua opinião neste assunto terá mais importância que a opinião de qualquer outra pessoa". Patton escreveu, então, para o amigo, general Jacob Devers, direto das Army Ground Forces (Forças Terrestres do Exército, mais tarde chamada de Army Field Forces), em Washington, implorando para que ele mantivesse um papel para os cavalos. Patton tratou de refrescar a memória de Devers sobre o extraordinário desempenho em combate daqueles que eram dos jogadores de polo e completou: "Do contrário, nós não teremos ninguém, caso ocorra outra guerra, que saberá como lidar com esses animais". O desempenho espetacular de um cavalo treinado por oficiais da Cavalaria como Hank Reed parecia provar o ponto de vista de Patton. Mas fora do círculo de homens da ex-Cavalaria montada ninguém dava a menor importância ao que era dito.

Mais que qualquer outra pessoa, o general havia tido um papel fundamental angariando apoio para socorrer os cavalos que agora chegavam em segurança aos Estados Unidos, mas ele não viveu para ver o que eles vieram a ser. Treze dias após o acidente, em 21 de dezembro de 1945, George Patton morreu aos sessenta anos, de embolia pulmonar. De acordo com as instruções que dera à esposa, Beatrice, ele deveria ser enterrado ao lado de seus homens no cemitério do Third Army, em Luxemburgo.

Hank Reed teria a chance de prestar uma última homenagem a Patton. No dia 22 de dezembro ele recebera ordens de seguir para Luxemburgo. Assim como Patton, Reed havia servido em Fort Myer, ao lado do Arlington National Cemetery, por muitos anos antes da guerra. Por isso conhecia bem o triste protocolo de um enterro militar. Era seu dever organizar a troca de guarda e os cavalos em um dos mais importantes funerais da história daquele exército.

No dia da cerimônia, o tempo estava escuro e caía uma chuva fina e fria sobre a multidão presente. Parte das pessoas estava vestida de preto, enquanto outros trajavam uniforme completo. Reed havia supervisionado com rigor todas as minúcias, preparando com cuidado o cavalo preto que seguiria o caixão pelas ruas da cidade de Luxemburgo. Uma das coisas que aprendera em Fort Myer era como honrar de maneira adequada os mortos, dando a devida atenção a cada mínimo detalhe. Reed e seus homens não dormiram na noite anterior, repassando à exaustão o trajeto do desfile, instruindo os líderes e os motoristas do cortejo que percorreria as ruas de uma cidade liberada há um ano pelos norte-americanos.

Chefes de Estado e oficiais de alta patente de várias unidades militares seguiriam atrás do caixão, coberto pela bandeira dos Estados Unidos e disposto sobre uma meia-lagarta, através das ruas de paralelepípedos de uma cidade tomada pelo escuro e pelo triste tom do começo do inverno. Por todo o trajeto havia gente enlutada disputando espaço com jornalistas de toda parte do mundo. A viúva de Patton, Bea, vestida de preto com um pesado casaco de pele e um chapéu *cloche*, ia logo atrás do caixão, no primeiro carro. O cortejo se movia devagar pelas ruas estreitas da cidade de Luxemburgo, da estação de trem até o cemitério de Hamm, em um desfile que colocava à mostra a potência militar encabeçada por Patton. Enormes blindados seguiam em formação exibindo o poderio tecnológico do Exército dos Estados Unidos, enquanto a banda executava *The general's march* [*A marcha do general*] em compasso de lamentação. Quando o caixão passava, as pessoas tiravam o chapéu em honra ao grande líder.

Atrás da meia-lagarta que levava o caixão vinha um cavalo ajaezado, seguindo uma tradição de ritos de guerreiros caídos que datava dos tempos de Genghis Khan. O cavalo negro trazia a sela vazia de Patton ornamentada em tecido também negro. As botas de cano alto do general estavam presas nos estribos, viradas para trás. No meio de todo aquele aparato, era a dignidade do cavalo sem cavaleiro que melhor personificava aquela morte trágica: um símbolo que todos os presentes intuitivamente entendiam, independentemente do idioma que falassem.

O vitorioso general foi colocado para descansar ao lado de seus homens e sua morte parecia anunciar consigo o fim de uma era. O homem que havia corrido, nadado, esgrimido, atirado e saltado a cavalo nas Olimpíadas de 1912 para demonstrar sua capacidade como soldado partia de um mundo que havia mudado a ponto de ser quase irreconhecível. Era uma nova ordem que Patton, um entusiasta absoluto do hipismo, havia ajudado a criar e em que as guerras eram disputadas com tanques e veículos motorizados. Nesse novo mundo, o cavalo preto desfilava em uma cerimônia que era agora uma absoluta relíquia do passado. Hank Reed e os homens da Cavalaria haviam perdido um amigo e um líder, enquanto o Exército perdia seu mais apaixonado defensor dos cavalos.

O cortejo de enterro de Patton na cidade de Luxemburgo, em dezembro de 1945.

O DESFILE DA VITÓRIA
FRONT ROYAL, VIRGÍNIA | 7 DE ABRIL DE 1946

A luz suave do sol caía sobre a pastagem verde do entorno do Aleshire Army Remount Depot (Depósito de Remontas do Exército de Aleshire) em Front Royal, Virgínia. Debaixo de um pálido céu azul, militares elegantes tranquilizavam os agitados cavalos. Especialistas em equinos trajando *tweedy* e mulheres com vestidos de primavera conversavam animadamente enquanto checavam os nomes exóticos e o pedigree de cada um dos cavalos que seriam exibidos naquele 7 de abril de 1946. O desfile dos cavalos socorridos havia se tornado o mais comentado espetáculo equino dos últimos tempos. Durante a guerra, os grandes eventos equestres haviam encolhido – os cavalos de corrida foram mantidos longe dos trens para dar lugar às tropas, e as grandes feiras haviam sido canceladas porque praticamente todos os homens mais jovens estavam engajados na luta. Mas naquela data a guerra era coisa do passado. Os Aliados haviam vencido e o mundo do hipismo estava em polvorosa com as notícias de que o Tio Sam não só havia dizimado a praga dos nazistas, mas saído da peleja com a posse de um monte de cavalos que valiam uma fortuna.

Com o rosto em parte encoberto por um chapéu de campanha de aba larga, o capitão Quinlivan passeava com discrição por entre seus amigos de quatro patas distribuindo palavras de conforto. Por sua vez, os cavalos respondiam com pequenos relinchos e leves meneios, satisfeitos ao verem um rosto conhecido no meio de tantos estranhos. Quinlivan acalmava as éguas e brincava com as rédeas, determinado a fazer com que "suas" crias se comportassem bem naquele dia tão importante. Por meses desde a sua chegada, aquelas criaturas europeias haviam ficado longe dos olhos do mundo – como se fossem um miniprojeto Manhattan escondido bem no centro da grande região de cavalos dos Estados Unidos. Na época, os rumores, as especulações e o interesse fermentaram por meses a fio, mas só naquele dia o público finalmente poderia ver aqueles espetaculares puros-sangues pela primeira vez. O evento havia amealhado um grande número de espectadores interessados, assim como um bando de jornalistas da imprensa local e nacional.

No ano seguinte ao fim da guerra, as matérias sobre os cavalos socorridos continuavam a produzir manchetes. Poucos meses antes da morte de Patton, uma foto do general montado sobre Favory Africa, um garanhão lipizzan que seria dado de presente ao imperador Hirohito do Japão, havia circulado com impacto pelos jornais. Ao mesmo tempo, em Tóquio, um jovem soldado havia encontrado a montaria pessoal de Hirohito, um árabe branco, que estivera escondido em um estábulo. O soldado havia conseguido permissão para despachar o cavalo para a Califórnia, onde ele fez apresentações regulares em feiras e rodeios.

Mas os animais trazidos da Europa não eram artigos de circo, e o Exército havia determinado que eles ficariam longe dos olhos do grande público até que estivessem preparados para exibição. O coronel Voorhees, oficial encarregado do depósito de remonta, havia mantido todos os equinos europeus dentro dos limites da fazenda. "Enquanto trabalhávamos para colocá-los em boa forma", ele disse, "só umas poucas pessoas de fora os viram. Gente dedicada ao mundo do hipismo de todas as partes do país insistia em vê-los, mas isso seria como trazer ônibus de curiosos para visitar os leitos de um hospital de guerra."

A transferência dos cavalos também não fora uma unanimidade. Drew Pearson, um colunista do *The Washington Post* famoso por suas denúncias, havia dado uma bronca pública nos envolvidos, insinuando que os animais teriam tomado espaço que deveria ter sido usado para trazer os soldados que tanto ansiavam voltar para casa. Houve também quem dissesse que os cavalos com sangue alemão manchariam a linhagem sanguínea dos equinos criados nos Estados Unidos – um argumento que tinha traços das velhas teorias eugenistas que haviam inspirado os haras reprodutores de Rau. Ao mesmo tempo, membros do American Jockey Club brigavam para decidir se deixariam ou não que aqueles cavalos entrassem para o registro de PSI. O coronel Fred Hamilton, que tanto lutara pelos cavalos, que havia checado o pedigree de todos eles antes de retirá-los da Alemanha e que voara para os Estados Unidos para recebê-los, estava mesmo frustrado. Se os animais não fossem registrados, não teriam muito valor para a indústria de corridas que só permitia que puros-sangues com linhagem completamente registrada participassem das disputas. Os norte-americanos haviam conseguido o controle sobre aqueles cavalos derrotando a Alemanha nazista; agora, ironicamente, argumentos no melhor estilo nazista, relacionados com a pureza do sangue, eram usados contra eles.

Toda aquela picuinha havia também chegado à imprensa. Ninguém além de um seleto grupo de pessoas da Cavalaria havia conseguido deitar os olhos sobre aqueles tão falados cavalos. Mas os animais estavam prestes a deixar uma fantástica impressão. A pelagem perolada de Lotnik era brilho puro. Witez, o grande cacique, resplandecia como uma labareda. Quinlivan estava tão bem-vestido quanto seus companheiros de quatro patas, muito elegante com seu uniforme da Cavalaria e com os olhos acesos de orgulho. De todo o grupo do 2º Regimento de Cavalaria, Quinlivan era o único a testemunhar aquela data tão importante: o dia em que os animais foram apresentados ao público dos Estados Unidos. Já completamente apaixonado pelos cavalos, Quinlivan estava ainda mais feliz por, enfim, poder compartilhá-los com o mundo.

Às duas horas da tarde, no grande picadeiro a céu aberto do complexo de Front Royal, era hora de começar o desfile. Ao longo da arena, o pessoal se amontoava conferindo com ansiedade o programa da apresentação. O silêncio, no entanto, tomou conta quando os homens da cavalaria começaram a puxar os cavalos, um a um. Quando os altivos e graciosos puros-sangues entraram em cena, os ávidos reprodutores de cavalos de corrida passaram a trocar informações sobre o desempenho deles nos *derbys* europeus. Todos os presentes concordavam que Nordlicht, apelidado de Cavalo de Hitler e antigo ganhador do Derby da Alemanha, era o mais valioso item importado por Hamilton em termos monetários. Witez foi o último a desfilar. Da grande e irregular mancha branca e estrelada que destacava seus grandes olhos escuros até a alvura da pata que chegava ao boleto, da sua postura de rei, com a cabeça sempre altiva, até a força e perfeição do seu quarto traseiro, o garanhão deixava em todos uma impressão indescritível. As pessoas ao redor acenavam e murmuravam em apreciação enquanto Quinlivan notava o sucesso do seu predileto com satisfação. Mesmo em meio a uma extraordinária coleção de cavalos, aquele descendente genuíno de puro-sangue árabe era de uma beleza sem par.

A última parte do desfile dos cavalos era uma exibição de movimento: quatro éguas lipizzans, ornadas com seus adereços completos de bronze polido, circularam pelo picadeiro puxando uma charrete imperial. Ao trotarem pela grande arena com seu passo naturalmente alto, o arreio de bronze reluzia feliz debaixo do sol morno da primavera. A maior parte dos presentes não sabia nada sobre a raça lipizzan. Ao lado dos magricelos PSIs, os cavalos brancos pareciam troncudos e atarracados. O nariz romano, sinal elegante da raça, não caía bem no gosto norte-americano da mesma maneira que o público ali nada entendia dos intricados movimentos de adestramento nem dos impressionantes "ares altos" que tanta fama davam àqueles cavalos na Europa. Um tenente da Cavalaria dirigia a composição *four-in-hand* com estilo. A plateia estava impressionada com a novidade – mesmo assim os lipizzans não conseguiram arrebatar o mesmo interesse que os mais conhecidos PSIs.

Quando o desfile chegou ao fim, repórteres e fotógrafos da *Life*, *Reader's Digest* e *Collier's* tiraram fotos e fizeram perguntas sobre a viagem dos cavalos. Um soldado que estivera a bordo do *Stephen F. Austin* brincou: "Noé é que teve sorte. Tinha só um garanhão na arca. Nós tínhamos setenta". Madera, a princesa de Piber, com seu potro ao lado, aprumou as orelhas quando um fotógrafo do *Stars & Stripes* tirou uma foto sua; o jornal usaria aquele clique para ilustrar um artigo sobre sua jornada rumo à América do Norte acrescentando a legenda: "A queridinha dos Estados Unidos".

Havia com certeza compradores em potencial para grande parte daqueles cavalos entre a nobre multidão reunida para ver o desfile, mas aqueles refugiados não estavam à venda. Eles continuariam a pertencer ao Exército dos Estados Unidos. Em abril de 1946, o serviço de remonta do coronel Hamilton mantinha cinco grandes operações de reprodução de cavalos, além daquela unidade de Front Royal. Agora o plano era dispersar aqueles equinos pelas diferentes fazendas. Só os PSIs ficariam em Front Royal. Quinlivan seria transferido para Fort Robinson, em Nebraska. Witez seria enviado para Pomona, na Califórnia. Depois de quase um ano juntos, os amigos recebiam suas ordens de partida: seguiriam rumos distintos. No seu último dia em Front Royal, Quinlivan se despediu passando o maior tempo possível ao lado daquele rei. Witez balançava suas orelhas perfeitas para a frente e para trás e Quinlivan ouviu, então, o relincho profundo e rouco do árabe nascido na Polônia, seguindo-o quando ele se virou e foi embora para sua próxima missão.

ENCONTRANDO UM LAR
WELS, ÁUSTRIA | 1946

Alois Podhajsky ficou de pé no centro de uma arena coberta e vazia em Wels, Áustria, analisando seu contorno familiar. Linhas profundas e paralelas formaram-se em seus finos lábios; bolsas se avolumavam debaixo dos seus olhos. Ao seu redor, fantasmas ecoavam sons de couro, de cascos cadenciados e da voz de comando dos cavaleiros mestres. Havia sido ali, no quartel dos Dragões, que Podhajsky iniciara sua carreira como soldado da Cavalaria. Agora mais calejado e experiente, mas ainda com a boa forma de um atleta olímpico, Podhajsky era um dos que haviam tido sorte: ele sobrevivera. Mais velho, menos esperançoso, porém nem um pouco menos determinado, ele olhava resignado para as mudanças que a guerra havia imposto àquele lugar tão conhecido.

O antes bem-conservado edifício estava agora praticamente no osso – janelas, portas, lustres e circuitos elétricos haviam desaparecido, vendidos no mercado negro. O prédio havia sido só há pouco evacuado, após servir de abrigo para refugiados. O que sobrara estava em estado lastimável, mas Podhajsky agora estava acostumado a improvisar e acreditava que seu dilapidado antigo quartel seria o melhor lugar para instalar de maneira permanente o novo lar dos garanhões.

Já havia se passado um ano desde que Podhajsky e seus cavalos tinham fugido da elegante Spanische Hofreitschule. Por enquanto, o retorno a Viena continuava impossível. A paz havia trazido estabilidade para a Áustria, mas o país permanecia sob a ocupação dos Aliados, dividido em setores controlados pelos Estados Unidos, a Grã-Bretanha, a França e a União Soviética. Viena também se encontrava fragmentada, embora seu centro fosse considerado uma zona internacional comum. Graças a um decreto de 1945 de Patton, os lipizzans e a Spanische Hofreitschule haviam sido agraciados com a proteção dos Estados Unidos

— sua segurança e continuidade teriam todo apoio possível, contanto que eles permanecessem dentro de uma zona norte-americana. Por isso o estábulo imperial, que se situava no centro da cidade, permanecia vazio. A arena de inverno estava sendo usada para armazenar itens de propriedade da National Opera House (Casa Nacional de Ópera). O sonho de Podhajsky, de levar os cavalos de volta ao seu endereço original em Viena, não havia diminuído, mas por enquanto ele apenas pedia permissão para se transferir para Wels. Ali, com baias adequadas e uma grande arena, ele esperava conseguir gradualmente restabelecer um estado de normalidade e rotina.

Em abril de 1946, a transferência estava feita. Garanhões e éguas já estavam em seus novos aposentos. A escola estava limpa e pintada. Pela primeira vez depois de deixar Viena com os cavalos, Podhajsky não precisava pensar na sobrevivência diária. Ao colocar de novo garanhões e cavaleiros em ritmo de treinamento, ele encontrou conforto na familiaridade da rotina diária. Ainda não havia dinheiro, apoio, nem um plano real de longo prazo. Embora isso não fosse o que esperava ao sair de Viena sob uma chuva de bombas, Podhajsky sabia que aquele mundo que conhecera antes da guerra havia desaparecido, e junto com ele havia ido embora toda a infraestrutura que antes sustentava a escola. Agora era preciso inventar um novo futuro para os cavalos.

Em outra parte do globo, em Pomona, Califórnia, Witez subia uma trilha em um morro em compasso de galope, levantando poeira a cada passo dado. Sua pelagem brilhava como uma labareda de cobre; sua cauda negra flutuava atrás dele como se fosse uma pluma de fumaça no ar. Sobre ele, seu cavalariço e cavaleiro, Joe Benes, seguia no melhor estilo Velho Oeste, com rédea de couro trançada em uma mão e um chapéu Stetson criando uma sombra mansa sobre seus olhos e ajudando-o assim a enfrentar o sol brilhante da costa oeste. Pomares de frutas cítricas e jardins de rosas povoavam a paisagem abaixo deles. Atrás, subiam aos céus as montanhas San Gabriel, com seus picos cobertos de neve. Após atravessar meio mundo, o garanhão árabe parecia ter chegado ao paraíso.

O Pomona Remount Depot onde Witez agora vivia era a joia da coroa do Exército. Uma propriedade de 1 milhão de dólares (em valores da década de 1940) que havia sido antes a residência de W. K. Kellogg, um dos mais importantes criadores de puros-sangues árabes do mundo.

O romance de Kellogg com o cavalo árabe havia começado durante sua meninice em Michigan. Sua família era proprietária de um cavalo velho e maltrapilho que se chamava Spot. Ele e seus irmãos e irmãs costumavam subir em Spot, puxando-o pela cauda e depois ficando de pé nas costas do bicho, às vezes dois ou três de uma só vez. Um dia um vizinho deu uma bronca no jovem Kellogg sobre o que faziam com Spot, explicando ao menino que o cavalo era em parte árabe, "a raça de cavalos mais nobre que o mundo já conheceu".

Essa simples interação o levou a uma vida inteira de fascinação. Em 1925, Kellogg gastou 250 mil dólares em 152 hectares de terra em Pomona para estabelecer um haras criador de árabes. O Kellogg Ranch logo se tornou uma atração do sul da Califórnia, conquistando legiões de fãs que aprenderam a apreciar a sofisticada raça que vinha do deserto. Todo domingo o rancho abria as portas para mostrar shows de árabes para o público em geral, com desfiles e acrobacias montadas. Cartões-postais coloridos à mão e amostras dos cereais Kellogg eram distribuídos para os visitantes. Dignitários, reis e rainhas, astros de cinema como Gary Cooper, Mary Pickford e Olivia de Havilland visitaram o local. Em 1927, Charles Lindbergh sobrevoou a área a bordo do *Spirit of St. Louis*. Ronald Reagan também posou para fotos publicitárias ali. O mais famoso dos árabes de Kellogg era um garanhão de nome Jadaan que contracenara com Rudolph Valentino em seis filmes. Estrelou também em muitos dos desfiles do Rose Parade (Desfile do Torneio das Rosas) e tinha ainda sua própria baia bem ao lado de um dos enormes e ornamentados salões de cinema de Hollywood. Ele chegou a ir para Santa Anita para ser fotografado junto à estátua de outro cavalo famoso da Califórnia: o Seabiscuit. Em 1932, com grande estardalhaço, Kellogg doou a propriedade, 600 mil dólares e 88 puros-sangues árabes para a University of California (Universidade da Califórnia) para a fundação de um instituto de criação animal. Will Rogers foi o mestre de cerimônias da entrega que teve 22 mil pessoas na plateia. Kellogg impusera apenas uma condição: que os shows de cavalos árabes continuassem a acontecer aos domingos.

Em 1942, Kellogg ficou profundamente tocado quando uma criadora de árabes na Inglaterra lhe enviou cartas contando como seus cavalos haviam corrido perigo durante a Batalha da Grã-Bretanha. Inspirado a contribuir com o esforço de guerra, Kellogg encorajou a universidade a doar o rancho e todos os cavalos para o Exército dos Estados Unidos. Ele acreditava que a coragem e a inteligência dos árabes seriam úteis aos militares, mas na prática a posse do rancho só foi tomada quando o Exército já começava a desfazer suas tropas montadas.

Em 1946, quando Witez chegou a Pomona, ele se encontrava em um dos mais refinados haras de cavalos árabes do mundo. Mesmo entre esses espécimes de boa estirpe e muita fama, o cacique polonês logo chamou a atenção. O US Army Remount Service o colocou para cruzar e Witez provou rapidamente seu valor como reprodutor. Já em 1947, de 32 filhotes, oito eram filhos de Witez. Um fazendeiro da região que havia cruzado suas éguas com Witez e gerado assim dois potros estava desesperado para comprá-lo. Mas os cavalos pertenciam à Intendência do Exército e não estavam à venda.

Apesar do sucesso como reprodutor na remonta, o futuro de Witez continuava no ar. O compromisso do Exército em relação à criação de cavalos estava por um fio. Com a morte de Patton em 1945, os equinos haviam perdido seu mais poderoso aliado. Nenhum jovem e ambicioso membro do Exército queria ser conhecido por uma devoção aos cavalos. Muitos da velha geração do "desce a lenha e cavalga" haviam se aposentado e passado para a vida civil. Em Washington, o coronel Fred Hamilton continuava a batalhar em nome do US Army Remount Service. Mas, em particular, Hamilton confessava sua falta de esperança. Ele havia conseguido convencer o War Department a ceder espaço precioso em um cargueiro que seguia para os Estados Unidos dizendo que aquela carga era o metro cúbico mais valioso que podia existir. Mas o valor daquele carregamento ainda estava à espera de comprovação. Como se a tempestade em alto-mar enfrentada pelo *Stephen F. Austin* fosse um prenúncio do futuro, os cavalos não encontravam nada mais que problemas desde que haviam chegado.

O diretor do Pomona Remount Depot, coronel F. W. Koester, havia sido um persistente defensor dos árabes enquanto esteve no cargo. Em 1946 e 1947, Koester lutou para que o pedigree deles fosse autenticado e que pudessem ser registrados. Sem o registro, eles seriam classificados como cavalos "grade" (sem raça definida) e não teriam valor como reprodutores. Mas as organizações de reprodução dos Estados Unidos continuavam a se mostrar céticas em relação à autenticidade das linhagens sanguíneas dos cavalos conquistados durante a guerra. Como um soldado que os acompanhara a cada etapa desde sua transferência de Hostau para Bremerhaven e depois para os Estados Unidos, Quinlivan deu uma declaração juramentada confirmando a identidade do plantel, a maneira como haviam sido capturados e ainda a idoneidade dos especialistas alemães – Lessing e Rudofsky – que confirmavam sua procedência e pedigree. Por conta do esforço do coronel Koester, tanto Witez quanto Lotnik acabaram sendo registrados no Arabian Horse Registry of America (Registro de Cavalos Árabes da América), assegurando assim o valor deles como reprodutores. Ao longo de 1947, o Pomona Remount Depot andava de vento em popa com aglomerados de 4 mil a 5 mil pessoas assistindo aos shows de árabes aos domingos. Além disso eles receberam delegações da China, Índia e Arábia Saudita, que visitaram as instalações e admiraram Witez e os outros famosos árabes de Kellogg. Mas o coronel Koester se aposentaria ao fim de 1947, e não havia nenhum defensor dos cavalos para pegar o bastão.

Para piorar as coisas, muitos países europeus – Hungria, Polônia e Iugoslávia – haviam entrado com processos dizendo que os cavalos tinham sido levados de forma ilegal. Em uma tentativa de evitar desgastes diplomáticos, o State Department* (Departamento de Estado) recomendara, então, a devolução dos cavalos aos seus países de origem. Em resposta, o Senate Armed Services Committee** (Comitê das Forças Armadas do Senado) começou a ter audiências em 1947. Uma delegação (que incluía o pai de Tom Stewart, senador Tom Stewart, do Tennessee) foi até o Aleshire Remount Depot na Virgínia para inspecionar o "saque de guerra", composto em sua maioria por cavalos PSIs que ainda permaneciam ali. Alguns dos equinos de origem húngara, entre eles o famoso

---

* Órgão equivalente ao Ministério das Relações Exteriores. (N.E.)
** Comitê do Senado americano que supervisiona todos os aspectos da Defesa Nacional do país, incluindo as Forças Armadas, projetos aeroespaciais, o controle sobre o Canal do Panamá e o uso de energia nuclear. Foi criado logo após a Guerra de 1812 contra a Inglaterra. É um dos mais tradicionais instrumentos de controle civil sobre os assuntos militares existentes nos Estados Unidos. (N.E.)

PSI Taj Akbar, foram enviados para o porto de Nova Orleans para seguirem em um cargueiro rumo à Europa, mas em uma guinada repentina o Senate Armed Services Committee bloqueou a decisão e estabeleceu que os cavalos eram um legítimo espólio de guerra. A disputa sobre o destino dos cavalos manteve os animais nos jornais, mas o problema em si não tinha uma solução evidente. Dois anos após o fim daquela guerra sem cavalos, ninguém havia ainda conseguido estabelecer um argumento convincente para que o Exército continuasse a criar os equinos.

Enquanto os burocratas em Washington, D.C., debatiam o destino dos animais, a imprensa alimentava o interesse público. Em 1947, um repórter do *The Christian Science Monitor* visitou o Pomona Remount Depot. Sobre Witez e Lotnik, escreveu: "Eles gostam quando são observados. Eles se afastam um pouco abrindo espaço para que se possa melhor compreender sua beleza clássica. Em seguida se aproximam para que você possa fazer um carinho e, quem sabe, doar um torrão de açúcar. Prisioneiros de guerra, sim. Mas cidadãos do mundo para qualquer apreciador de cavalos refinados". Na foto, Witez, o "famoso garanhão árabe", aparecia com a guia solta e as orelhas para a frente, olhando para as montanhas ao longe. Abaixo da fotografia, a legenda: "Refinados cavalos europeus capturados pelo Exército causam problemas".

OS ÓRFÃOS DA GUERRA
POMONA, CALIFÓRNIA | 1º DE DEZEMBRO DE 1948

Quando 1948 chegava ao fim, três anos haviam se passado desde que a guerra fora vencida ao custo de mais de 4 mil vidas norte-americanas. As tropas haviam retornado e, assim como os personagens do filme de 1946 *The best years of our lives* [*Os melhores anos de nossas vidas*], os veteranos esconderam suas histórias dentro de si e continuaram a tocar a vida. Os homens do 2º Regimento de Cavalaria estavam espalhados por todo o país tentando recompor as vidas que haviam deixado para trás durante os anos de guerra. Alguns, como era o caso do capitão Quinlivan, continuavam no Exército; outros, como Tom Stewart, haviam sido dispensados e tentavam agora encontrar um lugar no mundo civil. Muitos deles haviam guardado recortes de jornais e de revistas com reportagens sobre a chegada triunfante dos cavalos em Newport News, mas com o passar dos anos os homens perderam as pistas sobre o paradeiro deles, e a memória da operação de salvamento dos animais acabou guardada em algum canto junto com outras lembranças da guerra.

Naquela altura, os 231 equinos importados por Fred Hamilton e os Detetives de Cavalos em dois carregamentos distintos em 1945 e 1946 haviam encontrado todo tipo de destino. Embora nunca tivesse havido qualquer intenção de venda, o apoio para o US Army Remount Service foi rapidamente desaparecendo de modo que, no fim de 1946, Hamilton havia recebido ordens de leiloar a maioria dos PSIs de Front Royal. Sua promessa de valor não havia se concretizado. A recusa do American Jockey Club em registrar os PSIs havia impactado de modo terrível no valor dos equinos. Dos 64 animais trazidos por Hamilton, apenas quatro — entre eles, Nordlicht — chegaram a ser registrados. Uma organização encabeçada por Christopher Chenery (da família que mais tarde foi proprietária do famoso cavalo Secretariat) adquiriu o ilustre PSI alemão por 20.300 dólares, um preço relativamente alto para um garanhão naquela época. Mas, sem a devida papelada, a maior parte dos descendentes desses animais jamais poderia disputar uma corrida, e isso limitava de maneira significativa o valor deles. Em função disso, muitos dos cavalos que haviam sido capturados com grande estardalhaço tinham agora vidas ordinárias em mãos privadas.

A Cavalaria teve um último grande momento quando organizou uma equipe equestre para as Olimpíadas de 1948, em Londres. Em novembro daquele ano, o time fez sua última aparição pública na National Horse Show que ocorrera no Madison Square Garden. Quando membros da equipe holandesa identificaram cavalos seus nos estábulos dos Estados Unidos, o Exército os devolveu aos seus devidos proprietários. Enquanto isso, os veteranos da Cavalaria tinham a chance de adquirir cavalos do Exército a preços especiais. Uns poucos agarraram a oportunidade e compraram vários cavalos para estabelecer assim academias de equitação. O futuro dos esportes equestres, desse momento em diante, estava nas mãos de civis. Ainda assim, alguns cavalos de Hostau, entre eles Witez e Lotnik, permaneceram no US Army Remount Service, com o destino incerto e o local de seu calvário desconhecido pela maior parte daqueles que haviam se arriscado para salvá-los.

No dia 1º de julho de 1948, o Defense Department, sob as ordens do presidente Truman, transferia o Remount Depot e todos os animais e equipamentos para o Department of Agriculture* (Departamento de Agricultura). O pessoal ligado aos cavalos do Exército tinha a esperança de que a transferência da unidade de Pomona preservaria seu programa singular de reprodução de árabes. Mas não demorou muito para que a esperança virasse pó. O Department of Agriculture logo declarou que seu orçamento não tinha espaço algum para cuidar da criação de cavalos. Eles planejavam vender imediatamente tudo e todos. O número de cavalos de propriedade do Exército já havia caído de maneira dramática. Dos mais de 200 mil existentes em 1941, restavam apenas 327 em 1949. Em Fort Riley, os soldados continuavam a cuidar com todo o carinho dos animais aposentados dos tempos em que o Exército participava de competições esportivas. Em Pomona, só permaneciam os árabes de Kellogg, os importados de Janów Podlaski e nove lipizzans.

---

* Equivale ao Ministério da Agricultura, pasta encarregada de supervisionar questões pertinentes às políticas públicas de produção de alimentos, recursos naturais e sua conservação e nutrição. Foi criado pelo presidente Abraham Lincoln em 1852. (N.E.)

Witez sobrevivera aos bombardeios de guerra, mas agora, em sua casa em tempos de paz, ele enfrentava outro tipo de batalha. A ex-propriedade de Kellogg estava no centro de uma controvérsia que colocava os aficionados por cavalos e os ativistas de direitos dos animais em posições opostas em Washington. Assim que o Department of Agriculture assumiu o controle sobre o Pomona Remount Depot, iniciou-se um processo de seleção e abate do rebanho árabe. Muitos dos animais em boas condições físicas foram vendidos. Garanhões e éguas mais velhos, com boa saúde, mas já não mais no pico de suas vidas como reprodutores, foram alvo de eutanásia. Apenas o *crème de la crème* sobreviveu.

Os apreciadores da raça árabe, horrorizados com aquilo, colocaram em marcha operações de salvamento, determinados que estavam a garantir a vida de tantos animais quanto fosse possível. Às vezes, com êxito. Quando descobriram que Raseyn, um garanhão de 22 anos adorado pelo público cativo dos tradicionais shows de domingo, estava estéril, ele logo entrou para a lista dos que seriam abatidos. Uma defensora dos cavalos o surrupiou da fazenda (até mesmo os registros oficiais da história do rancho relatam que eles jamais conseguiram entender como ela realizou tal façanha) e encontrou para ele um novo lar. Em carta enviada a W. K. Kellogg, ela escreveu: "Seu querido Raseyn está feliz aqui, com certeza. De vez em quando ele coloca a cabeça contra a minha em um gesto que eu traduzo como a expressão da sua afeição por mim. O sentimento é recíproco. Sirvo para ele cenoura picadinha, feno e grãos a cada três horas, e ainda adiciono vitaminas. Agora ele levanta a cabeça e faz barulho para mim sempre que chego perto do cercadinho".

Outros cavalos mais velhos não tiveram a mesma sorte. Jadaan, o cavalo usado pelo astro Valentino, fora colocado para descansar. Seu esqueleto foi doado para a faculdade de veterinária da University of California. Seu couro deveria ter ido para o Cody Museum, em Wyoming, mas o material nunca chegou a ser entregue. Kellogg, na altura com 88 anos e cego, estava com o coração partido. Ele havia doado o rancho "sem exigências específicas", crendo que a reprodução de cavalos seria uma atividade perpétua. Mas a cada dia o número de animais diminuía ainda mais – uns foram vendidos, outros foram sacrificados, enquanto uns poucos foram abrigados por admiradores de bom coração. Durante o tempo em que o rancho permanecera nas mãos do Exército, havia grande relutância em vender os cavalos – aquilo teria sido um desastre em termos de relações públicas e também em termos sentimentais –, mas com a troca de chefia, os burocratas do Department of Agriculture agiam sem qualquer escrúpulo. Lotnik, antes a pérola de Hostau, fora vendido para um sujeito da região como um animal de lazer.

No outono de 1948, apenas os mais valiosos cavalos permaneciam nos estábulos da fazenda de Kellogg. Entre eles, Witez. Em outubro, mesmo eles – os mais valiosos de todos – estavam para ser vendidos em leilão. Quando o anúncio oficial foi feito, porém, houve uma enorme reação negativa. Organizações equestres e indivíduos apaixonados por equinos enviaram telegramas para o presidente Truman, ao mesmo tempo que vários artigos apareceram nos jornais criticando a venda. Delegações de defensores dos cavalos se reuniram com o governador da Califórnia, Earl Warren, e um ambicioso jovem deputado chamado Richard Nixon fez um apelo pessoal ao Department of Agriculture. Muitos acreditavam que o plantel deveria ser mantido unido, sob a tutela de outra organização que se comprometesse a levar adiante a missão. Na esperança de abafar a controvérsia, o Department of Agriculture mudou sua posição. No lugar de leiloar os animais que restavam, eles decidiram transferi-los para Fort Reno, em Oklahoma, onde a reprodução de cavalos ainda continuava em operação. Houve quem achou, no entanto, que a transferência seria apenas uma manobra para que eles pudessem vender os cavalos na calada da noite, longe do escrutínio da imprensa do sul da Califórnia. Apenas uma coisa era evidente: a The War Assets Administration* (Secretaria de Gestão de Bens de Guerra) havia designado aqueles animais como *surplus* na listagem de propriedades do governo. O governo dos Estados Unidos não estava mais interessado em cavalos e aqueles animais, produto dos mais sofisticados pedigrees do mundo,

---

* Os Estados Unidos exerceram sua capacidade industrial de modo sem precedentes durante a Segunda Guerra Mundial. Dezenas de milhares de aviões, navios, milhões de armas leves, cartuchos de munições, uniformes, rações e congêneres superlotavam os estoques governamentais em 1946. O governo norte-americano passou então a administrar a venda desses excedentes de guerra para o mercado civil, nas lojas de Army & Navy Surplus, ou em quantidades maiores, para nações interessadas em se aparelhar militarmente com material sem uso e do último tipo. (N.E.)

agora valiam tanto quanto um bando de pneus velhos retirados de modelos antigos de carros.

No dia 1º de dezembro de 1948, Pomona parecia um lugar tranquilo, com a silhueta recortada das palmeiras contra o cinza das montanhas de San Gabriel, compondo o cenário para oficiais uniformizados que observavam uma fila de cavalos desfilando direto para dentro de um vagão de trem. Os tratadores estavam visivelmente desconfortáveis, relutantes ao organizar a partida dos animais. Os árabes atravessavam com leveza o pátio poeirento, parecendo nobres demais para uma paisagem tão ordinária. O sol morno da Califórnia brilhava sob a pelagem dos animais, iluminando tons de cobre, prata e ouro. Um punhado de repórteres e fotógrafos estava presente para testemunhar a dispersão.

Quatro éguas, acompanhadas por suas crias, foram as primeiras a serem embarcadas, seguidas por quatro garanhões com cerca de um ano, outro com seis, um de dez e ainda um lipizzan alvo puxador de carruagem. Ao deixarem cada um dos cavalos em segurança dentro das baias especialmente erguidas nos vagões, os tratadores saíam do trem de cara triste e mãos vazias.

No fim da fila, último a embarcar, estava Witez. Com seus grandes olhos negros, ele parou um instante, observando a pequena multidão ao redor como um rei inspecionando seus súditos. Joe Benes deixou a guia meio solta para que Witez pudesse melhor exibir seu torso de traços perfeitos. Enquanto o flash das câmeras pipocava, o garanhão colocou as orelhas delicadas para a frente, as pontas viradas para dentro. Benes aguardou até que os fotógrafos estivessem satisfeitos, depois fez um som baixinho e o cacique o seguiu entrando na sombra do vagão sem olhar para trás.

Após acomodar Witez, Benes lhe ofereceu um torrão de açúcar e pousou um beijo carinhoso sobre o focinho macio do animal, esticando seus últimos minutos ao seu lado. Mas o motor do trem já estava a toda e Benes, que desde a chegada de Witez a Front Royal em 1946 cuidara e montara diariamente o garanhão, não podia fazer nada mais que soltar a corda, enrolando-a no gancho da improvisada baia e deixando seu amigo por lá.

Será que alguém notou, quando ele embarcava no trem, a marca que aquele cavalo trazia na espádua esquerda? Witez carregava na pele a marca de sua terra natal, a Polônia, exibindo uma coroa real. Mas o desenho feito com brasa não havia protegido aquele guerreiro, o cacique. E seu trem que seguia para o leste partiu sem dar importância alguma àquilo.

No dia seguinte, as manchetes de jornais anunciavam: "Rebanho de Kellogg é golpeado de novo". No fim de 1947, o coronel Fred Hamilton, que tanto havia lutado para trazer os cavalos capturados para os Estados Unidos, aposentou-se do Exército por invalidez aos 51 anos de idade. Na esfera pública, ele continuou a ser um incansável defensor dos cavalos. Na vida privada, passou a se referir a esses cavalos remanescentes como "órfãos da guerra".

O LEILÃO
FORT RENO, OKLAHOMA | PRIMAVERA DE 1949

Na primavera de 1949, Witez estava em sua melhor fase, vendendo saúde e vitalidade. Mas o cacique polonês de 11 anos, o tesouro roubado pelo Terceiro Reich e a grande estrela entre os árabes de Kellogg, era uma joia valiosa perdida em um cenário decadente – em especial no dia 25 de maio, naquele curral poeirento, com o número 131 pintado no quadril.

Poucos meses antes da chegada de Witez a Fort Reno, em Oklahoma, bem longe do olhar escrutinador da imprensa da Califórnia, o Department of Agriculture havia decidido acabar de uma vez por todas com os últimos vestígios do programa de remonta do Exército colocando os cavalos que restavam à venda.

O leilão dos exóticos árabes e lipizzans havia atraído um coleção variada de pessoas interessadas. Uma produtora de cinema, um circo e vários fazendeiros da região estavam ali para tentar arrematar aqueles cavalos que, antes, nem preço tinham, de tão valiosos que eram. A venda não havia sido muito anunciada, de maneira que aqueles que entendiam o valor real dos animais não sabiam da ocorrência do leilão.

Witez não podia estar mais fora de seu mundo. Entre todos os destinos da sua jornada, a empoeirada planície de Fort Reno era, de longe, o mais desolado. Witez não vira nenhum rosto conhecido quando chegara. Ninguém ali sabia da extraordinária história daquele garanhão.

Acontece, porém, que um veterano do 2º Regimento de Cavalaria estava em Fort Reno no dia de sua venda final. Logo antes do começo do leilão, um sujeito com uma cabeleira quase toda negra se moveu em silêncio pelos currais onde os cavalos estavam alinhados, prontos para adentrar no palco. Seus passos eram leves, mas decididos. Ele estava à procura de um velho amigo, um companheiro que amara e de quem cuidara com todo amor e carinho.

Todos os animais ali presentes eram exemplos de elegância e refinamento. E cada um deles exibia um número pintado nos quadris. O homem passou por eles quase sem prestar atenção; ele estava à procura de um só cavalo, um cavalo especial.

Um único garanhão permaneceu imóvel enquanto o som dos passos se aproximava. Em seguida, ele moveu uma só orelha para a frente. Opa! Talvez... Quem sabe? A mesma orelha agora movia-se para trás e, em seguida, a cabeça virava, com aqueles olhos de um marrom profundo acendendo ao reconhecê-lo.

A primeira coisa que o veterano ouviu foi um relincho longo e poderoso. E foi aí que ele viu a cabeça – os olhos escuros emoldurados por uma estrela branca irregular, as orelhas curvadas que pareciam quase tocar sua própria pelagem quando ele as movia para a frente. O homem se aproximou da cerca de madeira e o garanhão fez o mesmo. O árabe esticou seu nariz. As narinas bufaram, mostrando o delicado rosa interno. Com um arrepio de reconhecimento e alegria, o capitão Tom Stewart esticou sua mão.

Stewart, o homem que cavalgara à meia-noite para iniciar o salvamento dos cavalos de Hostau, não havia visto nenhum dos animais desde setembro de 1945. O capitão havia recebido honrarias por sua corajosa cavalgada, mas após uns meses em casa, em Bethesda, como acontecera com vários veteranos, ele havia achado difícil se adaptar à vida civil. Ainda lidando com o fantasma dos amigos perdidos e da brutalidade de tudo que vivera, Tom sofria para se integrar à intensa vida social de um filho de senador. Poucos meses após seu retorno, ele confidenciara à sua irmã, Betty Ann, que ele precisava sair dali por um tempo – precisava de tempo para pensar. O jovem e sério capitão partiu então em uma viagem pelos Estados Unidos, de carona em carona pelo Oeste, trabalhando aqui e ali como frentista em postos de gasolina e lavando carros para ganhar uns trocados. Como se fosse guiado por uma força divina, sua jornada o havia trazido para Fort Reno, para rever seu velho amigo Witez. Stewart não tinha condições de comprá-lo – de pé ali, ao lado do picadeiro poeirento, ele só podia esperar que seu cavalo, por quem tantos haviam se sacrificado, encontrasse um lar amoroso.

Pouco antes das dez da manhã, os compradores em potencial deixaram a área onde inspecionavam os cavalos para se reunirem em torno do picadeiro de areia, olhos protegidos por chapéus de abas largas e pés firmes dentro daquelas botas típicas dos caubóis do Oeste. As pessoas conversavam e passeavam pelas páginas do programa de vendas enquanto aguardavam a entrada dos cavalos.

Lá pelas tantas o leiloeiro esticou suas sílabas para anunciar "Uuum-trintaaa-eeeee-ummmmm". Witez levantou a cabeça, com seu topete encobrindo em parte a estrela branca de sua testa. Ele deu uns passinhos para a frente, exibindo com orgulho a cauda preta. Os compradores conferiam o programa, um livrinho de poucas páginas com texto batido em máquina de escrever e que trazia na capa: "Agriculture Remount Service* (Serviço de Remonta do Departamento de Agricultura). Catálogo de cavalos a serem vendidos em Leilão Público. 10:00 horas, Quarta-feira, 25 de maio de 1949, Fort Reno, Oklahoma (4 milhas a oeste de El Reno na estrada 66)". Dentro, apenas informações muito básicas: "Quadril nº 131, um garanhão baio, nascido em 1938, 15 mãos**, filho de Ofir e Federajca. Certificado pelo Arabian Horse Club (Clube de Cavalos Árabes), nº 3933". E nada mais.

Em nenhum lugar da brochura havia qualquer menção ao cavalariço jovem e assustado espalhando lama sobre a pelagem de um cavalo também ainda moço na esperança de que o animal passasse despercebido em meio à frente russa que avançava. Não havia também sequer uma palavra sobre seu embarque em um trem na Tchecoslováquia enquanto uma moça chamada Liselotte acenava um adeus em meio a lágrimas. Ou sobre como ele desfilara sob a chuva em um campo lamacento em frente a um grupo de gente importante entre os nazistas enquanto era guiado por um prisioneiro de guerra vestido de preto. Do mesmo modo, não havia nada sobre um veterinário gentil, Rudolf Lessing, que arriscara sua própria vida para salvá-lo. E que um tal de Tom Stewart, um capitão de voz mansa, acompanhara Lessing usando a escuridão como escudo para garantir a captura daquele e de tantos outros animais. O nome de "Quin" Quinlivan tam-

---

* Secretaria do Ministério da Agricultura dedicada a fomentar a criação e reprodução equestre. (N.E.)
** Mão é uma medida não oficial equivalente a 101,6 milímetros e utilizada até hoje nos Estados Unidos e em outros países de língua inglesa para definir a altura de um cavalo que, aliás, é medida do chão até apenas a base do pescoço do animal. Neste caso, 15 mãos equivale a 1,52 metro. (N.T.)

bém não aparecia por lá como o homem que havia se agachado no breu do porão de um cargueiro para garantir o bem-estar daquele garanhão no meio de uma viagem transatlântica das mais tumultuadas. Fred Hamilton era outro que não estava ali naquelas páginas; nem o já falecido George Smith Patton. E, talvez ainda mais surpreendente, não havia nada sobre o respeitado coronel do 2º de Cavalaria, Hank Reed, que fora o homem certo, na hora certa e que salvara a vida daquele cavalo. Havia toda uma corrente de mãos amorosas que cuidaram daquele animal praticamente desde o seu nascimento, sempre na tentativa de mantê-lo em segurança em meio ao perigo que o circundava. Mas nenhuma daquelas pessoas havia conseguido mantê-lo sob sua guarda. Quem o conhecia, quem se importava com ele, jamais tivera permissão para tê-lo. Desde o primeiro dia de vida, Witez sempre estivera nas mãos de uma burocracia sem rosto: o governo da Polônia, o Terceiro Reich, o Exército dos Estados Unidos e agora o Department of Agriculture do mesmo país.

Os fazendeiros analisavam o cavalo de cabo a rabo, avaliando seu pescoço de cisne, seu rosto de traços delicados e o corpo parrudo e musculoso tão diferente do quarto de milha norte-americano que era comum naquela região. Eles espremiam seus olhos enquanto mordiscavam capim. Para Stewart, era difícil entender o que se passava na cabeça daqueles homens.

Quando Witez circulou na arena, lá em cima da arquibancada, um homem com um chapéu branco de caubói apertou com mais força o programa que trazia enrolado na mão feito um canudo e o coração bateu mais rápido. Na propriedade que o homem possuía em Calabasas, Califórnia, ele tinha dois jovens cavalos que eram quase idênticos ao pai. O nome do caubói era Earle Hurlbutt e por várias vezes ele havia tentado comprar Witez, sem nunca ter tido uma chance real — pelo menos até agora. Desde que o garanhão havia deixado Pomona em novembro, Hurlbutt se mantivera atento, na esperança de obter notícias sobre o paradeiro do animal. Mas fora por pura coincidência que ele ficara sabendo que os últimos vinte e poucos árabes do Kellogg Ranch seriam leiloados em Oklahoma. Sem pestanejar, Hurlbutt pegou o carro e dirigiu para o oeste na esperança de adquiri-lo.

Por um momento, o cavalo manteve todo mundo ali preso em um silêncio mágico. Tom Stewart sentiu seu coração ir para a garganta. Ele não sabia da existência do homem de chapéu branco, mas sabia muito bem que o querido mascote do 2º de Cavalaria precisava de um bom lar. Embora não tivesse um tostão, Tom Stewart tinha fé para dar e vender, e ali, à beira do picadeiro, ele rezou em silêncio.

A voz anasalada e estridente do leiloeiro saiu em galope quando ele abriu o pregão. Hurlbutt logo notou que ele não era o único interessado. Quando o preço passou a subir de quinhentos em quinhentos dólares, teve gente que desistiu. Não demorou muito e aquilo ali já era um duelo entre Hurlbutt e apenas uma outra pessoa. Hurlbutt tinha o rosto marcado por sol e chuva, e ornado por um par de olhos azuis muito doces. Ele estampava na face a paisagem típica de um fazendeiro que passara a vida a céu aberto. Quando Hurlbutt dava um novo lance levantando o indicador, nada nele revelava emoção, mas por dentro seus nervos estavam a ponto de matá-lo. Não demoraria muito e ele chegaria ao seu limite. Seu concorrente não dava sinal algum de desistência.

Witez jamais havia sido vendido antes e era muito difícil imaginar um número em dólares que representasse seu valor, mas Earle Hurlbutt sabia que havia chegado ao seu máximo. Ele dera seu último lance – 8,1 mil dólares –, ajustara a aba de seu chapéu e, relutando para aceitar a frustração, foi descendo a arquibancada de madeira e saindo dali.

Um homem, no entanto, correu para alcançá-lo e, com um tapinha no ombro, perguntou aonde ele ia. "Você acabou de comprar o cavalo", ele disse.

Aquele dia de maio de 1949 foi quando finalmente Witez recebeu sua dispensa do Exército, passando assim a viver como civil. A marca avermelhada que a mãe dele trazia no ombro o havia marcado como um guerreiro e, por 11 anos, enquanto sua vida era ditada por exércitos e guerra, ele havia vivido aquilo mais como uma maldição que uma bênção. Mas naquele dia de primavera, em Oklahoma, a praga lançada havia sido quebrada. Pela primeira vez, Witez teria um verdadeiro lar.

Quando Tom Stewart entendeu que aquele órfão da guerra havia conseguido garantir para si um bom proprietário, seu coração se encheu de alívio. Aquela era uma evidência tangível de que seu esforço durante a guerra havia trazido algo de positivo. Daquele dia em diante, Stewart viveu mais leve; o cavalo que ele tanto lutara para libertar agora o libertava também.

A ROSA DA VIÚVA
MADISON SQUARE GARDEN, NOVA YORK | 1950

No dia 3 de outubro de 1950, oito homens vestidos com casacos de abotoamento duplo, calças de montaria de camurça e chapéus de duas pontas se reuniram em uma doca em Nova York aguardando a chegada do navio *American Importer*. Um pouco afastado dos outros, com o rosto iluminado pela ocasião, havia um Alois Podhajsky de 52 anos que chegara há poucos dias à cidade em seu primeiro voo transatlântico. O tempo estava bom e o céu azul tinha apenas umas poucas nuvens flutuando bem acima da silhueta da cidade que fervilhava às suas costas. Atrás dos cavaleiros havia também uma coleção de jornalistas e fotógrafos que aguardavam seu momento: os famosos garanhões lipizzans da Spanische Hofreitschule de Viena estavam de visita aos Estados Unidos.

Logo o primeiro deles apareceu sobre a prancha de desembarque, o latão polido do freio de couro tiritando no ritmo dos cascos que avançavam sobre a rampa. O cavalo ergueu a cabeça, saracoteou as orelhas e bufou com vontade exibindo a narina rosada e salpicada de manchinhas negras no meio da cacofonia típica de uma doca com seus barulhentos navios a vapor, rebocadores ruidosos e estivadores aos berros. Ao encontrar um rosto conhecido em meio à turba, o animal baixou a cabeça e relinchou com carinho. Em contrapartida, Alois Podhajsky, ao ver seu querido Africa, foi ter com ele, dando-lhe as boas-vindas, um torrão de açúcar e ainda um beijo na ponta do nariz. Não demorou muito e os 14 garanhões já se encontravam em fila na terra firme, pelos brilhando ao sol da tarde. Ao mesmo tempo, flashes espocavam ao redor deles, enquanto os jornalistas disparavam perguntas. Mas Podhajsky prestou pouca atenção a eles enquanto finalizava seu pequeno ritual de recepção aos animais. Os espertos e simpáticos garanhões estavam de olho em tudo, quase posando para as câmeras, enquanto os cavaleiros tentavam manter um pouco de dignidade ao atenderem aos pedidos dos fotógrafos que bradavam: "Sorria!".

Com um terno escuro e um chapéu fedora cinza, o presidente da American Horse Show Association (Associação de Shows de Cavalos dos Estados Unidos) e general de brigada Alfred G. "Tubby" Tuckerman também estava presente para receber os ilustres visitantes. Ele posara para uma foto ao lado de Africa segurando o freio enquanto Podhajsky oferecia uma cenoura ao cavalo. O animal parecia maravilhado com a cena toda. E tanto assim que Podhajsky não conseguira se conter e abrira um raro sorriso. Em seguida, todos os garanhões foram colocados em vans e transportados para a Kenilworth Riding School (Escola de Equitação Kenilworth), em Rye, no subúrbio do condado de Westchester, onde poderiam esticar as patas e se preparar para a grande estreia em solo norte-americano.

Na manhã seguinte, mais de cinquenta fotógrafos foram ver a primeira sessão de treinos. Os cavaleiros fizeram suas montarias passear em várias andaduras diante dos olhos curiosos da imprensa, que tirou fotos sob todos os ângulos possíveis e fez uma chuva de perguntas. Ao final da semana, fotos e artigos povoavam os jornais de toda parte do país descrevendo os dançarinos brancos. Um filme com os lipizzans demonstrando seus passos acima do chão circulou o mundo, sendo traduzido para 28 idiomas.

Desde a mudança dos cavalos para Wels, em 1946, Podhajsky havia trabalhado com ardor para conquistar ainda mais fãs, levando os garanhões a se exibirem na Suíça e na Irlanda e dando um show especial no estádio de Wembley durante os Jogos Olímpicos de Londres, em 1948. Podhajsky havia aprendido que a graça mágica tecida pelos cavalos brancos conseguia arrebatar amigos e influenciar pessoas mais depressa que qualquer outro recurso. Bastava deixar que eles fizessem *piaffes*, *passages* e *pirouettes*; que executassem seus *courbettes* e *caprioles*. A eloquente linguagem muda dos cavalos havia se revelado universal. E aquela era a estratégia de Podhajsky para manter a escola viva.

Quatro semanas após chegar a Nova York, no dia 6 de novembro de 1950, Alois Podhajsky recebia cumprimentos no grande salão de baile do hotel Waldorf Astoria, um dos mais elegantes da cidade, como convidado de honra do National Horse Show Ball (Baile Nacional dos Shows de Cavalos). O salão se encontrava todo decorado com uma exuberante coleção de militares, cavaleiros do mundo todo e membros da alta sociedade nova-iorquina que tomavam conta da grande área de piso impecavelmente encerado, além de mais dois andares de balaustradas. Mulheres trajando modelos de alta-costura e homens a bordo de jaquetas vermelhas de hipismo ornadas por botões de clubes de caça nas lapelas estavam em fila para cumprimentar o coronel Podhajsky.

O austríaco, solene e cortês, não deu a menor pista de que seu pensamento estava longe dali, preso nos estábulos existentes no porão do Madison Square Garden. Lá os garanhões brancos se preparavam para o ensaio final que ocorreria naquela noite. Podhajsky havia recebido instruções de incluir todas as manobras no ar de uma só vez, uma seguida da outra, com a quadrilha na sequência. Tudo isso espremido em 25 minutos. Mas ele se preocupava com as dificuldades técnicas de conseguir realizar aquilo em um picadeiro desconhecido e debaixo de uma iluminação diferente. Ele queria mesmo era estar com os cavalos naquele exato momento, caminhando entre eles, sintonizando-se ao humor deles em vez de estar ali naquela conversa sem importância com uma fila sem fim de convidados. A agenda do Madison Square Garden estava tão lotada que eles tiveram de esperar até que o gelo de uma apresentação de patinação derretesse antes que pudessem fazer aquele último ensaio. Determinado a dar aos garanhões uma chance de conhecerem a arena, Podhajsky tinha planos de escapar do jantar e atravessar a cidade feito uma bala para poder montar.

Na noite seguinte, 13 garanhões se apertavam na área da escola de equitação existente no porão do Madison Square Garden, seus casacos brancos brilhando no meio do ar enclausurado e poeirento do lugar. Um deles, Africa, não estava presente. O predileto de Podhajsky estava doente. Ele se recuperaria, mas precisava descansar. Em seu lugar, Podhajsky tinha sua segunda montaria, Pluto, que teria naquela noite uma jornada dupla, substituindo Africa e também executando seus próprios números. Podhajsky circulava nervoso por entre os cavalos, dando instruções com pequenos ajustes aos tratadores, chamando a atenção de um ou outro cavaleiro para determinado detalhe e ainda distribuindo palavras de encorajamento aos cavalos.

Sentada ao redor do picadeiro que existia no andar de cima, uma multidão de mais de 20 mil pessoas aguardava para ver o show. Nos camarotes, homens e mulheres vestidos com pompa conversavam amenidades enquanto aguardavam a entrada dos garanhões brancos. Nos assentos mais baratos, os espectadores aguardavam sem saber ao certo que tipo de espetáculo a Spanische Hofreitschule de Viena faria. Os sons descompassados da orquestra se preparando para o show aumentavam ainda mais o burburinho. Durante o ensaio da noite anterior, Verena Podhajsky havia conversado com o pessoal da orquestra de cordas, explicando como eles deveriam executar a música de acordo com o movimento dos cavalos. No centro do amplo picadeiro, jipes circulavam com pressa removendo os obstáculos utilizados nas aulas de saltos. Na sequência, o pessoal passou um ancinho pela área para descompactar a areia. E, para completar, a equipe colocou vasos de flores para marcar o quadrado que os garanhões usariam em sua apresentação.

Podhajsky podia sentir a nervosa energia que Pluto tinha ao se preparar para entrar no enorme e pouco conhecido espaço que se mostrava mesmo um tanto quanto aterrador para os cavalos por ter uma iluminação irregular que criava várias faixas de sombra no chão. Podhajsky acariciava o pescoço do garanhão para acalmá-lo, apertando seu pulso contra a rédea e suas canelas contra a costada do cavalo. Seu animal havia enfrentado uma chuva de bombas naquela Viena ocupada; havia aceitado comida racionada quando o alimento era escasso; havia cruzado a Áustria em vagões comuns, sem nenhum conforto ou proteção, e se mantido calmo diante do horror de enfrentar um bombardeio a céu aberto perto de uma estação ferroviária. Durante tudo aquilo, um homem havia se mantido fiel ao seu lado. Um homem estivera ali para assegurá-lo de que tudo estaria bem, para tomar conta dele, para cavalgar com ele e para conversar com ele naquela linguagem especial, sem palavras, que ele tão bem conhecia.

Quando o conjunto entrou na enorme arena, os holofotes intensos fizeram com que a pelagem branca parecesse ter luz própria. O murmurinho de 20 mil pessoas foi, então, rapidamente substituído por um silêncio povoado de expectativas. Pluto estava tenso; ele moveu uma orelha para trás, em busca do seu cavaleiro. Da orquestra veio o som conhecido de uma valsa vienense e a dupla, então, seguiu adiante partindo a galope. Apesar do local desconhecido, dos sons, cheiros e cenário pouco familiares, Pluto e Podhajsky só prestavam atenção um ao outro. O conjunto parecia flutuar. Enfim, eles pararam no centro exato do picadeiro em perfeita sincronia com a música e um silêncio coletivo e mágico encheu o ambiente até ser rompido pelo estrondo dos aplausos. O restante da apresentação seguiu seu passo coreografado, com garanhões e cavaleiros executando à perfeição suas complicadas manobras. A plateia acompanhava tudo boquiaberta enquanto os garanhões alvos voavam leves pelo ar ou se mantinham inertes feito estátuas de porcelana.

Ao final, o locutor anunciou que um convidado de honra viera ver a apresentação.

Podhajsky e Pluto encabeçaram uma fileira única de cavalos e cavaleiros espaçados a exatos dez passos um do outro. Quando eles chegaram ao centro do picadeiro, os animais ficaram um ao lado do outro, quietos. O pessoal técnico colocou, então, um tapete vermelho sobre a areia e o general Tuckerman surgiu sob as luzes, acompanhando uma mulher já idosa e pequena, com seus cabelos grisalhos entrelaçados em um penteado elegante. Ela caminhou devagar até o centro da arena, seu braço apoiado no braço do general.

Podhajsky e Pluto foram em direção a ela. No meio do caminho, o coronel parou e desceu do cavalo, deixando Pluto sozinho enquanto ele se aproximava da convidada de honra. Pluto o acompanhou por uns poucos passos e depois parou, olhando para trás, para os outros cavalos, como se perguntasse: "O que devo fazer?". Com 20 mil pares de olhos sobre ele, Pluto ficou imóvel em sua posição, com a rédea solta, aguardando. De repente, parecia que todos os cavalos haviam desaparecido. O picadeiro estava todo escuro com apenas um facho de luz sob duas pessoas ali na arena: o coronel Podhajsky e Bea Patton, a viúva do general.

Na escuridão, a plateia continuava paralisada.

"É com a maior alegria que lhe mostro aqui os cavalos que o general Patton, grande soldado dos Estados Unidos, salvou em nome da Áustria", disse Podhajsky.

"Eu daria tudo para ter meu marido aqui no meu lugar porque ele era mesmo um apaixonado pelos lipizzans", respondeu a senhora Patton.

Quando uma explosão de flashes os iluminou, a senhora Patton entregou a Podhajsky uma rosa vermelha.

Bea Patton entrega uma rosa vermelha a Alois Podhajsky no National Horse Show, no Madison Square Garden, em 1950.

A FESTA DE ANIVERSÁRIO
CALARABIA RANCH, CALABASAS, CALIFÓRNIA | 3 DE JANEIRO DE 1965

Um céu azul lindo cobria o Calarabia Ranch, enquanto a porteira principal se mantinha completamente aberta. Sob o telhado do estábulo de Witez, tremulava uma bandeira que anunciava que o príncipe estava em casa. Era a festa de aniversário do adorado King of the Ranch (Rei do Rancho), e havia um bolo de cenoura e um monte de admiradores, de perto e de longe, que haviam vindo celebrar a vida do mais famoso puro-sangue árabe da Califórnia. Os Hurlbutt haviam batizado a festa de "Esta é sua vida: Witez", por conta de um show de TV com título semelhante que reunia velhos amigos e conhecidos da personalidade homenageada. A família havia coletado comentários sobre Witez de vários companheiros seus do passado, da Europa e dos Estados Unidos.

Witez tinha nesta altura 27 anos, mas seu pelo brilhante, seu jeito brincalhão e seus olhos muito vivos eram um testamento de sua excelente saúde. Quando Witez chegara aos Estados Unidos em 1945, a maior parte dos norte-americanos nunca nem tinha ouvido falar dos tais cavalos árabes. Desde então, a raça adquirira um bom número de fãs e era agora adorada pelas crianças por seu papel na série de livros Black Stallion [O Corcel Negro] e também no premiado volume *King of the wind* [*Rei do vento*]. Por todo o país, quando as meninas fechavam os olhos e sonhavam com um cavalo árabe, era bem provável que estivessem vendo a figura de Witez. As ilustrações de livros como *Album of horses* [Álbum de cavalos], de Marguerite Henry, e *All about horses* [*Tudo sobre cavalos*], de Margaret Cabell Self, duas das mais queridas escritoras que exploravam temas ligados ao mundo dos equinos, foram baseadas em Witez. O famoso ilustrador Wesley Dennis desenhou um retrato da mãe de Witez, Federajca, que se perdera para sempre durante a guerra, com seu potrinho descansando sobre a palha em Janów, na Polônia. Breyer também lançou uma estatueta feita à imagem dele. Os Hurlbutt, por sua vez, cuidavam com carinho dos fã-clubes, respondendo às cartinhas da garotada e trocando correspondência com aqueles da Europa que se lembravam dele e ficavam feliz ao saber que Witez vivia em paz – o mais emocionante reencontro talvez tenha sido quando Liselotte viajou da Alemanha para ver o cavalo. Nos dias sombrios de guerra, seria impossível imaginar aquele congraçamento. Mas agora era tudo real.

Witez jamais retornou à sua terra natal e muitos poloneses se ressentiram com isso. O país fora um dos que mais sofrera com a guerra e era lá que haviam funcionado os mais infames campos de concentração nazistas – Auschwitz, Sobibor e Treblinka, entre outros. O país fora invadido tanto pela Rússia quanto pela Alemanha e a intenção de Hitler era escravizar e matar todos os poloneses. De fato, mais de 15% da população da Polônia morrera durante a guerra. Os animais tiveram ainda menos sorte. O estoque polonês de cavalos árabes – que a certa altura era motivo de orgulho nacional – foi praticamente dizimado, com a perda de cerca de 80% do plantel. Quando a guerra acabou, seus "salvadores" soviéticos implantaram um segundo período brutal de ocupação totalitária que se arrastou por outros quarenta anos.

Apesar de todas as dificuldades, Janów Podlaski voltou a brilhar. Durante a década de 1980, quando a Polônia se livrava gradualmente da mão apertada da Rússia e o movimento Solidariedade crescia, a venda anual de cavalos árabes do haras Janów Podlaski era um dos poucos pontos positivos da economia polonesa. E o povo de lá não se esquecia de Witez. Sua imagem apareceu em um selo postal e muitos diziam que ele jamais deveria ter sido levado para os Estados Unidos. Havia também os que exigiam seu retorno – mas na época da Guerra Fria aquela era uma demanda impossível de ser atendida.

No fim, Witez era só mais um que havia nascido no lugar errado, na época errada. Ele era um príncipe que trazia na pele da espádua a marca da realeza, mas era também um refugiado. Talvez por isso mesmo tenha sido tão querido. Witez havia caído em um redemoinho sobre o qual não tinha qualquer responsabilidade ou poder. Assim como tantos outros que viveram naquela época, ele teve que começar de novo do zero em outras paragens e, como tantos outros, teve a sorte de encontrar bons corações e poder construir um lar entre estranhos. Talvez, assim como aconteceu com seus compatriotas humanos, ele jamais tenha deixado de sentir falta da sua Polônia, mas a verdade é que ele prosperou em seu país de adoção.

Em seu 27º aniversário, ao devorar seu bolo de cenoura e aceitar os cumprimentos e o carinho de todos ali reunidos, Witez ainda tinha a boa e nobre aparência que tanta fama havia lhe rendido. Seu pelo estava brilhante e sedoso e sua cauda flutuava macia sob a brisa da Califórnia. Quando ele brincava com seus admiradores no pasto do Calarabia, o cacique parecia mais feliz que nunca.

Witez em plena forma no Calarabia Ranch, na Califórnia.

UM CARA DANADO DE BOM
RICHMOND, VIRGÍNIA | 1980

No dia 7 de abril de 1980, 34 anos após o desfile dos cavalos europeus em Front Royal, Virgínia, uma mensagem foi compartilhada via telefone de um lado ao outro dos Estados Unidos, com velhos companheiros do Exército ligando um para o outro com suas vozes embargadas pela notícia triste. Hank Reed havia sido para eles um líder, um mentor e também um pai. E ninguém queria acreditar que Hank não estava mais entre eles.

O coronel Reed havia deixado seu regimento no dia 12 de agosto de 1947, apresentando-se para trabalho na Army Ground Forces em Fort Monroe, Virgínia. Em 1948, ele havia sido indicado para ser general de brigada, mas preferira se aposentar e assumir os negócios têxteis da família após a morte do pai. O braço direito de Hank Reed, ferido na batalha de Lunéville, jamais se recuperara por completo. Havia sempre "uma coisa estranha no braço", embora ele só explicasse o porquê se alguém perguntasse. Como a maioria dos homens daquela geração, Hank Reed não gostava de falar sobre a guerra. Mas na sua casa, em meio aos livros e algumas lembrancinhas da sua temporada na Alemanha, um item se destacava: seu capacete do Exército, arranhado e maltratado, era um testemunho silencioso de suas atividades durante o período que passara naquele continente ensanguentado.

Após retornar de sua missão além-mar, Reed reencontrara seus dois amados cavalos, Tea Kettle e Skin Quarter, bem-cuidados e com boa saúde na fazenda da família em Stanford Hill. Ele e a esposa, Janice, construíram uma casa no interior, perto de Richmond, onde havia espaço para os dois. Ambos os cavalos de polo viveram com ele até morrerem no final da década de 1950. Além disso, Reed adotara uma égua árabe, Hedschra, enviando-a mais tarde de volta para a Alemanha. A mão de Reed podia já não ser mais a mesma, mas ele continuava andando a cavalo todo santo dia.

Coronel Charles Hancock Reed.

No começo da década de 1960, os garanhões brancos cuja linhagem sanguínea Reed ajudara a salvar haviam ficado famosos no mundo todo e seus movimentos eram seguidos de perto por uma legião de admiradores e também pela imprensa. Eles haviam estrelado um filme de Walt Disney, *Miracle of the white stallions* [O milagre dos corcéis brancos], com Robert Taylor no papel de Alois Podhajsky. Na película, prestando bastante atenção, dá para ver uma cena em que um norte-americano aparece comendo aveia em uma tigela enquanto recebe um relatório sobre os cavalos: aquele herói desconhecido é o nosso Hank Reed. Na versão da Disney, o general Patton surge como o grande responsável pelo salvamento dos animais, mas o pessoal do 2º Regimento de Cavalaria conhecia bem a verdade.

Na época do lançamento do filme em 1963, Ferdinand Sperl organizou um encontro de ex-membros do 2º de Cavalaria no hotel Pere Marquette, em Peoria, Illinois, onde ele trabalhava como gerente geral. Quando os homens perguntaram a Reed, que havia dado consultoria para o filme, por que ele não havia corrigido o erro, explicando que fora o responsável pela operação em Hostau, ele deu de ombros e, com a modéstia típica de um grande soldado, disse que era melhor "deixar pra lá".

Após a guerra, Reed retornara para uma vida mais descomplicada, mas Alois Podhajsky fizera o caminho oposto, tornando-se uma espécie de celebridade que se encontrava com certa regularidade com dignitários e chefes de Estado. A rainha Elizabeth II e a primeira-dama Jackie Kennedy haviam visitado os estábulos em Viena e acompanhado uma apresentação dos cavalos. Em 1963, junto com o lançamento do filme de Disney, os garanhões voaram para os Estados Unidos no conforto de uma companhia aérea transatlântica para um tour por várias das maiores cidades do país. Podhajsky já havia até se acostumado com as longas filas de pessoas

Alois Podhajsky em apresentação para a primeira-dama Jacqueline Kennedy, em 1961.

querendo seu autógrafo. Naquela altura, não eram só os cavalos que comiam torrões de açúcar em sua mão – o mundo todo estava na palma da mão do austríaco.

Durante sua viagem aos Estados Unidos, havia um importante negócio que Podhajsky precisava resolver. Na primeira noite da grande turnê, na Filadélfia, uma delegação de oficiais envolvidos no salvamento dos cavalos havia entrado na arena, em trajes civis. Hank Reed, com o rosto iluminado por um holofote, fora até o centro do picadeiro. Seu cabelo já estava quase todo grisalho, mas não havia como não reconhecer seu jeitão ianque ou seu gigantesco sorriso.

Dezenove anos depois, o coronel Reed e Alois Podhajsky estavam frente a frente debaixo de um facho de luz. Deixando de lado o protocolo, os dois, tomados pela emoção, deram um abraço e foram recebidos com uma estrondosa salva de palmas. Os dois soldados, que antes haviam vestido uniformes de nações adversárias, compartilhavam agora de um abraço de paz.

Em 1972, 27 anos após o fim da guerra, Reed e um grupo de veteranos do 2º de Cavalaria viajaram até o American Military Cemetery (Cemitério Militar Norte-Americano) em Luxemburgo. Era a primeira vez que Reed visitava o local desde o cortejo funerário de Patton. A relva verde abrigava 5.070 soldados. Reed e seus companheiros do 2º de Cavalaria haviam tocado a vida, mas cada um deles havia deixado um pedaço de si naquele campo coberto por cruzes brancas e por estrelas de Davi. Os rostos dos que morreram – o jovem marido Jim Pitman, o adolescente Raymond Manz – continuavam vivos na memória dos homens que haviam servido ao lado deles.

Reed colocou uma guirlanda de flores sobre a sepultura de Patton. Depois, em silêncio, se afastou dos outros. Um dos veteranos o seguiu, preocupado, achando que Reed poderia estar passando mal.

"Tudo bem?", perguntou o amigo.

Reed balançou a cabeça positivamente. "Conheci o general tão bem por tanto tempo que é difícil acreditar que ele não esteja mais conosco."

Em respeito, os homens deixaram o comandante a sós, para que ele tivesse espaço para refletir. Longe do grupo de veteranos, Hank foi de lápide em lápide, colocando um cravo vermelho para cada membro do 2º Regimento de Cavalaria ali enterrado.

O céu estava vestido de azul brilhante sobre o Hollywood Cemetery, em Richmond, na Virgínia, no dia do enterro de Hank Reed. Vinte homens de seu regimento haviam vindo de toda parte do país prestar uma última homenagem ao chefe. Jim O'Leary, seu motorista de sempre, ficara encarregado de liderar os homens que carregavam o caixão. Pelos anos afora, os dois sempre mantiveram contato. Depois da cerimônia, a viúva de Reed contou a O'Leary que o falecido queria que ele ficasse com uma coisa. Para o sargento de Chicago que dirigia com os braços apoiados na cintura e que conhecera Hank Reed na primavera da Carolina do Sul em 1942 a senhora Reed entregou o anel de formatura de West Point que o marido havia usado por quase cinquenta anos.

Ao redor do caixão coberto pela bandeira, no momento em que o baixaram, só se viam pessoas de cabelos grisalhos, cabeça curvada e olhos cobertos por lágrimas. Eram os veteranos prestando sua última homenagem. Desde o momento em que Hank Reed subira ao palanque em Fort Jackson, na Carolina do Sul, prometendo adicionar flâmulas vitoriosas à bandeira do regimento, aqueles homens o acharam imortal. O coronel que estava sendo enterrado era também o homem que havia feito deles soldados, liderando combates sem nunca os abandonar, ajudando-os a superar tragédias e tristezas e, enfim, trazendo para eles a vitória. As vidas de todos ali presentes estavam para sempre entrelaçadas e também conectadas a uma grande conquista: a operação de salvamento dos cavalos. Mesmo os que não conseguiram ir até o cemitério naquele dia, como Tom Stewart e "Quin" Quinlivan, pareciam estar ali ao lado dos companheiros.

À beira da sepultura, ouviu-se um deles murmurar: "Um cara danado de bom está sendo enterrado aqui hoje".

Eles carregariam para sempre na memória o Hank Reed dos tempos em que eles o conheceram: 42 anos de idade, cinto Sam Browne, o broche com espadas cruzadas da Cavalaria nas duas lapelas, o cabelo partido ao meio e penteado para trás com todo zelo, olhos sorridentes e um rosto ainda sem rugas de uma vida que seria marcada por uma devoção total ao trabalho árduo. Naquela época, Hank Reed tinha ainda duas mãos boas, sendo a da direita cheia de calos causados pelo taco de polo. Tudo isso e aquele andar relaxado, além de um coração enorme, típico dos melhores homens da Cavalaria.

Um dos seus homens o descreveu como "um coronel do Exército inteligente e calejado. Pragmático, sensato, focado em fazer com perfeição e afinco qualquer tarefa que tivesse pela frente". Mas muito antes disso, em abril de 1945, ele era também um idealista, um sonhador que acreditava em coisas quase impossíveis. Ele havia dado ouvidos aos pedidos de ajuda de homens que deveriam ser nada mais que inimigos e tomara a decisão de agir. Por isso, e essencialmente só por isso, os cavalos foram salvos.

Durante uma turnê de lipizzans pelos Estados Unidos em 1964, Reed visitou um velho amigo.

A Segunda Guerra Mundial ainda é o evento mais avassalador da história da humanidade, com a estimativa de mais de 60 milhões de vidas perdidas, ou 2,5% da população da Terra à época. Os danos irreparáveis causados pela chacina, tanto para a civilização como um todo e também para certas culturas e povos mais específicos, são simplesmente impossíveis de serem medidos.

Comparado com tamanho desastre, a operação de salvamento dos cavalos era uma coisa de nada. Mesmo assim, os subordinados de Hank Reed sabiam, por instinto, que foi mesmo através de atos individuais de compaixão que o mundo conseguiu superar ao menos em parte a catástrofe e caminhar rumo a um futuro de maior paz.

Bem depois dos acontecimentos, quando alguém perguntava por que ele decidira ajudar os cavalos, a resposta do coronel Reed era direta e reta: "Ninguém aguentava mais só mortes e destruição. Todos nós queríamos ter contato com algo que fosse bonito".

OS VETERANOS
SALÃO DE CONVENÇÕES IMPERIAL, VIENA, ÁUSTRIA | 1986

Mil lâmpadas iluminavam o picadeiro de areia enquanto a multidão aguardava em silêncio. Dentro de poucos instantes, a plateia toda teria a chance de ver um espetáculo atemporal de graça e rigor. De um vão entre as compridas cortinas de veludo escuro, os cavalos surgiam. Seus mestres trajavam casacos marrons com seis fileiras de botões dourados em contraste com o branco puro e reluzente dos animais. Cada corcel avançava com precisão militar, seus arreios pontuados por peças polidas de metal que ganhavam vida debaixo dos holofotes. Uma atrás da outra, as valsas vienenses tomavam conta dos alto-falantes enquanto os cavalos pareciam dançar ao som da música.

Como sempre, a entrada dos garanhões na arena fazia a plateia ficar sem fôlego. Mas naquela noite tudo era ainda mais especial, porque na primeira fila de assentos estavam três convidados de honra: dois alemães, Hubert Rudofsky e Rudolf Lessing, e um norte-americano, Lou Holz, representante da 2nd Cavalary Association (Associação do 2º Regimento de Cavalaria). Dos milhares de pessoas ali presentes, apenas três entendiam de fato como, no pior momento do século XX, cavalos de sangue nobre e uma tradição de centenas de anos quase chegaram a desaparecer. Se ao menos parte da plateia pudesse ver o mundo pelos olhos daqueles octogenários, aquele show, brilhante por natureza, teria então um aspecto quase mágico.

Ao final da apresentação, os três homens foram até o centro do picadeiro.

Sessenta anos após a troca do uniforme por roupas civis, eles ainda tinham a postura ereta que revelava um passado militar. E todos aqueles rostos solenes que exalavam dignidade traziam vestígios de lágrimas sobre a pele cheia de rugas e marcas.

Um cavaleiro uniformizado deu a cada um deles uma placa e uma estatueta de porcelana e se retirou em seguida para que todos os 12 ginetes pudessem saudar os veteranos com seus chapéus.

"Hoje", completou o locutor, "é para vocês que os cavalos vão dançar".

A SPANISCHE HOFREITSCHULE HOJE

Há uma qualidade atemporal na Spanische Hofreitschule de Viena. Nos dias de hoje, ela se encontra no coração de uma cidade moderna que ainda transpira aquele irresistível charme do chamado Velho Mundo. Turistas chegam aos montes para ver os cavalos em ação: os ingressos para as apresentações formais se esgotam meses antes de cada show. Às vezes, só há tíquete para ver os ensaios de sábado de manhã em pé. A luz do sol é levemente filtrada pelas altas janelas do palácio, e os lustres de cristal, certa vez desmontados e escondidos por Alois Podhajsky, voltaram a ornar o teto e seus afrescos com todo o esplendor. Quando os cavalos praticam seus movimentos, seus mestres ali estão, repetindo a mesma técnica de sempre utilizada e que é passada de geração a geração, sem interrupção, desde centenas de anos atrás. Esta corrente de sabedoria, baseada em parceria, amor e carinho, segue firme e forte, sobrevivendo além de qualquer um dos governos que já tenha tido o papel de mantenedor dessa instituição.

Uma visita aos estábulos, por um momento, pode levá-lo a pensar que você está de volta à monarquia de Habsburgo. De repente, é possível sentir como se Alois Podhajsky estivesse prestes a entrar no salão, a qualquer instante, chamando cada um de seus amados cavalos pelo nome. Ou, por um breve instante, tem-se a nítida impressão de que ali estejam Neapolitano Africa ou Pluto Theodorosta, vigiando tudo com seus olhos muito vivos por sobre a meia-porta de suas baias, prontos para relinchar com afeição ao reconhecerem um amigo ou seu mestre. Mas não.

Podhajsky, Africa e Pluto já não se encontram mais por ali, embora a memória deles esteja viva entre muitas pessoas. Na verdade, toda vez que um cavaleiro monta um lipizzan, ele traz consigo parte da sabedoria que Alois Podhajsky passou adiante e que, por sua vez, adquiriu trabalhando por mais de seis décadas com aqueles cavalos. Do mesmo modo, cada garanhão traz consigo parte da carga genética daqueles seis cavalos originais. Seus nomes também continuam a seguir a mesma linhagem sanguínea e todos eles trazem na pele a marca que identifica sua origem e que vem sendo passada adiante há centenas de anos. A Spanische Hofreitschule, no entanto, reverencia o passado enquanto prova de maneira constante que é capaz de se reinventar. Uma das maiores mudanças ocorridas desde os tempos em que Podhajsky dirigia a instituição é a existência hoje de amazonas.

No fim, não é apenas o DNA dos cavalos que determina sua brilhante capacidade de executar os movimentos de quadrilha ou as poses de estátua. Assim como não é o gênero nem a raça de quem os monta, nem nenhuma qualidade sanguínea por si só que permite tão extraordinários feitos. Em 1945, durante a guerra, foi o amor pelos cavalos que levou os homens além das suas diferenças e a um ponto de cooperação. E assim ainda é na Spanische Hofreitschule hoje. A disciplina corporificada na duradoura, tranquila e digna parceria entre humanos e animais é resultado de uma colaboração e de uma harmonia silenciosa — a antítese da filosofia nazista que ameaçou destruir um legado tão bonito.

Amazonas na Spanische Hofreitschule.

EPÍLOGO
O QUE ACONTECEU COM ELES?

OS HOMENS

CORONEL FRED L. HAMILTON
Fred Hamilton viveu amargurado por ter visto a extinção do US Army Remount Service acontecer durante sua temporada como diretor. Ele ficou inconsolável quando os cavalos que havia trazido da Europa, na esperança de impactar de maneira positiva e duradoura a reprodução de equinos nos Estados Unidos, não conseguiram corresponder à expectativa. Sua frustração ficou evidente ao cunhar a expressão "órfãos da guerra" para descrever os animais vendidos pelo Department of Agriculture. O livro que narrou as peripécias de Witez nos Estados Unidos era um ponto de luz em meio àquela malsucedida tentativa de elevar a qualidade do plantel norte-americano por meio da importação de cavalos capturados.

WOLFGANG KROLL
Wolfgang Kroll era conhecido por contar casos quase como "histórias de pescador", sempre exagerados. Por isso mesmo a verdade sobre suas aventuras antes e depois da guerra talvez jamais seja conhecida. Após viajar com os cavalos para os Estados Unidos, Kroll retornou para a Alemanha, onde trabalhou em um circo com cavalos lipizzans. Com uma carta de recomendação do próprio George Patton, ele acabou indo de novo para os Estados Unidos, trabalhar no zoológico de San Diego. Após deixar a Califórnia e ir para Chicago, Kroll atuou como inspetor do Department of Agriculture em um abatedouro. Durante todo esse tempo, ele contou a várias pessoas sobre seu envolvimento com o Camel Corps, seus dias de batalha ao lado dos *partisans* na Iugoslávia, as horas passadas jogando baralho com o general Patton e sua

participação no salvamento dos lipizzans. Embora seus relatos pareçam incríveis demais, pelo menos a parte em que ele ajuda a capturar os cavalos é a mais absoluta verdade.

RUDOLF LESSING

A grande fazenda em que Rudolf Lessing cresceu ficava a leste da linha que dividiu a Alemanha em duas nações diferentes. Depois da guerra, as terras de propriedade de seus pais foram confiscadas e coletivizadas. Sua família perdeu tudo o que tinha. Lessing continuou a viver com a esposa e filhas na Alemanha Oriental e a trabalhar como veterinário. Até o fim dos seus dias, ele doou tempo e conhecimento para ajudar a reconstruir a indústria equestre na Alemanha que havia sido praticamente destruída. Após os melhores cavalos capturados terem sido enviados para os Estados Unidos, ele lutou para conseguir lugar para todos que haviam permanecido em Hostau, em especial para os cabardinos e panjes russos que não haviam despertado o interesse dos ianques. Lessing permaneceu amigo do pessoal da 2nd Cavalary Association, com destaque para "Quin" Quinlivan. Ele chegou a viajar para os Estados Unidos para participar de um dos grandes encontros organizados pela entidade. Em 1986, Lessing foi homenageado com uma apresentação especial da Spanische Hofreitschule e recebeu ainda uma medalha de honra do governo austríaco.

WILLIAM DONALD "QUIN" QUINLIVAN

"Quin" Quinlivan, que fugiu de sua casa em East Dubuque, Illinois, aos 17 anos para se alistar na Cavalaria, foi um dos últimos soldados montados do Exército. Após se despedir de seu amigo Witez em Front Royal, em 1946, ele fora designado para o Quarternaster Corps, em Fort Robinson, Nebraska, e depois transferido de novo para a Alemanha no ano seguinte. No navio a caminho da Europa, Quin conheceu sua futura esposa, Rita McDonald. Eles se casaram em Augsburg, Alemanha, em 1947. Dois anos depois, quando Witez era vendido em leilão, Quinlivan continuava em território alemão, atuando em uma das últimas unidades montadas do Exército — carinhosamente conhecida como a Bowlegged Brigade (Brigada das Pernas Tortas). Após dar baixa em 1949, Quinlivan e sua mulher se instalaram em Los Angeles. Ele acompanhou de longe tudo o que aconteceu com Witez e vivia feliz com a crescente fama do amigo.

Quinlivan jamais deixou de adorar os animais. Por toda a vida, adotou cães, passarinhos e até um pônei Shetland. Ele viu apenas uma apresentação dos lipizzans: em 1964, junto com Hank Reed, como parte da delegação do 2º Regimento de Cavalaria convidada a ir até Filadélfia ver Podhajsky e a Spanische Hofreitschule. Em 1985, um *attaché* militar austríaco colocou pessoalmente uma coroa de flores em seu velório para honrar a sua contribuição aos cavalos lipizzans e à Spanische Hofreitschule. A família Quinlivan havia dado mais de si do que a maioria em defesa dos Estados Unidos. O irmão mais velho de Quin morrera em combate em 1940, enquanto o mais novo falecera na Guerra da Coreia. Sem se deter diante de tamanho sacrifício, o orgulho de servir que Quin exibiu durante seu tempo no exército com certeza inspirou seus filhos. Três deles seguiram os passos do pai em carreiras militares. Em 1991, sua filha Maureen Nolen, uma enfermeira e major do Exército, recebeu uma homenagem durante uma apresentação dos garanhões lipizzans em Nevada. As espadas ornamentais que haviam sido entregues a Quin naquele longínquo dia em Hostau continuam na família.

GUSTAV RAU

Com o fim da guerra, Gustav Rau se tornou um dos homens mais importantes do mundo equestre da Alemanha. Ele foi o primeiro diretor do Olympiade-Komitees für Reiterei (Comitê Olímpico Equestre) do país no pós-guerra e era reverenciado por ter descoberto o grande cavalo alemão Halla, o único saltador a ganhar três medalhas olímpicas na história dos Jogos (em 1956, na prova individual e em equipe, e em 1960, na prova em equipe). Sendo creditado duas vezes como o reconstrutor da indústria de cavalos no país — uma após a Primeira Grande Guerra e de novo ao final da Segunda Guerra Mundial —, Rau recebeu diversas honrarias por sua contribuição ao hipismo até sua morte em 1954. Ainda hoje, a maior comenda do setor na Alemanha é a Medalha Rau e, em Munique, há uma rua que leva seu nome, a Gustav Rau Strasse, que fica perto de um hipódromo. No entanto, à medida que mais estudos acadêmicos recentes vêm revelando outros aspectos do papel exercido por ele na administração dos haras durante o Terceiro Reich, mais controvérsia surge em torno de seu nome. Há os que o defendem por ter ajudado a salvaguardar os animais naquele período, e é mesmo fato que os cavalos que viveram sob o domínio de Rau em geral se deram melhor que aqueles que se encontravam no caminho das tropas russas. Mas alguns intelectuais e estudiosos alemães têm documentado as atividades de Rau durante o período da guerra e exigem que seu nome seja retirado tanto da medalha como da rua em função de suas atividade à época no Partido Nacional-Socialista dos nazistas.

HUBERT RUDOFSKY

A última vez que Hubert Rudofsky se apresentou com um lipizzan foi debaixo de chuva naquele aniversário de Hitler em abril de 1945, no grande picadeiro todo enfeitado com faixas escarlate nazistas. No final do verão daquele ano, os soldados norte-americanos já haviam deixado a Boêmia e com eles partira também o mundo que a família Rudofsky conhecia. Os alemães haviam sido opressores odiados durante o conflito e o governo tcheco decidira expulsar do país todos os cidadãos de origem germânica, entre eles a família Rudofsky, que vivera na região por séculos. Todos os moradores de Bischofteinitz tiveram que deixar o que possuíam para trás, partindo com apenas uma mala para um "campo de reassentamento" na cidade de Domazlice. As condições no campo eram difíceis, e a mãe de Rudofsky morreu por lá. Sua família acredita que ela tenha sido vítima de negligência médica. Rudofsky conseguiu evitar o tratamento mais duro reservado aos que eram suspeitos de terem colaborado com os nazistas em função de sua importância na comunidade e por trazer consigo documentos comprovando que ele havia trabalhado junto com os norte-americanos. As previsões de Lessing provaram-se verdadeiras. Seis meses após a travessia a galope pela fronteira em direção à Bavária, todos os envolvidos no salvamento dos cavalos estavam em liberdade, exceto Rudofsky.

Os estábulos em Hostau permaneceram absortos em um vazio silencioso e estranho. As carruagens, os cavalos brancos, os sempre atarefados cavalariços e cavaleiros, tudo parecia um sonho esgarçado pela memória que se perdia por aí. Vários telhados ruíram e a urtiga cresceu por toda parte nos edifícios. Ninguém parecia lembrar que aquele era um lugar onde cavalos costumavam dançar. A igreja de Bischofteinitz, onde Rudofsky chamava a atenção ao andar pela nave central vestido com seu uniforme da Cavalaria, estava agora em decadência. Muitos dos seus tesouros haviam sido saqueados. A maior parte das janelas estava quebrada. Um delicado vitral, no entanto, continuava intacto. Nele se lia: "No ano de guerra de 1916, a família Rudofsky doou esta janela na esperança de que seu filho retorne são e salvo do conflito".

Após 18 meses no campo de reassentamento, Rudofsky foi solto sem jamais ter sido acusado de crime algum. Naquela altura, sua cunhada, a sobrinha e o sobrinho já moravam nos Estados Unidos. Ele se mudou para a Alemanha, mas nunca mais chegou a ter o mesmo status no universo equestre. Quatro anos após o encerramento da guerra, Rudofsky e Lessing se encontraram por acaso em um evento. Rudofsky confidenciou ao amigo que seu maior arrependimento fora não ter aceitado a oferta que Reed lhe fizera para que permanecesse com os norte-americanos. Apesar disso, ele conseguiu reconstruir sua vida, eventualmente trabalhando no haras Donnauworth, na Bavária, e emprestando seu conhecimento sobre cavalos árabes pelos quatro cantos do mundo. Ele também reuniu uma impressionante coleção de pinturas de cavalos árabes que hoje em dia se encontra, em grande parte, no Deutsches Pferdemuseum (Museu Alemão do Cavalo) em Verden, na Saxônia. Por muito tempo, a participação de Rudofsky na captura dos lipizzans era praticamente desconhecida. O papel dos alemães na operação de salvamento havia sido varrido para debaixo do tapete enquanto a Spanische Hofreitschule se distanciava de sua associação ao Exército da Alemanha durante os anos de guerra. Aos poucos, porém, as animosidades daquele período foram desaparecendo. Em 1986, Rudofsky e Lessing foram tratados com honra em apresentações da escola austríaca. Seis meses mais tarde, o show chegou a ser transmitido por uma emissora de TV da Áustria. Naquela noite, talvez feliz por ter seu sacrifício enfim reconhecido, Hubert Rudofsky morreu enquanto dormia.

ULRICH "ULLI" RUDOFSKY

O mundo em que Ulrich Rudofsky crescera havia sido dizimado pela guerra. Seu pai, um médico a serviço no fronte oriental, passara quase três anos como prisioneiro de guerra e, não muito tempo após ser solto, cometeu suicídio, deixando a mãe de Ulrich sozinha para criar seus filhos. Quando os norte-americanos deixaram a Tchecoslováquia e seu cunhado

Hubert foi preso, a mãe de Ulli não teve outra escolha senão fugir de casa com as duas crianças e apenas alguns pertences. Ela conseguiu subornar um motorista para que ele os levasse para a Alemanha. Na fronteira, um guarda tcheco tentou barrá-los, mas um policial militar dos Estados Unidos interveio e deixou que eles seguissem viagem, o que levou a que eles escapassem do aprisionamento dos campos de reassentamento hiperlotados. Os alemães, porém, não deram boas-vindas à mãe refugiada que trazia consigo seus dois filhos. Seus documentos foram destruídos por um oficial e a família passou o mês de março de 1946 apavorada, escondida em um curral de vacas perto de Schönsee, na Alemanha.

Ulli, sua irmã e a mãe conseguiram, enfim, imigrar para os Estados Unidos. Após terminar a faculdade, o rapaz serviu o Exército, patrulhando a fronteira alemã em nome do seu novo país, mas sem poder cruzar a Cortina de Ferro para visitar a casa que ele havia sido forçado a deixar para trás quando tinha apenas dez anos de idade. Agora um patologista aposentado e um entusiasmado modelista de navios em miniatura, ele mora perto de Albany, no estado de Nova York.

FERDINAND SPERL

O suíço-americano Ferdinand Sperl, cidadão naturalizado dos Estados Unidos, jamais perdeu sua paixão pelo país que adotou e a que tão corajosamente serviu. Depois do fim da guerra, ele se mudou para Peoria, Illinois, onde voltou a trabalhar em hotelaria como gerente geral do hotel Pere Marquette. Sperl continuou famoso na pequena cidade de Kötzting, na Alemanha, onde era lembrado por ter trazido lipizzans para participarem de um tradicional festival local após a rendição alemã. Ele voltou a Kötzting para a celebração do quinquagésimo aniversário e se espantou ao ver que duas mulheres presentes no restaurante do hotel onde se hospedara se lembravam dele. Eram garotas de escola que haviam cruzado a fronteira a pé em fuga da Tchecoslováquia junto com seus professores em abril de 1945 quando ele salvara suas vidas. Após o encontro por acaso, Sperl e as duas senhoras mantiveram a amizade viva até o resto de suas vidas.

TOM STEWART

O capitão Tom Stewart voltou à vida privada após a guerra e não demorou muito conheceu sua esposa, Anne, com quem teve três filhas. Sempre modesto, nunca exigiu crédito por sua arriscada cavalgada à meia-noite sobre o cavalo do rei Pedro na companhia de Rudolf Lessing. Por anos, recusou qualquer convite que o colocasse sob os holofotes, em especial quando o assunto era seu papel no salvamento dos cavalos. Em 1996, o veterano permitiu que a Spanische Hofreitschule lhe prestasse homenagem pela sua contribuição na preservação dos lipizzans. Em turnê pelos Estados Unidos, eles o convidaram para uma de suas apresentações e, no estábulo, ele pôde visitar os descendentes dos belos animais que salvara. Em 2001, Stewart recebeu o National Gold Award by Austria (Prêmio Nacional de Ouro da Áustria) pela sua participação na captura dos cavalos. De vida longa, morreu em 2006, aos 96 anos de idade, mais de sessenta anos após aquela cavalgada à luz da lua. "O pequeno ministro" ensinou catecismo aos domingos em sua igreja local pelo resto de sua vida.

CAVALOS

LOTNIK

Lotnik foi leiloado pelo Department of Agriculture dos Estados Unidos em 1948 e adquirido por um homem que o queria para fins recreativos. Quando o comprador se divorciou, Lotnik foi abandonado, passando a viver, esquálido, em um estábulo muito precário. Felizmente, anos depois, o ex-diretor do Pomona Remount Depot, naquela altura aposentado, encontrou-se por acaso com o cavalo e o reconheceu como a pérola de Hostau. Lotnik foi então adquirido por Bob Aste, do rancho de cavalos árabes Scottsdale, em 1963. Ele passou o resto de sua vida na fazenda de Aste e era um reprodutor de sucesso.

WITEZ

O cacique jamais deixou sua última morada no Calarabia Ranch, exceto por um período entre 1960 e 1964 em que ele passou em um haras reprodutor de propriedade de Burr Betts, no Colorado. Witez morreu tranquilamente enquanto dormia no pasto uns poucos meses depois de sua festa de 27 anos. A placa usada na época em que viveu no Mansbach Stud Farm, onde se lê "Witez, Quartel-General de Campo", está hoje dependurada no International Museum of the Horse (Museu Internacional do Cavalo), em Lexington, Kentucky.

LUGARES

FORT RILEY, KANSAS

O antes proeminente reduto da Cavalaria Norte-Americana e um dos melhores haras do mundo, Fort Riley, Kansas, abriga agora a 1ª Divisão de Infantaria, também conhecida como Big Red One. Os cavalos permaneceram em Fort Riley até 1950, quando os últimos foram para a fazenda pessoal do coronel John Wofford, membro da equipe olímpica equestre de 1932. Quando os cavalos deixaram os estábulos vazios, homens de uniforme, em sua maioria veteranos endurecidos pela Segunda Guerra Mundial, reuniram-se nas ruas em lágrimas para se despedir daqueles animais que encerravam ali uma tradição de séculos. O espírito dos cavalos, no entanto, permanece em Fort Riley. Como homenagem à contribuição que eles deram às Forças Armadas dos Estados Unidos, a US Cavalry Memorial Foundation (Fundação Memorial da Cavalaria Norte-Americana) oferece a todos a oportunidade de eternizar o nome de seu companheiro cavalo com uma placa que fica, então, em exibição na US Cavalry Memorial Research Library (Biblioteca de Pesquisa do Memorial da Cavalaria), localizada em Fort Riley.

JANÓW PODLASKI

Os estábulos de telhado verde de Janów Podlaski vivem sob um clima de grande tranquilidade hoje em dia e ainda abrigam alguns dos melhores exemplares de cavalos árabes do mundo. A cidade recebe uma quantidade significativa de compradores e admiradores do mundo inteiro interessados em puros-sangues árabes. Oitenta por cento do plantel de árabes da Polônia morreu entre 1938 e 1945, mas os garanhões Witraz e Wielki Szjlam sobreviveram após deixarem o haras de Rau em 1944, passando por Dresden debaixo de bombas e sendo salvos por dois corajosos poloneses. Ao fim da guerra, eles retornaram para a Polônia, formando o núcleo inicial de onde se reconstruiu o programa de reprodução de árabes do país. Os estábulos de Janów Podlaski reabriram no outono de 1950. Os mais velhos talvez ainda falem sobre como foi dolorosa a perda de seu filho predileto, Witez, mas é provável que entendam que o garanhão se tornou um embaixador dos árabes poloneses e ajudou a espalhar o nome da raça pelo mundo todo.

HOSTAU/HOSTOUN

O haras de Hostau (hoje chamado Hostoun, em tcheco) foi dividido e não funciona mais como fazenda de cavalos. A mansão onde Rudofsky morava é agora uma escola para jovens infratores, e o antes elegante estábulo não passa hoje de ruína. Logo após a guerra, todos os descendentes de alemães que viviam na Tchecoslováquia foram expulsos de suas casas, tendo de deixar para trás seus pertences que, então, foram confiscados pelo governo tcheco e redistribuídos aos seus cidadãos. Os descendentes germânicos, por complicados motivos históricos que precediam a guerra, mostraram um apoio entusiasmado quando Hitler invadiu a Tchecoslováquia em 1938, anexando a região de Suditos em seu primeiro avanço rumo a um brutal plano bélico de expansão. A população local de raízes tchecas e judaicas sofreu enormemente sob o regime nazista. Como os alemães exercerem o poder de maneira tão agressiva, receberam pouca simpatia quando enfrentaram dias duros após o fim da guerra. A impossibilidade de continuar na Boêmia onde as famílias haviam vivido por séculos foi dolorosa. Por muitos anos, com a fronteira entre os dois países fechada, as famílias que haviam fugido não podiam retornar às casas onde tinham crescido. Mas com a diminuição das restrições com o fim da era soviética, renovou-se o interesse dos dois lados, República Tcheca e Alemanha, em melhor explorar o território em comum. Tem crescido também o apetite geral pela história dos mágicos lipizzans que ali moraram por um tempo e, uns anos atrás, uma placa de bronze foi instalada com um texto sobre o acontecido em três línguas: tcheco, alemão e inglês. Alguns moradores de Hostoun sonham em restaurar o haras, dando-lhe de novo o antigo *grandeur* original para atrair turistas que queiram visitar o lugar em que, em meio a uma guerra terrível, alguns homens agiram além da rivalidade natural e, apesar da cor diferente de seus uniformes, tentaram fazer algo de bom.

NOTA SOBRE FONTES E NOMES DE LUGARES

Para poder narrar esta história, contei com várias conversas pessoais, monografias e livros publicados, além de arquivos em inglês e alemão. Muitos dos envolvidos escreveram depoimentos não publicados sobre o que aconteceu durante a missão. A linha geral de todos esses depoimentos é a mesma, mas há algumas particularidades. Tentei apontar tais discrepâncias nas notas finais. Todo material que aparece entre aspas é uma citação direta ou derivada de uma conversa relatada por uma das pessoas envolvidas. Em casos em que um diálogo foi parafraseado, tratei de incluir as palavras exatas nas notas finais.

Entre os livros que me ajudaram a entender bem aqueles tempos e aqueles lugares se encontram *The End* [*O fim do Terceiro Reich*], de Ian Kershaw, que me auxiliou a compreender as condições em que a Alemanha se encontrava quando a guerra chegava ao fim; *Orderly and humane* [*Organizando e humano*], de autoria de R. M. Douglas, para informações sobre a Boêmia alemã; e *Two lives in uncertain times* [*Duas vidas em tempos de incertezas*], escrito por Wilma e Georg Iggers, sobre a vida na Boêmia antes da guerra. Sobre a cavalaria do século XX e a substituição dos cavalos por máquinas, contei com o livro *The twilight of the U.S. Cavalry* [*O crepúsculo da Cavalaria dos Estados Unidos*], de Lucian K. Truscott Jr. e também com *Through mobility we conquer*, escrito por George Hofmann. Para dados sobre a vida de Witez, li *The romance of the Kellogg Ranch* [*O romance de Kellogg Ranch*] de Mary Jane Parkinson e *And miles to go* [*E milhas a alcançar*] de autoria de Linell Smith. Também vi o filme *Path to glory* [*Glória feita de sangue*] da Horsefly Films. Para detalhes sobre a Spanische Hofreitschule e os cavalos lipizzans contei com o livro de Georg Kugler e Paula Boomsliter chamado *The lipizzaner horse* [*O cavalo lipizzan*].

Sobre a vida de Alois Podhajsky, minha principal fonte foram seus livros, em especial *My dancing white horses* [*Meus cavalos brancos dançarinos*]. Para saber mais sobre a conexão entre a crença na herança genética e os cavalos lipizzans, recomendo *Brother Mendel's perfect horse* [*O cavalo perfeito do irmão Mendel*], escrito por Frank Westerman, e para um quadro completo da relação entre esportes equestres e o Nacional-Socialismo alemão *"...Reitet für Deutschland": Pferdesport und Politik im Nationalsozialismus* [*"... Passeios pela Alemanha": esporte e política equestre no Nacional-Socialismo*], de Nele Maya Fahnenbruck.

Em relação aos nomes dos lugares, escolhi usar os nomes alemães que eram utilizados na época dos acontecimentos. Muitos deles mudaram porque fazem hoje parte da República Tcheca e possuem, por isso, nomes tchecos.

Enquanto escrevia este livro, tive muitas conversas emocionantes com descendentes destes soldados da Segunda Guerra Mundial, mas as palavras que mais me marcaram foram as do filho de James Harold Pitman, que era apenas um bebê quando o pai morreu na guerra. Ele disse: "Espero que você consiga trazê-lo de volta à vida". Eu confesso que tentei.

AGRADECIMENTOS

Contar uma história que atravessa dois continentes e perpassa mais de oito décadas é um projeto gigantesco e que não seria possível se não fosse a ajuda de várias pessoas. Minha maior dívida, sem sombra de dúvida, é para com as famílias de veteranos que generosamente compartilharam comigo seus álbuns de fotografias, cartas antigas, recortes de jornais e memórias pessoais: Reed Johnson; Maureen Quinlivan Nolen; Margaret, Dennis e Kathleen Quinlivan; Fran Sperl Cannon; Helen Stewart Raleigh; Martha e Virginia Ratliffe; Anne Stewart; Sandi Slisher Konicki; James Hudson Pitman Kelsey; Rick Rudofsky; Kathy O'Leary; e Betty Ann Dunn.

Agradecimentos especiais vão para os responsáveis pelo National Sporting Library & Museum (Museu e Biblioteca Nacionais do Esporte) baseado em Middleburg, Virgínia, que me apoiaram com os recursos de John H. Daniels Fellowship em 2010. Foi nessa época que encontrei por acaso um panfleto descrevendo o desfile de lipizzans na Virgínia que despertou meu interesse por esta história fascinante. Agradeço ainda Bill Cooke, diretor do International Museum of the Horse que fica em Lexington, Kentucky, por um acesso sem restrições ao material sobre Witez II e por toda a sua ajuda na minha pesquisa. Da mesma forma, agradeço a E. Lee Hepard e Jamison Davis da Virginia Historical Society (Sociedade Histórica da Virgínia) por sua assistência especializada em relação aos documentos de Charles Hancock Reed, e ainda às bibliotecárias Katherine Staab e Caryn Romo da W. K. Kellogg Arabian Horse Library (Biblioteca W. K. Kellogg do Cavalo Árabe) situada em Pomona, Califórnia, pela ajuda em localizar valiosas fontes. Outro agradecimento vai para Herwig Radnetter, Karin Nakhai e a equipe da Spanische Hofreitschule de Viena que responderam às minhas inúmeras perguntas e me guiaram em uma maravilhosa visita à escola. Também sou grata à Suzanne Christoff da United States Military Academy Library (Biblioteca da Academia Militar dos Estados Unidos) e a Ryan Meyer do Reed Museum, em Vilseck, Alemanha, pela contribuição em relação a fotografias e documentos históricos. Esther Buonanno da Tempel Farms também foi de grande ajuda, respondendo a questões sobre lipizzans norte-americanos, assim como foi John H. Daniels Fellow Earl Parker que graciosamente compartilhou comigo sua pesquisa. Tenho uma dívida especial com a sempre positiva e incansável Ann Trevor, que descobriu um volume impressionante de material de arquivo para mim.

Gratidão também muito especial a Rick Rudofsky e Joseph, Isolde e Reinhold Gruber, que me deram a oportunidade única de fazer uma visita à Alemanha e à República Tcheca, enquanto eles contavam histórias e refletiam sobre como era tudo aquilo em 1945. Do mesmo modo, só tenho a agradecer a Balcar Balthazar por trazer a perspectiva tcheca, e a Susi Rudofsky pela lembrança vívida de sua interação com os lipizzans quando menina.

Um obrigada ainda para Pam Gleason e seus conhecimentos sobre polo e a Robert J. Chambers sobre a arte de dirigir carruagens e carroças. Também sou muito agradecida a Victoria Carson pelas suas dicas em relação ao bem-estar de cavalos e às suas sugestões de fontes. O mesmo vale para o atleta olímpico Jim Wofford, que tanto me revelou sobre os homens da cavalaria do século XX e pelas suas lembranças de Fort Riley.

Pela ajuda na pesquisa, agradeço a Nora Alalou, especialista em mapas, a Hannah Alalou pela ajuda com fotografias e a Kimmi Pham e Emily Letts pela compilação bibliográfica. Gratidão também para Hans Shoeber, Ely Grinwald, Alexandra Lang, Jonathan Larson e Irene Flotzinger que tanto colaboraram com este projeto em termos de tradução da língua alemã, e para Basia Musik Moltchanov pela ajuda com a pronúncia e tradução do polonês. Iris Busch e o pai, Josef Reinhold, ajudaram na localização de fontes na Alemanha, enquanto Daniela Rapp esteve sempre a postos (e com incrível rapidez) para assistência com a pronúncia em alemão.

Muitas pessoas se reúnem para que um livro exista e sou grata pela equipe fantástica da Ballantine e o trabalho que fizeram. Tenho uma dívida eterna com Susanna Porter, minha editora, cuja paciência, meticulosidade e talento para a estrutura narrativa me ajudaram a talhar uma história a partir de uma montanha rochosa de informações. Uma nota especial de agradecimento a Priyanka Krishnan, que leu e comentou a primeira versão deste livro, me ajudando a melhor organizar a história. Kim Hovey, Steve Messina, Rachel Kind, Robbin Schiff e Cheryl Kelly também merecem minha gratidão por terem ido sempre além em muitas e muitas ocasiões.

Um obrigada segue ainda ao meu agente, Jeff Kleinman, da Folio Literary Management, cujo entusiasmo, delicadeza e raciocínio rápido fizeram com que minha vida de escritora e meu trabalho escrito se transformassem sempre em algo melhor.

Muito carinho ainda para meus companheiros de escrita por fazerem tudo isso possível: Lauren Baratz-Logsted, Jon Clinch, Renee Rosen, Danielle Younge-Ullman, Jessica Keener, Karen Dionne, Melanie Benjamin e Darcie Chan. Andrew Grant por seu talento único ao lidar com histórias de guerra. E à brilhante Tasha Alexander, capaz de ler um esboço de livro a qualquer hora da noite ou do dia e sempre trazer opiniões úteis e em cima da marca.

Amor e gratidão para minha mãe, Virginia Letts, que me ouviu ler cada versão de cada parágrafo e cujos comentários, embora escassos, foram sempre precisos. E o mesmo vale para minha família imediata, sempre tão paciente e maravilhosa: Ali, Joseph, Nora, Hannah e Willis, que apenas em raras ocasiões reclamaram de comida queimada e que jamais me sugeriram arranjar um emprego de verdade.

Uma palavra especial de apreço a Marguerite Henry. Seu livro *White stallions of Lipizza* [*Corcéis brancos de Lipizza*] inspirou em mim uma vida inteira de fascinação pela Spanische Hofreitschule. E, sobretudo, o maior agradecimento possível a todos os homens, mulheres e seus filhos que adoram cavalos e que me ligam, escrevem, mandam convites para palestras e visitas ou que participam da grande conversa nas mídias sociais. Acima de tudo, é a paixão dessas pessoas pelas grandes histórias equestres que me encorajou a encarar o desafio de narrar o acontecido com os cavalos brancos.

REFERÊNCIAS BIBLIOGRÁFICAS

255,700 men in U.S. Army; Only 2954 are colored. *Baltimore Afro-American*, Baltimore, 15 dec. 1934.

ALLEN, David. Pomona's K is for a man who was truly grrreat! *Inland Valley Daily Bulletin*, Rancho Cucamonga, 25 sep. 2004.

ALLEN, Robert S. Patton visioned as unit of Cavalry. *The Salt Lake Tribune*, Salt Lake City, mar. 1946.

AMERICAN gets 'emperor's horse'? *The New York Times*, New York, 13 dec. 1945.

ARABIAN horse breeding farm to change hands. *Los Angeles Times*, Los Angeles, 1947.

ARABIAN horse display draws many tourists. *The Washington Post*, Washington, 1942.

ARABIAN horses given to War Department. *The New York Times*, New York, 1941.

ARABIAN horses given to War Department Club Act to help defense and preserve the strain. *The New York Times*, New York, 19 oct. 1941.

ARCO-VALLEY held as foe of Hitler. *The New York Times*, New York, 1933.

ARMS before men. *Time*, New York, 22 aug. 1938.

ARMY and Rambler Polo Fours Victors. *The New York Times*, New York, 1922.

ARMY team fete visiting polo players: Participants are guests at dinner in Army-Navy Club. *The Washington Post*, Washington, 11 jun. 1936.

ARMY to get Lipizzaner Stallion. *The New York Times*, New York, 1964.

ARMY to increase its horse cavalry. *The New York Times*, New York, 1940.

ARMY to use Arabian stud farm. *The New York Times*, New York, 1943.

ARNOLD, Dietbert; **LESSING**, Rudolf. *Gespräche mit einem Pferdemann*. Bremen: Pferdesport Verlag Ehlers Gmbh, 1995.

ATHLETES spurred by Reich officials. *The New York Times*, New York, 1935.

AVERAGE American no adonis to science. *The New York Times*, New York, 22 aug. 1932.

BARTLETT, Arthur. The war horse comes back: Military experts said the cavalry was dead. *The Sun*, London, 1941.

BETTS, Burr. *Witez II. *The Arabian Horse Journal*, Seveso, jul. 1977.

BIG maneuvers test U.S. Army. *Life*, New York, 6 oct. 1941.

BLACK, Edwin. *War against the weak: eugenics and America's campaign to create a master race.* New York: Four Walls Eight Windows, 2003.

BLUMENSON, Martin. *The Patton papers: 1940-1945.* Boston: Houghton Mifflin, 1972.

BOKER JR., John R. Report of initial contacts with General Gehlen's Organization. In: *Forging an intelligence partnership: CIA and the origins of the BND, 19451949.* CIA History Staff, Center for the Study of Intelligence, European Division, 1999.

BRANDTS, Ehrenfried. *Pferde zwischen den Fronten: Polnische Staatsgestüte und das Schicksal des Hengstgestüts Drogomysl/Draschendorf unter deutscher Besatzung 19391945.* Munique: Zugvogel Verlag Wenzel, 2007.

BRILLIANT setting for society Circus. *The Washington Post*, Washington, 1922.

BROWN, Gordon. Meet vast, army wonder horse which can gallop backward. *The Washington Post*, Washington, 1940.

CASE, Carole. *The right blood: America's aristocrats in thoroughbred racing.* New Brunswick: Rutgers University Press, 2001.

CATALOGUE of Thoroughbreds, Property of the U.S. Remount Service to be sold by public auction at Aleshire Quarter Master Depot (Remount). Front Royal, Virginia, 1946.

CHAVEZ, Stephanie. Horse lovers head for the shrine. *Los Angeles Times*, Los Angeles, 2001.

CLARK, Alfred E. Charles H. Reed, 79, the colonel who rescued lipizanner horses. *The New York Times*, New York, 1980.

CLAY, Steven E. U.S. Army order of battle 1919-1941. *Combat Studies Institute Press II*, Kansas, 2010.

CLINICAL history of crime. *The New York Times*, New York, 1925.

COLE heads army riders. *The New York Times*, New York, 1938.

COLE, Hugh M. *European, Mediterranean, Middle East theaters of operations.* Washington: United States Army Center of Military History, 2002.

COMMISSIONS given 132 at West Point. *The New York Times*, New York, 1922.

CORRIGAN, Joseph E. They say. *The New York Times*, New York, 1930.

CULLUM, George W. *Biographical register of the officers and graduates of the U.S. Military Academy*, vol. VII. Chicago: R.R. Donnelley & Sons Company, 1931.

D'ESTE, Carlo. *Patton: A genius for war.* New York: HarperCollins, 1995.

DALEY, Arthur J. Largest U.S. team in history, 395, will compete in Olympic Games. *The New York Times*, New York, 1936.

DANIELL, Raymond. Pity for germans grows in U.S. ranks. *The New York Times*, New York, 1945.

DAUME, Anja. *Galoppieren gegen den Wind: Gestütsgeschichte Mansbach: Vision & Wirklichkeit.* Norderstedt: Books on Demand, 2009.

DAVIS, Susan. Operation Cowboy. *Sports Illustrated*, New York, 16 oct. 1995.

DE AMICIS, Albert. *General George S. Patton, Jr. and the U.S. 2nd Cavalry (Patton's ghosts of the Third Army)*. Pittsburg: University of Pittsburgh Graduate School of Public and International Affairs. 2008.

DIE Lipizzaner und der Kötztinger Pfingstritt 1945. *601 Jahre Kötztinger Pfingstritt*.

DIMARCO, Louis A. *The Army equestrian olympic team*. Disponível em: <www.louisdimarco.com/armyeques.doc>. S.d.

_____. *War Horse: A history of the military horse and rider*. Yardley: Westholme Publishing, 2008.

DOLIBOIS, John. *Pattern of circles: An ambassador's story*. Kent: Kent State University Press, 1989.

_____. Interview com John Dolibois. 11 may 2000, RG50.030*0408. United States Holocaust Memorial Museum. Disponível em: <https://collections.ushmm.org/search/catalog/irn507298>. S.d.

DOUGLAS, R. M. *Orderly and Humane: The expulsion of the germans after the Second World War*. New Haven: Yale University Press, 2012.

DRESSAGE experts. *The New Yorker*, New York, 5 nov. 1950.

DREW Pearson on the Washington Merry-Go-Round. *News Release*, Bell Syndicate, nov./dec. 1945.

DYER, George. *XII Corps Spearhead of Patton's Third Army*. Relatório, 1945.

EUGENICS Conference opens here today. *The New York Times*, New York, 13 aug. 1932.

EUROPE is offering an extensive list of fall attractions. *The Christian Science Monitor*, Boston, 1938.

EUROPEAN horses captured by Army pose problem. *The Christian Science Monitor*, Boston, 3 dec. 1947.

EVANS, Richard J. *The Third Reich at War*. New York: Penguin Press, 2009.

EVEN atom age can't displace War Horselo. Animals still needed, retired officer says. *Chicago Daily Tribune*, Chicago, 23 feb. 1948.

EYEWITNESS Götz Bergander recalls the bombing of Dresden. Disponível em: <http://germanhistorydocs.ghi-dc.org/sub_document.cfm?document_id=1589>. S.d.

FAHNENVRUCK, Nele Maya. "*... Reitet für Deutschland*": *Pferdesport und Politik im Nationalsozialismus*. Göttingen: Die Werkstatt, 2013.

FOSTER, Renita. American cowboys ride to the rescue. *Armor*, Fort Benning, 1998.

FREDERIC, Sondern. The wonderful white stallions of Viena. *Reader's Digest*, New York, apr. 1963.

FREILINGHAUS, Eckkehard. Hubert Rudofsky ein Grandseigneur der Welt des Pferdes. *Trankelener Elefte* (documentos da família Rudofsky), s.d.

_____. Hubert Rudofsky. *Arabiscele Pferde*, 151, s.d.

FT MYER Society Circus is success; two shows today. *The Washington Post*, Washington, 1933.

GEN. PATTON helped save famed white stallions. *The Washington Post*, Washington, 1966.

GERMAN Army jumpers win the Lion's share of horse show honors. *Brooklyn Daily Eagle*, New York, 13 dec. 1930.

GERMAN horse wins at garden. *The Washington Post*, Washington, 1946.

GERMAN visitors learn their ABCs of trotting at Goselen. *Middletown Times Herald*, Middletown, 1938.

GODFREY, A. H. Driving Fourin-Hand. *Outing*, may 1897, p. 107-12.

GOLDEN, Chris. History, customs and traditions of the 'Second Dragons' – the Oldest Continuously Serving Mounted Regiment in the United States Army. In: *2nd Cavalry Association*. Newton, MA: 2nd Cavalry Association, 2011, p. 156.

GUSTAV Rau led olympic riding team. *The New York Times*, New York, 6 dec. 1954.

HANLIN, J. J. The general and the horses. *The American Legion Magazine*, 1963, p. 2.243.

HERE for the national horse show. *The New York Times*, New York, 3 oct. 1950.

HERR, John K. *The story of the U.S. Cavalry 17761942*. Boston: Little Brown, 1956.

HIGGINS, Alice. From the Near East to the Far West. *Sports Illustrated*, New York, 11 mar. 1963.

HITLER, Adolf. *Mein Kampf*. Tradução de Ralph Manheim. Boston: Houghton Mifflin, 1943.

HITLER watches equestrian win show. *The New York Times*, New York, 10 feb. 1934.

HOFMANN, George F. *Through mobility we conquer: the mechanization of U.S. Cavalry*. Lexington: University Press of Kentucky, 2006.

HOLT, Carlyle. America builds an Army. Cavalry Horse just like his rider gets 13 weeks of basic training. *The Boston Daily Globe*, Boston, 9 jan. 1943.

HOLZ, Louis T. Thoroughbred: Second Cavalry Association. *Newsletter nº 59*, 1980.

HORSE Show Ball is set for nov. 3. *The New York Times*, New York, 1950.

HORSES arriving from Europe for the Garden Show. *The New York Times*, New York, 1 oct. 1950.

HORSES held booty. *Chicago Daily Tribune*, Chicago, 14 jan. 1948.

HUGELES, Allen. Lipizzaner at the Garden. *The New York Times*, New York, 1964.

IGGERS, Wilma; **IGGERS**, Georg. *Two lives in uncertain times: facing the challenges of the 20th century as scholars and citizens*. New York: Berghahn Books, 2006.

IMPORTED horses attract throng at Front Royal. *The Washington Post*, Washington Post, 1946.

ISENBART, Hans H.; **BÜHRER**, Emil M.; **ALBRECHT**, Kurt. *The Imperial Horse: the saga of the lipizzaners*. New York: Knopf, 1986.

JAMES H. Pitman 1940 Cullum Number 2006, september 18, 1944. Died in Lunéville, France. Disponível em: <www.westpoint.edu>. S.d.

KEANE, Michael. *Patton: Blood, Guts, and Prayer*. New York: Regnery, 2012.

KELLOGG Arabian horse farm turned over to Army. *Los Angeles Times*, Los Angeles, 2 nov. 1943.

KELLOGG Farm fate in Brannan Hands. *Los Angeles Times*, Los Angeles, 2 dec. 1948.

KERSHAW, Ian. *The end: the defiance and destruction of Hitler's German, 1944-1945*. New York: Penguim Press, 2011.

KEVLES, Daniel J. *In the name of eugenics: genetics and the uses of human heredity*. New York: Knopf, 1985.

KEYSER, Tom. Aging GI reflects on WWII rescue of lipizzaner stallions. *Laredo Morning Times*, Laredo, 2005.

KING of the wing review. *The New York Times*, New York, 14 nov. 1948.

KNAPP, George. Buffalo soldiers at Fort Leavenworth in the 1930s and early 1940s: interviews conducted by George Knapp. Combat Studies Institute, U.S. Army Command and General Staff College, apr. 1991.

KOCHANSKI, Halik. *The eagle unbowed*. New York: Penguin, 2013.

KOWALCZYK, Andra. *Tennessee's arabian horse racing heritage*. Charleston: Arcadia, 2007.

KUGLER, Georg; **BOOMSLITER**, Paula. *The lipizzaner horse: a guidto Viena's Spanish Riding School and Lippizzaner Museum*. Florence, Italy: Bonechi, 2002.

LAMBERT, A. L.; **LAYTON**, G. B. *The ghosts of Patton's Third Army: a history of the Second U.S. Cavalry*. Historical Section, 2nd Cavalry Association, 1946.

LEERHSEN, Charles. *Crazy good: the true story of Dan Patch, the most famous horse in America*. New York: Simon & Schuster, 2008.

LEGENDARY white stallions. Dirigido por Michael Schlamberger. DVD. PBS, 2013.

LETTER. Charles Hancock Reed to Mrs. O'Leary, 29 set. 1945. Kathy O'Leary papers.

LIVINGSTON, Phil; **ROBERTS**, Ed. *War horse: mounting the cavalry with America's finest horses*. Albany, Texas: Bright Sky Press, 2003.

LOCH, Sylvia. *The royal horse of Europe: the story of the andalusian and lusitano*. London: J. A. Allen, 1986.

LOS ANGELES briefs. *Los Angeles Times*, Los Angeles, 5 may 1946.

LUDWIG, Dieter. *Inge Theodorescu: eine große Pferdefrau lebt nicht mehr*. Disponível em: <http://www.ludwigs-pferdewelten.de/index.php?option=com_content&view=article&id=481:inge-theodorescu-eine-grosse-pferdefrau-lebt-nicht-mehr&catid=7:magazin&Itemid=20>. Acesso em: 12 apr. 2010.

LUFT, Monika. The lots of Arabian horses in Poland, part 1: the World War I and the Bolshevik Invasion. *Arabians Horse Magazine*. Disponível em: <https://www.polskiearaby.com/?page=hodowla&lang=en&id=85>. Acesso em: 21 mar. 2011.

_____. The lots of Arabian horses in Poland, part 2: World War II. *Arabians Horse Magazine*. Disponível em: <http://www.polskiearaby.com/?page=hodowla&lang=en&str=2&id=86>. Acesso em: 6 apr. 2011.

MACCORMAC, John. Austria will send famed horse unit. *The New York Times*, New York, 1950.

MACDONOGH, Giles. *After the Reich: the brutal history of the allied occupation*. New York: Basic Books, 2007.

MALUM, Michael. Stolen by the Nazis: the tragic tale of 12,000 blue-eyed blond children taken by the SS to create an aryan super race. *Daily Mail*, London, 9 jan. 2009.

MARTIN, Frank Wayne; **MARTIN,** Nancy. *Patton's lucky scout: the adventures of a forward observer for General Patton and the Third Army in Europe*. Milwaukee: Crick-hollow Books, 2009.

MCGUIRE, Phillip. *Taps for a Jim Crow Army: letters from black soldiers in World War II*. Santa Barbara, California: ABC-Clio, 1983.

MCLAUGHLIN, Kathleen. Patton gives up Army to Truscott. *The New York Times*, New York, 1945.

MICHAEL, John. *Fort Myer*. Charleston: Arcadia, 2011.

MORGAN, M. H. *The art of horsemanship by Xenophon*. London, 1894.

MRS. PATTON'S fall is fatal. *The Sun*, London, 1 oct. 1953.

NAME Adolf Held banned for German Police Horses. *The New York Times*, New York, 1943.

NASS *News: the official newsletter of the North American Shagya-Arabian Society*. Seattle, sep. 2008, p. 114.

NATIONAL Defense: horses on wheels. *Time*, New York, 19 aug. 1940.

NEW problem for Senate: 234 horses. *The Washington Post*, Washington, 2 dec. 1947.

NEW removals slash Kellogg Ranch herd. *Los Angeles Times*, Los Angeles, 1948.

NOW men on horseback team up with machines. *Life*, 21 apr. 1941, p. 86-93.

O'SHAUGHNESSY JR., Edward J. *The evolution of the Armored Force, 1920-1940*. Carlisle, Pennsylvania: United States Army War College, 1993.

OCEAN travelers. *The New York Times*, New York, 1938.

OFFICIAL denies horses booty. *The Washington Post*, Washington, 12 dec. 1947.

OPERATION Cowboy: the saving [sic] the lipizzaner horses by Troop A, 42nd Squadron Mecz 2nd Cavalry Group (The ghosts of Patton's Third Army). Disponível em: <www.gjt.cz>. S.d.

OUR Hitler (1945). German Propaganda Archive. Disponível em: <http://research.calvin.edu/german-propaganda-archive/unser45.htm>. S.d.

PARKER, Earl. The remount service and its stallions: rescue of the WWII Hostau POWs and of the lipizzaners, part I. *Haute École 20*, nº 4, 2012.

PATH to glory: the rise and rise of the Polish Arabian horse. Dirigido por Jen Miller e Sophie Pegrum. Horsefly Films, 2011.

PATTERSON Arabians. *Arabian Horse World*, jun. 1977.

PAWELEC-ZAWADSKA, Izabella. Andrzej Krzyształowicz. *Magazyn z M do M*, sty. 1998.

PETER, Brigitte. Hostau 1945: Die Rettung der Lipizzaner – Wagnis oder Wunder? Die Rettung der weissen Pferde am Ende des II. Weltkrieges. *Zyklus*, 1982, p. 24.

PIEKAŁKIEWICZ, Janusz. *The Cavalry of World War II*. New York: Stein and Day, 1980.

PODHAJSKY, Alois. *My dancing white horses*. New York: Holt, Rinehart and Winston, 1965.

_____. *My horses, my teachers*. North Pomfret, Vermont: Trafalgar Square Publishing, 1997.

_____. *The complete training of horse and rider in the principles of classical horsemanship*. Garden City, New York: Doubleday, 1967.

POWELL, Horace B. *The original has this signature: W. K. Kellogg*. Battle Creek, Michigan: W. K. Kellogg Foundation, 1989.

PRIZE horses seized in Hungary to be sold. *The Washington Post*, Washington, 21 nov. 1947.

QUESTION of ownership of captured horses: hearings before a subcommittee of the United States Senate. Eightieth Congress. First Session. December 323, 1947. United States Government Printing Office, 1947.

RAGAN, Jean. A horse and his friend. *The Denver Post*, Denver, 30 apr. 1961.

RAU, Gustav. *Die Reitkunst der Welt an den olympiscelen Spielen 1936. L'Art équestre du monde... International equitation, etc*. Hildeseleim, Alemanha: Olms Presse, 1978.

REICH equestrians arrive for shows. German party to visit sport's centers. Group attends races at Belmont. *The New York Times*, New York, 10 may 1938.

RENDEL, John. 10.000 see horse show opening; mexican girl wins feature jump. *The New York Times*, New York, 1950.

ROBINSON, Ruth. Lipizzaner stallions, due may 19, attract big benefit parties. *The New York Times*, New York, 1964.

ROBSON, Seth. Czech Republic pays tribute to WWII Heroes. Memorial to Honor Soldiers Who Saved Lipizzaners, POWs. *Stars and Stripes*, 9 apr. 2006.

ROMMEL'S Arabian horse in Windsor Castle stable. *The New York Times*, New York, 1946.

ROSMUS, Anna. *Czech incursions: foreign horses going home*. Anna Elisabeth Rosmus, 2014.

ROYAL horses will be sold. *The Washington Post*, Washington, 20 nov. 1947.

SCHOOMAKER, Eric B.; CZERW, Russell J. *The United States Army Medical Department Journal*, 2009.

SCIENTISTS display heredity control. *The New York Times*, New York, 1929.

SHIRER, William L. *The rise and fall of the Third Reich: a history of nazi German.* New York: Simon & Schuster, 1960.

SMITH, Krista. Historic Sagamore Farm: New and improved. *Baltimore Fishbowl*, Baltimore, 17 may 2013.

SMITH, Linell Nash. *And miles to go: the biography of a great arabian horse, Witez II.* Boston: Little, Brown, 1967.

SOCIETY circus at Fort Myer begins friday. *The Washington Post*, Washington, 1932.

STALLION Brings $20,300; young Pawley gets German-bred nordlicht at auction. IMA, s.d.

STEEN, Andrew K. W. R. Brown's Maynesboro Stud. *Modern Arabian Horse*, 12 sep. 2012, p. 44-51.

STERNTHAL, Barbara. *The lipizzaners and the Spanish Riding School myth and truth.* Viena: Brandstätter, 2010.

SYSONBY'S body exhumed. *The New York Times*, New York, 1906.

TAVEL, Emilie. Hungary asks U.S. to return Thoroughbred Horses. *The Christian Science Monitor*, Boston, 4 dec. 1947.

TEDESCO, Vincent J., III. *"Greasy Automations" and "The Horsey Set": the U.S. cavalry and mechanization, 19281940.* (Dissertação de Mestrado). Pennsylvania State Univertiry, 1995.

THE BATTLES of Lunéville: September 1944. *Military History Online*. Disponível em: <http://www.militaryhistoryonline.com/wwii/articles/luneville.aspx>.

THE ELEIMATBRIEF: *a newsletter magazine of the German Bohemian heritage society.* New Hulm, Minnesota, 17 mar. 2007, 19 sep. 2008.

THE MAN originating from the Sudentenland found a new home in Boxberg. Ulrich Rudofsky, s.d.

THE THOROUGHBREDS from German. Not a shadow of a doubt. *The Blood-Horse*, 9 nov. 1946.

THE W. K. Kellogg Arabian Horse Ranch. *Los Angeles Times*, Los Angeles, 2 jan. 1931.

THE XITH Olympic Games, Berlim, 1936: Official report. Berlim: Wilelelm Limpert, 1937.

THURTLE, Phillip. Harnessing heredity in gilded age America: middle class mores and industrial breeding in a cultural context. *Journal of the History of Biology*, Virginia, 2002, p. 43-78.

TOTTEN, Ruth Ellen Patton; **TOTTEN,** James Patton. *The button box: a daughter's loving memoir of Mrs. George S. Patton.* Columbia: University of Missouri Press, 2005.

TRIMBOR, Harry. Polish breeders of prize Arabian horse fear national turmoil's impact. *Los Angeles Times*, Los Angeles, 1982.

TRUSCOTT JR., Lucian K. *The twilight of the U.S. Cavalry: life in the old Army, 1917-1942.* Lawrence: University Press of Kansas, 1989.

UM die 50. Lipizzaner sollen dabei gewesen sein. *601 Jahre Kötztinger Pfingstritt*. Coleção particular da autora.

UNITED States. 8-year-old German stallion brings top price at auction. *Agriculture Remount Service Catalogue of Horses to be sold at public auction*. Fort Reno, Oklahoma, 1949.

UNITED States Holocaust Memorial Museum. *Austria*. Disponível em: <https://www.ushmm.org/wlc/en/article.php?ModuleId=10005447>. S.d.

_____. *The Nazi Olympics Berlin 1936*. Disponível em: < https://www.ushmm.org/wlc/en/article.php?ModuleId=10005680>. Acesso em: 18 aug. 2015.

USE Army Horses in Polo. *The New York Times*, New York, 1922.

WALLER, Anna. *Horses and mules in the National Defense*. Washington: U.S. Army Quartermaster Corps, 1958.

WAR Booty' horses viewed by 8 officials. *The Washington Post*, Washington, 7 dec. 1947.

WESTERMAN, Frank. *Brother Mendel's perfect horse: man and beast in an age of human war-fare*. London: Vintage Digital, 2012.

WIENER, Tom. *Forever a soldier: unforgettable stories of Wartime Service*. Washington, D.C.: National Geographic Society, 2005.

WILSON, Paul. *Himmler's Cavalry: the equestrian SS, 19301945*. Atglen, PA: Schiffer, 2000.

ZALOGA, Steve; **BRYAN,** Tony. *Lorraine 1944: Patton vs. Manteuffel*. Oxford: Osprey Military, 2000.

ENTREVISTAS E CORRESPONDÊNCIA PESSOAL COM A AUTORA

Anne Stewart (AS)
Bryan Dickerson (BD)
Dennis Quinlivan (DQ)
Elizabeth Ann Dunn (EAD)
Fran Sperl Cooper (FS)
Herwig Radnetter (HR)
James Hudson Pitman Kelsey (JK)
James Wofford III (JW)
Jan Maiberg (JM)
John S. Dolibois (JD)
Kathy O'Leary (KO)
Margaret Quinlivan (MQ)

Maureen Quinlivan Nolen (MQN)
Pam Gleason (PG)
Reed Johnson (RJ)
Robert J. Chambers (RJC)
Sandra Slisher Kanicki (SSK)
Ulrich Rudofsky (UR)

DOCUMENTOS DE FAMILIARES

Família Quinlivan (documentos QF)
Família Stewart (documentos SF)
Fran Sperl Cooper (documentos FS)
James Hudson Pitman Kelsey (documentos JHPK)
Kathy O'Leary (documentos KO)
Reed Johnson (documentos RJ)
Sandra Slisher Kanicki (documentos SSK)
Ulrich Rudofsky (documentos UR)

COLEÇÕES DE ARQUIVOS

Kellogg Arabian Library (KAL)
National Archives and Research Administration (NARA)
National Sporting Library (NAS)
Reed Museum (RM)
The International Museum of the Horse, Arabian Horse Collection (IMH)
United States Military Academy Virginia Historical Association (VMA)

CRÉDITO DAS IMAGENS

P. 12-13: Mapping Specialists, Ltd., Madison, Wisconsin
P. 19, 68: ullstein bild
P. 23, 277: coleção da autora
P. 33: Foto Deutsches Pferdemuseum e.V.
P. 40: Library of Congress
P. 55, 330: cortesia do International Museum of the Horse, Lexington, Kentucky, Estados Unidos
P. 70, 327, 333: Associated Press
P. 73, 259, 287, 290: cortesia de Reed Johnson
P. 84, 235: cortesia de Reed Museum, Rose Barracks, Vilseck, Alemanha
P. 89, 92, 94, 173, 180, 183, 200: cortesia de Ulrich Rudofsky
P. 100: Mondadori Portfolio
P. 127, 137, 147, 332, 335: cortesia de Virginia Historical Society
P. 149: cortesia de South Carolina Library, University of South Carolina, Columbia, Estados Unidos
P. 158: cortesia de Jim Hudson Pitman Kelsey
P. 188: cortesia de Fran Sperl Cooper
P. 206: cortesia da família Stewart
P. 251, 256: cortesia de General George Patton Museum and Center of Leadership, Fort Knox, Kentucky, Estados Unidos
P. 257: PhotoQuest/Getty Images
P. 263, 292: cortesia da família Quinlivan
P. 300: Ed Clark/Getty Images
P. 340: Leonhard Foeter/Reuters Pictures